Introduction à la programmation Pascal

SERGE ROY **ALAIN CHOQUETTE**

Introduction à

la programmation

Pascal

Éditions Addison-Wesley

Montréal, Québec · Don Mills, Ontario · Reading, Massachusetts
Menlo Park, Californie · Wokingham, Berkshire
Amsterdam · Bonn · Sydney · Singapour
Tokyo · Madrid · San Juan

Directeur de l'édition   Patrick Loze
Réviseur   Jean-Noël Burton
Graphisme couverture   Le BOUM graphique

Données de catalogage avant publication (Canada)

Roy, Serge, 1958-
    Introduction à la programmation (Pascal)

Comprend un index.
ISBN 0-201-19214-4

1. PASCAL (Langage de programmation). 2. Programmation des ordinateurs.
I. Choquette, Alain, 1957- . II. Titre.

QA76.73.P2R69 1989   005.13'3   C89-093520-3

Copyright © 1989 Les Éditions Addison-Wesley limitée

Tous droits réservés. On ne peut reproduire, enregistrer ni diffuser aucune partie du présent ouvrage sous quelque forme ou par quelque procédé que ce soit, électronique, mécanique, photographique, sonore, magnétique ou autre, sans avoir obtenu au préalable l'autorisation écrite de l'éditeur.

Dépôt légal - premier trimestre 1989
Bibliothèque nationale du Québec
Bibliothèque nationale du Canada

Imprimé au Canada

ISBN-0-201-19214-4

    C   D   E   F   - ALG -   94   93   92

AVANT-PROPOS

Ce livre a été préparé pour un cours d'introduction à la programmation. À la fin de celui-ci, l'apprenti pourra rédiger des programmes en PASCAL. Ce dernier est un langage spécialisé qui permet de communiquer de façon simple et structurée avec l'ordinateur.

Le livre s'adresse aux novices de l'informatique, à ceux qui n'ont jamais fait de programmation. Le chimiste, le sociologue, le physicien, le bibliothécaire, le mathématicien, l'administrateur et, bien sûr, l'informaticien y trouveront les rudiments nécessaires à l'écriture de bons programmes en PASCAL.

Contrairement à la plupart des manuels qui tentent de couvrir la totalité du langage, nous nous sommes limités à ce qui est généralement présenté dans le cadre d'un cours d'introduction. Néanmoins, la grande majorité trouvera ici tout ce qui lui est nécessaire pour la rédaction de programmes servant à résoudre des problèmes simples. Les principes de base concernant l'utilisation de l'ordinateur ne sont pas abordés dans ce manuel. Si l'on veut faire fonctionner les programmes du manuel ou ses propres programmes, il faudra également consulter le manuel d'utilisation du fabricant de l'ordinateur utilisé.

Nous avons de plus privilégié un environnement «micro-ordinateur» pour l'exécution des travaux de programmation. Ces machines sont maintenant disponibles un peu partout et elles sont beaucoup plus faciles d'utilisation que la plupart des gros systèmes. Nous avons aussi utilisé un langage PASCAL qui soit le plus standard possible, à quelques exceptions près, afin d'éviter le maximum d'incompatibilités entre les différentes versions du langage. Les rares extensions qui ont été utilisées sont disponibles avec plusieurs versions, notamment celle du TURBO PASCAL[*], qui a connu une grande diffusion et dont nous nous servons pour la syntaxe des extensions.

---

[*] TURBO PASCAL est une marque de commerce de BORLAND international.

Chacun des chapitres de ce livre introduit un nouvel énoncé du langage ou un projet de programmation. La plupart des chapitres présentent non seulement un énoncé du langage, mais aussi des techniques et des éléments de méthodologie. Les techniques ont pour but d'illustrer ce que l'on peut faire avec les nouveaux énoncés. Les éléments de méthodologie visent à la rédaction de bons programmes qui soient structurés, efficaces et lisibles.

Nous avons également écrit le très important chapitre sur les sous-programmes de façon à ce qu'il puisse être étudié en majeure partie dès le chapitre huit même si on le retrouve au chapitre douze dans cette édition

Des objectifs, des questions de révision et des exercices ont été prévus afin de vérifier l'apprentissage des connaissances. Quatre chapitres dédiés à des projets de programmation et des travaux de programmation à la fin des autres chapitres ont pour but de développer les aptitudes pour la programmation. Mais, peu importe les manuels utilisés, c'est en mettant au point des programmes sur un ordinateur que l'apprenti développera son habileté pour la programmation.

Les auteurs

Remerciements

Nous tenons à remercier ceux et celles qui ont participé à la préparation de ce manuel.

Nous devons à notre ami Michel Cormier le matériel du chapitre onze. Plusieurs des exercices ont également été préparés par nos collègues enseignants. Sans eux, le manuel serait peut-être encore en rédaction ...

Merci également à nos collègues Ghislain Lévesque (Université du Québec à Montréal), Le Van Nguyen (Université de Montréal) et Jacques St-Pierre (Université de Montréal) pour les critiques et les encouragements qu'ils nous ont prodigués.

Signalons le travail de Carole Laflamme, Lucie L'Heureux et de Brigitte Leizerovitch pour le traitement de texte et de Michèle Lafontaine-Rioux pour le travail de mise-en-page et de correction.

Un dernier remerciement à Patrick Loze pour ses encouragements constants et l'intérêt montré envers ce manuel.

à Danielle
Geneviève et Philippe

TABLE DES MATIÈRES

1 ORDINATEUR ET PROGRAMMATION

- 1.1 Traitement de l'information, **3**
- 1.2 Structure générale d'un ordinateur, **8**
- 1.3 Langages de programmation, **12**
- 1.4 Utilisation de l'ordinateur, **15**
- 1.5 Erreurs de programmation, **16**

2 ÉLÉMENTS DE PROGRAMMATION

- 2.1 Structure d'un programme PASCAL, **25**
- 2.2 Identificateurs, **26**
- 2.3 Notion de variable, **29**
- 2.4 Section des déclaration de variable, **30**
- 2.5 Notion d'instruction, **32**
- 2.6 Instruction de lecture `READLN`, **33**
- 2.7 Instruction d'affectation, **35**
- 2.8 Instruction d'écriture `WRITELN`, **37**
- 2.9 Instruction d'écriture `WRITE`, **39**
- 2.10 Utilisation des identificateurs de constante, **40**
- 2.11 Types de bases, **43**
- 2.12 Opérateurs arithmétiques usuels, **47**
- 2.13 Formats d'impression, **49**
- 2.14 Messages d'incitation, **52**
- 2.15 Commentaires dans un programma PASCAL, **52**

3 PROJET DE PROGRAMMATION NUMÉRO 1

- 3.1 Énoncé du problème, **67**
- 3.2 Analyse du problème, **67**
- 3.3 Algorithme, **68**
- 3.4 Le programme PASCAL, **69**
- 3.5 Discussion, **70**
- 3.6 Version améliorée du programme, **71**

4 INSTRUCTION DE SÉLECTION
IF THEN ELSE

4.1 Choix d'instructions, **76**
4.2 Énoncé `IF` : un énoncé de sélection, **77**
4.3 Forme abrégée du `IF`, **79**
4.4 Opérateurs relationnels, **80**
4.5 Utilisation du `IF` avec d'autres instructions, **83**
4.6 Validation à l'aide de l'énoncé `IF`, **86**
4.7 `IF` en cascade ou imbriqués, **89**

5 INSTRUCTION DE RÉPÉTION
REPEAT UNTIL

5.1 Énoncé `REPEAT` : un énoncé de répétition, **103**
5.2 Compteurs et totaliseurs, **105**
5.3 Traitement avec sentinelle, **111**
5.4 Un autre exemple, une autre méthode, **115**
5.5 Retour sur la validation, **117**

6 EXPRESSIONS ET TYPES DÉFINIS PAR L'USAGER

6.1 Expression versus valeur, **129**
6.2 Compatibilité et conversion de type, **131**
6.3 Deux opérateurs pour l'arithmétique entière, **133**
6.4 Usage des parenthèses dans une expression, **137**
6.5 Fonctions arithmétiques prédéfinies, **138**
6.6 Opérateurs logiques, **142**
6.7 Priorité des opérateurs, **144**
6.8 Types définis par l'usager, **145**

7 PROJET DE PROGRAMMATION NUMÉRO 2

7.1 Énoncé du problème, **160**
7.2 Analyse du problème, **161**

- 7.3 Algorithme, **165**
- 7.4 Le programme PASCAL, **167**
- 7.5 Addenda : Discussion sur les qualités d'un programme, **171**

8 INSTRUCTIONS DE CONTRÔLE

- 8.1 Instruction de sélection multiple CASE ... OF, **175**
- 8.2 Deux exemples de l'utilisation de l'instruction CASE ... OF, **178**
- 8.3 Instruction de répétition WHILE ... DO, **183**
- 8.4 Instruction de répétition FOR ... DO, **186**
- 8.5 Boucles imbriquées, **188**

9 FICHIERS TEXTES

- 9.1 Fichiers textes, **209**
- 9.2 Application simple : la consultation de fichiers, **219**
- 9.3 Traitement de fichiers, première partie, **222**
- 9.4 Traitement de fichiers, deuxième partie, **228**
- 9.5 Exemple concernant le traitement de caractères, **236**
- 9.6 Varia, **239**

10 PROJET DE PROGRAMMATION NUMÉRO 3

- 10.1 Analyse du problème, **254**
- 10.2 Algorithme et solution du programme CREATION, **259**
- 10.3 Algorithme et solution du programme EDITION, **261**
- 10.4 Algorithme et solution du programme BILAN, **271**
- 10.5 Discussion, **276**
- 10.6 Améliorations possibles aux programmes, **277**
- 10.7 Addenda : format de fichier, **278**

11 TABLEAUX

- 11.1 Étude de cas : compilation des résultats d'une élection, **283**
- 11.2 Présentation générale des tableaux, **288**
- 11.3 Programmation et tableaux, **289**
- 11.4 Techniques de programmation, **296**

11.5   Seconde approche du problème des élections, **312**
11.6   Chaînes de caractères, **316**
11.7   Tableaux à plusieurs dimensions, **322**

12   SOUS-PROGRAMMES ET PARAMÈTRES

12.1   Approche décomposition, **346**
12.2   Une méthode pour résoudre un problème, **347**
12.3   Exemple, **348**
12.4   Sous-programme `PROCEDURE`, **356**
12.5   Paramètres, **358**
12.6   Approche instruction, **365**
12.7   Sous-programme `FUNCTION`, **368**
12.8   Sous-programme local à un sous-programme, **374**
12.9   Déclarations globales et locales, **377**
12.10   Procédures sans paramètre, **382**
12.11   Cas spéciaux, **383**

13   PROJET DE PROGRAMMATION NUMÉRO 4

13.1   Énoncé du projet, **408**
13.2   Organisation des données dans le fichier, **408**
13.3   Analyse du problème, **409**
13.4   Algorithme du problème, **412**
13.5   Sous-algorithmes, **413**
13.6   Programme PASCAL, **418**

APPENDICE A

APPENDICE B

RECUEIL DE SOLUTIONS

INDEX

ORDINATEUR ET PROGRAMMATION

1.1 Traitement de l'information
1.2 Structure générale d'un ordinateur
1.3 Langages de programmation
1.4 Utilisation de l'ordinateur
1.5 Erreurs de programmation

OBJECTIFS

- Connaître les étapes à suivre afin de résoudre un problème à l'aide de l'ordinateur;

- distinguer les différentes formes de représentation de la solution d'un problème;

- distinguer le matériel (*hardware*) du logiciel (*software*) de l'ordinateur;

- connaître les niveaux d'erreurs possibles en programmation.

INTRODUCTION

L'informatique se définit comme la science du traitement automatique de l'information. Elle s'intéresse à toutes les techniques, méthodes et outils permettant de traiter efficacement des données afin d'obtenir des résultats pertinents pour un problème à résoudre.

L'ordinateur est un des principaux outils de l'informatique. Il s'agit d'un appareil électronique pouvant exécuter très rapidement les ordres (ou instructions) qu'on lui donne. C'est en quelque sorte une calculatrice très perfectionnée.

Des langages spécialisés ont été créés afin de permettre à une personne de communiquer ses instructions à l'ordinateur. En général, il faut plusieurs instructions pour résoudre un problème et l'on appelle ces instructions un **programme**. Par extension, les langages spécialisés pour ordinateur s'appellent des **langages de programmation**.

PASCAL est le langage de programmation utilisé dans ce manuel. C'est avec lui que nous apprendrons comment résoudre des problèmes et comment exprimer la solution de ces problèmes de manière compréhensible pour l'ordinateur.

Le chapitre a pour but de présenter une vue générale du fonctionnement d'un ordinateur mais, surtout, de discuter du processus nous permettant d'écrire un programme afin de résoudre un problème.

1.1 TRAITEMENT DE L'INFORMATION

Nous avons indiqué auparavant que l'informatique traitait des informations et que le traitement appliqué servait à résoudre un problème. Nous allons examiner cela en détail.

Pour les besoins de programmation, nous distinguons deux sortes d'informations : les données et les résultats. Les données correspondent à l'information à traiter, tandis que les résultats correspondent au produit du traitement des données. En cela, le traitement de l'information suit un processus similaire à celui de la fabrication des biens.

Matières premières → → → → → Fabrication → → → → Produits
Données → → → → → Traitement → → → → Résultats

Il correspond aux opérations nécessaires pour obtenir les résultats à partir des données. Les trois étapes qu'il faut effectuer pour résoudre avec succès un problème sont :

Étape 1   comprendre le problème à résoudre et identifier les résultats escomptés;

Étape 2   identifier les données de base nécessaires;

Étape 3   identifier le traitement à exécuter sur les données afin d'obtenir les résultats désirés.

Algorithme   Le traitement à exécuter sur les données pour obtenir les résultats escomptés est décrit à l'aide d'un **algorithme**.

> **L'algorithme est la description d'une suite d'opérations à effectuer dans un ordre précis. Cette suite d'opérations doit mener à la solution du problème donné.**

Nous sommes déjà familiers avec la notion d'algorithme. Pour s'en convaincre, il suffit de s'imaginer que nous voulons construire une maison. Nous pouvons représenter les grandes étapes à effectuer avec l'algorithme suivant :

Étape 1   creuser un trou;

Étape 2   faire les fondations;

Étape 3   faire le plancher;

Étape 4   monter la charpente;

Étape 5   faire le toit;

Étape 6   compléter la finition extérieure et intérieure;

Étape 7   faire l'aménagement du terrain.

Nous constatons que dans un algorithme :

- l'ordre des opérations est important;
- certaines opérations peuvent être raffinées[1] ;
- l'algorithme n'est pas nécessairement unique, il peut exister un autre algorithme qui produit le même résultat;
- l'algorithme peut s'écrire en français;
- l'algorithme doit produire le résultat désiré.

L'algorithme précédent, qui est une suite d'opérations à effectuer, doit être précis et l'ordre des opérations peut s'avérer important.

Le traitement de l'information (des données) est aussi représenté à l'aide d'un algorithme. Le problème suivant nous aidera à illustrer ceci:

Calculons le salaire net d'un employé lorsque les seuls prélèvements à la source sont :

- un taux d'imposition constant de 20%;
- un montant de 11,63$ pour l'assurance-chômage.

Reprenons les trois étapes de base identifiées précédemment pour la résolution d'un problème.

Étape 1 Comprendre le problème à résoudre et identifier les résultats escomptés.

Nous devons calculer le salaire brut et enlever les deux prélèvements à la source afin d'obtenir le salaire net.

Étape 2 Identifier les données de base nécessaires.

- Le nombre d'heures travaillées;
- le taux horaire de l'employé;
- le taux d'imposition (20%);
- le montant d'assurance-chômage (11,63$).

Étape 3 Identifier le traitement à exécuter sur les données afin d'obtenir les résultats désirés.

---

1 Exemple: l'étape 4 pourrait facilement être plus détaillée pour inclure également les travaux d'électricité, de plomberie, de chauffage et d'isolation.

C'est à l'aide d'un algorithme que nous représentons les opérations à effectuer; ainsi, nous devons :

1 obtenir la valeur du nombre d'heures travaillées;

2 obtenir la valeur du taux horaire;

3 multiplier le nombre d'heures travaillées par le taux horaire pour obtenir le salaire brut;

4 multiplier le salaire brut par la valeur 0.20 pour obtenir le montant d'impôt à payer;

5 soustraire du salaire brut le montant d'impôt à payer et le montant de l'assurance-chômage de 11,63$ afin d'obtenir le salaire net;

6 communiquer le résultat du salaire net.

Notion d'identificateur

L'algorithme précédent décrit la manipulation de l'information. Il reste valable indépendamment des valeurs de ces informations. Les informations que nous retrouvons dans ce problème sont :

Les données :
- le nombre d'heures travaillées;
- le taux horaire;

Les valeurs intermédiaires calculées :
- le salaire brut;
- le montant d'impôt à payer;

Le résultat désiré :
- le salaire net.

Tout comme nous le faisons en mathématique, il est naturel de nommer une information à l'aide d'un nom symbolique.

> **Un identificateur de variables est un nom symbolique qui sert à désigner une valeur telle une donnée, une valeur intermédiaire calculée ou un résultat.**

Nommons, à l'aide d'identificateurs, les informations de notre problème de calcul du salaire d'un employé. Le résultat est illustré par la figure 1.1.

Figure 1.1
Informations versus identificateurs

Informations	Identificateurs
Le nombre d'heures travaillées	NbHrs
Le taux horaire de l'employé	TauxHoraire
Le salaire brut de l'employé	SalaireBrut
Le montant d'impôt à payer	Impot
Le salaire net de l'employé	SalaireNet

Le choix du nom de l'identificateur est arbitraire, mais il est intéressant de choisir un nom significatif, c'est-à-dire un nom qui nous indique quelle est l'information qu'il représente.

À nos identificateurs sont associées des valeurs, c'est le cas de l'étape 3 de notre algorithme où nous effectuons le calcul du salaire brut. Le résultat du calcul va correspondre à l'identificateur `SalaireBrut`. Voici une façon concise de représenter cette opération dans un algorithme :

```
SalaireBrut ← NbHrs x TauxHoraire
```

Le résultat du calcul à droite du symbole ← est associé à l'identificateur à gauche du même symbole. Ce dernier porte le nom de ***symbole d'affectation***. Cette notation, à première vue bizarre, permet d'indiquer qu'une information (ici `SalaireBrut`) est produite à partir d'autres informations (ici `NbHrs` et `TauxHoraire`).

Ainsi, en utilisant les identificateurs et le symbole ←, l'algorithme du calcul du salaire net devient :

Étape 1   obtenir la valeur de `NbHrs`;

Étape 2   obtenir la valeur de `TauxHoraire`;

Étape 3   `SalaireBrut ← NbHrs x TauxHoraire`;

Étape 4   `Impot ← SalaireBrut x 0.20`;

Étape 5   `SalaireNet ← SalaireBrut - Impot - 11.63`;

Étape 6   communiquer `SalaireNet`.

C'est toujours le même algorithme, avec les mêmes opérations, mais présenté plus symboliquement. Notre algorithme nous présente la façon de calculer le salaire d'un employé. Il suffit d'utiliser un crayon, du papier et de suivre les opérations de l'algorithme.

Mais, si nous voulons calculer le salaire de milliers d'employés, il serait intéressant de gagner en rapidité et en exactitude. Il est facilement réalisable de calculer sans erreur le salaire d'un employé, mais répéter le même calcul pour des milliers dans un temps raisonnable serait un exploit! C'est à ce stade-ci qu'intervient **l'ordinateur comme étant l'outil qui va nous permettre de traiter automatiquement nos algorithmes**. Nous parlerons souvent d'algorithme pour résoudre un problème et de l'ordinateur pour traiter (exécuter) nos algorithmes. Examinons les principales composantes d'un ordinateur.

1.2 STRUCTURE GÉNÉRALE D'UN ORDINATEUR

Pour utiliser un ordinateur, il n'est pas nécessaire d'avoir une connaissance détaillée de sa structure interne. Mais la connaissance de ses six principales composantes permet aux futurs usagers de faire le lien entre le matériel et les opérations qu'il désire faire exécuter.

Afin de résoudre un problème à l'aide de l'ordinateur, nous devons lui fournir des **données** et des **instructions.** L'ordinateur exécutera le traitement demandé par les instructions et fournira les **résultats**. Ainsi, nous identifions trois phases :

Phase 1   l'entrée des informations (données et instructions);

Phase 2   le traitement des données;

Phase 3   la sortie des résultats.

À chacune de ces phases correspond une composante de l'ordinateur que l'on nomme une unité. Ceci nous donne le schéma de la figure 1.2 qui représente le cheminement de l'information.

Les **unités d'entrée** reçoivent les données et instructions du monde extérieur (exemples d'unités d'entrée : le clavier d'un terminal, une souris). Les **unités de sortie** transmettent les résultats au monde extérieur (exemples d'unités de sortie : l'écran cathodique et l'imprimante). Le «coeur» de l'ordinateur qu'on nomme **l'unité centrale de traitement** a principalement trois tâches :

Tâche 1   elle doit mémoriser les informations;

Tâche 2   elle doit exécuter les instructions demandées;

Tâche 3   elle doit contrôler le déroulement des instructions.

Figure 1.2
Le cheminement de l'information

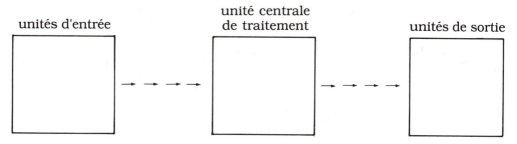

À chacune des tâches de l'unité centrale de traitement correspond une unité: la **mémoire principale**, l'**unité arithmétique et logique** et l'**unité de commande et de contrôle**. Nous obtenons alors le schéma plus détaillé de la figure 1.3.

1   Les données et les instructions provenant des unités d'entrée sont mémorisées dans la mémoire principale.

2   Les instructions sont décodées et exécutées par l'unité de commande et de contrôle. Au besoin, des calculs sont effectués sur les données à l'aide de l'unité arithmétique et logique.

3   Les résultats des calculs effectués dans l'unité arithmétique et logique sont envoyés dans la mémoire principale.

4   Les résultats conservés dans la mémoire principale sont communiqués via les unités de sortie.

La tâche de commander et de contrôler ce cheminement revient à l'unité de commande et de contrôle. Elle réalise sa tâche en envoyant des signaux à chacune des composantes de l'ordinateur. L'unité de commande et de contrôle est très rapide : elle peut typiquement effectuer plus d'un million d'opérations par seconde.

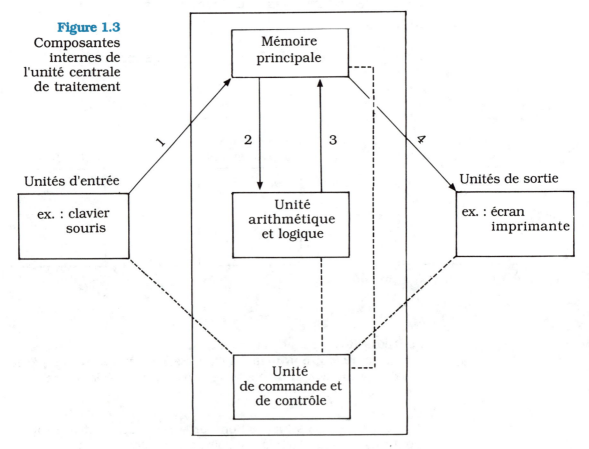

Figure 1.3
Composantes internes de l'unité centrale de traitement

Structure générale d'un ordinateur

Mémoire d'un ordinateur

Toutes ces unités (d'entrée, de sortie, centrale) forment le matériel de l'ordinateur (en anglais *hardware*). Nous présentons ici un complément d'information sur la mémoire d'un ordinateur. **Une mémoire est une suite de cellules appelées mot-mémoire**. Chaque mot-mémoire est composé de plusieurs éléments capables de mémoriser la valeur 0 ou la valeur 1. Le terme de **BIT** (de l'anglais **bi**nary dig**it**) est souvent utilisé pour désigner cette information. Si les mots-mémoire de l'ordinateur sont formés de huit éléments, alors on dira qu'il s'agit de mots de 8 bits et la mémoire sera une suite de mots-mémoire de 8 bits (voir figure 1.4).

Figure 1.4
Représentation graphique de la mémoire

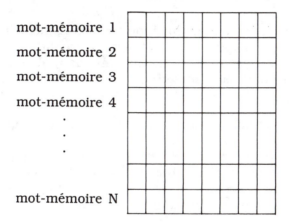

Chacun des éléments du mot-mémoire peut mémoriser l'information 0 ou 1

Voici les unités de mesure couramment utilisées dans le marché des ordinateurs au sujet de la mémoire.

Un mot-mémoire de 8 bits est appelé un octet. [= Byte] Un octet = 8 bits = 8 éléments de mémoire pouvant contenir soit le 0 ou le 1 (ce qui permet de mémoriser les nombres allant de 0 à 255)

Pour exprimer les grandes quantités de mémoire que possède un ordinateur, nous utilisons les Kilo (où K vaut 1 024) comme unité.

$$1 K = 1\ 024 \text{ octets} = (1\ 024 \times 8) \text{ bits.}$$

Ainsi, lorsqu'on mentionne qu'un ordinateur possède 640K de mémoire, ceci équivaut à (640 x 1 024) octets = 655 360 octets.

Il est important de réaliser :

- qu'un ordinateur possède toujours une quantité limitée de mémoire. Ceci impose une borne supérieure sur le nombre de données et d'instructions qu'il peut mémoriser;

- l'information dans la mémoire de l'ordinateur est conservée temporairement, elle disparaît quand l'alimentation en courant est coupée (c'est le cas des mémoires modernes);

- qu'un mot-mémoire ne peut pas mémoriser une information arbitrairement grande.

Nous venons de mentionner que la mémoire principale conservait temporairement les informations. Pour pouvoir conserver de façon permanente les informations, il existe des **mémoires auxiliaires** ou **secondaires**.

Les mémoires auxiliaires

Les mémoires auxiliaires sont, pour la plupart, basées sur une technologie utilisant une subtance magnétisable. Elles permettent d'enregistrer de l'information sur un support enduit de cette substance et de la relire. Les détails de ces opérations importent peu ici, mais il convient de retenir que l'information reste enregistrée sur le support physique, même lorsque le courant d'alimentation est coupé.

Exemples de mémoires auxiliaires :

- les disquettes;
- les rubans magnétiques;
- les disques magnétiques.

Tous ces types de mémoires auxiliaires ont cependant l'inconvénient d'être beaucoup plus lents à l'usage que la mémoire principale «toute électronique» de l'ordinateur. C'est pourquoi, bien qu'utiles, ils ne remplacent pas cette dernière.

1.3 LANGAGES DE PROGRAMMATION

Dans la section 1.1, nous avons introduit la notion d'algorithme, ce dernier étant une façon de représenter la solution d'un problème. L'algorithme est écrit dans un **langage humain**, le français dans notre cas. Dans la section 1.2, nous avons constaté que l'information (les données et les instructions) conservée dans l'ordinateur était sous forme de suites de 0 et de 1. De plus, l'unité de commande et de contrôle ne peut exécuter que des ordres qui lui sont communiqués sous la forme de 0 et de 1. Ces suites de 0 et de 1 correspondent au langage de l'ordinateur que l'on nomme le **langage machine**. Notre objectif est de faire exécuter notre algorithme par l'ordinateur. Nous constatons qu'il y a un problème de communication, car l'algorithme est exprimé en **langage humain** et l'ordinateur comprend seulement le **langage machine.**

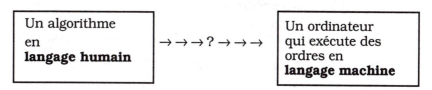

Pour que l'ordinateur soit en mesure d'exécuter nos algorithmes, il faudrait les écrire en langage machine. Ainsi, il faudrait traduire notre algorithme du calcul du salaire net sous la forme d'une suite d'instructions en langage machine. L'algorithme prendrait alors la forme suivante :

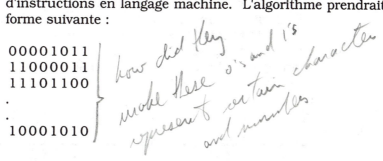

00001011
11000011
11101100
.
.
10001010

L'écriture de notre algorithme dans ce langage devient très vite fastidieuse, car elle conduit à de nombreuses suites de 0 et de 1 et il est très facile de faire une erreur. Ce langage nous est peu familier et il donne des algorithmes peu clairs!

Au lieu de traduire nos algorithmes en langage machine, nous les traduirons dans un langage qui s'apparente au langage humain. Ces langages que l'on nomme **les langages de programmation** possèdent, afin d'être moins ambigus, une grammaire plus restreinte, mais plus précise comparativement aux langages humains. La grammaire et la syntaxe de ces langages sont telles qu'elles permettent une traduction automatique d'un algorithme écrit en langage de programmation en langage machine. Nous utilisons un langage intermédiaire parce qu'une traduction automatique de notre algorithme du langage humain en langage machine est impossible, les langages humains étant souvent trop ambigus.

> **L'écriture de notre algorithme dans un langage de programmation s'appelle un programme.**

Celui qui maîtrise les règles de grammaire, la syntaxe d'un langage de programmation et quelques techniques est en mesure de programmer ces algorithmes; on dit de lui qu'il est un **programmeur**.

Quelques exemples de langages de programmation :

PASCAL; COBOL; FORTRAN; BASIC; Langage C; PL/1; APL; Ada

Chaque langage possède une grammaire et une syntaxe qui lui sont propres.

Nous présentons à titre d'exemple à la figure 1.5 un programme PASCAL. Il correspond à la traduction en PASCAL de l'algorithme du calcul du salaire net. L'exemple est présenté seulement pour illustrer qu'un langage de programmation comme PASCAL s'apparente davantage aux langages humains plutôt qu'au langage machine. La compréhension des éléments du programme se fera à la lecture du chapitre 2.

L'algorithme			Le programme PASCAL

			`PROGRAM Salaire (INPUT,OUTPUT);`
			`VAR`
			`  NbHrs, TauxHoraire,`
			`  SalaireBrut, Impot,`
			`  SalaireNet:           REAL;`
			`BEGIN`

Étape 1		obtenir la valeur de `NbHrs`	`READLN (INPUT,NbHrs);`
Étape 2		obtenir la valeur de `TauxHoraire`	`READLN (INPUT,TauxHoraire);`
Étape 3		`SalaireBrut` ← `NbHrs` x `TauxHoraire`	`SalaireBrut:= NbHrs *` `               TauxHoraire;`
Étape 4		`Impot` ← `SalaireBrut` x 0.20	`Impot := SalaireBrut * 0.20;`

```
Étape 5  SalaireNet ← SalaireBrut -        SalaireNet:= SalaireBrut -
         Impot - 11.63                                  Impot - 11.63
Étape 6  communiquer la valeur de SalaireNet  WRITELN (OUTPUT,SalaireNet);
                                    END.
```

Figure 1.5   Exemple d'un programme PASCAL

1.4 UTILISATION DE L'ORDINATEUR

La solution de notre problème, d'abord écrite sous la forme d'un algorithme, se retrouve maintenant écrite dans un langage de programmation. Notre objectif est de faire exécuter par l'ordinateur les instructions contenues dans le programme. Afin d'y arriver, nous devons en pratique franchir trois phases : **l'édition**, **la compilation** et **l'exécution** du programme. Détaillons ces phases.

La phase d'édition du programme

Elle consiste à insérer le texte du programme dans l'ordinateur. Nous réalisons cette tâche en utilisant un programme nommé **éditeur**. L'éditeur est un programme fourni par un fabricant d'ordinateurs ou un vendeur. Il nous permet entre autres, d'insérer, de modifier ou de détruire du texte dans l'ordinateur. Toutes les modifications futures au programme se réaliseront en utilisant l'éditeur. Le programmeur doit se familiariser avec le jeu de commandes de l'éditeur à sa disposition. Notons que l'éditeur est un programme qui permet d'éditer n'importe quel texte.

La phase de compilation du programme

Elle consiste à demander la traduction automatique du programme écrit dans un langage de programmation en langage machine[2]. Cette tâche est réalisée en utilisant un programme nommé **compilateur**. Le compilateur est un programme qui analyse le programme écrit dans un langage de programmation afin de produire une traduction en langage machine.

À chacun des langages de programmation correspond un compilateur. Si nous voulons faire traduire un programme PASCAL, nous devons utiliser un **compilateur PASCAL**.

---

2 Programme qui, rappelons-le, est déjà mémorisé dans l'ordinateur avec l'aide de l'éditeur.

La phase d'exécution du programme

Elle consiste à demander l'exécution du programme en langue machine résultant de l'étape précédente. C'est à cette étape que l'ordinateur exécute le traitement spécifié par le programme. Il est possible, selon le traitement effectué, que nous ayons à fournir durant l'exécution les données nécessaires au programme.

Nous avons énuméré les trois phases nécessaires à l'exécution, par l'ordinateur, des instructions d'un programme PASCAL. Ces phases sont communes à chaque ordinateur mais le détail des commandes qui permet de les réaliser dépend de l'ordinateur que vous utiliserez.

Fichier et système d'exploitation

Nous avons brièvement mentionné que l'éditeur va permettre d'insérer et de modifier le texte du programme. Sur tous les ordinateurs, ce texte doit être conservé dans un fichier sur mémoire auxiliaire (soit le disque ou la disquette).

Il existe, avec l'ordinateur, un logiciel pour la gestion de ces fichiers et des programmes à exécuter. Il se nomme le système d'exploitation et il assure le rôle d'interface entre la machine et l'utilisateur.

Tous les programmes mentionnés précédemment (éditeur, compilateur, système d'exploitation, programmes écrits par l'usager) forment le **logiciel** (en anglais *software*) de l'ordinateur.

1.5 ERREURS DE PROGRAMMATION

L'écriture d'un programme n'est pas toujours simple; assez souvent, des erreurs de toutes sortes sont rencontrées. Celles-ci peuvent survenir à toutes les phases de la mise au point d'un programme.

Nous distinguons durant ces phases, trois niveaux d'erreurs possibles: les erreurs de **compilation**, les erreurs d'**exécution** et les erreurs de **logique**. Elles nous sont signalées respectivement durant la phase de compilation, d'exécution du programme et d'analyse des résultats.

Erreurs de programmation **17**

Les erreurs de compilation Le programme que nous voulons traduire ne respecte pas la syntaxe ou la grammaire du langage de programmation que nous utilisons. Si le programme contient des erreurs de syntaxe ou de grammaire, le compilateur signale ces erreurs et aucune traduction en langage machine n'est générée. Afin de corriger ces erreurs, le programmeur doit retourner à la phase d'édition. Le programmeur peut passer à la phase d'exécution seulement quand son programme a été traduit par le compilateur, ceci exige qu'il ne contienne aucune erreur de syntaxe ou de grammaire.

Les erreurs d'exécution La traduction du programme en langage machine s'est bien effectuée, sauf que les instructions du programme demandent d'effectuer une opération illégale. L'exécution du programme s'arrête immédiatement au moment où le programme tente d'effectuer l'opération illégale.

Les erreurs de logique Le programme s'exécute normalement et il se termine normalement sans erreur d'exécution, mais le résultat produit ne correspond pas à nos attentes. Il y a une erreur quelque part! Exemple : le programme du salaire net calcule des salaires nets inférieurs à zéro. Pour y remédier, il faut réviser notre algorithme.

ERREURS ET PROBLÈMES FRÉQUEMMENT RENCONTRÉS

- On peut facilement communiquer avec l'ordinateur en utilisant le français ou l'anglais

    Solution : apprendre un langage de programmation (exemple : PASCAL); apprendre à exprimer sa pensée sous forme d'un algorithme pouvant résoudre le problème désiré...

- Mauvaise définition du problème à résoudre

    Solution : aucune recette miracle, il faut essayer de repérer les imprécisions que contient la définition du problème.

- L'algorithme est erroné

    Solution : simuler manuellement l'algorithme avec des données, c'est-à-dire, exécuter vous-même les étapes de votre algorithme (à l'aide d'un crayon et du papier...) afin de vous assurer que vous obtenez les résultats désirés.

- Oublier de sauvegarder le programme sur mémoire auxiliaire

    La mémoire principale conserve temporairement le programme. Les modifications que vous effectuez sur votre programme à l'aide de l'éditeur s'effectuent souvent en mémoire principale.

    Solution : prendre l'habitude durant une séance de travail de copier votre programme modifié sur la mémoire auxiliaire (exemple: votre disquette).

RÉVISION

1. Pouvez-vous identifier les trois étapes de base pour résoudre un problème? (*revoir 1.1*)

2. Quelle est la définition du mot algorithme? (*revoir 1.1*)

3. Quelle est la définition du mot identificateur? (*revoir 1.1*)

4. Pouvez-vous identifier, à l'aide du schéma de la structure générale d'un ordinateur, le déplacement de l'information dans les unités qui forment l'ordinateur? (*revoir 1.2*)

5. Pouvons-nous conserver des quantités illimitées d'informations dans la mémoire d'un ordinateur? (*revoir 1.2*)

6. Connaissez-vous la différence entre la mémoire principale et les mémoires auxiliaires? (*revoir 1.2*)

7. Quel est le langage de l'ordinateur? (*revoir 1.3*)

8. Pourquoi devons-nous écrire nos algorithmes en langage de programmation? (*revoir 1.3*)

9. Pouvez-vous identifier les trois phases dans l'utilisation de l'ordinateur en vue d'exécuter un algorithme écrit dans un langage de programmation? (*revoir 1.4*)

10. Pouvez-vous associer un niveau d'erreur à chacune des étapes dans la résolution d'un problème? (*revoir 1.5*)

RÉSUMÉ

Nous venons de voir le cheminement à suivre afin de résoudre un problème à l'aide de l'ordinateur. La première étape consiste à **représenter la solution du problème avec un algorithme**. L'élaboration de l'algorithme exige l'identification des données et des valeurs intermédiaires à calculer afin d'obtenir les résultats.

Nous devons **traduire notre algorithme dans un langage de programmation** afin d'obtenir un programme qui pourra être traduit, à son tour, en langage machine par le compilateur.

Nous avons constaté que **l'ordinateur est un ensemble formé de matériel et de logiciel**. Les logiciels sont les programmes qui sont exécutés par le matériel. Ces programmes nous permettent d'utiliser le matériel qui compose l'ordinateur. Nous avons d'ailleurs examiné le (programme) **éditeur** qui nous permet d'éditer du texte et le (programme) **compilateur** qui traduit un programme d'un langage évolué en langage machine.

Nous avons identifié **trois niveaux d'erreurs** possibles dans le cheminement à suivre. **Les erreurs de compilation** causées par un non-respect de la syntaxe ou de la grammaire du langage de programmation utilisé, **les erreurs d'exécution** causées par la demande d'un traitement illégal, et **les erreurs de logique** à cause d'un algorithme qui ne produit pas le résultat désiré.

Étapes à suivre afin de résoudre un problème à l'aide d'un ordinateur.

Étape 1		Définir et comprendre le problème;
Étape 2		trouver la solution du problème et la représenter à l'aide d'un **algorithme**.
Étape 3		effectuer **la programmation** de l'algorithme dans un langage évolué (ex : traduire l'algorithme dans le langage PASCAL);
Étape 4		**éditer** le programme à l'aide de l'éditeur;
Étape 5		**compiler** le programme à l'aide du compilateur;
Étape 6		corriger les erreurs de compilation, s'il y a lieu (ceci demande de retourner à l'étape 4);
Étape 7		faire exécuter le programme traduit, sans erreur de compilation;

Étape 8   corriger les erreurs d'exécution, s'il y a lieu (ceci demande de retourner à l'étape 4);

Étape 9   analyser les résultats obtenus, pour vérifier si l'exécution s'est terminée normalement;

Étape 10   corriger les erreurs de logique dans le traitement, s'il y a lieu (ceci demande de retourner à l'étape 2).

EXERCICES

1. Répondez par Vrai ou Faux à chacune des affirmations suivantes.
   a) En PASCAL, on ne peut traiter que des informations de type numérique.
   b) La conception de l'algorithme est l'étape qui suit celle de l'édition du programme.
   c) Nous avons besoin de connaître les données disponibles ainsi que les résultats attendus afin de déterminer l'algorithme requis pour résoudre un problème.
   d) Un algorithme décrit le cheminement pour résoudre un problème en un nombre fini d'étapes.
   e) Les mémoires auxiliaires sont aussi rapides que la mémoire principale de l'ordinateur.

2. Quel est la taille de mémoire nécessaire pour mémoriser 16 384 nombres entiers si l'on considère que deux octets sont utilisés pour mémoriser de tels nombres?

3. Citez 3 types d'erreurs de base en programmation.

4. Écrivez un algorithme pour convertir dans le système métrique le poids et la taille d'une personne à partir de son poids en livre et de sa taille en pieds et pouces.

5. Écrivez l'algorithme permettant de calculer le prix total à débourser pour l'achat d'un item taxable.

6. Écrivez l'algorithme permettant de calculer l'âge d'une personne à partir de la date courante et de la date d'anniversaire.

EXERCICES NON SOLUTIONNÉS

1. Répondez par Vrai ou Faux à chacune des affirmations suivantes.

   a) L'unité logique et arithmétique de l'ordinateur sert à diriger le déroulement des opérations effectuées par l'unité centrale de traitement.

   b) La solution d'un problème, en informatique, s'exprime sous la forme d'un algorithme et cet algorithme peut alors être traduit dans un langage de programmation.

   c) Le rôle d'un compilateur PASCAL est de traduire un programme source (écrit en PASCAL) en langage machine directement exécutable par l'ordinateur. En traduisant, il nous signale aussi les erreurs de grammaire.

   d) Un programme sans erreur de syntaxe, ni d'erreurs d'exécution nous donne <u>toujours</u> les résultats attendus.

   e) Dans un ordinateur, il y a une unité centrale de traitement pour chaque unité d'entrée ou de sortie.

2. Décrivez brièvement, ce qu'est:

   a) Un identificateur.

   b) Un algorithme.

   c) Un programme.

   d) Un éditeur.

   e) Un compilateur.

3. Identifiez les unités d'entrée et les unités de sortie de l'ordinateur que vous utilisez.

4. Écrivez un algorithme pour calculer la vitesse moyenne d'une automobile et son kilométrage au litre, lors d'un voyage, à partir de la distance parcourue, de la durée du trajet et de sa consommation totale d'essence.

5. Afin de pratiquer l'utilisation de votre ordinateur et de vous familiariser avec le compilateur PASCAL, nous vous suggérons d'entrer le texte du programme présenté à la fin de la section 1.5 dans l'ordinateur, de le compiler et de le faire exécuter. Nous vous conseillons de bien lire la documentation disponible et, au besoin, de demander l'aide d'une personne ressource.

ÉLÉMENTS
DE PROGRAMMATION

2.1	Structure d'un programme PASCAL
2.2	Identificateurs
2.3	Notion de variable
2.4	Section des déclarations de variable
2.5	Notion d'instruction
2.6	Instruction de lecture `READLN`
2.7	Instruction d'affectation
2.8	Instruction d'écriture `WRITELN`
2.9	Instruction d'écriture `WRITE`
2.10	Utilisation des identificateurs de constante
2.11	Types de base
2.12	Opérateurs arithmétiques usuels
2.13	Formats d'impression
2.14	Messages d'incitation
2.15	Commentaires dans un programme PASCAL

OBJECTIFS

- Se familiariser avec le vocabulaire du langage PASCAL;

- apprendre les éléments de base, nécessaires à la rédaction de programmes;

- apprendre les trois instructions simples de lecture, d'écriture et d'affectation;

- pouvoir écrire des programmes PASCAL simples mais complets.

INTRODUCTION

Dans le présent chapitre, nous abordons les éléments de base du langage de programmation PASCAL. Ces éléments permettent la traduction d'algorithmes simples en programmes PASCAL complets et fonctionnels.

Figure 2.1
Programme du calcul d'un salaire net.

```
1   PROGRAM   Salaire (INPUT,OUTPUT) ;
2
3   VAR
4     NbHrs           : REAL ;
5     TauxHoraire     : REAL ;
6     SalaireBrut     : REAL ;
7     Impot           : REAL ;
8     SalaireNet      : REAL ;
9
10  BEGIN
11
12    READLN (INPUT, NbHrs) ;
13    READLN (INPUT, TauxHoraire) ;
14
15    SalaireBrut     := NbHrs * TauxHoraire ;
16    Impot           := SalaireBrut * 0.20 ;
17    SalaireNet      := SalaireBrut - Impot - 11.63 ;
18
19    WRITELN (OUTPUT, SalaireNet) ;
20
21  END.
```

La figure 2.1 représente la traduction en PASCAL de l'algorithme du calcul du salaire net (figure 1.5). Vous trouverez dans ce programme les éléments suivants :

- l'en-tête du programme (ligne 1);

- la section des déclarations de variables (lignes 3 à 8) dans laquelle nous déclarons les identificateurs représentant les informations manipulées par le programme;

- le bloc du programme (lignes 10 à 21) contenant les instructions PASCAL qui traduisent les étapes de l'algorithme, soient :
    - l'instruction de lecture   (lignes 12 et 13)
    - l'instruction d'affectation   (lignes 15, 16 et 17)
    - l'instruction d'écriture   (ligne 19).

Nous compléterons le chapitre en abordant des éléments de style tels les formats d'impression, les messages d'incitation et les commentaires afin d'obtenir des programmes plus complets et mieux présentés.

2.1 STRUCTURE D'UN PROGRAMME PASCAL

La structure minimale d'un programme PASCAL se compose de trois parties :

Partie 1 L'en-tête du programme;

Partie 2 le bloc du programme;

Partie 3 le point terminateur qui marque la fin du programme.

La figure 2.2 illustre les trois parties à l'aide d'un programme minimal qui n'exécute aucun traitement. Il s'agit toutefois d'un programme correct en PASCAL car il contient le minimum essentiel.

Figure 2.2
Un programme minimal

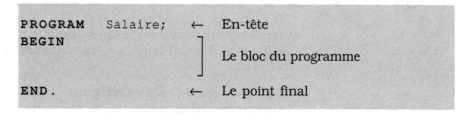

Partie 1 **L'en-tête du programme**

L'en-tête indique le nom que le programmeur a choisi pour son programme et éventuellement comment le programme va communiquer avec son environnement.

Syntaxe de l'en-tête du programme

```
PROGRAM    Salaire;
   1          2   3
```

1. L'en-tête débute avec le mot **PROGRAM**; ce mot fait partie intégrante du langage. Il doit être orthographié tel quel;

2. l'identificateur choisi par le programmeur; il correspond au nom que le programmeur donne à son programme;

3. l'en-tête du programme se termine par le séparateur point-virgule.

Partie 2 **Le bloc du programme**

Le bloc du programme est la partie où le traitement à exécuter est spécifié. Le bloc du programme est délimité par les mots **BEGIN** et **END** qui indiquent le début et la fin du traitement. C'est dans le bloc du programme que nous placerons la traduction en langage PASCAL de l'algorithme. Dans l'exemple de la figure 2.2 aucun traitement n'est spécifié entre les identificateurs **BEGIN** et **END**, ainsi ce programme ne fait strictement rien.

Partie 3 **Le point terminateur**

C'est le point qui suit l'identificateur **END**. Il marque la fin du programme.

2.2 IDENTIFICATEURS

Les éléments de base avec lesquels nous écrirons nos programmes PASCAL sont les caractères. Nous distinguons trois genres de caractères :

1. *Les caractères alphabétiques* : Les lettres minuscules ou majuscules de l'alphabet a b c d...y z   A B C D...Y Z;

2. *Les caractères numériques* : les chiffres 0 1 2 3 4 5 6 7 8 9;

3. *Les caractères spéciaux* : tels que : ( ) ; . = , l'espace.

Les caractères alphabétiques et/ou numériques peuvent être regroupés pour former un identificateur.

Un identificateur est un nom symbolique qui sert à nommer un objet.

Les mots **PROGRAM**, `Salaire` et `INPUT` sont des identificateurs. Nous distinguons trois sortes d'identificateurs : les identificateurs réservés, les identificateurs définis par le programmeur et les identificateurs prédéfinis.

Les identificateurs réservés

Ce sont les mots du langage PASCAL. Les identificateurs réservés possèdent un sens précis, on ne peut les changer et ils ne doivent jamais être utilisés par le programmeur pour désigner autre chose.

exemple **PROGRAM BEGIN END**

Ces identificateurs sont des points de repère pour le compilateur qui a la tâche de traduire le programme PASCAL en langage machine. Ces mots doivent être orthographiés tels quels. Le lecteur retrouvera en annexe la liste des identificateurs réservés du langage PASCAL.

Les identificateurs définis par le programmeur

Ce sont les noms symboliques que choisit le programmeur pour nommer des objets. C'est le cas des identificateurs de variables introduits au chapitre 1.

exemple `Salaire` est un identificateur choisi par le programmeur pour nommer son programme.

Le programmeur choisira aussi des identificateurs pour nommer des informations telles que les données et les résultats. Il y a des règles à respecter pour le choix des identificateurs.

- Un identificateur doit obligatoirement commencer par une lettre;
- les caractères suivants peuvent être alphabétiques ou numériques mais non spéciaux;
- il est permis d'utiliser les majuscules comme les minuscules;
- il est interdit d'utiliser des accents sur les lettres ou des espaces.
- il est interdit d'utiliser un identificateur réservé;

Voici quelques exemples d'identificateurs légaux et illégaux :

Identificateurs légaux	Identificateurs illégaux	
NbHrs	1CHOIX	Débute avec un caractère numérique
Ramses2		
A1234	BEGIN	C'est un identificateur réservé
MAJUSCULE		
minuscule	begin	C'est un identificateur réservé
	Nb Élève	Il contient un espace et des accents

Les identificateurs prédéfinis Ce sont des identificateurs qui représentent des objets déjà définis.

exemple INPUT   représente un dispositif d'entrée (clavier)

OUTPUT   représente un dispositif de sortie (écran)

REAL   représente l'ensemble des valeurs réelles

INTEGER représente l'ensemble des valeurs entières

Les identificateurs présents dans le programme PASCAL de la figure 2.1 pour le calcul du salaire net se classifient ainsi :

Les identificateurs réservés	Les identificateurs du programmeur	Les identificateurs prédéfinis
PROGRAM	Salaire	INPUT
VAR	NbHrs	OUTPUT
BEGIN	TauxHoraire	REAL
END	SalaireBrut	READLN
	Impot	WRITELN
	SalaireNet	

Afin de distinguer les différentes sortes d'identificateurs dans les programmes présentés, volontairement, nous écrirons en majuscules et en caractères gras les identificateurs réservés, et en majuscules et en caractères réguliers, les identificateurs prédéfinis.

2.3 NOTION DE VARIABLE

Nous avons déjà mentionné que les informations manipulées par le programme résideront dans la mémoire principale de l'ordinateur. Afin de pouvoir se référer à ces informations, il est nécessaire d'associer à chacune d'elles un identificateur que le programmeur choisit. L'identificateur désignera une zone mémoire susceptible de recevoir une valeur. C'est le compilateur qui s'occupe de la gestion des zones mémoires à partir des identificateurs utilisés.

Par analogie, considérons un verre d'eau; il y a un contenant physique, il y a un contenu et un identificateur qui représente le contenant.

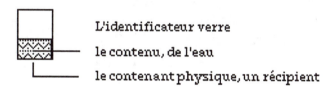

Il en est de même avec l'identificateur de variable NbHrs dans le programme de la figure 2.1.

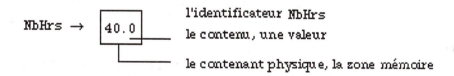

L'identificateur NbHrs représente une zone mémoire dont le contenu est une valeur.

Il faut bien distinguer l'identificateur de la valeur qu'il représente. NbHrs va toujours désigner la même zone mémoire mais la valeur contenue dans la zone peut changer. Nous utiliserons le terme ***identificateur de variable*** ou ***variable*** **quand il s'agit d'un identificateur qui représente une zone mémoire dont la valeur du contenu peut changer.**

2.4 SECTION DES DÉCLARATIONS DE VARIABLE

Dans la section 2.1, nous avons identifié trois parties à un programme PASCAL. Rajoutons une quatrième partie qu'on nomme la *section des déclarations de variable* dans laquelle nous allons **déclarer** tous les **identificateurs de variable** utilisés dansle programme. Cette section se situera obligatoirement entre l'en-tête et le bloc du programme.

Nous obtenons maintenant comme structure plus générale d'un programme PASCAL :

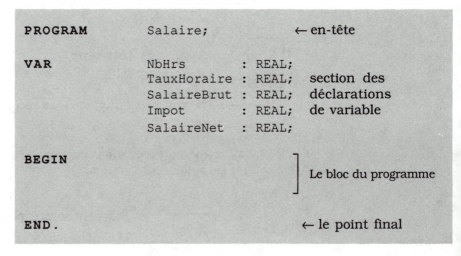

Figure 2.3 Section des déclarations de variable

La section des déclarations d'identificateurs de variable débute avec l'identificateur réservé **VAR** et est suivi d'autant de déclarations d'identificateurs que l'on désire.

Voici un exemple simple :

```
VAR   NbHrs : REAL ;
 1     2    3  4   5
```

1 l'identificateur réservé **VAR**; il apparaît une seule fois au début de la section;

2 un identificateur de variable;

3 le séparateur deux-points;

4 un identificateur prédéfini qui indique la sorte de valeur associée à l'identificateur;

5 le séparateur point-virgule.

> **Déclarer une variable, c'est définir un identificateur pour représenter une zone mémoire susceptible de recevoir une valeur d'une sorte donnée.**

L'identificateur de variable `NbHrs` représente une zone mémoire qui va pouvoir contenir, lors de l'exécution du programme, une valeur réelle.

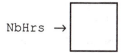

> **La sorte de valeur associée à l'identificateur de variable est appellée le type de la variable.**

`NbHrs` est une variable de type `REAL`, c'est-à-dire un nombre réel (nombre avec une partie décimale).

Voici d'autres exemples qui illustrent les possibilités grammaticales :

- Nous pouvons déclarer plusieurs identificateurs de même type de la façon suivante :

    VAR   `NbHrs, TauxHoraire : REAL ;`
    les identificateurs sont séparés par une virgule.

    ou **VAR**   `NbHrs,`
                    `TauxHoraire : REAL ;`
    les blancs entre les identificateurs sont ignorés.

    ou **VAR**   `NbHrs       : REAL ;`
                    `TauxHoraire : REAL ;`
    nous pouvons répéter le type à chaque identificateur.

- Nous pouvons déclarer plusieurs identificateurs de types différents :

  ```
  VAR
  A, B : REAL;
  C, D : INTEGER;
  ```
  L'identificateur **VAR** n'apparaît qu'une seule fois.

Remarques

- Le même identificateur de variable ne peut être déclaré plus d'une fois ;

- tous les identificateurs de variable qui seront utilisés dans le programme doivent préalablement être déclarés. Si vous oubliez de déclarer un identificateur, une erreur sera signalée à la compilation;

- il est intéressant de choisir des identificateurs de variable significatifs. Le nom de l'identificateur doit nous renseigner sur la signification de l'information. L'utilisation des majuscules permet de mettre en évidence chacun des débuts de mots qui forment l'identificateur.

  exemple si une information représente un nombre d'étudiants nous pourrions choisir `NbEtudiant` qui est plus significatif que `X`.

2.5 NOTION D'INSTRUCTION

Le programme de la figure 2.3 contient les quatre parties de base d'un programme PASCAL, mais il n'exécute aucun traitement. Dans son état actuel, il ne déclare que cinq identificateurs comme étant des variables de type réel. C'est à l'aide d'instructions placées dans le bloc du programme, entre les identificateurs réservés **BEGIN** et **END**, que nous décrirons le traitement à exécuter.

> **Une instruction est une commande qui exécute un traitement précis.**

Le langage PASCAL offre plusieurs instructions. Pour maîtriser le langage PASCAL, il faut apprendre la syntaxe et l'effet des instructions du langage. Ces instructions nous permettent de faire exécuter le traitement spécifié dans les algorithmes.

Nous étudierons trois instructions nous permettant d'exécuter trois actions de base que nous retrouvons dans la plupart des algorithmes à traduire en PASCAL :

Notion d'instruction **33**

1 la **lecture** des données du problème ; READ (   )

2 les **calculs** avec les données ; IE NGHR * SALAIRE

3 l'**écriture** des résultats. WRITE (   )

La traduction en PASCAL de ces actions, se fait avec :

1 l'instruction de **lecture** ;

2 l'instruction d'**affectation** ;

3 l'instruction d'**écriture** .

Le bloc du programme de la figure 2.1 contient une séquence de six instructions : deux instructions de lecture, trois instructions d'affectation et une instruction d'écriture.

> **Une séquence d'instructions encadrée par les identificateurs réservés BEGIN et END forme ce que l'on appelle une instruction composée.**

Ainsi, le bloc du programme correspond à une instruction composée. Les instructions du bloc seront exécutées séquentiellement, en débutant avec la première qui suit l'identificateur réservé BEGIN.

2.6 INSTRUCTION DE LECTURE READLN

Dans la section 2.4, nous avons appris qu'il est possible de déclarer un identificateur pour représenter une zone mémoire susceptible de recevoir une valeur d'une sorte donnée. Maintenant, avec l'instruction de lecture READLN, nous pourrons, à l'exécution du programme, associer une valeur à l'identificateur, autrement dit, placer une valeur dans la zone mémoire représentée par l'identificateur.

L'exécution de la première instruction du programme de la figure 2.1 (page 24).

READLN (INPUT, NbHrs) ;

a pour effet d'attendre qu'une valeur réelle soit tapée au clavier par l'utilisateur du programme. L'utilisateur du programme, qu'on nomme l'*usager*, devra taper au clavier une valeur réelle et terminer en pressant sur la touche «RETURN» ou «ENTER» selon le clavier. En pressant sur cette touche, l'usager indique au programme qu'il peut effectuer la lecture. Ainsi, la valeur précisée par l'usager est associée à l'identificateur NbHrs et l'exécution du programme se poursuit avec l'instruction suivante.

Avant l'exécution

NbHrs → ?

Avec READLN (INPUT, NbHrs)

et si l'usager tape la valeur 40.0

Après l'exécution

NbHrs → 40.0

L'instruction READLN nous permet d'aller chercher des valeurs à l'extérieur du programme et de les associer à nos identificateurs de variable.

Syntaxe générale de l'instruction READLN

READLN (INPUT, V_1 , V_2 , ..., V_n) ;
                1   **2**

1 un identificateur qui indique avec quelle unité se fait la lecture, l'identificateur INPUT correspond au clavier;

2 une liste d'identificateurs de variable, les identificateurs étant séparés par une virgule.

L'action : Exécute une lecture à l'endroit spécifié par **1** d'autant de valeurs qu'il y a d'identificateurs dans la liste **2**. La première valeur lue est associée au premier identificateur, la deuxième valeur au deuxième identificateur et ainsi de suite. La sorte de valeur lue (réelle, entière) doit être identique au type de la variable qui lui correspond.

L'utilisation d'une unité de lecture (INPUT) par l'instruction READLN requiert une modification; ainsi, l'en-tête du programme devient :

PROGRAM Salaire (INPUT) ;

INPUT indique que le programme va effectuer une lecture de données.

L'interaction entre le programme et l'usager

C'est par une instruction de lecture `READLN` au clavier, spécifiée avec l'identificateur prédéfini `INPUT`, que le programme exige l'intervention de l'usager. La façon dont l'usager devra taper les valeurs dépend de l'organisation des instructions de lecture dans le programme.

Dans le programme de la figure 2.1 (page 24), nous avons deux instructions de lecture consécutives, au clavier.

```
READLN (INPUT, NbHrs) ;
READLN (INPUT, TauxHoraire) ;
```

L'usager devra taper une première valeur réelle suivie de la touche «RETURN» ou «ENTER» ainsi qu'une deuxième valeur suivie de nouveau de la touche «RETURN» ou «ENTER»

Nous aurions pu placer dans le programme une seule instruction de lecture telle que :

```
READLN (INPUT, NbHrs, TauxHoraire) ;
```

Avec une seule instruction de lecture possédant deux identificateurs dans la liste, l'usager devra taper une première valeur réelle suivie d'au moins un espace et la deuxième valeur réelle; il termine avec la touche «RETURN» ou «ENTER». L'espace entre les deux valeurs est obligatoire pour les distinguer.

2.7 INSTRUCTION D'AFFECTATION

L'instruction d'affectation permet d'effectuer un calcul et d'allouer le résultat du calcul à l'identificateur d'une variable.

Syntaxe générale de l'instruction d'affectation

```
SalaireBut := NbHrs * TauxHoraire;
     1         2         3
```

1 un identificateur de variable, qui doit être déclaré dans la section des déclarations de variable du programme;

2 **l'opérateur d'affectation** composé du caractère deux-points (:) et du caractère égal (=), sans espace entre les deux.

3   une «expression» qui peut correspondre à **une valeur, un identificateur de variable ou à un calcul impliquant des valeurs et/ou des variables**;

L'action : L'opérateur d'affectation := exprime le transfert du résultat du calcul à sa droite, dans la zone mémoire représentée par l'identificateur de variable à sa gauche. C'est l'équivalent PASCAL du symbole ← que l'on a déjà utilisé pour exprimer nos algorithmes.

Le nom d'instruction d'affectation se justifie par le fait que le résultat de l'expression est ***affectée*** à la variable à gauche de l'opérateur d'affectation.

Avant		Instruction exécutée	Après	
Nbhrs	→ 40.0		NbHrs	→ 40.0
TauxHoraire	→ 8.0	SalaireBrut := NbHrs * TauxHoraire;	TauxHoraire	→ 8.0
SalaireBrut	→ ?		SalaireBrut	→ 320.0

L'instruction d'affectation permet d'associer une valeur à une variable. Il en est de même avec l'instruction de lecture. La différence, c'est qu'avec l'instruction de lecture la valeur provient de l'extérieur du programme, tandis qu'avec l'instruction d'affectation la valeur provient d'un calcul entre des informations à l'intérieur du programme.

À titre d'exemple supplémentaire, interchangeons les valeurs de deux variables A et B, de type quelconque. Pour y arriver, nous devons utiliser temporairement une autre variable du même type ainsi qu'une séquence de trois instructions d'affectation.

Après cette séquence, la variable A contient la valeur initiale de la variable B et la variable B, la valeur initiale de la variable A.

```
T := A;
```
La valeur de la variable A est sauvegardée dans une variable temporaire T;

```
A := B;
```
La valeur de la variable B est copiée dans la variable A. Notons que l'ancien contenu de A est détruit;

```
B := T;
```
L'ancienne valeur de A sauvegardée dans la variable T est copiée dans la variable B.

Figure 2.4
Interchanger les valeurs de deux variables

	T	A	B
Avant	?	5	10
T:=A;	5	5	10
A:=B;	5	10	10
B:=T;	5	10	5

2.8 INSTRUCTION D'ÉCRITURE WRITELN

Dans la section 2.6, nous avons vu l'instruction READLN qui nous permet d'aller chercher à l'extérieur du programme une valeur et de l'associer à une variable. L'action inverse consiste à prendre une valeur associée à une variable et de la communiquer à l'extérieur du programme. C'est l'instruction WRITELN qui va nous permettre de communiquer aux utilisateurs du programme les valeurs des variables.

L'exécution de la dernière instruction du programme de la figure 2.1 (page 24)

```
                WRITELN (OUTPUT, SalaireNet ) ;
```

a pour effet de ***copier à l'écran*** la valeur de la variable SalaireNet. Autrement dit, le contenu de la zone mémoire représentée par l'identificateur SalaireNet est copié à l'écran.

Syntaxe générale de l'instruction WRITELN

WRITELN (OUTPUT, I_1 , I_2 , ..., I_n);
          1   **2**

1 Un identificateur qui indique à quel endroit se fait l'écriture des informations. L'identificateur prédéfini OUTPUT correspond à l'écran;

2 La liste des informations que nous voulons écrire, chacune des informations étant séparée par une virgule.

exemples d'information : une chaîne de caractères, la valeur d'une variable.

L'action : Exécute l'écriture à l'endroit spécifié par **1** des informations de la liste **2**. Après l'écriture des informations, le mécanisme d'écriture se positionne sur la ligne suivante pour la prochaine écriture d'informations.

L'écriture d'une chaîne de caractères

Une chaîne de caractères est une suite de caractères placés entre des apostrophes.

exemple `'Bonjour je te souhaite une bonne journée'`

Une chaîne de caractères peut être placée dans une instruction d'écriture WRITELN afin de communiquer un message.

exemple l'instruction
`WRITELN (OUTPUT,'Je te souhaite une bonne journée');`

a pour effet d'écrire à l'écran la chaîne de caractères telle quelle.

Remarques

■ Si la chaîne de caractères à afficher contient un apostrophe, vous devez doubler ce dernier pour le distinguer des apostrophes qui entourent la chaîne de caractères.

exemple `WRITELN (OUTPUT, 'aujourd''hui');`

■ Si la chaîne de caractères que vous voulez afficher est trop longue pour être tapée sur une même ligne dans votre programme,

exemple `WRITELN (OUTPUT, 'Ceci est une chaîne trop longue car`
`                  elle contient plus de  mots que la ligne ne`
`                  peut elle-même en contenir');`

vous devez, avant de changer de ligne, terminer la chaîne et débuter une nouvelle chaîne sur l'autre ligne; les deux chaînes doivent être séparées par une virgule.

exemple `WRITELN (OUTPUT, 'Ceci est une chaîne trop longue car',`
`                  ' elle contient plus de mots que la ligne ne',`
`                  ' peut elle-même en contenir');`

L'écriture de la valeur d'une variable

L'instruction d'écriture WRITELN permet de copier à l'extérieur du programme les valeurs de nos variables. Pour obtenir l'écriture de la valeur d'une variable, il suffit de placer dans l'instruction WRITELN l'identificateur de la variable en question.

Exemple si la zone mémoire représentée par l'identificateur `SalaireNet` contient la valeur 320

$$\text{SalaireNet} \rightarrow \boxed{320.0}$$

L'instruction d'écriture

`WRITELN (OUTPUT, SalaireNet);`

va afficher à l'écran la valeur du réel 320.0 en notation scientifique 3.200000E+02 c'est-à-dire (3.2×10^2).

L'écriture de plusieurs informations dans une même instruction

Il est possible de communiquer plusieurs informations dans une même instruction d'écriture. Il suffit de séparer chacune des informations par une virgule.

Exemple : `WRITELN (OUTPUT,'Le salaire net de l''employé',`
`' est: ',SalaireNet );`

Résultat : `Le salaire net de l'employé est:  3.200000E+02`

Au moment de l'écriture d'un résultat, il est de rigueur de préciser en même temps à l'aide d'un message la signification de la valeur affichée.

Ainsi, nous affichons à l'écran une chaîne de caractères et la valeur d'une variable[1].

2.9 INSTRUCTION D'ÉCRITURE WRITE

L'instruction d'écriture `WRITE` est presque identique à l'instruction d'écriture `WRITELN`. De même syntaxe, elle possède pratiquement le même fonctionnement. Il n'existe qu'une seule différence entre le `WRITE` et le `WRITELN`: il n'y a pas de changement de ligne après l'écriture des informations.

---

[1] Le lecteur aura déjà compris que lors de la lecture ou de l'écriture d'une variable, PASCAL effectue la conversion automatique entre le système décimal usuel et les suites de 0/1 que l'on a dans la mémoire de l'ordinateur. Il s'agit, encore une fois, d'un bon exemple de l'intérêt des langages de programmation par rapport au langage-machine.

Exemple les deux instructions suivantes :

```
WRITELN (OUTPUT, 'BONJOUR ');
WRITELN (OUTPUT, 'COMMENT ALLEZ-VOUS ?');
```

vont produire à l'écran l'affichage :

```
BONJOUR
COMMENT ALLEZ-VOUS ?
```

par contre, si nous utilisons les deux instructions suivantes:

```
WRITE (OUTPUT, 'BONJOUR ');
WRITELN (OUTPUT, 'COMMENT ALLEZ-VOUS ?');
```

nous obtenons à l'écran l'affichage :

```
BONJOUR COMMENT ALLEZ-VOUS ?
```

Le suffixe LN que nous ajoutons à l'instruction WRITE indique que nous désirons un changement de **LigN**e après l'écriture des informations. Ainsi, si nous voulons écrire des lignes blanches, il suffit de placer dans le programme plusieurs fois l'instruction suivante :

```
WRITELN (OUTPUT) ;
```

Avec le matériel présenté jusqu'ici, vous devriez être capable de comprendre le programme de la figure 2.1 et même de l'améliorer.

2.10 UTILISATION DES IDENTIFICATEURS DE CONSTANTE

Examinons le programme du calcul du salaire net de la figure 2.1. Dans ce programme, un montant d'impôt et un montant d'assurance-chômage sont prélevés sur le salaire d'un employé.

```
Impot        := SalaireBrut * 0.20 ;
SalaireNet   := SalaireBrut - Impot - 11.63 ;
```

Si une personne est amenée à modifier ce programme pour changer soit le taux d'imposition ou le montant d'assurance-chômage à payer, elle doit être en mesure d'identifier où apparaissent ces valeurs dans le programme. Par ailleurs, rien n'indique que 0.20 correspond au taux d'imposition et que 11.63 correspond au montant d'assurance-chômage à payer. On les appelle d'ailleurs des **constantes anonymes**. Une façon de faciliter la **compréhension** et les **modifications** futures d'un programme est **de nommer, à l'aide d'identificateurs, les constantes utilisées dans un programme**. Ceci se fait dans une section spéciale des déclarations.

La section des déclarations de constante

Dans la section 2.4, nous avions ajouté à la structure minimale d'un programme la section des déclarations de variable, maintenant nous ajoutons la **section des déclarations de constante.** Cette section va se situer immédiatement après l'en-tête du programme.

Nous obtenons ainsi comme structure d'un programme PASCAL :

- un en-tête de programme;
- une section des déclarations de constante;
- une section des déclarations de variable;
- le bloc du programme;
- le point terminateur.

La section des déclarations de constante débute avec l'identificateur réservé **CONST** et est suivi d'autant de déclarations d'identificateurs que l'on désire. Lorsqu'un programme contient des déclarations de constante et de variable, la section des constantes précède toujours la section des variables.

```
CONST   TauxImpot  =  0.20;
           1       2    3
```

1 Un identificateur;

2 le séparateur =;

3 La valeur à associer à l'identificateur.

Figure 2.5
Déclarations de constante et de variable

```
PROGRAM Salaire (INPUT, OUTPUT);           En-tête

CONST
     TauxImpot          = 0.20;            Section des déclara-
                                           tions de
     AssuranceChomage = 11.63;             constante
VAR
     NbHrs, TauxHoraire,                   Section des déclara-
                                           tions de variable
     SalaireBrut, Impot,
     SalaireNet : REAL;

BEGIN                                      Le bloc programme
END.                                       Le point final
```

Déclarer un identificateur de constante c'est définir un identificateur et lui associer une valeur fixe pour toute la durée de l'exécution du programme.

Autrement dit, nous définissons un identificateur pour représenter une zone mémoire et nous définissons immédiatement le contenu de la zone.

$$\text{TauxImpot} \rightarrow \boxed{0.20}$$

Le contenu de la zone ne peut pas changer; la valeur associée à `TauxImpot` durant l'exécution du programme sera toujours 0.20 (d'où le nom de constante).

Ces identificateurs peuvent être ensuite utilisés dans le programme comme illustré ci-dessous :

```
Impot       := SalaireBrut * TauxImpot ;
SalaireNet  := SalaireBrut - Impot - AssuranceChomage;
```

La figure 2.6 illustre une version révisée du programme du calcul d'un salaire net qui fait usage de déclarations de constante.

```
1   PROGRAM Salaire( INPUT , OUTPUT ) ;
2   CONST
3      TauxImpot        =  0.20 ;
4      AssuranceChomage = 11.63 ;
5
6   VAR
7      NbHrs            : REAL ;
8      TauxHoraire      : REAL ;
9      SalaireBrut      : REAL ;
10     Impot            : REAL ;
11     SalaireNet       : REAL ;
12
13  BEGIN
14
15     READLN( INPUT , NbHrs       ) ;
16     READLN( INPUT , TauxHoraire ) ;
17
18     SalaireBrut := NbHrs        * TauxHoraire ;
19     Impot       := SalaireBrut  * TauxImpot   ;
20     SalaireNet  := SalaireBrut  - Impot - AssuranceChomage ;
21
22     WRITELN( OUTPUT, 'Le salaire net de l''employé est : ', SalaireNet);
23
24  END.
```

Figure 2.6 Calcul d'un salaire net (version 2)

2.11 TYPES DE BASE

Dans la déclaration d'une variable, il faut indiquer, en utilisant un identificateur prédéfini, la sorte de valeur (le type) associée à la variable (section 2.4).

exemple **VAR**   NbHrs : REAL ;

REAL est l'identificateur prédéfini qui indique le type de la variable; il représente l'ensemble des nombres pouvant contenir une partie fractionnaire. Chacune des variables utilisées dans un programme PASCAL doit être d'un seul type et celui-ci doit obligatoirement être précisé.

Les programmes PASCAL peuvent manipuler des informations de base qui sont numériques, alphanumériques ou logiques. Les identificateurs prédéfinis de type que nous utiliserons sont :

- Les *informations numériques* :
  - INTEGER   pour les nombres entiers
  - REAL   pour les nombres réels

- Les *informations alphanumériques* :
  - CHAR   pour les caractères
  - STRING [ ]   pour les chaînes de caractères

- Les *informations logiques* :
  - BOOLEAN   pour les valeurs logiques TRUE ou FALSE.

Le type INTEGER

Le type INTEGER représente l'ensemble des nombres entiers, positifs, nuls ou négatifs. Il existe un plus grand entier positif et un plus petit entier négatif qu'il est permis d'utiliser. Ces valeurs dépendent de la machine et du compilateur que vous utilisez. Il existe en PASCAL un identificateur de constante prédéfini MAXINT qui vous indique l'entier le plus grand que vous pouvez utiliser. Vous pouvez en connaître la valeur en exécutant le programme suivant :

```
PROGRAM    EntierMax (OUTPUT) ;
BEGIN
 WRITELN (OUTPUT,'L''entier le plus grand est:', MAXINT);
END.
```

Par exemple, en TURBO PASCAL, l'ensemble des valeurs entières est :

      -32768 -32767 ... -3 -2 -1 0 1 2 3 ... 32766 32767

Le type REAL

Le type REAL représente l'ensemble des nombres réels. Un nombre est considéré comme réel s'il contient en plus de sa partie entière une partie fractionnaire ou un exposant ou les deux. S'il ne contient qu'une partie entière, il est considéré de type INTEGER.

exemple

3.1415	REAL	avec parties entière et fractionnaire
20E2	REAL	avec partie entière et un exposant
1.999E2	REAL	avec parties entière, fractionnaire, et un exposant
30	INTEGER	avec partie entière seulement

Notons que le point décimal d'un nombre réel doit toujours être précédé et suivi d'une valeur. Ainsi 5. est illégal et s'écrit 5.0, de même .15 devient 0.15.

Pour écrire les petites ou les grandes valeurs réelles, il est plus approprié d'utiliser la notation scientifique, c'est-à-dire la représentation avec un exposant (E). La valeur de cet exposant indique le déplacement à effectuer avec le point décimal, vers la droite si cette valeur est positive et vers la gauche si elle est négative.

exemple

2E2	Le point est déplacé de deux positions vers la droite →	200.0
2.2E+2	Le point est déplacé de deux positions vers la droite →	220.0
2E-2	Le point est déplacé de deux positions vers la gauche →	0.02
2.2E-2	Le point est déplacé de deux positions vers la gauche →	0.022

De plus, il existe une limite à l'amplitude d'une valeur réelle selon le compilateur utilisé. Elle s'exprime par la limite appliquée au nombre de chiffres conservés par l'ordinateur ainsi que par la limite appliquée à l'exposant (E).

Avec le TURBO PASCAL, vous obtenez 11 chiffres de précision et la valeur de l'exposant se situe de -38 à 38.

L'espace disponible est donc :

0. - - - - - - - - - - - E - -

Si vous utilisez	L'ordinateur conserve	Partie rejetée
1234567891234.56	0.12345678912E13	34.56
0.11111111111234	0.11111111111E00	0.00000000000234

Le type CHAR

Le type CHAR représente un caractère parmi le jeu de caractères disponibles :

- les caractères alphabétiques majuscules ou minuscules :
  A B C D E ... Z a b c d e ... z

- les caractères numériques :
  0 1 2 3 4 5 6 7 8 9

- les caractères spéciaux :
  ( ) + - * / = ? = / [ ] . , : ; ' @ $ ...

- le blanc (l'espace)

- les caractères de contrôle (ils sont invisibles).

46 *Éléments de programmation*

Voir l'appendice A pour l'ensemble des caractères du jeu **ASCII** (**A**merican **S**tandard **C**ode for Information Interchange) utilisé sur la plupart des machines.

Quand nous utilisons une valeur de type CHAR dans un programme PASCAL, elle doit être entourée d'apostrophes.

exemples 'b' 'B' '9' '$' ' '

afin de bien faire la différence entre

le caractère 'B' et l'identificateur de variable B
le caractère '9' et la valeur entière 9

Le type STRING

Le type STRING est utilisé pour représenter les chaînes de caractères d'une longueur maximum. Ce type n'est pas standard en PASCAL, mais on le retrouve sur la plupart des micro-ordinateurs.

exemple STRING [5] représente les chaînes de caractères ayant au maximum 5 caractères; la chaîne peut en contenir moins mais pas plus. La chaîne de caractères doit être encadrée par des apostrophes.

Avec la déclaration
VAR Prenom : STRING [10] ;

les instructions d'affectation suivantes sont valides :
         Prenom := 'MARC' ;
         Prenom := 'THERESE' ;
         Prenom := 'MARIE-ANNE' ;

tandis que l'affectation suivante est invalide, la chaîne contenant 11 caractères :

         Prenom := 'JEAN-PIERRE' ;

En fait, avec TURBO-PASCAL, la valeur mémorisée dans Prénom serait JEAN-PIERR (i.e. une chaîne tronquée à 10 caractères)

Le type BOOLEAN

Ce type ne représente que deux valeurs (dites logiques) possibles : TRUE pour vrai et FALSE pour faux.

L'usage de ce type sera précisé dans les chapitres ultérieurs.

2.12 OPÉRATEURS ARITHMÉTIQUES USUELS

Dans une instruction d'affectation, l'expression qui correspond à un calcul impliquant des valeurs et/ou des variables peut faire intervenir les opérateurs arithmétiques usuels :

Opération arithmétique	Opérateur en PASCAL
Addition	+
Soustraction	-
Multiplication	*
Division	/

Ces opérateurs s'appliquent sur des valeurs entières ou réelles. Le type du résultat de l'addition, de la soustraction et de la multiplication est entier (INTEGER) si les variables impliquées sont entières (INTEGER) et est de type réel (REAL) si une des variables est aussi de type réel (REAL). Le résultat de la division est toujours de type réel (REAL) même si le calcul ne s'effectue que sur des variables ou valeurs entières (INTEGER).

A	B	A*B A-B A+B	A/B
INTEGER	INTEGER	INTEGER	REAL
INTEGER	REAL	REAL	REAL
REAL	INTEGER	REAL	REAL
REAL	REAL	REAL	REAL

Priorité des opérateurs

Dans l'expression 3 + 6 / 3, l'opération d'addition est-elle effectuée avant ou après l'opération de division?

$$\underline{3+6/3} \qquad \underline{3+6/3}$$
$$\underline{9/3} \quad \text{ou} \quad \underline{3+2.0}$$
$$3.0 \qquad\qquad 5.0$$

C'est la priorité associée à chaque opérateur qui détermine l'ordre d'évaluation d'une expression.

Voici l'ordre dans lequel sont évaluées les opérations :

1   les expressions entre parenthèses
2   les opérateurs unaires (+,-)
3   les opérateurs multiplicatifs (*,/)
4   les opérateurs additifs (+,-)

À priorité égale, les opérations sont effectuées de gauche à droite.

Dans notre exemple cité plus haut, la division est prioritaire sur l'opération d'addition et le résultat est 5.0. Si nous voulons effectuer l'opération d'addition en premier lieu, il faut l'encadrer de parenthèses :

(3 + 6) /3

9/3

3.0

Autre exemple

a) −4 − (2 * 22 /4)
b) −4 − (44/4)
c) −4 − (11.0)

On évalue d'abord l'expression entre parenthèses. À priorité égale (multiplication et division) on évalue de gauche à droite donc d'abord la multiplication *a*. On effectue ensuite la division *b* qui nous donne toujours un résultat de type réel. Vient ensuite l'opération d'addition qui nous donne le résultat de l'expression entre parenthèses *c*.

d) -4 - 11.0

e) -15.0

L'opérateur unaire (-) est ensuite appliqué sur la valeur *d* et l'opération de soustraction nous donne le résultat final *e*.

2.13 FORMATS D'IMPRESSION

Vous avez constaté que l'écriture d'une valeur réelle apparaît en notation scientifique; l'instruction

```
WRITELN (OUTPUT, 'Le salaire net de l''employé est :', SalaireNet);
```

produira l'affichage :

```
Le salaire net de l'employé est : 3.2000000000E+02
```

Cette forme d'affichage est peu esthétique et difficile à comprendre. Il est possible de préciser le format dans lequel on veut que s'affichent nos informations.

Format pour les valeurs réelles

Avec l'instruction

```
WRITELN (OUTPUT, 'Le salaire net de l''employé est :',
         SalaireNet :7:2);
```

l'affichage est

```
Le salaire net de l'employé est :  320.00
```

Les caractères :7:2 indiquent que 7 espaces sont réservés pour l'affichage de la valeur et que 2 de ces espaces le sont pour la partie décimale de la valeur.

:7:2   2 espaces pour la partie décimale
        1 espace pour le point
        <u>4</u> espaces pour la partie entière
        7 espaces au total

En voici une représentation graphique :

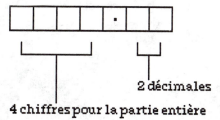

Examinons comment le format d'impression modifie l'impression d'une même valeur réelle:

Valeur	Format	Affichage
1.123456	:8:6	1.123456
1.123456	:8:5	1.12346
1.123456	:8:4	1.1235
1.123456	:8:3	1.123
1.123456	:8:2	1.12
1.123456	:8:1	1.1
1.123456	:4:2	1.12

Remarques

■ Si le champ total est trop grand, la valeur est cadrée à droite et des espaces sont ajoutés au début du champ;

■ si le champ pour la partie fractionnaire est plus petit que le nombre de chiffres composant la fraction, la fraction est arrondie en utilisant le premier chiffre non considéré.

Vous pouvez expérimenter cela en exécutant le programme suivant:

Figure 2.7
Impression d'un nombre réel avec format précisé par l'usager

```
PROGRAM     Format (INPUT, OUTPUT);
VAR
   Valeur : REAL;
   ChampTotal, PartieFract : INTEGER;
BEGIN
   READLN (INPUT, Valeur);
   READLN (INPUT, ChampTotal);
   READLN (INPUT, PartieFract);
   WRITELN (OUTPUT,Valeur : ChampTotal : PartieFract);
END.
```

Format pour les valeurs entières

Puisqu'une valeur entière ne possède pas de partie fractionnaire, le seul champ à préciser est le champ total. Comme l'illustre le programme de la figure 2.8, ce programme affiche la somme de deux valeurs entières.

Figure 2.8
Impression d'un nombre entier

```
PROGRAM     Addition (INPUT, OUTPUT);
VAR
   Valeur1, Valeur2, Somme : INTEGER ;
```

Formats d'impression **51**

```
BEGIN
READLN  (INPUT, Valeur1, Valeur2) ;
Somme := Valeur1 + Valeur2 ;
Writeln (OUTPUT, 'La somme de la valeur', Valeur1:5,
                 ' et', Valeur2:5, ' donne',Somme:5) ;
END.
```

Examinons comment le format d'impression modifie l'impression d'une valeur entière.

Valeur	Format	Affichage
123456	:7	123456
123456	:6	123456
123456	:5	123456
-123456	:7	-123456

Remarque ■ Si le champ est trop petit, PASCAL l'agrandit au besoin.

Format pour les caractères

Il faut préciser le champ total désiré. Si le champ est plus grand que la chaîne, des blancs sont ajoutés au début du champ. Si le champ est plus petit, alors seulement une partie de la chaîne s'affiche.

Exemple Valeur	Format	Affichage
'$'	:1	$
'$'	:2	$
'DOLLARS'	:10	DOLLARS
'DOLLARS'	:7	DOLLARS
'DOLLARS'	:6	DOLLAR

La spécification de format s'applique non seulement aux variables mais aussi aux constantes. Ainsi, les énoncés suivants :

```
CONST
BLANC=' ';
.
.
.
WRITELN (OUTPUT, Blanc : 10, 'Calcul du salaire');
```

produiront le même résultat que l'instruction :

```
WRITELN (OUTPUT, '          Calcul du salaire') ;
```

2.14 MESSAGES D'INCITATION

Dans la section 2.6, on a mentionné que l'instruction

```
READLN (INPUT, NbHrs) ;
```

a pour effet d'attendre qu'une valeur réelle soit tapée au clavier par l'usager. De façon similaire, l'instruction :

```
READLN (INPUT, NbHrs, TauxHoraire) ;
```

a pour effet d'attendre que deux valeurs réelles séparées par un espace soient tapées au clavier par l'usager.

Il y a un problème, car rien n'indique à l'utilisateur du programme qu'il doit taper des valeurs et comment il doit les taper, alors que le programme attend ces valeurs. Pour remédier à cette situation, il est préférable de faire précéder chacune des instructions de **lecture au clavier** par une instruction d'**écriture à l'écran** pour inciter, à l'aide d'un message, l'usager à taper des valeurs.

```
WRITE    (OUTPUT, 'Entrez le nombre d''heures travaillées :') ;
READLN   (INPUT, NbHrs) ;
WRITE    (OUTPUT, 'Entrez le taux horaire :') ;
READLN   (INPUT, TauxHoraire) ;
```

Un message d'incitation avec l'écriture à l'écran d'une chaîne de caractères suivi d'une instruction de lecture au clavier établit un dialogue entre l'usager et le programme. On nomme les programmes qui procèdent ainsi des **programmes interactifs**.

2.15 COMMENTAIRES DANS UN PROGRAMME PASCAL

Afin de faciliter la compréhension d'un programme PASCAL, il est souhaitable d'ajouter des commentaires dans le programme. Un **commentaire** est une chaîne de caractères qui débute par le caractère { ou les caractères (* et se termine par le caractère } ou les caractères *).

```
(* Ceci est un exemple de commentaire *)
{Ceci est un exemple de commentaire}
```

Les commentaires ne servent qu'à renseigner le lecteur du programme. Ils sont ignorés par le compilateur et n'influencent en rien l'exécution du programme.

Les commentaires doivent être brefs et précis. La question qui se pose est : où doit-on placer des commentaires?

- Un commentaire après l'en-tête du programme pour indiquer ce que fait le programme et le nom des programmeurs;

- un commentaire avec chaque identificateur de variable ou de constante pour indiquer la signification de l'identificateur;

- des commentaires dans le bloc du programme pour découper les parties principales du programme ou pour renseigner le lecteur sur une opération complexe.

Si nous intégrons dans le programme du calcul du salaire net les notions déjà vues, c'est-à-dire :

- l'utilisation des identificateurs de constante;

- les formats d'impression;

- les messages d'incitation;

- les commentaires dans un programme;

nous obtenons le programme de la figure 2.9

```
1   PROGRAM Salaire( INPUT , OUTPUT ) ;
2   (*
3    * Ce programme calcule le salaire net d'un individu à partir du nombre
4    * d'heures travaillées et du taux horaire.  Les prélèvements appliqués
5    * sont l'impôt et l'assurance-chômage.  Afin de simplifier, l'impôt
6    * est calculé comme un taux fixe s'appliquant à tout le monde.
7    *
8    *)
```

54 Éléments de programmation

```
 9  CONST
10     TauxImpot         =  0.20 ; (* Taux d'imposition général   *)
11     AssuranceChomage = 11.63 ; (* Cotisation d'assu. chômage  *)
12
13  VAR
14     NbHrs         : REAL ; (* Heures travaillées            *)
15     TauxHoraire   : REAL ; (* Taux par heure de travail     *)
16     SalaireBrut   : REAL ; (* Salaire avant prélèvements    *)
17     Impot         : REAL ; (* Impôt à partir du salaire brut *)
18     SalaireNet    : REAL ; (* Salaire après prélèvements    *)
19
20  BEGIN (* DeSalaire *)
21     (* Lecture des informations nécessaires *)
22
23     WRITE ( OUTPUT,'Entrez le nombre d''heures travaillées: ');
24     READLN ( INPUT   , NbHrs) ;
25
26     WRITE ( OUTPUT , 'Entrez le taux horaire : ' ) ;
27     READLN ( INPUT   , TauxHoraire ) ;
28
29     (* Calcul des déductions et du salaire net *)
30
31     SalaireBrut := NbHrs       * TauxHoraire ;
32     Impot       := SalaireBrut * TauxImpot   ;
33     SalaireNet  := SalaireBrut - Impot - AssuranceChomage ;
34
35     (* Impression des résultats *)
36
37     WRITELN(OUTPUT ) ;
38     WRITELN(OUTPUT, 'Le salaire brut de l''employé:',SalaireBrut : 7:2);
39     WRITELN(OUTPUT, 'Le montant d''impôt à payer est : ',Impot : 7:2 );
40     WRITELN(OUTPUT, 'L''assurance-chômage:',AssuranceChomage : 7:2 );
41     WRITELN(OUTPUT, 'Le salaire net de l''employé:',SalaireNet : 7:2 );
42
43  END. (* Salaire *)
```

Figure 2.9   Calcul d'un salaire net

ERREURS ET PROBLÈMES FRÉQUEMMENT RENCONTRÉS

■ Utilisation du mot **PROGRAMME** au lieu de **PROGRAM**.

- Placer des espaces dans les identificateurs

    PROGRAM   De Salaire (INPUT, OUTPUT) ;

- Oublier de fermer un commentaire.

- Mauvais usage du : et du =

    CONST
        TauxImpot : 0.20 ; (*au lieu de =*)
    VAR
        NbHrs = REAL ; (*au lieu de :*).

- Oublier un point-virgule.

- Déclarer deux fois le même identificateur.

- Oublier de fermer une chaîne de caractères

    WRITELN (OUTPUT, 'le salaire est de) ;

- Oublier de doubler l'apostrophe

    WRITE (OUTPUT, 'Le nombre d'heures travaillées');

- Conflit de type :

    VAR SalaireBrut : INTEGER;
        NbHrs, TauxHoraire : REAL ;
    SalaireBrut : = NbHrs*TauxHoraire;

- Oublier d'utiliser les parenthèses pour modifier l'ordre d'évaluation.

- Oublier le format d'impression.

- Format d'impression insuffisant :

    WRITELN (OUTPUT, SalaireNet :4:2)
    Il ne reste qu'un espace pour la partie entière.

- Placer un point-virgule à la fin du programme :

    END ;

- Oublier le : dans l'opérateur d'affectation

    Impot = SalaireBrut * Taux ;

- Taper un zéro 0 pour la lettre O ou la valeur 1 pour la lettre I.

- Utiliser un caractère spécial dans un identificateur

    ```
    VAR
        %Impot : REAL ;
    ```

- Mauvais usage de INPUT et OUTPUT

    ```
    WRITE (INPUT,   ...
    READLN (OUTPUT,...
    ```

- Donner une valeur trop grande à une variable de type INTEGER.

- Oublier de déclarer un identificateur de variable.

- Utiliser une variable qui possède une valeur non définie dans le programme (ici TauxHoraire)

    ```
    VAR NbHrs,SalaireBrut : REAL;
    BEGIN
        READLN (INPUT, NBhrs) ;
        SalaireBrut := NBhrs * TauxHoraire ;
    ```

- Oublier d'utiliser les identificateurs de constante

    ```
    CONST TauxImpot = 0.20 ;
    VAR   SalaireBrut : REAL ;
          Impot : REAL ;
             .
             .
             .
          Impot := SalaireBrut * 0.20 ;
    ```

- Négliger le fait que l'ordinateur travaille avec une précision limitée (nombre limité de chiffres de précision selon le compilateur utilisé).

RÉVISION

1   Pouvez-vous distinguer les trois sortes d'identificateurs? (*section 2.2*)

2   Quelle est la différence entre une variable et une constante? (*sections 2.3 et 2.10*)

3   Qu'est-ce qu'une instruction composée? (*section 2.5*)

4   Identifiez deux instructions qui permettent d'associer une valeur à une variable. (*sections 2.6 et 2.7*)

5   Quel est le symbole, en PASCAL, de l'opérateur d'affectation? (*section 2.7*)

6   Comment interchanger les valeurs de deux variables? (*section 2.7*)

7   Quel est la différence entre l'instruction WRITELN et WRITE? (*section 2.9*)

8   Pourquoi utiliser un identificateur de constante? (*section 2.10*)

9   Pouvez-vous identifier les cinq types de base? (*section 2.11*)

10 Comment trouver la plus grande valeur que peut recevoir une variable entière? (*section 2.11*)

11 Comment déterminer le type du résultat d'une expression? (*section 2.12*)

12 Qu'elle est l'utilité des parenthèses dans une expression? (*section 2.12*)

13 À quoi sert un format d'impression? (*section 2.13*)

14 Qu'est ce qu'un message d'incitation? (*section 2.14*)

15 Pourquoi commenter un programme? (*section 2.15*)

RÉSUMÉ

Nous possédons maintenant suffisamment d'éléments pour pouvoir écrire des programmes PASCAL complets. Les programmes pourront contenir une section pour la déclaration des identificateurs de constante afin de nommer les constantes utilisées dans le programme et une section pour la déclaration des identificateurs de variable, afin d'associer des identificateurs à des zones mémoire qui vont recevoir des valeurs d'un type donné.

À chacune des données, valeurs intermédiaires et résultats calculés sera associé un identificateur de variable préalablement déclaré. Le bloc du programme qui contient les instructions PASCAL pourra contenir des instructions de lecture READLN, afin d'aller chercher à l'extérieur du programme des valeurs et de les associer à nos identificateurs de variable, des instructions d'affectation pour pouvoir effectuer des calculs et associer le résultat à un identificateur de variable, et des instructions d'écriture WRITE ou WRITELN qui permettent de transmettre de l'information à l'extérieur du programme. Nos programmes peuvent manipuler des informations de base qui sont numériques (INTEGER, REAL) alphanumériques (CHAR, STRING[ ]) ou logiques (BOOLEAN). Nous pouvons effectuer les calculs en utilisant les opérateurs arithmétiques usuels : l'addition +, la soustraction -, la multiplication * et la division /. L'ordre d'évaluation d'une expression dépend de la priorité associée à ces opérateurs.

Dans les instructions d'écriture nous pouvons contrôler le format dans lequel s'afficheront nos informations en utilisant les formats d'impression. Nous sommes en mesure de commenter nos programmes.

EXERCICES

1 Répondez par VRAI ou FAUX à chacune des affirmations suivantes :

a) Les instructions du programme sont séparées par des point-virgules (";").

b) Déclarer une constante, c'est associer un identificateur à une valeur qui pourra changer durant l'exécution du programme.

c) Un programme peut contenir un identificateur de variable identique à un identificateur de constante.

d) La seule façon de modifier la valeur d'une variable est d'utiliser l'instruction READLN.

e) Si la variable R est déclarée REAL, l'affectation suivante est invalide: R := '5.1';

f) Les instructions WRITE (OUTPUT, 2 * 1); et READLN (INPUT, 2 * 1) sont légales.

g) L'énoncé (l'instruction) WRITE (OUTPUT, 'aujourd''hui'); est incorrect puisqu'il manque une virgule entre la chaîne 'aujourd' et la chaîne 'hui'.

h) L'énoncé i) est valide ET l'énoncé ii) ne l'est pas : T
   i) WRITELN (OUTPUT, 9 + 3);
   ii) WRITELN (OUTPUT, '9' + 3);

i) Le nom d'un programme PASCAL peut être différent du nom du fichier contenant ce programme. T

j) La section des déclarations de constante peut suivre la section des déclarations de variable. F

2 Identifiez les deux principales sections d'un programme PASCAL.

3 Qu'est ce qu'une variable? À quoi sert le type d'une variable?

4 Indiquez si les identificateurs suivants sont valides ou invalides en PASCAL.

   a) 30IEMEJOUR M
   b) CeciEstUnExempleDeMauvaisIdentificateur OK
   c) PAIE NETTE M
   d) K2000 OK
   e) PRIX$ M

5 Étant données les déclarations suivantes, indiquez si les instructions d'affectation des questions *a* à *e* sont VALIDES ou INVALIDES.

   VAR
   ```
   A     :  REAL;
   E1,E2 :  INTEGER;
   C     :  CHAR;
   Suite :  STRING[5];
   ```

   a) A:=2; OK
   b) E2:=4; E1:=5.0*E2; M
   c) C:=A; OK 'A'
   d) C:='IFT-1810'; M
   e) Suite:='1810'; OK

6 Questions à choix multiple. Indiquez par i, ii, iii, iv, laquelle des réponses s'applique le mieux à la question.

   a) Lequel des énoncés suivants permet de donner une valeur à une variable?
      i)   L'énoncé d'affectation CALC
      ii) L'énoncé de lecture (exemple READLN (INPUT, Montant) ;)
      iii) Les deux énoncés précédents

60 *Éléments de programmation*

      iv)   Aucun des énoncés i ou ii

  b) Indiquez lequel des énoncés suivants est erroné.

```
    i)    PROGRAM   HIER       (INPUT,  OUTPUT);
    ii)   PROGRAM   AUJOURDHUI (INPUT,  OUTPUT);
    iii)  PROGRAMME DEMAIN     (INPUT,  OUTPUT);
    iv)   PROGRAM   HIER       (OUTPUT, INPUT);
```

  c) Le bloc suivant,
```
    BEGIN
        A:= A+B ; B:= A-B ; A:= A-B
    END.
```
      avec A et B étant des variables de type entier, a pour effet de:

      i)   mettre dans A la différence des valeurs initiales de A et B
      ii)   mettre dans B la différence des valeurs initiales de A et B
      iii) échanger les valeurs de A et B
      iv)   laisser A et B inchangés.

  d) Un SEUL des énoncés suivants comporte une erreur de syntaxe. Lequel?

```
    i)    WRITE (OUTPUT, 'PLAISIR') ; (* message *)
    ii)   WRITE (OUTPUT, 'JOIE   ')   (* message *) ;
    iii)  WRITE (* message *)   (OUTPUT, 'BONHEUR ') ;
    iv)   WRITE (* message *) ; (OUTPUT, 'FELICITE') ;
```

7 Le programme ci-dessous comporte plusieurs erreurs de syntaxe situées sur les lignes 1, 3, 6, 7 et 9. Vous devez les corriger.

```
ligne 1   PROGRAMME toto (INPUT, OUTPUT)
ligne 2   CONST
ligne 3           NoteDePassage :) 60.0;
ligne 4   VAR
ligne 5           A, B : INTEGER;
ligne 6           S    : STRING(10);
ligne 7   BEGIN   A:=18;      B:=10;      S:=IFT;
ligne 8           WRITELN(OUTPUT, S:3, A:2, B:2);
ligne 9   END;
```

8 En considérant que toutes les variables utilisées sont de type approprié, indiquez ce que vont imprimer chacune des sections de programme qui suivent (utilisez le _ pour un espace (blanc)).

  a)
```
    Quantite := 47  ; PrixUnitaire := 1.75 ;
    WRITELN(OUTPUT, 'Quantité: ');
    WRITE   (OUTPUT, Quantite :3 );
    WRITE   (OUTPUT, ' Prix unitaire : $' , PrixUnitaire:6:2);
    WRITELN(OUTPUT);
    WRITELN(OUTPUT, 'BRAVO!');
```

  b)
```
    K := 123;  L:= 0;
    WRITE   (OUTPUT, 'SALAIRE: ');
    WRITE   (OUTPUT, '$', K:3);
    WRITE   (OUTPUT, ',', L:2);
    ...
```

9 Indiquez lesquels des énoncés suivants sont erronés.

   a) B := (X-1) (X-2);   E

   b) C := -2*X-6;

   c) D := -2**3;   E

   d) A := B/A•2   E

   e) A := (-2)*3

10 Quelle instruction permettrait d'écrire la variable de type réel A avec 2 espaces pour les décimales et 8 espaces pour la partie entière.

11 Écrivez un petit programme permettant à un usager de calculer le périmètre et la surface d'un cercle à partir du rayon du cercle. Prévoyez les messages nécessaires pour inciter l'usager à entrer les valeurs et pour accompagner les résultats.

   Rappel: le périmètre d'un cercle vaut: 2 x PI x RAYON
            la surface d'un cercle vaut: PI x RAYON x RAYON
            avec PI = 3.14159265

EXERCICES NON SOLUTIONNÉS

1 Répondez par VRAI ou FAUX à chacune des affirmations suivantes.

   a) Les valeurs '5' et 5 représentent la même donnée.   F

   b) Une constante est un nombre entier ou un caractère mais jamais un nombre réel.   F

   c) Si un programme contient la déclaration suivante:
       `CONST Taux = 0.09;`
       il est possible de changer la valeur de "Taux" à l'aide de l'énoncé: F
       `READLN (INPUT, Taux);`

   d) C'est avec l'instruction READLN qu'un programme PASCAL communique des résultats à l'utilisateur.   F

   e) Avec la déclaration **VAR** `Entier : REAL ;` l'affectation suivante :
       `Entier := 5.4 ;`   V
       est valide.

   f) Les énoncés suivants donnent le même résultat:
       i)   `WRITELN (OUTPUT, 'aujourd''hui');`
       ii) `WRITELN (OUTPUT, 'aujourd', 'hui');`   V

62 *Éléments de programmation*

2. Indiquez, par VRAI ou FAUX, si chacun des énoncés suivants est valide en PASCAL. Au besoin, vous pouvez considérer que les déclarations appropriées ont été faites.

   ✓ a) WRITELN (OUTPUT, '(* commentaire ? *) ') ;

   F b) 2Notes := Note1 + Note2 ;

   F c) READLN (INPUT, 'Labo numéro 4 ') ;

3. Questions à choix multiples. Indiquez par i, ii, iii ou iv laquelle des réponses s'applique le mieux à la question.

   a) Indiquez lequel des identificateurs suivants est valide en PASCAL standard
      - (i) PARTIE1DETP1
      - ii) 1ERTP
      - iii) TP#1
      - iv) TPAUJOURD'HUI

   b) L'usage de déclarations de constante permet ...
      - i) D'améliorer la compréhension des programmes
      - (ii) De faciliter la modification (future) des programmes
      - iii) Les deux items précédents
      - iv) Aucun des items A ou B

   c) Soit **VAR** R, S, T : INTEGER ;
      Lequel des énoncés suivants fait échanger le contenu de R et S?
      - i) R:=S ; S:=R ;
      - ii) R:=S ; T:=R ; S:=T ;
      - (iii) T:=R ; R:=S ; S:=T ;
      - iv) Aucune de ces réponses

   d) Un seul des énoncés suivants comporte une erreur de syntaxe. Lequel?
      - i) READLN(INPUT, AN, MS, JR)   (* DATE DE NAISSANCE*);
      - ii) READLN(* DATE DE NAISSANCE*)   (INPUT, AN, MS, JR);
      - iii) READLN(INPUT, AN, MS, JR);   (* DATE DE NAISSANCE*)
      - (iv) READLN(* DATE DE NAISSANCE*); (INPUT, AN, MS, JR)

4. Qu'est ce qu'un identificateur réservé? Identifiez les identificateurs réservés introduits dans ce chapitre. PROGRAM BEGIN END

5. Identifiez les quatre instructions vues dans ce chapitre ainsi que leur usage.
   AFFECTATION READLN WRITE WRITELN

6. Identifiez les deux instructions permettant de modifier une variable?
   AFFECTATION READLN

7. Identifiez les deux façons d'insérer un commentaire dans un programme PASCAL.
   (*   *)   { }

8. Evaluez la valeur des expressions suivantes sachant que:
   A vaut 22; B vaut 8; C vaut 3.1416; D vaut 1.4142

Exercices non-solutionnés **63**

   a)   B + 2 * 3 + A

   b)   (A -B) + (B- A)

   c)   C - 0.1416 + (D + 0.5858)

   d)   C * (A - B * 3 + 3)

   e)   A * 2 + B * 3

9   Soit le programme suivant:

```
ligne 1    PROGRAMME ;    ERREUR ( )
ligne 2    CONST Message  := "K=";
ligne 3    VAR       K      :  INTEGRE;   INTEGER
ligne 4              Taux   :  REAL;
ligne 5              A      :  CHAR;
ligne 6              B      :  STRING[5];
ligne 7    BEGIN
ligne 8          K := 5/2;
ligne 9    END;
```

   ERREURS DE SYNTAXE

   a)   Corrigez une erreur de la ligne 1

   b)   Corrigez l'autre erreur de la ligne 1

   c)   Corrigez une erreur de la ligne 2

   d)   Corrigez l'autre erreur de la ligne 2

   e)   Corrigez l'erreur de la ligne 3

   f)   Corrigez l'erreur de la ligne 9

   Une fois les erreurs précédentes corrigées, répondre aux questions suivantes:

   g)   Quel est le premier identificateur de variable?   K

   h)   Quel est le deuxième identificateur réservé?   BEGIN

   i)   Quel est le premier opérateur arithmétique?   =

   j)   Quelle est la première constante?   MESSAGE

   k)   Indiquez si la ligne 8 est correcte? (Vrai ou Faux)   F

   l)   À la ligne 8, pourrait-on écrire correctement A:='B'; ?   F

   m)   À la ligne 8, pourrait-on écrire correctement TAUX:=4; ?   V

   n)   À la ligne 8, pourrait-on écrire correctement A:='8'; ?   V

10 Simulez manuellement l'exécution du programme suivant afin de déterminer, avec la plus grande précision possible, ce qu'il fournit comme résultat (i.e. ce qui serait affiché à l'écran s'il était compilé par PASCAL et exécuté par un ordinateur). Nous vous conseillons d'utiliser le symbole _ pour représenter les espaces laissés vides («blancs») lors de l'affichage.

REMARQUE: La donnée lue par le programme est : 2.0

```
PROGRAM Question10 (INPUT, OUTPUT);
VAR       N,  E3  : REAL;
BEGIN
   WRITE(OUTPUT, 'Entrez un nombre : ');
   READLN(INPUT, N);
   E3 := N * N * N;
   WRITELN(OUTPUT);
   WRITE    (OUTPUT, ' le nombre ', N:3:1);
   WRITELN (OUTPUT, ' élevé à la puissance 3 est ', E3:3:1);
END.
```

3

PROJET DE PROGRAMMATION NUMÉRO 1

3.1   Énoncé du problème
3.2   Analyse du problème
3.3   Algorithme
3.4   Le programme PASCAL
3.5   Discussion
3.6   Version améliorée du programme

OBJECTIFS

- Maîtriser la marche à suivre pour résoudre un problème;
- initier à l'écriture de programmes interactifs;
- utiliser les énoncés de lecture, d'affectation et d'impression pour résoudre un problème.

3.1 ÉNONCÉ DU PROBLÈME

Un restaurateur vient d'acquérir une caisse enregistreuse sophistiquée (programmable en Pascal!) et nous sommes engagés pour écrire le programme qui calculera automatiquement la facture d'un client. Le programme doit pouvoir recevoir le prix :

    d'un apéritif,
    d'une entrée,
    d'un plat principal,
    d'un dessert,
et d'une bouteille de vin.

À partir de ces valeurs, le programme doit calculer le sous-total de la facture du client. À ce sous-total, le programme ajoute un pourboire obligatoire de 15% et une taxe de consommation de 10%.

Finalement, le programme doit également servir à calculer la monnaie à rendre au client. Le programme doit faire la lecture du montant donné par le client et afficher la monnaie à lui rendre.

3.2 ANALYSE DU PROBLÈME

Identifions les données du problème, les résultats intermédiaires à calculer et les résultats finaux escomptés. Associons un identificateur à chacune de ces informations et précisons le type et la nature de cette information: à savoir si elle correspond à une constante ou à une variable dans le problème. Cette analyse peut se présenter à l'aide du tableau ci-dessous.

INFORMATION	TYPE	NATURE	VALEUR	IDENTIFICATEUR
Données				
Le taux du pourboire	REAL	CONSTANTE	0.15	TPourboire
Le taux de la taxe	REAL	CONSTANTE	0.10	TTaxe
Le prix de l'apéritif	REAL	VARIABLE	à obtenir	PApero

Le prix de l'entrée	REAL	VARIABLE	à obtenir	`PEntree`
Le prix du plat principal	REAL	VARIABLE	à obtenir	`PPlat`
Le prix du dessert	REAL	VARIABLE	à obtenir	`PDessert`
Le prix de la bouteille de vin	REAL	VARIABLE	à obtenir	`PVin`
Le montant donné par le client	REAL	VARIABLE	à obtenir	`Montant`

Résultats intermédiaires et finaux

Le sous-total de la facture	REAL	VARIABLE	à calculer	`Soustotal`
Le pourboire à payer	REAL	VARIABLE	à calculer	`Pourboire`
La taxe à payer	REAL	VARIABLE	à calculer	`Taxe`
Le total de la facture	REAL	VARIABLE	à calculer	`Total`
La monnaie à rendre	REAL	VARIABLE	à calculer	`Monnaie`

3.3 ALGORITHME

Décrivons maintenant les étapes à exécuter afin de résoudre le problème. Cette suite d'étapes forme l'agorithme. L'algorithme contient trois catégories d'actions qui servent à :

- obtenir une valeur pour les identificateurs de variables qui correspondent aux données du problème;

- calculer les résultats intermédiaires et finaux;

- communiquer les résultats.

Ces actions découlent directement du tableau dressé dans l'analyse du problème (3.2) et nous donnent l'algorithme suivant :

Étape 1   Obtenir une valeur pour `PApero`

Étape 2   Obtenir une valeur pour `PEntree`

Étape 3   Obtenir une valeur pour `PPlat`

Étape 4   Obtenir une valeur pour `PDessert`

Étape 5   Obtenir une valeur pour `PVin`

Étape 6   Calculer Soustotal ← PApero + PEntree + PPlat + PDessert + PVin

Étape 7   Calculer Pourboire ← Soustotal x TPourboire

Étape 8   Calculer Taxe ← Soustotal x TTaxe

Étape 9   Calculer Total ← Soustotal + Pourboire + Taxe

Étape 10 Obtenir une valeur pour Montant

Étape 11 Calculer Monnaie ← Montant - Total

Étape 12 Communiquer Monnaie

3.4 LE PROGRAMME PASCAL

Traduisons l'algorithme en langage PASCAL. Les étapes qui consistent à obtenir une valeur se traduisent en utilisant l'instruction de lecture READLN. Celles qui consistent à effectuer un calcul correspondent à l'instruction d'affectation. C'est avec l'instruction d'écriture WRITELN que nous communiquons les résultats à l'usager. Notons que les données de nature constante identifiées dans le tableau de l'analyse du problème (3.2) sont déclarées dans la section des déclarations de constante. Voici le programme initial.

```
1    PROGRAM DeFacturation( INPUT , OUTPUT ) ;
2    CONST
3      TPourboire = 0.15 ;
4      TTaxe      = 0.10 ;
5
6    VAR
7      PApero , PEntree , PPlat , PDessert , PVin , Montant : REAL;
8      SousTotal , Pourboire , Taxe , Total , Monnaie       : REAL;
9
10   BEGIN
11
12     READLN( INPUT , PApero   ) ;
13     READLN( INPUT , PEntree  ) ;
14     READLN( INPUT , PPlat    ) ;
15     READLN( INPUT , PDessert ) ;
16     READLN( INPUT , PVin     ) ;
```

```
17
18     SousTotal  := PApero + PEntree + PPlat + PDessert + PVin ;
19     Pourboire  := SousTotal * TPourboire ;
20     Taxe       := SousTotal * TTaxe ;
21     Total      := SousTotal + Pourboire + Taxe ;
22
23     READLN( INPUT , Montant )     ;
24
25     Monnaie := Montant - Total  ;
26
27     WRITELN( OUTPUT , Monnaie ) ;
28
29  END.
```

Figure 3.1 Programme initial

3.5 DISCUSSION

Après une semaine d'utilisation de notre programme, le restaurateur nous fait part des remarques suivantes :

■ il aimerait avoir des messages pour lui indiquer la nature des valeurs à taper au clavier;

■ il nous indique qu'il n'est pas familier avec la notation scientifique et il aimerait que le programme lui affiche une facture de la forme :

```
Soustotal  : 33.50 $
Pourboire  :  4.93 $
Taxe       :  3.35 $
Total      : 41.78 $
```

ainsi qu'un reçu selon le modèle suivant :

Reçu de restaurant pour la somme de 41.78 $
de M. YVAN LACROIX.

Nous allons donc écrire une version améliorée de notre programme. Il faut lui ajouter des questions incitatives et un affichage plus élaboré des résultats en y incluant une donnée qui correspond au nom du client afin de produire le reçu. En utilisant les formats d'impression, nous modifions l'affichage des valeurs réelles. Pour faciliter la compréhension de notre programme, nous insérons des commentaires pertinents.

3.6 VERSION AMÉLIORÉE DU PROGRAMME

```
1  PROGRAM DeFacturation( INPUT , OUTPUT ) ;
2  (*
3   *Ce programme calcule la facture d'un client à partir des prix des
4   *mets consommés. Le programme affiche une facture ainsi qu'un reçu.
5   *)
6  CONST
7     TPourboire = 0.15 ;   (* Le pourcentage  pout le pourboire   *)
8     TTaxe      = 0.10 ;   (* Le pourcentage pour la taxe         *)
9  VAR
10    NomDuClient : STRING[ 30 ] ; (* Nom et prénom du client       *)
11    PApero      :   REAL ; (* Le prix de l'apéritif               *)
12    PEntree     :   REAL ; (* Le prix de l'entrée                 *)
13    PPlat       :   REAL ; (* Prix du plat principal              *)
14    PDessert    :   REAL ; (* Le prix du dessert                  *)
15    PVin        :   REAL ; (* Le prix du vin                      *)
16    Montant     :   REAL ; (* Le montant donné                    *)
17    SousTotal   :   REAL ; (* Sous-total de la facture            *)
18    Pourboire   :   REAL ; (* Le pourboire à payer                *)
19    Taxe        :   REAL ; (* La taxe à payer                     *)
20    Total       :   REAL ; (* Le total de la facture              *)
21    Monnaie     :   REAL ; (* La monnaie à rendre                 *)
22  BEGIN (* DeFacturation *)
23    (*Lecture du nom du client et des prix des mets consommés *)
24
25    WRITE ( OUTPUT , 'Écrire le nom en lettre majuscule  >> ' ) ;
26    READLN( INPUT  , NomDuclient ) ;
27    WRITE ( OUTPUT , 'Écrire le prix de l''apéritif      >> ' ) ;
28    READLN( INPUT  , PApero    ) ;
29    WRITE ( OUTPUT , 'Écrire le prix de l''entrée        >> ' ) ;
30    READLN( INPUT  , PEntree   ) ;
31    WRITE ( OUTPUT , 'Écrire le prix du plat principal   >> ' ) ;
32    READLN( INPUT  , PPlat     ) ;
```

```
33    WRITE ( OUTPUT , 'Écrire le prix du dessert         >> ' ) ;
34    READLN( INPUT   , PDessert ) ;
35    WRITE ( OUTPUT , 'Écrire le prix du vin            >> ' ) ;
36    READLN( INPUT   , PVin     ) ;
37
38    (* Calcul du sous-total, du pourboire, de la taxe et du total *)
39
40    SousTotal := PApero + PEntree + PPlat + PDessert + PVin ;
41    Pourboire := SousTotal * TPourboire ;
42    Taxe      := SousTotal * TTaxe ;
43    Total     := SousTotal + Pourboire + Taxe ;
44
45    (* Lecture du montant donné par le client et calcul de la monnaie
46       à rendre *)
47
48    WRITE ( OUTPUT , 'Ecrire le montant donné           >> ' ) ;
49    READLN( INPUT   , Montant ) ;
50    Monnaie := Montant - Total ;
51
52    (* Présentation de la facture et écriture du reçu *)
53
54    WRITELN(OUTPUT ) ;
55    WRITELN(OUTPUT , 'Sous-total: ' , Soustotal: 7:2 ) ;
56    WRITELN(OUTPUT , 'Pourboire : ' , Pourboire: 7:2 ) ;
57    WRITELN(OUTPUT , 'Taxe      : ' , Taxe     : 7:2 ) ;
58    WRITELN(OUTPUT , 'Total     : ' , Total    : 7:2 ) ;
59    WRITELN(OUTPUT , 'Monnaie   : ', Monnaie   : 7:2 ) ; WRITELN(OUTPUT);
60    WRITELN(OUTPUT , 'Reçu de restaurant pour la somme de ',Total:7:2);
61    WRITELN(OUTPUT , ' de M. ' , NomDuClient   : 30 ) ;
62 END. (* DeFacturation *)
```

Figure 3.2 Programme final

INSTRUCTION DE SÉLECTION
IF THEN ELSE

4.1 Choix d'instructions
4.2 Énoncé **IF** : un énoncé de sélection
4.3 Forme abrégée du **IF**
4.4 Opérateurs relationnels
4.5 Utilisation du **IF** avec d'autres instructions
4.6 Validation à l'aide de l'énoncé **IF**
4.7 **IF** en cascade ou imbriqués

OBJECTIFS

■ Pouvoir exécuter sélectivement une ou plusieurs instructions;

■ maîtriser l'usage des opérateurs relationnels;

■ connaître les rudiments de la validation;

■ reconnaître les situations qui requièrent l'usage de l'énoncé de sélection;

■ utiliser l'énoncé composé dans un nouveau contexte.

Choix d'instruction **75**

INTRODUCTION

Les instructions des programmes présentées jusqu'ici étaient exécutées séquentiellement, de la première instruction jusqu'à la dernière inclusivement. Il est possible d'écrire plusieurs programmes de cette façon. Cependant, pour la plupart des problèmes, il est nécessaire d'avoir des instructions permettant de **contrôler** (diriger) le déroulement d'un programme. Ce chapitre et le suivant introduisent les deux **instructions de contrôle** les plus utiles en programmation: `IF THEN ELSE` et `REPEAT ... UNTIL`.

L'une de ces instructions permet d'exécuter une autre instruction si et seulement si une condition est réalisée. C'est pourquoi elle est souvent appelée une **instruction conditionnelle**. Considérons le problème suivant:

Écrire un programme qui calcule le montant à payer par le client d'un restaurant à partir du total des mets consommés. Le programme doit calculer, à partir du total, un pourboire de 15 % et une taxe de 10 % qui s'applique seulement sur les repas dont le total dépasse 3.25$. La somme du total, du pourboire et de la taxe donne le montant à payer par le client. À noter ici que le pourboire n'est pas optionnel!

L'algorithme pour résoudre ce problème se déduit automatiquement du texte et peut s'énoncer comme suit :

Étape 1 Obtenir le prix total des mets commandés : LIRE `PrixTotal`

Étape 2 Calculer le pourboire : `Pourboire ← PrixTotal x 0.15`

Étape 3 Calculer la taxe : `Taxe ←??`   *Why?*

Étape 4 Calculer la somme : `Somme ← PrixTotal + Pourboire + Taxe`

Étape 5 Imprimer le montant à payer : ÉCRIRE `Somme`

Toutes les étapes peuvent facilement se résoudre avec les énoncés connus sauf celle du calcul de la taxe. Comment calculer cette taxe pour les repas qui dépassent 3.25$? (Il est sous-entendu ici que ceux dont le total est inférieur ou égal à 3.25$ ne sont pas taxables).

4.1 CHOIX D'INSTRUCTIONS

Une solution triviale pour ce problème:

Étape 3   Calculer la taxe : `Taxe ← PrixTotal x 0.10`

ne peut pas fonctionner correctement car elle applique la taxe sur tous les repas sans tenir compte du seuil à partir duquel la taxe s'applique. Ceci reviendrait à appliquer la taxe même si le repas n'est pas taxable...

Il faudrait d'abord pouvoir vérifier si le prix dépasse 3.25$ avant d'appliquer cette taxe. Dans le cas contraire, il faudrait fixer une taxe nulle de façon à ce que la somme calculée soit correcte. Cette notion de vérification ou ***de test*** peut facilement s'inclure dans la troisième étape de l'algorithme :

Étape 3   Calculer la taxe :

SI `PrixTotal > 3.25` **ALORS** `Taxe ← PrixTotal x 0.10`
SINON `Taxe ← 0.0`

La troisième étape illustre bien qu'il y a deux façons de calculer la taxe et que la manière appropriée est dépendante du prix total des mets.

Ceci démontre également qu'il y a un besoin, dans certaines applications, d'avoir un moyen de faire des tests dans un programme (exemple : vérifier si le prix dépasse 3.25$) et d'effectuer des opérations différentes selon le résultat en question. Ce moyen devrait donc permettre de choisir, à l'exécution du programme, les instructions qui sont effectuées.

En PASCAL, ceci se fait à l'aide de l'instruction de contrôle `IF`. Cette dernière permet d'exécuter une ou plusieurs instructions selon le résultat d'un test. Bref, une instruction qui permet à un programmeur de prendre des décisions par programme interposé!

4.2 ÉNONCÉ IF : UN ÉNONCÉ DE SÉLECTION

Dans un programme PASCAL, il est possible de tester certaines conditions et d'exécuter d'autres instructions selon le résultat du test avec l'énoncé **IF**. Le problème précédent, qui consistait à vérifier si le prix total d'un repas dépassait 3.25$, peut s'exprimer directement en PASCAL :

Syntaxe générale de l'instruction IF THEN ELSE

```
         1                              2
IF  PrixTotal > 3.25  THEN  Taxe := PrixTotal * 0.10

ELSE  Taxe := 0.0 ;
        3
```

L'instruction débute par l'identificateur réservé **IF**. Celui-ci est suivi de la condition à tester **1**. Dans le cas étudié, il s'agit de vérifier si la valeur de la variable `PrixTotal` dépasse 3.25$ (le symbole > veut dire «plus grand»). Le test peut avoir seulement deux résultats : TRUE (VRAI) ou FALSE (FAUX) qui sont des valeurs booléennes. La condition est suivie de l'identificateur réservé **THEN** et de l'instruction à exécuter **2** dans le cas ou la condition est vraie. Un troisième identificateur réservé **ELSE** précède l'instruction à exécuter **3** dans le cas où la condition est fausse.

En bref, l'énoncé **IF** permet de tester (évaluer et vérifier) une condition. Chacun des deux résultats possibles du test peut donner lieu à l'exécution d'une instruction. L'alternative TRUE correspond à l'instruction qui suit le **THEN** tandis que l'alternative FALSE correspond à l'instruction du **ELSE**. Finalement, peu importe l'alternative exécutée, l'exécution du programme se poursuit avec l'instruction qui suit le **IF THEN ELSE**.

Le programme complet pour résoudre le problème de facturation est donné à la figure 4.1. Vous remarquerez l'introduction de trois constantes qui permettent de paramétriser le programme. En effet, ces valeurs sont susceptibles d'être changées avec le temps. En supposant qu'une valeur lue par ce programme vaut 7.00$ il devrait

Instructions de sélection IF THEN ELSE

imprimer un montant à débourser de 8.75$. Vérifiez l'exactitude de ce résultat en simulant l'exécution du programme.

```
1  PROGRAM DeFacturation (INPUT, OUTPUT);
2  (*
3     Ce programme a pour but de calculer le montant que doit débourser le
4     client d'un restaurant à partir du prix total des mets consommés. Il
5     s'agit ici de calculer une taxe de 10 % sur les repas dont le total
6     dépasse 3.25 $ ainsi qu'un pourboire de 15 % sur ce même total.
7  *)
8  CONST
9     TauxTaxe    = 0.10;   (* 10% de taxe sur les repas taxables *)
10    PrixMax     = 3.25;   (* Prix max. d'un repas non taxable   *)
11    TauxService = 0.15;   (* 15% de pourboire sur les repas     *)
12
13 VAR
14    PrixTotal  : REAL;    (* Prix total des mets consommés      *)
15    Pourboire  : REAL;    (* Pourboire calculé sur le prix total *)
16    Taxe       : REAL;    (* Taxe calculée sur le repas         *)
18    Somme      : REAL;    (* Montant à débourser par le client  *)
19
20 BEGIN
21    (* Lecture des données avec message d'incitation *)
22
23    WRITE   (OUTPUT, 'Entrez le total des mets: ');
24    READLN (INPUT, PrixTotal);
25
26    (* Calcul du pourboire, de la taxe et du montant à payer *)
27
28    Pourboire := PrixTotal * TauxService;
29    IF PrixTotal > PrixMax THEN Taxe := PrixTotal * TauxTaxe
30    ELSE Taxe := 0.0;
31    Somme := PrixTotal + Pourboire + Taxe;
32
33    (* Présentation des résultats *)
34
35    WRITELN(OUTPUT, 'Pourboire        : ', Pourboire:5:2, '$');
36    WRITELN(OUTPUT, 'Taxe             : ', Taxe:5:2, '$');
37    WRITELN(OUTPUT, 'Montant à payer  : ', Somme:5:2, '$');
38 END.
```

Figure 4.1 Un programme de facturation

Énoncé `IF` *: un énoncé de sélection*   **79**

Exemple d'exécution du programme de la figure 4.1

```
Entrez le total des mets: 12.83
Pourboire        :   1.92$
Taxe             :   1.28$
Montant à payer  :  16.04$
```

En résumé, l'énoncé `IF` est un ***énoncé conditionnel*** car il permet d'exécuter une instruction conditionnellement au résultat d'un test. Le terme d'***énoncé de sélection binaire*** est également employé et il met en évidence la sélection (le choix) qui est fait entre deux instructions à exécuter. Plus généralement, il s'agit d'un ***énoncé de contrôle*** car il permet de changer le comportement d'un programme en fonction du résultat des tests.

Notons également que l'instruction qui suit le `THEN` ou le `ELSE` n'est pas nécessairement une instruction d'affectation. Il peut s'agir de n'importe laquelle des instructions PASCAL y compris un autre `IF`. Nous aurons l'occasion, un peu plus loin, d'examiner cela.

4.3 FORME ABRÉGÉE DU `IF`

Parfois, il n'y a pas d'instruction à exécuter dans le cas où le test donne un résultat FALSE. Il existe une forme abrégée du `IF` qui permet d'exprimer cette situation. Cette forme n'utilise pas l'alternative du `ELSE`. Examinons une variante pour le calcul de la taxe du problème de facturation.

```
Taxe := 0.0;
IF PrixTotal > 3.25 THEN Taxe := PrixTotal * 0.10;
```

Dans ce cas-ci, le programmeur a d'abord mis à zéro la taxe, puis il vérifie si la taxe est applicable. L'alternative `ELSE` n'est pas nécessaire car elle servirait seulement à mettre de nouveau la valeur zéro dans la variable `Taxe`. Il faut également remarquer que dans cette forme le point-virgule suit l'instruction du `THEN`.

Du point de vue méthodique, cette variante du programme est cependant moins intéressante que celle présentée précédemment car elle est moins efficace et moins structurée. En effet, l'instruction de mise-à-zéro est toujours effectuée tandis que dans la version originale, cette instruction est exécutée seulement lorsque la valeur de

`PrixTotal` est inférieure ou égale à 3.25. De plus, la variante ci-dessus est plus difficile à comprendre car elle utilise deux énoncés qui se suivent pour calculer la même chose. La version originale (figure 4.1) mettait en évidence le besoin de vérifier la valeur de `PrixTotal` pour ensuite effectuer les opérations appropriées.

Par contre, dans d'autres contextes, la forme abrégée peut constituer l'instruction de choix.

4.4 OPÉRATEURS RELATIONNELS

Le symbole > a été utilisé dans les exemples précédents pour vérifier si la valeur à gauche du symbole était plus grande que la valeur à droite. Ce symbole porte le nom d'**opérateur relationnel** (le terme d'**opérateur de comparaison** est également utilisé) et son utilité est d'effectuer une comparaison entre deux valeurs. Il existe six opérateurs relationnels différents. La figure 4.2 en donne la liste.

Figure 4.2
Liste des opérateurs relationnels

Symbole	Signification
>	plus grand
<	plus petit
=	égal
>=	plus grand ou égal
<=	plus petit ou égal
<>	différent (non égal)

Quelques uns de ces symboles sont composés de deux caractères comme le symbole d'affectation. Ces symboles ne doivent pas contenir d'espace et l'ordre des caractères est important. Ainsi, le symbole >= ne peut pas être remplacé par le symbole => même si la deuxième forme semble aussi logique que la première.

Le résultat d'un opérateur de comparaison est toujours booléen. Ce résultat peut être utilisé, entre autres, dans un énoncé **IF** afin de déterminer l'alternative qui doit être exécutée. Les **opérandes** (i.e. les informations comparées) peuvent être des valeurs numériques, des caractères, des booléens ou des chaînes de caractères. Tout comme pour les opérateurs arithmétiques et l'affectation, il est important que les deux opérandes soient du même type (la seule exception qui existe sera discutée au chapitre 6).

À titre d'exemples, considérons les déclarations suivantes.

```
CONST
  Seuil = 40;
VAR
  NoteIntra,NoteFinale,Age,Max  : INTEGER;
  Symbole                       : CHAR;
  IdentificateurReserve         : STRING[7];
  Erreur                        : BOOLEAN;
```

Voici quelques comparaisons qui pourraient être utilisées dans un programme :

- `IF Age>=18 THEN WRITE(OUTPUT, 'MAJEUR')`
             `ELSE WRITE (OUTPUT, 'MINEUR');`
- `IF NoteIntra + NoteFinale < Seuil THEN WRITE (OUTPUT, 'ÉCHEC');`
- `IF Symbole = ' ' THEN READLN (INPUT, Symbole);`
- `IF IdentificateurReserve <> 'PROGRAM' THEN ERREUR := TRUE;`
- `IF NoteIntra>NoteFinale THEN MAX := NoteIntra ELSE MAX := NoteFinale;`

Plus loin, nous verrons d'autres contextes où nous pourrons aussi utiliser ces comparaisons.

Relation d'ordre dans les types de base

Jusqu'ici, les exemples de comparaison impliquaient surtout des entiers ou des réels. Il est permis de faire des comparaisons avec les autres types de base à condition de comparer des valeurs (constantes, variables ou expressions) de même type. Cependant, pour pouvoir comprendre correctement les résultats obtenus, il faut savoir comment les valeurs sont ordonnées (classées) pour chacun des types de base.

Relation entre les entiers ou les réels

Les valeurs entières ou réelles sont ordonnées dans l'ordre habituel, c'est-à-dire, des valeurs les plus petites aux plus grandes...

-32768 < -5   < 0 < 1 < 426 < 32767

Relation entre les booléens

L'ordre est fixé arbitrairement par le langage PASCAL de telle sorte que la relation suivante est toujours vraie :

FALSE < TRUE

82 Instructions de sélection IF THEN ELSE

Cette relation est cependant rarement utilisée, nous la donnons ici à titre d'information.

Relation entre les caractères

L'ordre entre les caractères dépend malheureusement du jeu de caractères (ou ensemble des caractères disponibles) utilisé sur l'ordinateur. Un jeu de caractères souvent utilisé est l'ASCII (voir l'appendice pour la liste de tous les caractères qui appartiennent à ce jeu). Cependant, peu importe le jeu de caractères utilisé, les relations suivantes s'appliquent toujours :

'a'<'b'<'c'<...'x'<'y'<'z'
'A'<'B'<'C'<...'X'<'Y'<'Z'
'0'<'1'<'2'<...'7'<'8'<'9'.

Le caractère «espace» (' '), quant à lui, précède tous les caractères ci-dessus dans le jeu ASCII. Ce n'est malheureusement pas le cas dans tous les autres jeux. Néanmoins, il peut être utile d'utiliser cette propriété dans certaines applications.

Relation entre les chaînes de caractères

Les chaînes pouvant avoir des longueurs arbitraires, il est bon de remarquer qu'en langage PASCAL standard, **les comparaisons de chaînes doivent normalement se faire avec des chaînes de longueurs identiques**. En effet, à des chaînes de longueurs différentes correspondent des types différents; ce qui irait à l'encontre de la règle qui stipule que l'on doit comparer des valeurs de même type.

L'égalité de deux chaînes ne pose pas de problème : deux chaînes sont égales si et seulement si elles sont de même longueur et que l'on retrouve les mêmes caractères aux mêmes positions. Ainsi, la comparaison 'OUI' = 'oui' est fausse car les caractères majuscules sont des caractères différents des minuscules même s'ils représentent les mêmes lettres.

Les autres opérateurs relationnels s'appliquent aussi dans le cas des chaînes. Pour leur donner un ordre, il faut considérer les chaînes comparées dans l'ordre lexicographique, communément appelé ordre alphabétique, que l'on retrouve couramment dans le bottin téléphonique ou le dictionnaire.

Exemples de relations vraies entre chaînes

' AAA '	<	' BBB '
' BONJOUR '	<	' BONSOIR '
' PAUL '	>	' MARC '

C'est-à-dire que 'AAA' précède ' BBB ' dans l'ordre lexicographique et que ' BONJOUR ' précède ' BONSOIR ' tandis que ' PAUL ' suit ' MARC '.

Les versions de PASCAL qui acceptent l'extension `STRING` permettent généralement la comparaison de chaînes de longueurs différentes. Dans ce cas, il vaut mieux se limiter à vérifier l'égalité de deux chaînes car les autres opérateurs n'ont guère de sens et leur comportement peut varier selon les versions de PASCAL.

4.5 UTILISATION DU IF AVEC D'AUTRES INSTRUCTIONS

Nous avons déjà indiqué que l'énoncé qui suit le `THEN` ou le `ELSE` d'un énoncé `IF` pouvait être n'importe laquelle des instructions du langage PASCAL. L'une d'entre elles mérite une attention particulière : l'instruction composée (`BEGIN   END`).

Cette instruction a déjà été utilisée afin de délimiter les instructions du programme tel qu'illustré ci-dessous :

```
PROGRAM DEMO (INPUT, OUTPUT);
BEGIN
   INSTRUCTION1;
   INSTRUCTION2;     instruction composée
   INSTRUCTION3;
      ...
END.
```

En fait, cette instruction a une portée plus générale. Elle sert à encadrer un groupe d'instructions qui doivent être exécutées les unes après les autres. Nous pouvons mettre à profit cette instruction dans l'énoncé **IF**. En effet, s'il y a plusieurs instructions à faire exécuter dans l'alternative TRUE ou FALSE, il faut obligatoirement les mettre dans un énoncé composé.

Exemple   **IF ... THEN**
           BEGIN
              INSTRUCTION$_1$;
              INSTRUCTION$_2$;
              ...
        END
     ELSE
           BEGIN
              INSTRUCTION$_1$;
              INSTRUCTION$_2$;
              ...
           END;

Toutes les instructions qui sont entre le **BEGIN   END** qui suit le **THEN** vont être exécutées si la condition qui suit le **IF** vaut TRUE. Ces instructions constituent un tout indissociable et c'est pourquoi on appelle souvent l'énoncé composé, **un bloc d'instructions**. Nous aurons l'occasion d'utiliser encore l'énoncé composé en conjonction avec d'autres instructions au chapitre 8.

La figure 4.3 illustre l'utilisation, dans un programme, de l'énoncé **IF** avec l'instruction composée. Le but du programme est donné dans un commentaire au début du programme.

```
 1  PROGRAM Cercle (INPUT, OUTPUT);
 2  (*
 3     Ce programme permet de calculer l'aire ou le périmètre d'un cercle à
 4     partir de son rayon selon le choix de calcul fait par l'usager.
 5
 6     Dans un premier temps, le programme demande à l'usager le type de
 7     calcul à effectuer.  Celui-ci répond en tapant la lettre A pour le
 8     calcul de l'aire ou en tapant la lettre P pour le calcul du péri-
 9     mètre.  Le programme demande alors le rayon du cercle (un nombre
10     réel) à l'usager et effectue ensuite le calcul.
11
12     RAPPEL:
13
14     Aire d'un cercle      = PI x Rayon x Rayon
```

```
15    Périmètre d'un cercle = 2 x PI x Rayon
16
17    où PI = 3.14159265
18  *)
19  CONST
20    PI = 3.14159265;
21
22  VAR
23    Choix     : CHAR;   (* Type de calcul     *)
24    Rayon     : REAL;   (* Rayon du cercle    *)
25    Perimetre : REAL;   (* Périmètre calculé  *)
26    Aire      : REAL;   (* Aire calculée      *)
27
28  BEGIN
29    (* Lecture du type de calcul et du rayon du cercle *)
30
31    WRITE(OUTPUT, 'Quel est le type de calcul (A=Aire; P=Périmètre)?');
32    READLN(INPUT, Choix);
33
34    WRITE(OUTPUT, 'Quel est le rayon du cercle? ');
35    READLN(INPUT, Rayon);
36
37    (* Test pour déterminer le type de calcul à effectuer *)
38
39    IF Choix = 'A' THEN
40      BEGIN
41        (* Calcul et impression de l'aire du cercle *)
42
43        Aire := PI * Rayon * Rayon;
44        WRITELN(OUTPUT, 'L''aire est de ',Aire:15:5)
45      END
46    ELSE
47      BEGIN
48        (* Calcul et impression du périmètre du cercle *)
49
50        Perimetre := 2 * PI * Rayon;
51        WRITELN(OUTPUT, 'Le périmètre est de ',Perimetre:15:5)
52      END
53  END.
```

Figure 4.3   Calcul de l'aire ou du périmètre d'un cercle

4.6 VALIDATION À L'AIDE DE L'ÉNONCÉ IF

Dans les premiers chapitres, nous avons insisté sur l'importance d'avoir un bon algorithme (correct et efficace) pour résoudre les problèmes. Cependant, le meilleur algorithme qui soit ne pourra pas donner de bons résultats si on lui donne de mauvaises données et si cet algorithme ne prévoit pas de traitement spécial pour celles-ci.

Il est nécessaire de pouvoir repérer ces mauvaises données pour se protéger des effets néfastes qu'elles pourraient engendrer (résultats erronés, perte d'informations, arrêt du programme ou de l'ordinateur). C'est pourquoi les bons programmes doivent vérifier que les données traitées sont correctes pour le traitement que l'on veut effectuer. Cette vérification s'appelle de la **validation**.

Un exemple de donnée erronée serait de fournir une valeur inférieure ou égale à zéro au programme de facturation (figure 4.1). Une valeur négative produirait une taxe et un pourboire négatifs!

Un moyen de détecter les erreurs est d'utiliser l'énoncé IF pour vérifier si une donnée lue est correcte (valide) ou incorrecte (invalide).

Exemple de validation pour le programme de facturation

```
READLN (INPUT, PrixTotal);
IF PrixTotal > 0.0 THEN
   ... (*Traitement pour une donnée valide*)
ELSE
   ... (*Traitement pour une donnée invalide*)
```

Le traitement le plus approprié, lorsqu'une erreur a été détectée, est de produire un **message d'erreur**. Ce dernier est un petit texte qui explique en quelques mots la nature de l'erreur détectée. L'usager sait alors qu'il a utilisé le programme avec de mauvaises données. Si le message d'erreur est très explicite, l'usager pourra repérer facilement l'endroit et la nature de l'erreur.

De façon générale, le programmeur devrait écrire des programmes qui font le maximum de validation. Ses programmes sont alors robustes, ils résistent bien aux erreurs. De plus, les programmes qui valident les données sont plus agréables à utiliser et ils sont plus fiables.

```
1  PROGRAM DeFacturation (INPUT, OUTPUT);
2  (*
3     Ce programme a pour but de calculer le montant que doit débourser le
4     client d'un restaurant à partir du prix total des mets consommés.  Il
5     s'agit ici de calculer une taxe de 10 % sur les repas dont le total
6     dépasse 3.25 $ ainsi qu'un pourboire de 15 % sur ce même total.  Afin
7     de repérer les données négatives, illégales pour ce genre d'applica-
8     tion, un minimum de validation est effectué.
9  *)
10 CONST
11    TauxTaxe    = 0.10;   (* 10% de taxe sur les repas taxables   *)
12    PrixMax     = 3.25;   (* Prix max. d'un repas non taxable     *)
13    TauxService = 0.15;   (* 15% de pourboire sur les repas       *)
14
15 VAR
16    PrixTotal   : REAL;   (* Prix total des mets consommés        *)
17    Pourboire   : REAL;   (* Pourboire calculé sur le prix total  *)
18    Taxe        : REAL;   (* Taxe calculé sur le repas            *)
19    Somme       : REAL;   (* Montant à débourser par le client    *)
20
21 BEGIN
22    (* Lecture des données avec message d'incitation *)
23
24    WRITE (OUTPUT, 'Entrez le total des mets: ');
25    READLN (INPUT, PrixTotal);
26
27    (* Validation de la valeur lue *)
28
29    IF PrixTotal >= 0.0 THEN   (* Traiter la donnée valide *)
30     BEGIN
31        (* Calcul du pourboire, de la taxe et de la somme *)
32
33        Pourboire := PrixTotal * TauxService;
34        IF PrixTotal > PrixMax THEN Taxe := PrixTotal * TauxTaxe
35        ELSE Taxe := 0.0;
36        Somme := PrixTotal + Pourboire + Taxe;
37
38        (* Présentation des résultats *)
39
```

```
40          WRITELN(OUTPUT, 'Pourboire        : ', Pourboire:5:2, '$');
41          WRITELN(OUTPUT, 'Taxe             : ', Taxe:5:2, '$');
42          WRITELN(OUTPUT, 'Montant à payer : ', Somme:5:2, '$')
43       END
44    ELSE       (* Affichage d'un message d'erreur *)
45      WRITELN(OUTPUT,'ERREUR: Le prix doit être supérieur à zéro!')
46 END.
```

Figure 4.4 Programme de facturation avec validation

Deux exemples d'exécution du programme de la figure 4.4

```
Entrez le total des mets:  -1.00
ERREUR: Le prix doit être supérieur à zéro!

Entrez le total des mets: 3.10
Pourboire       : 0.46$
Taxe            : 0.00$
Montant à payer : 3.56$
```

La figure 4.4 reprend le problème de facturation mais en y ajoutant une validation pour détecter les valeurs négatives. Vous remarquerez que les opérations pour les données valides ont été regroupées à l'intérieur d'une instruction composée et que celle-ci correspond à l'alternative TRUE du test de validation tandis qu'un message d'erreur est imprimé dans le cas où le test s'avère faux.

Il faut noter que tout en validant le maximum de données, il est parfois impossible de tout valider correctement. L'exemple de la figure 4.4 peut être facilement amélioré en tenant compte du plus petit et du plus grand total possible dans un restaurant donné.

Le même exemple illustre également un autre point : lorsque les données sont invalides, il ne faut pas effectuer le traitement. C'est pourquoi le programme a prévu deux traitements distincts plutôt que de se contenter d'afficher un message d'erreur et de continuer comme dans l'exemple suivant:

```
...
READLN (INPUT, TotalMets);
IF TotalMets <= 0.0 THEN
   WRITELN (OUTPUT, 'ERREUR: Le prix doit être supérieur à zéro!');
Pourboire := TotalMets * TauxPourboire;
...
```

La façon présentée ci-dessus effectue bien une validation des données mais elle n'est pas correcte parce qu'après avoir affiché le message d'erreur, le traitement se poursuit comme s'il n'y avait pas d'erreur.

4.7 IF EN CASCADE OU IMBRIQUÉS

Il est possible d'avoir un énoncé **IF** comme instruction à la suite d'un **THEN** ou d'un **ELSE**. Pour résoudre certains problèmes, il est souvent nécessaire de se servir de cette possibilité. Les programmes obtenus ont un air bizarre à première vue mais s'interprètent facilement si l'on procède de façon méthodique.

IF en cascade

Considérons un programme pour convertir un nombre entier, compris dans l'intervalle 0 à 9, en un mot (chaîne de caractères) représentant le même nombre. Par exemple, pour une valeur lue 8 le programme doit imprimer HUIT. Cette conversion peut facilement s'effectuer à l'aide d'énoncés **IF**. La figure 4.5 montre le programme en question.

Ce programme contient une série de **IF**, en cascade, pour déterminer le texte approprié pour l'impression. Tous les **IF** sauf le premier, font partie du **ELSE** du **IF** précédent et seront exécutés seulement si le ou les tests précédents ont donné un résultat **FALSE**. Dans le cas où un des tests donne TRUE, les **IF** qui suivent ne sont pas exécutés car ils font partie de l'alternative FALSE.

Le résultat aurait été le même, tout en étant moins efficace, si le code avait eu l'allure suivante :

```
...
READLN (INPUT, N);
IF N = 0 THEN WRITELN (OUTPUT, 'ZERO');
IF N = 1 THEN WRITELN (OUTPUT, 'UN');
IF N = 2 THEN WRITELN (OUTPUT, 'DEUX');
...
```

Instructions de sélection IF THEN ELSE

```
1    PROGRAM DeConversion (INPUT, OUTPUT);
2    (*
3    Ce programme a pour but de lire un nombre entier dont la valeur peut
4    varier de zéro à neuf inclusivement et de l'imprimer en toutes
5    lettres.
6    *)
7    VAR
8      N : INTEGER;   (* Le nombre entier à convertir *)
9    BEGIN
10     (* Incitation et lecture du nombre *)
11
12     WRITE (OUTPUT, 'Ecrire un chiffre: ');
13     READLN(INPUT, N);
14
15     (* Conversion *)
16
17     WRITELN(OUTPUT);
18     WRITE (OUTPUT, 'Le nombre lu est ');
19
20     IF N = 0 THEN WRITELN(OUTPUT, 'ZERO')
21     ELSE
22      IF N = 1 THEN WRITELN(OUTPUT, 'UN')
23      ELSE
24       IF N = 2 THEN WRITELN(OUTPUT, 'DEUX')
25       ELSE
26        IF N = 3 THEN WRITELN(OUTPUT, 'TROIS')
27        ELSE
28         IF N = 4 THEN WRITELN(OUTPUT, 'QUATRE')
29         ELSE
30          IF N = 5 THEN WRITELN(OUTPUT, 'CINQ')
31          ELSE
32           IF N = 6 THEN WRITELN(OUTPUT, 'SIX')
33           ELSE
34            IF N = 7 THEN WRITELN(OUTPUT, 'SEPT')
35            ELSE
36             IF N = 8 THEN WRITELN(OUTPUT, 'HUIT')
37             ELSE
38              IF N = 9 THEN WRITELN(OUTPUT, 'NEUF')
39              ELSE WRITELN(OUTPUT, 'DIFFERENT DE 0 A 9')
40   END.
```

Figure 4.5 Un programme de conversion

Exemple d'exécution du programme de la figure 4.5

```
Ecrire un chiffre: 8
Le nombre lu est HUIT
```

Malgré qu'il soit plus simple en apparence, l'exécution de ce programme sera plus longue que celle de la version de la figure 4.5 car les dix tests seraient faits de manière systématique. Ce n'est pas le cas pour la version de la figure 4.5 où il y a, en moyenne, seulement cinq tests d'effectués pour des valeurs prises au hasard. Ce sont les `ELSE` qui font la différence.

IF imbriqués

Examinons maintenant un moyen d'augmenter la validation du même programme. Il faut détecter les valeurs négatives et les valeurs supérieures à neuf. Il serait également intéressant de prévoir un message différent pour chacune des erreurs. La section de code qui nous intéresse aurait alors l'allure suivante :

```
...
READLN (INPUT, N);
IF N >= 0 THEN
        IF N <= 9 THEN

            ... (* conversion de N comme dans la figure 4.5 *)

            ELSE WRITELN (OUTPUT, 'ENTIER TROP GRAND')
ELSE WRITELN (OUTPUT, 'ENTIER NEGATIF PAS PERMIS')
...
```

Cette fois-ci nous avons des `IF` imbriqués [1] (l'un dans l'autre). Le premier s'assure que la valeur n'est pas négative et le deuxième vérifie que la même valeur n'est pas supérieure à neuf. Lorsque les deux conditions sont réalisées, les `IF` nécessaires à la conversion sont exécutés. Dans le cas où une des conditions de validation donne une valeur FALSE, il y a un `ELSE` qui est exécuté. Mais lequel? **Chaque `ELSE` est toujours associé au dernier `IF` rencontré à condition que celui-ci ne soit pas déjà apparié avec un `ELSE`.** De cette façon, les `ELSE` les plus imbriqués (les plus internes) sont associés aux `IF` également les plus imbriqués.

---

[1] Formellement, le IF en cascade est aussi un IF imbriqué. Nous avons préféré leur donner des noms différents pour mettre en valeur les deux constructions obtenues.

ERREURS ET PROBLÈMES FRÉQUEMMENT RENCONTRÉS

■ Utilisation du symbole := à la place du = dans une comparaison

Exemple   `IF A := THEN ...`

Solution   revoir le sens de chacun de ces symboles.

■ Les comparaison d'égalité entre nombres réels échouent presque toujours

Exemple   `IF Val = 3.14159265358979323 THEN`

Solution   ne pas faire ce genre de tests avec les nombres réels... La raison est due au fait que les nombres réels sont enregistrés avec une précision limitée. De plus, les erreurs d'arrondi lors d'opérations arithmétiques diminuent aussi la précision des valeurs obtenues. Ceci rend illusoire la réussite d'un test comme ci-dessus. Au besoin, mesurer l'écart entre les deux valeurs à comparer pour s'assurer que cet écart est en deçà d'une limite raisonnable.

■ Utilisation de faux symboles relationnels

Exemples   `=>` , `=<` et `NOT =`

Solution   utiliser les bons! `>=`, `<=` et `<>`.

■ Impossibilité d'utiliser plus d'un opérateur relationnel dans un IF

Exemples   `IF A = B = C = D THEN ...`
             `IF 0 <= Note <= 100 THEN ...`

Solution   ce genre de test doit s'exprimer différemment en PASCAL. Nous étudierons ceci au chapitre 6.

■ Utilisation du point-virgule devant un `ELSE`

Exemple   `IF A > B THEN WRITELN (OUTPUT, A);`
            `ELSE WRITELN (OUTPUT, B);`

Solution   il n'y a jamais de point-virgule devant un `ELSE`. Le point-virgule sert à séparer des instructions. Dans l'exemple ci-dessus il termine l'énoncé `IF` et le `ELSE` n'est plus associé au `IF` qui précède, ce qui entraine une erreur à la compilation.

■ Confusion entre l'énoncé `IF`, la validation et la conversion

La validation se sert de l'énoncé **IF** pour vérifier si les données traitées sont valides. De façon similaire, la conversion peut se servir du **IF** pour tester la valeur de la variable à convertir Cependant l'énoncé **IF** a un usage plus général que la validation ou la conversion de données. Il permet aussi de vérifier toutes sortes de conditions qui ne sont pas reliées à la validation ou la conversion de données.

RÉVISION

1. Pouvez-vous identifier des situations ou l'énoncé **IF** est utile? *(Revoir 4.6 et 4.7)*

2. Identifiez la position de la condition dans l'énoncé **IF**. *(Revoir 4.2)*

3. Qu'arrive-t-il si la condition évaluée donne **FALSE** et que l'énoncé **IF** utilisé ne contient pas de **ELSE**? *(Revoir 4.3)*

4. Pouvez-vous identifier les six opérateurs relationnels? *(Revoir 4.4)*

5. Quel est le sens de l'opérateur <= lorsqu'il est utilisé pour comparer deux chaînes de caractères? *(Revoir 4.4)*

6. Qu'arriverait-il si on faisait suivre le **THEN** (ou le **ELSE**) de plusieurs instructions sans utiliser d'énoncé composé? (Revoir 4.5)

7. Dans un programme qui fait de la validation, on prévoit deux types de traitement. Lesquels? *(Revoir 4.6)*

8. Pouvez-vous identifier une méthode simple d'avoir un programme qui servirait à traduire une dizaine de mots du français à l'anglais? *(Revoir 4.4 et 4.7)*

9. Identifiez un ou deux problèmes dans votre champ d'activités où l'usage de l'énoncé **IF** pourrait être utile

RÉSUMÉ

Nous avons maintenant un moyen de vérifier certaines conditions dans un programme à l'aide de l'énoncé IF. Ces conditions peuvent impliquer tous les types standards et les opérateurs relationnels. L'énoncé IF permet, selon le résultat de la condition évaluée, d'exécuter d'autres instructions.

La condition dans un IF est du type BOOLEAN. Les opérateurs relationnels (>, <, =, <=, >=, <>) produisent un résultat de ce type lorsque deux valeurs sont comparées. C'est le résultat de cette comparaison qui détermine si c'est l'instruction qui suit le THEN ou le ELSE qui est exécutée par l'ordinateur. Parfois, on n'a pas besoin d'avoir un ELSE pour la condition qui est testée; dans ce cas, on peut omettre l'alternative ELSE et PASCAL passe immédiatement à la prochaine instruction.

L'énoncé qui suit le THEN ou le ELSE du IF peut être n'importe quel énoncé PASCAL. Ceci comprend, mais pas exclusivement, les énoncés de lecture/écriture, l'affectation, l'énoncé composé ou un autre énoncé IF.

L'énoncé IF peut avoir plusieurs usages mais on peut s'en servir notamment pour faire de la validation de données. Cela permet d'avoir des programmes qui ont un meilleur comportement en présence de données erronées.

EXERCICES

1 Répondez par VRAI ou FAUX à chacune des affirmations suivantes.

   a) Les opérateurs relationnels >= et => sont utilisables tous les deux dans un énoncé IF.

   b) La comparaison suivante est correcte en PASCAL : 7<'8'

   c) Il y a une erreur dans l'instruction suivante: IF jour >30
                                                     THEN MOIS := 1 ;
                                                     ELSE MOIS := 4 ;

   d) L'instruction composée BEGIN END peut s'utiliser avec un énoncé IF et son usage est toujours facultatif.

e) L'énoncé IF peut servir à faire de la validation et à faire varier le comportement d'un programme selon le résultat des tests effectués.

f) Il est permis d'utiliser un énoncé IF à la suite du THEN ou du ELSE d'un autre énoncé IF.

g) Dans un énoncé IF THEN ELSE, l'exécution de l'instruction suivant le THEN se poursuit avec l'instruction suivant le ELSE.

h) L'énoncé IF de l'extrait de programme suivant est inutile :
```
...
A := 2 ;
IF A = 2 THEN C := 0 ;
...
```

i) Dans l'instruction qui suit, le ELSE est toujours exécuté car lors de l'affectation A := 0, la condition du IF devient fausse :
```
IF A = 10 THEN A := 0 ELSE B := 5 ;
```

j) 'monique' = 'MONIQUE'

2 Questions à choix multiples. Indiquez par i, ii, iii, iv, laquelle des réponses s'applique le mieux à la question.

a) Quelle instruction permet de mettre la variable C à zéro dans le cas où la valeur de B dépasse 100?

   i) `C:=0;`
   ii) `IF B >= 100 THEN C := 0 ;`
   iii) `IF B > 100 THEN C :=0 ELSE C := 0 ;`
   iv) `IF B > 100 THEN C := 0 ;`

b) Quelles déclarations sont appropriées pour les variables D et E si l'on veut compiler sans erreur l'énoncé suivant :
```
IF C = 'DEBUT' THEN E := C ELSE D := 0 ;
```
   i) `VAR C : CHAR ; D,E : REAL ;`
   ii) `VAR C : STRING[5] ;`
   iii) `VAR D : REAL ; C : STRING[5] ;`
   iv) `VAR D : REAL ; C,E : STRING[5] ;`

c) Qu'est ce que l'instruction suivante permet d'imprimer?
```
IF C >= '0' THEN
IF C <= '9' THEN
WRITELN(OUTPUT,C) ;
```
   i) Les caractères '0' et '9';
   ii) Les nombres entiers supérieurs à zéro;
   iii) Les caractères entre '0' et '9' (inclusivement);
   iv) Les chiffres de 0 à 9;

3 Indiquez le résultat affiché à l'écran par chacune des sections de programme qu'on suppose dotées des énoncés de déclaration appropriés.

Instructions de sélection IF THEN ELSE

a) ```
    ...
    A := 20; B := 25; D := 0;
    IF A>B THEN D := A
    ELSE D := B;
    WRITELN (OUTPUT, D)
    ...
    ```

b)  ```
    IF A > 0 THEN IF B >= 0 THEN WRITELN(OUTPUT, 'bonjour')
    ELSE WRITELN(OUTPUT, 'bonsoir');
    ```
    pour les valeurs suivantes de A et B:

    i)   A=1 et B=-2
    ii) A=2 et B=0

c) ```
    A := 17; B := A*5 - 75;
    IF A > B THEN
        IF B < 15 THEN WRITELN (OUTPUT, 'BONJOUR')
        ELSE WRITELN (OUTPUT, 'BONSOIR')
    ELSE WRITELN (OUTPUT, 'BONNE NUIT');
    ```

d)  ```
    B := 25; C := 35; D := B-C;
    IF D = 0 THEN WRITELN (OUTPUT, 'UNE SEULE RACINE')
    ELSE
        IF D>0 THEN WRITELN (OUTPUT, 'DEUX RACINES')
        ELSE WRITELN (OUTPUT, 'PAS DE RACINES REELES');
    ```

e) ```
    A := TRUE; B := FALSE;
    IF A = FALSE THEN F := 0
    ELSE
        IF B = FALSE THEN F := 1
        ELSE F := 2;
    WRITELN (OUTPUT, 'La valeur de F est:', F:2);
    ```

4  Pour attirer les clients, un magasin décide d'accorder un taux d'escompte dépendant du montant d'achat selon la table suivante :

| Montant d'argent | Taux d'escompte |
|---|---|
| Montant > 500 | 20 % |
| 500 >= Montant > 250 | 17 % |
| 250 >= Montant >= 100 | 10 % |
| 100 > Montant | 0 % |

Une taxe de 9 % est appliquée sur le montant d'achat moins l'escompte.

On vous donne l'algorithme suivant qui calcule le montant à payer de chaque client (on suppose qu'il n'y a pas d'erreur dans les données) :

Obtenir MontantAchat
**SI** MontantAchat > 500 **ALORS**

   Taux Escompte ← 20 %
**SINON**
   **SI** MontantAchat > 250 **ALORS**
    ```

>   TauxEscompte ← 17 %
> **SINON**
> **SI** MontantAchat >= 100 ALORS
>   TauxEscompte ← 10 %
> **SINON**
>   TauxEscompte ← 0 %
> MontantReduit ← (1 – TauxEscompte) x MontantAchat
> MontantAPayer ← MontantReduit x 9 % + MontantReduit
> Ecrire MontantApayer

Traduisez en PASCAL (en mode interactif) l'algorithme précédent en utilisant au maximum les identificateurs de constantes.

5 Écrivez un programme qui fait la lecture de trois nombres entiers et qui imprime celui dont la valeur est la plus grande.

EXERCICES NON SOLUTIONNÉS

1 Répondez par VRAI ou FAUX à chacune des affirmations suivantes :

   a) Les énoncés 1 et 2 donnent toujours le même résultat : F

   i) ```
       IF X <> Y THEN   X := X+1;
                        Y := Y+X;
       ```
   ii) ```
       IF X <> Y THEN BEGIN  X := X+1; Y := Y+X END;
       ```

   b) L'opérateur relationnel >< représente "n'est pas égal à" (différent). F

   c) Cette section de programme imprime la différence (positive) entre A et B: V
      ```
      IF A > B THEN D := A - B   ELSE D := B - A; WRITELN(OUTPUT, D);
      ```

   d) ' SERGE' < 'ALAIN' F

   e) Toutes les instructions d'un programme sont nécessairement exécutées au moins une fois lors de l'exécution du programme. F

2 Questions à choix multiples. Indiquez, par i, ii, iii, iv, laquelle des réponses s'applique le mieux à la question.

   a) Lequel des énoncés suivants est erroné :

   i) ```
       IF A > B   THEN A := -1;
                  ELSE A := B+1;
       ```
   ii) ```
       IF A > B THEN BEGIN A := -1;  END
                ELSE A := B + 1;
       ```
   iii)```
       IF (A-B)<0 THEN A := 1 ELSE B := 1;
       ```
   iv) ```
       IF A <> B THEN A := B;
       ```

Instructions de sélection IF THEN ELSE

b) Identifiez le seul opérateur relationnel valide en PASCAL dans la liste qui suit:

    i) >=
    ii) =<
    iii) ≅
    iv) ≠

c) Quel est le seul énoncé valide en PASCAL en tenant compte des déclarations suivantes :

```
CONST
    C = 123;
VAR
    L,K  : INTEGER;
    R    : REAL
 i) IF C <> 123 THEN K := R;
ii) R := IF K=L THEN 3.1415 ELSE 1.4142;
iii) IF R>C THEN R := C ELSE IF R<0 THEN R := 0;
iv) IF K>L THEN WRITELN (OUTPUT, K); ELSE WRITELN (OUTPUT, L)
```

3 Indiquez le résultat affiché à l'écran par chacune des sections de programme qu'on suppose dotées des énoncés de déclaration appropriés.

a)
```
...
A := 47; B := 30; C := 5
IF A - B>12 THEN C := C + 2;
WRITELN (OUTPUT, C)
```

b)
```
V := 30; N := 5; L := 10
IF V-L>N
THEN IF V>L+N THEN N := V + L
              ELSE N := L - 2
ELSE N := L+N;
V := L+V+N;
WRITELN(OUTPUT, V:3, N:3);
```

c)
```
...
L := 'M'; M := 'L';
IF L > M THEN WRITELN (OUTPUT, 'CORRECT')
ELSE WRITELN (OUTPUT, 'ERREUR');
```

d)
```
...
K := 10; L := 5; M := 15;
IF (K - L < 12) THEN L := 20
ELSE IF L > M THEN M := 10
              ELSE K := 15;
S := K + L +M;
WRITELN(OUTPUT, S : 5);
```

e) ....
```
    K := 5; M := 10; R :=15;
    IF M > 5   THEN
                BEGIN M := M - K; R := 1 END
    ELSE R := 0;
    WRITELN(OUTPUT, M + R);
```

4 Écrivez un programme qui simule le comportement d'une mini-calculatrice. Les données à lire sont un caractère pour le code d'opération et deux nombres réels qui serviront d'opérandes.

Exemples de données :
+ 347.08   81.3
− 3.1415   1.4142

Le comportement du programme dépend de la valeur du caractère lu. La table ci-dessous donne les opérations à effectuer sur les deux nombres pour chacune des valeurs possibles de ce caractère.

'*'   implique de multiplier les 2 nombres
'+'   implique d'additionner les 2 nombres
'−'   implique de soustraire les 2 nombres
'/'   implique de diviser les 2 nombres

Dans tous les cas, il faut imprimer le résultat de l'opération effectuée ci-dessus. Il faut également prévoir un message d'erreur pour le cas où le caractère lu ne correspond à aucun des codes d'opération prévus. Prévoir également un message pour les divisions par zéro.

5 Au chapitre 2, nous avons présenté un programme pour calculer le salaire d'une personne à partir du nombre d'heures travaillées et du taux horaire. Pour chaque salaire, il y avait une prime d'assurance-chômage (11.63$) et un pourcentage fixe (20%) d'impôt à déduire du salaire brut pour obtenir le salaire net d'une personne. Écrivez une nouvelle version de ce programme qui tient compte d'un nouveau calcul d'impôt plus réaliste. L'impôt est calculé selon la table ci-dessous à partir du salaire brut.

de 00 000,00$ à 12 000,00$ impôt nul
de 12 000,01$ à 16 000,00$ impôt de 10 %
de 16 000,01$ à 27 000,00$ impôt de 17 %
plus de 27 000,00$ impôt de 26 %

INSTRUCTION DE RÉPÉTITION
`REPEAT    UNTIL`

- **5.1** Énoncé **REPEAT** : un énoncé de répétition
- **5.2** Compteurs et totaliseurs
- **5.3** Traitement avec sentinelle
- **5.4** Un autre exemple, une autre méthode
- **5.5** Retour sur la validation

OBJECTIFS

- Pouvoir exécuter plusieurs fois un groupe d'instructions;
- apprendre à utiliser un compteur et un totaliseur;
- savoir ce qu'est une sentinelle;
- avoir une idée du traitement d'un lot de données;
- être capable d'effectuer quelques statistiques simples sur des données.

INTRODUCTION

Ce chapitre présente une nouvelle instruction de contrôle. Celle-ci permet d'écrire des programmes dans lesquels des instructions sont exécutées plusieurs fois de manière répétitive. Les termes **instruction de répétition** et **instruction de boucle** sont souvent utilisés pour désigner les instructions qui permettent d'en exécuter d'autres plusieurs fois. Considérons le problème suivant :

> Écrire un programme dont le but est de calculer le carré d'une série de nombres entiers lus sur `INPUT`. Il peut y avoir un nombre arbitraire d'entiers mais le dernier nombre à mettre au carré est toujours un zéro.

Le but du programme est banal, mais pourtant il est impossible de résoudre ce problème avec le matériel vu jusqu'ici. Une solution qui vient immédiatement à l'esprit est d'écrire un programme qui calcule le carré d'un nombre et de faire exécuter plusieurs fois ce programme. Cette solution est peu agréable à utiliser et elle ne répond pas aux spécifications du problème posé. Néanmoins, elle contient un élément de réponse à notre problème : il faut exécuter plusieurs fois les mêmes instructions.

L'algorithme pour le problème peut s'exprimer sous la forme suivante :

RÉPÉTER
   Lire un nombre entier   : LIRE NbEntier
   Écrire le carré du nombre : ECRIRE NbEntier * NbEntier
JUSQU'À NbEntier = 0

L'algorithme illustre bien qu'il y a deux opérations qui sont répétées plusieurs fois : lecture et impression du carré. Les mots **RÉPÉTER** et **JUSQU'À** on été employés pour délimiter les deux opérations à répéter. L'ensemble forme ce qu'on appelle une **boucle**. Cependant, il faut que la boucle ne soit pas exécutée perpétuellement car le programme ne se terminerait jamais. Une **condition d'arrêt** a ainsi été placée après le mot **JUSQU'À** pour indiquer la fin de la répétition des instructions de LECTURE/ECRITURE. Dans ce cas-ci, la condition indique que le cycle se termine lorsque le dernier nombre lu et traité est un zéro, c'est-à-dire lorsque la condition prend la valeur TRUE.

5.1 L'ÉNONCÉ REPEAT : UN ÉNONCÉ DE RÉPÉTITION

L'algorithme peut se traduire immédiatement en PASCAL à l'aide d'un nouvel énoncé : l'énoncé **REPEAT**. Ce dernier permet d'exécuter plusieurs fois un groupe d'instructions. Dans le cas où le programmeur voudrait résoudre le problème proposé, il pourrait procéder comme suit :

```
...
REPEAT
   READLN (INPUT, NbEntier);
   WRITELN (OUTPUT, NbEntier * NbEntier)
UNTIL NbEntier = 0;
...
```

L'énoncé **REPEAT** est en deux parties. D'abord le mot **REPEAT** qui sert à indiquer le début des instructions dont on veut répéter plusieurs fois l'exécution. Puis, il y a le mot **UNTIL** qui sert à indiquer la fin des instructions à répéter. Finalement, le mot **UNTIL** est également suivi d'une condition booléenne (ici, NbEntier = 0), similaire à celle qu'il y a dans l'énoncé **IF**, qui indique la fin de la boucle. Remarquez que la boucle peut contenir plusieurs instructions et que celles-ci sont séparées par des points-virgules.

Comment cela fonctionne-t-il? Avec le mot **REPEAT**, PASCAL «sait» qu'il débute une boucle, il en profite donc pour mémoriser le début de celle-ci. Ensuite, il exécute la ou les instructions de la boucle. Dans le cas étudié, il s'agit du READ et du WRITE. Lorsque le mot **UNTIL** est rencontré, PASCAL vérifie la condition indiquée. Puisqu'il s'agit d'une condition booléenne, elle aura un résultat TRUE ou FALSE. Dans le cas où la condition est vraie, PASCAL continue l'exécution avec les instructions qui suivent la boucle. Cependant, si la condition est fausse (NbEntier <> 0), PASCAL recommence l'exécution des instructions entre le **REPEAT** et le **UNTIL**. Les instructions en question sont donc exécutées une ou

Instruction de répétition REPEAT UNTIL

plusieurs fois, ce qui explique la terminologie de répétition ou de boucle.

```
1  PROGRAM CalculerCarre (INPUT, OUTPUT);
2  (*
3     Ce programme lit des nombres entiers et pour chaque nombre il
4     imprime le carré de ce nombre immédiatement après l'avoir lu.  Le
5     programme s'arrête après avoir lu et calculé le carré du nombre zéro.
6  *)
7  CONST
8     FinDesDonnees = 0;      (* Valeur de la dernière donnée *)
9
10 VAR
11    NbrEntier: INTEGER;     (* Le nombre à mettre au carré   *)
12    CarreNbr : INTEGER;     (* Le carré de NbrEntier         *)
13
14 BEGIN
15    (* Affichage de l'en-tête du programme *)
16
17    WRITELN(OUTPUT,'Calcul du carré de nombres entiers':50);
18    WRITELN(OUTPUT);
19    WRITELN(OUTPUT,'Note: Tapez 0 pour terminer le programme');
20    WRITELN(OUTPUT);
21
22    (* Traitement de la série de nombres *)
23
24    REPEAT
25       (* Incitation et lecture de la valeur à traiter *)
26
27       WRITE (OUTPUT, 'Ecrire un nombre entier: ');
28       READLN(INPUT, NbrEntier);
29
30       (* Calcul du carré et impression du résultat *)
31
32       CarreNbr := NbrEntier * NbrEntier;
33       WRITELN(OUTPUT, 'Le carré de ', NbrEntier:1, ' vaut ', CarreNbr:1);
34       WRITELN(OUTPUT);
35       (* Traitement terminé pour un nombre. La valeur lue signifiera
36          l'arrêt (si NbrEntier vaut FinDesDonnees) ou non de la boucle   *)
37    UNTIL NbrEntier = FinDesDonnees;
38
39    WRITELN(OUTPUT, 'Au revoir, à la prochaine...');
40 END.
```

Figure 5.1 Calcul du carré de plusieurs nombres

Exemple d'exécution du programmation de la figure 5.1

```
          Calcul du carré de nombres entiers

Note: Tapez 0 pour terminer le programme.

Ecrire un nombre entier:   10
Le carré de 10 vaut 100

Ecrire un nombre entier:   33
Le carré de 33 vaut 1089

Ecrire un nombre entier:   0
Le carré de 0 vaut 0

Au revoir, à la prochaine...
```

La figure 5.1 donne le programme complet pour résoudre le problème donné. Vous remarquerez l'ajout d'un message d'incitation et d'un autre message pour accompagner les résultats. De plus, un exemple du résultat de l'exécution du programme montre clairement que le programme a fonctionné pour plusieurs nombres.

5.2 COMPTEURS ET TOTALISEURS

Compteurs

Considérons un autre problème simple, dérivé du précédent :

Écrire un programme qui imprime les nombres de 1 à 100 ainsi que le carré de ces nombres.

La solution qui consiste à utiliser 100 fois l'instruction WRITELN est longue et n'est pas très pratique :

```
...
WRITELN (OUTPUT,   1 : 10,   1 * 1 : 10);
WRITELN (OUTPUT,   2 : 10,   2 * 2 : 10);
WRITELN (OUTPUT,   3 : 10,   3 * 3 : 10);
```

```
...
WRITELN (OUTPUT,  99 : 10,  99 *  99 : 10);
WRITELN (OUTPUT, 100 : 10, 100 * 100 : 10);
...
```

La nature répétitive des instructions est évidente et suggère d'utiliser l'énoncé **REPEAT UNTIL** pour réaliser une version plus intéressante de ce programme. Cependant ceci fait surgir un nouveau problème : quel nombre faut-il écrire à chaque *itération* (tour de boucle)? Une façon simple est d'utiliser une variable qui prendra successivement toutes les valeurs désirées. Le terme de *compteur* est utilisé pour désigner une variable ayant ce but particulier. Le fonctionnement d'un compteur est illustré à l'aide de l'algorithme pour le problème ci-dessus :

Étape 1 COMPTEUR ← 0
Étape 2 **RÉPÉTER**
Étape 3 COMPTEUR ← COMPTEUR + 1
Étape 4 Carre ← COMPTEUR x COMPTEUR
Étape 5 ÉCRIRE COMPTEUR, Carre
Étape 6 **JUSQU'À** COMPTEUR = 100

La variable COMPTEUR représente le compteur utilisé. Ce dernier est d'abord initialisé à zéro (*étape 1*) avant la boucle. Puis, à chaque fois que la boucle est exécutée, le compteur est incrémenté (*étape 3*) et testé (*étape 6*). Remarquez, entre autres, le procédé employé à l'étape 3 : la valeur actuelle du compteur est augmentée de 1 et la nouvelle valeur calculée devient celle du compteur. Il y a effectivement comptage puisque cette partie de l'algorithme est dans une boucle, donc exécutée plusieurs fois. Finalement, la condition de la boucle a pour effet de vérifier si le compteur a atteint sa valeur maximum. Ces trois éléments (initialisation, incrément et test) sont fréquemment utilisés dans les programmes.

La figure 5.2 donne le programme complet pour résoudre le problème. La constante NbNombre a été ajoutée pour paramétriser le programme. En faisant varier celle-ci, il est possible d'obtenir des tables plus ou moins longues.

```
 1 PROGRAM TableDeCarres (OUTPUT);
 2 (*
 3   Ce programme produit une table sur deux colonnes.  Les valeurs de la
 4   deuxième colonne représentent le carré des nombres entiers de la
 5   première colonne.  La table débute toujours avec les valeurs mais la
 6   longueur de la table est déterminée par la valeur de la constante
 7   NbNombre.  Cette constante peut-être changée au gré de l'usager.
 8   Fait à noter: ce programme n'a pas de données à lire.
 9 *)
10 CONST
11   NbNombre = 100;    (* La longueur de la table des carrés *)
12
13 VAR
14   Compteur : INTEGER; (* Compteur *)
15   Carre    : INTEGER; (* Le carré du compteur *)
16
17 BEGIN
18   (* Affichage de l'en-tête *)
19
20   WRITELN(OUTPUT, 'Table des carrés des nombres de 1 à ', NbNombre:3);
21   WRITELN(OUTPUT);
22   WRITELN(OUTPUT, '----------------------------------------');
23   WRITELN(OUTPUT);
24
25   (* Calcul et impression des carrés *)
26
27   COMPTEUR := 0;
28   REPEAT
29     COMPTEUR := COMPTEUR + 1;
30     Carre := COMPTEUR * COMPTEUR;
31
32     WRITELN(OUTPUT, Compteur:11, Carre:11)
33   UNTIL COMPTEUR = NbNombre;
34
35   WRITELN(OUTPUT, '----------------------------------------')
36 END.
```

Figure 5.2 Programme pour imprimer une table de carrés

Exemple d'exécution du programme de la figure 5.2

```
Table des carrés des nombres de 1 à 100
----------------------------------------
          1              1
          2              4
          3              9
          4             16
          5             25
          6             36
          7             49
          8             64
          9             81
         10            100
         11            121
        ...            ...
        100          10000
----------------------------------------
```

Totaliseurs

Il est possible d'utiliser une variante des compteurs pour résoudre de nouveaux problèmes : le calcul de totaux, par exemple. L'idée est d'utiliser une variable à laquelle une valeur est ajoutée, mais contrairement au compteur, la valeur ajoutée n'est pas toujours la même. Étudions un nouveau problème illustrant le calcul et l'usage de totaux:

Écrire un programme qui fait la somme et la moyenne de 20 valeurs réelles lue sur INPUT.

Le problème est en soit très général. Il pourrait s'agir de vingt notes d'examen, de factures d'épicerie ou de données scientifiques. Pour le résoudre de façon générale et simple, il faut employer encore une fois une boucle dans laquelle les opérations nécessaires pour une valeur lue seront effectuées. L'algorithme en est donné ci-après et il est discuté au prochain paragraphe.

Étape 1   COMPTEUR ← 0
Étape 2   Total ← 0
Étape 3   **RÉPÉTER**
Étape 4   COMPTEUR ← COMPTEUR + 1
Étape 5   LIRE Valeur
Étape 6   Total ← Total + Valeur
Étape 7   **JUSQU'À** COMPTEUR = 20
Étape 8   Moyenne ← Total / 20
Étape 9   ÉCRIRE Total, Moyenne

Le traitement effectué dans la boucle consiste à incrémenter le compteur, faire la lecture d'une (nouvelle) valeur et mettre à jour une variable `Total`. Celle-ci, dont le mode d'opération ressemble beaucoup à un compteur, sert à calculer le total partiel des valeurs lues. Ainsi, lorsque la boucle aura été effectuée trois fois, la variable `Total` contiendra la somme des trois premières valeurs lues. Nous appellerons cette variante du compteur un **totaliseur**. Finalement, après avoir effectué les 20 lectures, le programme calcule et imprime la moyenne des valeurs lues. La figure 5.3 donne la version PASCAL du même algorithme.

Ce programme peut facilement être généralisé pour résoudre dynamiquement des problèmes de tailles différentes. Comment faire pour qu'un même programme traite 25 ou 100 données? Une façon de résoudre ce problème est de remplacer la constante `NbNombre` de la figure 5.3 par une variable du même nom et de faire la lecture de cette variable au tout début du programme. De cette façon, la boucle est exécutée le nombre de fois spécifié par la valeur lue de `NbNombre`. Les changements nécessaires sont illustrés ci-dessous :

```
...
VAR
   NbNombre : INTEGER;
...
BEGIN
   WRITELN (OUTPUT, 'NOMBRE DE VALEURS A TRAITER ?');
   READLN (INPUT, NbNombre);
   ... (* SUITE DU PROGRAMME 5.3 *)
```

```
1  PROGRAM DeMoyenne (INPUT, OUTPUT);
2  (*
3     Ce programme calcule et imprime la moyenne de plusieurs valeurs, de
4     type REAL, lues au clavier.
5  *)
6  CONST
7     NbValeurs = 20;        (* Nombre max. de valeurs traitées *)
8
9  VAR
10    Valeur   : REAL;       (* Une des valeurs lues *)
11    COMPTEUR : INTEGER;    (* Compteur de valeurs lues *)
```

```
12     Total      : REAL;     (* Somme des valeurs lues *)
13     Moyenne    : REAL;     (* Moyenne calculée des valeurs *)
14
15  BEGIN
16     (* Initialiser le compteur et le totaliseur *)
17
18     COMPTEUR := 0;
19     Total := 0.0;
20
21     (* Faire la lecture de toutes les valeurs *)
22
23     REPEAT
24       (* Lire une valeur avec message d'incitation *)
25
26       WRITE (OUTPUT, 'Ecrire un nombre réel: ');
27       READLN(INPUT, Valeur);
28
29       (* Mettre à jour le compteur et le totaliseur *)
30
31       COMPTEUR := COMPTEUR + 1;
32       Total := Total + Valeur
33     UNTIL COMPTEUR = NbValeurs;
34
35     (* Calculer et imprimer la moyenne *)
36
37     Moyenne := Total / NbValeurs;
38
39     WRITELN(OUTPUT);
40     WRITELN(OUTPUT, 'Nombre de valeurs          : ', NbValeurs:8);
41     WRITELN(OUTPUT, 'Somme des valeurs lues     : ', Total:8:2);
42     WRITELN(OUTPUT, 'Moyenne des valeurs lues   : ', Moyenne:8:2)
43  END.
```

Figure 5.3 Programme de calcul de moyenne

Exemple d'éxecution du programme de la figure 5.3

```
Ecrire un nombre réel: 76.29
Ecrire un nombre réel: 14.37
Ecrire un nombre réel: 98.0
Ecrire un nombre réel: 81.125
```

```
Ecrire un nombre réel: 22
Ecrire un nombre réel: 48.5
Ecrire un nombre réel: 68.1
Ecrire un nombre réel: 88.3
Ecrire un nombre réel: 17.9
Ecrire un nombre réel: 33.6
Ecrire un nombre réel: 24.625
Ecrire un nombre réel: 92.2
Ecrire un nombre réel: 45.1
Ecrire un nombre réel: 78.8
Ecrire un nombre réel: 37.3
Ecrire un nombre réel: 82.4
Ecrire un nombre réel: 39.8
Ecrire un nombre réel: 61.4
Ecrire un nombre réel: 89.0
Ecrire un nombre réel: 3.45
Nombre de valeurs         :      20
Somme des valeurs lues    : 1102.26
Moyenne des valeurs lues  :   55.11
```

5.3 TRAITEMENT AVEC SENTINELLE

Avant de débuter une boucle, il n'est pas toujours opportun d'être obligé de connaître le nombre de fois qu'elle doit être exécutée. Pour plusieurs applications, il faut utiliser une boucle, mais l'utilisation d'un compteur qui est testé dans la boucle n'est pas appropriée. C'est le cas de toutes les applications qui doivent traiter une série arbitrairement longue de données; il n'est pas question de compter manuellement le nombre de données avant de faire exécuter le programme.

Exemple   le programme qui analyse les comptes reçus par une compagnie de téléphone doit être capable de faire le traitement sans connaître au préalable le nombre de comptes.

Dans ce cas, il est souvent avantageux d'utiliser une boucle en conjonction avec une **sentinelle**. Une sentinelle est une donnée spéciale, différente de toutes les données valides, que l'on insère à la toute fin des données. Supposons une application qui traite une série de valeurs entières strictement positives. Il serait raisonnable dans ce cas de choisir une valeur nulle ou négative servant de sentinelle comme illustré dans la figure 5.4

Figure 5.4
Jeu de données avec sentinelle

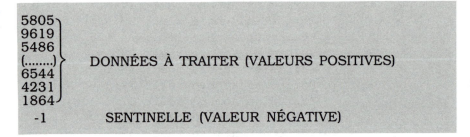

Le traitement est simplifié car il s'agit de boucler sur les données et de s'arrêter lorsque la donnée lue correspond à la sentinelle. Cette condition peut facilement être testée à l'aide du **UNTIL** d'une instruction **REPEAT**. L'exemple utilisé au début du chapitre (calcul du carré d'une série de nombres entiers, page 102) fonctionnait avec une sentinelle. Il s'agissait cependant d'une variante où la sentinelle était traitée comme les autres données, ce qui est rarement rencontré.

Un nouveau problème permet d'illustrer le traitement avec sentinelle :

> Écrire un programme qui produit quelques statistiques sur des nombres entiers positifs. La série de nombres se termine par la valeur zéro. Les statistiques demandées sont la moyenne, la valeur maximum et la valeur minimum. La sentinelle ne doit pas être comptabilisée dans les statistiques.

L'algorithme est donné ci-après. Un compteur est utilisé pour compter le nombre de données, mais il n'est pas testé. Cette fois-ci, le test se fait sur la sentinelle. Le seul point qui cause des problèmes en dehors de la sentinelle est de déterminer la plus grande et la plus petite valeur. Le truc est d'initialiser deux variables (ici Min et Max) avec des valeurs fort improbables et de tester, pour chacune des valeurs lues, s'il faut mettre à jour ces deux variables. Remarquez également comment la lecture est faite pour éviter de traiter la sentinelle.

Étape 1   Max   ← "TRES PETITE VALEUR"
            Min   ← "TRES GRANDE VALEUR"
            NbnReel   ← 0, TOTAL ← 0

Étape 2   LIRE Valeur

Étape 3   **RÉPÉTER**
                NbnReel ← NbnReel + 1
                Total ← Total + Valeur
                SI Valeur > Max **ALORS** Max ← Valeur
                SI Valeur < Min **ALORS** Min ← Valeur
                LIRE Valeur
            JUSQU'À Valeur = 0

Étape 4   Moyenne ← Total / NbnReel

Étape 5   ECRIRE Moyenne, Min, Max.

Note   Cet algorithme suppose qu'il y a au moins une donnée à traiter. Voir la figure 5.5 pour la version PASCAL de l'algorithme.

```
1  PROGRAM DeStatistiques (INPUT, OUTPUT);
2  (*
3     Ce programme lit une série de nombres entiers positifs et calcule les
4     statistiques suivantes sur ces nombres: moyenne, valeur minimum et
5     valeur maximum.  La série de nombres se termine par une sentinelle
6     ayant la valeur 0.
7  *)
8  CONST
9     Sentinelle = 0;     (* Valeur qui termine les données *)
10    Incitation = 'Ecrire une valeur entière positive: ';
11 VAR
12    Valeur   : REAL;    (* Une des données lues *)
13    NbrReel  : INTEGER; (* Compteur pour les valeurs lues *)
14    Total    : REAL;    (* Somme des valeurs lues *)
15    Moyenne  : REAL;    (* Moyenne calculée des valeurs *)
16    Min      : REAL;    (* La plus petite valeur lue *)
17    Max      : REAL;    (* La plus grande valeur lue *)
```

114 Instruction de répétition REPEAT UNTIL

```
18
19   BEGIN
20     (* Initialisation *)
21
22     NbrReel := 0;
23     Total   := 0;
24     Min     :=  MAXINT;    (* Le plus grand entier de l'ordinateur *)
25     Max     := -MAXINT;    (* Le plus petit entier de l'ordinateur *)
26
27     (* Lire la première valeur *)
28
29     WRITE (OUTPUT, Incitation);
30     READLN(INPUT, Valeur);
31
32     REPEAT
33        (* Mettre à jour les variables appropriées *)
34
35        NbrReel := NbrReel + 1;
36        Total := Total + Valeur;
37        IF Valeur > Max THEN Max := Valeur;
38        IF Valeur < Min THEN Min := Valeur;
39
40        (* Enchaîner avec la lecture de la prochaine valeur *)
41
42        WRITE (OUTPUT, Incitation);
43        READLN(INPUT, Valeur)
44     UNTIL Valeur = Sentinelle;
45
46        (* Calculer la moyenne et imprimer tous les résultats *)
47
48        Moyenne := Total / NbrReel;
49
50        WRITELN(OUTPUT);
51        WRITELN(OUTPUT, 'Moyenne des values lues: ', Moyenne:8:2);
52        WRITELN(OUTPUT, 'La plus petite valeur   : ', Min:8:2);
53        WRITELN(OUTPUT, 'La plus grande valeur   : ', Max:8:2)
54   END.
```

Figure 5.5 Programme de statistiques avec sentinelle

Exemple d'exécution de la figure 5.5

```
Ecrire une valeur entière positive: 48
Ecrire une valeur entière positive: 32
Ecrire une valeur entière positive: 82
Ecrire une valeur entière positive: 65
```

```
Ecrire une valeur entière positive: 70
Ecrire une valeur entière positive: 59
Ecrire une valeur entière positive: 0

Moyenne des valeurs lues:     59.33
La plus petite valeur    :    32.00
La plus grande valeur    :    82.00
```

5.4 AUTRE EXEMPLE, AUTRE MÉTHODE

Le traitement avec sentinelle a le désavantage d'utiliser une valeur, qui pourrait être utilisée dans certains cas pour signaler la fin des données. De plus, la validation doit tenir compte de la valeur de la sentinelle afin de rapporter correctement les erreurs détectées. Dans les deux cas, la valeur réservée comme sentinelle peut être ennuyeuse.

Une solution utilisable dans certains cas consiste à ajouter de l'information parmi les données pour indiquer s'il y a encore d'autres données à traiter. Cette approche peut notamment être intéressante dans les environnements interactifs.

À titre d'exemple, nous donnons à la figure 5.6, le code d'un programme de facturation capable de traiter plusieurs données. Il s'agit d'une variante de celui du chapitre 4 dans lequel une boucle a été ajoutée. Examinez comment se fait le contrôle de la boucle. À cet effet, le programmeur a prévu de poser carrément la question : est-ce que c'est terminé? C'est la réponse tapée par l'usager (une nouvelle donnée qui n'existait pas dans la version précédente du chapitre 4) qui est testée par la boucle et qui détermine finalement le nombre d'itérations. Évidemment, cela fait plus de données à taper, mais c'est acceptable dans certaines situations.

Instruction de répétition REPEAT UNTIL

```pascal
 1  PROGRAM DeFacturation (INPUT, OUTPUT);
 2  (*
 3     Ce programme a pour but de calculer les montants que doivent
 4     débourser les clients d'un restaurant à partir du prix total des mets
 5     qu'ils ont consommés.  Il s'agit ici de calculer une taxe de 10% sur
 6     les repas dont le total dépasse 3.25$ ainsi qu'un pourboire de 15%
 7     sur ce même total.  Une boucle est prévue dans le programme pour
 8     permettre à l'usager de traiter plusieurs données et de terminer le
 9     traitement lorsque désiré.
10  *)
11  CONST
12     TauxTaxe    = 0.10;     (* 10% de taxe sur les repas taxables *)
13     PrixMax     = 3.25;     (* Prix max. d'un repas non taxable *)
14     TauxService = 0.15;     (* 15% de pourboire sur les repas *)
15  VAR
16     PrixTotal : REAL;       (* Prix total des mets consommés *)
17     Pourboire : REAL;       (* Pourboire calculé sur le repas *)
18     Taxe      : REAL;       (* Taxe calculée sur le repas *)
19     Somme     : REAL;       (* Montant à débourser par le client *)
20     Reponse   : CHAR;       (* Un caractère tapé par l'usager *)
21  BEGIN
22     REPEAT
23        (* Lecture des données avec message d'incitation *)
24
25        WRITE  (OUTPUT, 'Entrez le total des mets: ');
26        READLN (INPUT, PrixTotal);
27
28        (* Calcul du pourboire, de la taxe et du total à payer *)
29
30        Pourboire := PrixTotal * TauxService;
31        IF PrixTotal > PrixMax THEN Taxe := PrixTotal * TauxTaxe
32        ELSE Taxe := 0.0;
33        Somme := PrixTotal + Pourboire + Taxe;
34
35        (* Présentation des résultats *)
36
37        WRITELN(OUTPUT, 'Pourboire         : ', Pourboire:5:2, '$');
38        WRITELN(OUTPUT, 'Taxe              : ', Taxe:5:2, '$');
39        WRITELN(OUTPUT, 'Montant à payer : ', Somme:5:2, '$');
40
41        (* On demande à l'usager s'il y a d'autres données... *)
42
43        WRITELN(OUTPUT);
44        WRITE  (OUTPUT, 'Y-a-t''il d''autres données à traiter (o/n)? ');
45        READLN (INPUT, Reponse);
```

```
46      WRITELN(OUTPUT)
47      UNTIL Reponse = 'n'
48 END.
```

Figure 5.6 Facturation avec boucle

Exemple d'exécution du programme de la figure 5.6

```
Entrez le total des mets: 3.10
Pourboire       :  0.46$
Taxe            :  0.00$
Montant à payer :  3.56$

Y-a-t'il d'autres données à traiter (o/n)? o

Entrez le total des mets: 12.83
Pourboire       :  1.92$
Taxe            :  1.28$
Montant à payer : 16.04$

Y-a-t'il d'autres données à traiter (o/n)? n
```

5.5 RETOUR SUR LA VALIDATION

Le chapitre précédent avait introduit le concept de validation des données. Il s'agissait de détecter les erreurs éventuelles dans les données. Dans le cas où il y avait une donnée erronée, un message d'erreur était imprimé et le traitement était effectué seulement sur les données valides.

Dans les environnements interactifs, on peut faire mieux car il est possible, en cas d'erreur, de demander à l'usager une nouvelle valeur. L'idée de boucle se retrouve ici car il y a répétition de deux tâches (lecture, validation) jusqu'au moment où il n'y a plus d'erreur (voir l'algorithme ci-dessous).

RÉPÉTER
    LIRE UNE DONNEE
    VALIDER LA DONNEE
JUSQU'À "LA DONNEE LUE EST VALIDE"

La figure 5.7 reprend le programme de facturation pour illustrer ce type de validation. De plus, le programme fait le traitement de plusieurs données de la façon présentée dans la section précédente. Ceci donne un programme ayant une allure différente de celle à laquelle nous sommes habitués, car il y a une boucle dans une boucle. La boucle la plus interne fait la validation des données tandis que la boucle la plus externe permet de traiter plusieurs données.

```pascal
1  PROGRAM DeFacturation (INPUT, OUTPUT);
2  (*
3     Ce programme a pour but de calculer les montants que doivent
4     débourser les clients d'un restaurant à partir du prix total des mets
5     qu'ils ont consommés. Il s'agit ici de calculer une taxe de 10% sur
6     les repas dont le total dépasse 3.25$ ainsi qu'un pourboire de 15%
7     sur ce même total. Une boucle est prévue dans le programme pour
8     permettre à l'usager de traiter plusieurs données et de terminer le
9     traitement lorsque désiré. Une validation des données avec reprise en
10    cas d'erreurs a également été prévue.
11 *)
12 CONST
13    TauxTaxe    = 0.10;   (* 10% de taxe sur les repas taxables *)
14    PrixMax     = 3.25;   (* Prix max. d'un repas non taxable *)
15    TauxService = 0.15;   (* 15% de pourboire sur les repas *)
16 VAR
17    PrixTotal : REAL;   (* Prix total des mets consommés *)
18    Pourboire : REAL;   (* Pourboire calculé sur le repas *)
19    Taxe      : REAL;   (* Taxe calculée sur le repas *)
20    Somme     : REAL;   (* Montant à débourser par le client *)
21    Reponse   : CHAR;   (* Un caractère tapé par l'usager *)
22 BEGIN
23    REPEAT
24      (* Lecture des données avec validation *)
25
26      REPEAT
27        WRITE  (OUTPUT, 'Entrez le total des mets: ');
28        READLN (INPUT, PrixTotal);
29        IF PrixTotal <= 0.0 THEN WRITELN(OUTPUT,'Erreur: Le prix des ',
30        'mets doit être supérieur à zéro!')
31      UNTIL PrixTotal > 0.0;
32
33      (* Calcul du pourboire, de la taxe et du total à payer *)
34
35      Pourboire := PrixTotal * TauxService;
```

```
36      IF PrixTotal > PrixMax THEN Taxe := PrixTotal * TauxTaxe
37      ELSE Taxe := 0.0;
38      Somme := PrixTotal + Pourboire + Taxe;
39
40      (* Présentation des résultats *)
41
42      WRITELN(OUTPUT, 'Pourboire       : ', Pourboire:5:2, '$');
43      WRITELN(OUTPUT, 'Taxe            : ', Taxe:5:2, '$');
44      WRITELN(OUTPUT, 'Montant à payer: ', Somme:5:2, '$');
45
46      (* On demande à l'usager s'il y a d'autres données... *)
47
48      WRITELN(OUTPUT);
49      WRITE   (OUTPUT, 'Y a t''il d''autres données à traiter (o/n)? ');
50      READLN (INPUT, Reponse);
51      WRITELN(OUTPUT)
52    UNTIL Reponse = 'n'
53 END.
```

Figure 5.7 Facturation avec boucle et validation répétitive

Exemple d'exécution du programme de la figure 5.7

```
Entrez le total des mets: -1.00
Erreur: Le prix des mets doit être supérieur à zéro!
Entrez le total des mets: 1.00
Pourboire       :  0.15$
Taxe            :  0.00$
Montant à payer:  1.15$

Y-a-t'il d'autres données à traiter (o/n)? o

Entrez le total des mets: 8.39
Pourboire       :  1.26$
Taxe            :  0.84$
Montant à payer: 10.49$

Y-a-t'il d'autres données à traiter (o/n)? n
```

ERREURS ET PROBLÈMES FRÉQUEMMENT RENCONTRÉS

■ Utilisation de nombres réels pour les compteurs, la boucle est exécutée un mauvais nombre de fois

Solution : toujours utiliser des compteurs entiers car l'arithmétique réelle de la plupart des machines est inadéquate à cause du manque de précision dans l'enregistrement des nombres réels.

■ Les compteurs ne donnent pas les résultats escomptés

Solution : vérifiez que vous avez bien initialisé vos compteurs. Examinez le code du programme pour voir si les incréments ont été faits. Si tout est là, il faut vérifier que tout est au bon endroit. L'initialisation des compteurs précède-t-elle la boucle? Avez-vous compté les données invalides?

■ Le programme boucle tout le temps.

Solution : vérifiez la condition d'arrêt de la boucle. Vous avez probablement utilisé un mauvais opérateur ou un mauvais opérande. Examinez, s'il y a lieu, que les compteurs ont été utilisés correctement (voir ci-dessus).

RÉVISION

1   Est-il nécessaire d'encadrer les instructions de la boucle avec une paire de BEGIN END? (*Revoir 5.1*)

2   Y-a-t'il une différence entre la condition utilisée dans un IF THEN ELSE et la condition utilisée dans un REPEAT UNTIL? (*Revoir 5.1*)

3   PASCAL initialise-t-il automatiquement les compteurs à zéro? (*Revoir 5.2*)

4   Un totaliseur est synonyme de compteur. Vrai ou faux? (*Revoir 5.2*)

5   Qu'est-ce qu'une sentinelle? Comment s'en sert-on? (*Revoir 5.3*)

6   Comment trouver la valeur minimum d'une série de nombres? (*Revoir 5.3*)

7   Est-il permis d'avoir une boucle dans une boucle? (*Revoir 5.5*)

RÉSUMÉ

Ce chapitre a présenté l'instruction **REPEAT UNTIL**, une instruction qui permet de répéter plusieurs fois les instructions placées entre le **REPEAT** et le **UNTIL**. Une condition booléenne placée après le **UNTIL** permet de quitter la boucle au moment choisi par le programmeur.

Utilisé de façon conjointe avec l'énoncé d'affectation, cet énoncé de boucle permet de créer des compteurs et des totaliseurs. Ces derniers peuvent servir à contrôler une boucle ou à résoudre les problèmes posés par les applications étudiées. La technique de la sentinelle a également été présentée comme une technique pour contrôler une boucle.

De façon générale, nous avons maintenant un énoncé qui nous permet de résoudre les problèmes qui nécessitent un traitement similaire et répétitif de plusieurs données. L'énoncé **REPEAT UNTIL** est un moyen simple et compact de traiter un nombre arbitrairement grand de données.

EXERCICES

1 Répondez par VRAI ou FAUX à chacune des affirmations suivantes.

   a) Les énoncés à l'intérieur de la boucle **REPEAT UNTIL** sont exécutés au moins une fois.

   b) Si nous voulons effectuer une action seulement lorsqu'une condition est réalisée, nous devons utiliser l'instruction **REPEAT UNTIL**.

   c) L'énoncé suivant est valide :

```
REPEAT
K := K + 1;
WRITELN(OUTPUT, K)
UNTIL K := M;
```

d) Une boucle **REPEAT UNTIL** peut suivre IMMÉDIATEMENT le **THEN** ou le **ELSE** d'un énoncé **IF**.

e) L'énoncé **REPEAT UNTIL** s'utilise toujours avec un compteur.

2 Indiquez le résultat affiché à l'écran par chacune des sections de programme qu'on suppose dotées des énoncés de déclarations appropriés.

a)
```
M := 5; K := 0;
REPEAT
    IF K < 2 THEN M := M + 5;
    K := K + 1;
UNTIL K = 4;
WRITELN (OUTPUT, M);
```

b)
```
K := 10; M := 15; P := 2;
REPEAT
    P := P + M;
    K := K + 1;
UNTIL K > 5;
S := K + M + P;
WRITELN (OUTPUT, S);
```

c)
```
S := 0; K := 1;
REPEAT
    S := S + K;
    K := K + 1;
UNTIL S > 15;
WRITELN (OUTPUT, S);
```

d)
```
K := 1; J := 10;
REPEAT
    IF K >= 3 THEN J := J + 1
    ELSE J := J - 1;
    K := K + 1;
UNTIL J = 10;
WRITELN (OUTPUT, K);
```

e)
```
K := 0; S := 0; (* Attention...*)
REPEAT
    K := K - 1;
    S := S * K;
UNTIL K > 0;
WRITELN (OUTPUT, S);
```

Erreurs et problèmes fréquemment rencor

3   Combien de fois l'instruction WRITELN est-elle exécutée dans le programme qui contient les énoncés suivants?

```
K := 0;
REPEAT
    K := K + 1;
    L := 0;
    REPEAT
        L := L + 1; WRITELN (OUTPUT, K, L)
    UNTIL L >= 5
UNTIL K >= 10
```

4   Vous devez écrire un programme PASCAL complet correspondant à l'algorithme ci-dessous. Cet algorithme produit quelques statistiques sur des nombres entiers positifs: **le nombre de valeurs** supérieures à 50 (inclusivement) et la **moyenne** de ces valeurs. La série de nombres lus se termine par la valeur zéro (0).

L'algorithme

Étape 1 Initialiser le compteur et le totaliseur.

Étape 2 **RÉPÉTER**
            Écrire 'Entrez un nombre entier positif '
            Lire Valeur
            SI Valeur > 50 **ALORS**
                N ← N + 1
                Total ← Total + Valeur

         JUSQU'À Valeur = 0

Étape 3 **SI** N > 0 **ALORS**
            Moyenne ← Total / N
            Écrire N, Moyenne
         SINON
            Écrire 'Aucune valeur supérieure à cinquante'

5   Écrivez un programme qui fait la lecture d'un entier N et qui imprime la somme des nombres de 1 à N. Exemple: pour N valant 5 le programme imprime 15 (1+2+3+4+5).

6   a) Une grande banque vous offre de devenir millionnaire. La méthode est la suivante. À chaque année vous devez déposer dans votre compte de banque la somme de 1 000 dollars. De son côté, la banque vous paye à chaque fin d'année des intérêts de 12%. Les intérêts et les dépôts, en s'accumulant, vont dépasser le million de dollars.

Écrivez un programme qui vous permet de visualiser la progression de votre capital, d'année en année, jusqu'au moment d'atteindre ou dépasser le million de dollars.

b) Une autre banque offre un programme similaire où les intérêts sont de 6% tous les six mois. Modifiez le programme pour exprimer ces conditions. Laquelle des banques offre le meilleur rendement?

EXERCICES NON SOLUTIONNÉS

1 Répondez par VRAI ou FAUX à chacune des affirmations suivantes.

   a) Une boucle (de répétition) REPEAT UNTIL se termine lorsque la condition qui suit UNTIL vaut TRUE. F

   b) Une instruction de boucle répète toujours plus qu'une fois les instructions qui s'y trouvent. F

   c) L'énoncé suivant est invalide :
   ```
   REPEAT
      READ (INPUT, X);
   UNTIL X > 100;
   ```

   d) La boucle de répétition suivante sera exécutée plus d'une fois :
   ```
   N := 0;

   REPEAT N := N + 1
   UNTIL N = N + 1
   ```

2 Indiquez le résultat affiché à l'écran par chacune des sections de programme qu'on suppose dotées des énoncés de déclarations appropriés.

   a)
   ```
   BEGIN
      K := 2; J := 0;
      REPEAT K := K - 1; J := J + 1 UNTIL K = 0;
      WRITELN (OUTPUT, J);
   END
   ```

   b)
   ```
   S := 0; K := 1;
   REPEAT   S := S + K;
            K := K + 1;
   UNTIL    K > 5;
   WRITELN(S);
   ```

Erreurs et problèmes fréquemment rencontrés **125**

c) ```
    K := 1;   J := 10;
    REPEAT
        IF K >= 3 THEN
            J := J + 1
        ELSE
            J := J - 1;
        K := K + 1;
    UNTIL J = 10;
    WRITELN (OUTPUT, K:2);
    ```

d)  ```
    P := 1;   I := 10;
    REPEAT
        WRITE(OUTPUT, P:6);
        WRITE(OUTPUT, ' *', I:4, " =");
        P := P*I;   I := I*10;
        WRITELN(OUTPUT, P:5);
    UNTIL I >= 1000;
    ```

e) ```
    X := 0;
    F := 1;
    REPEAT
        WRITELN(OUTPUT, X:4, F:5);
        X := X + 1;
        F := F * X;
    UNTIL (X > 5);
    ```

f)  ```
    X := 0;
    REPEAT
        X := X+1;
        Y := X;
        REPEAT
            WRITE (OUTPUT, Y:3);
            Y := Y+1;
        UNTIL Y>3;
        WRITELN(OUTPUT);
    UNTIL X=3;
    ```

3 Le programme ci-dessous demande à l'usager de donner le rayon d'un cercle, ensuite il calcule et affiche la surface et le périmètre du cercle :

```
PROGRAM Cercle (INPUT, OUTPUT);
VAR Rayon, Surface, Perimetre : REAL;
BEGIN
    WRITE (OUTPUT, 'Entrez le rayon du cercle: ');
    READLN (INPUT, Rayon);
    Surface   := 3.14159 * Rayon * Rayon;
    Perimetre := 2 * 3.14159 * Rayon;
    WRITELN (OUTPUT, 'La surface du cercle est    : ', Surface);
    WRITELN (OUTPUT, 'Le périmètre du cercle est  : ', Perimetre)
END.
```

Vous devez écrire un programme PASCAL qui exécute une tâche similaire tout en respectant les nouvelles exigences suivantes :

a) L'usager doit utiliser le programme pour plusieurs cercles. Dans la première étape, le programme pose la question suivante:

COMBIEN DE RAYONS DE CERCLES AVEZ-VOUS?

Dans une deuxième étape, le programme va répéter le traitement autant de fois que l'usager l'a spécifié.

b) Le programme doit valider le rayon du cercle donné par l'usager. Dans le cas où le rayon est négatif, le programme affiche alors le message: DONNEE INVALIDE! (Rayon négatif).

c) Le programme doit calculer et afficher la moyenne des périmètres calculés à partir des rayons valides seulement.

d) Finalement, il s'agit de remplacer la valeur 3.14159 par l'identificateur de constante PI que vous avez à déclarer.

4 Écrivez un programme qui fait la lecture d'un entier K et qui imprime le produit des nombres de 1 à K. Exemple: pour N valant 5, le programme imprime 120 (1*2*3*4*5).

5 Reprenez l'exercice 4 du chapitre 4 (celui de la mini-calculatrice). Ajoutez une boucle qui permet d'exécuter plusieurs fois le traitement spécifié dans cet exercice. Prévoyez un code d'opération supplémentaire (exemple 'T' pour Terminer) qui permettra de quitter la boucle (et le programme) lorsque l'usager n'aura plus de données à traiter.

6 Écrivez un programme PASCAL interactif pour compiler les résultats d'un examen. Le programme doit débuter en demandant à l'usager d'entrer le nombre d'étudiants. Par la suite le programme va demander d'entrer la note de chaque étudiant et il va effectuer des calculs et des vérifications afin de produire, à la fin, les résultats suivants :

le nombre d'étudiants qui échouent (la note de passage est 60.0);
la moyenne générale;
la moyenne des étudiants qui réussissent le cours.

N.B. Prévoir d'éventuelles divisions par zéro.

EXPRESSIONS ET TYPES DÉFINIS PAR L'USAGER

6.1 Expression versus valeur
6.2 Compatibilité et conversion de type
6.3 Deux opérateurs pour l'arithmétique entière
6.4 Usage des parenthèses dans une expression
6.5 Fonctions arithmétiques prédéfinies
6.6 Opérateurs logiques
6.7 Priorité des opérateurs
6.8 Types définis par l'usager

OBJECTIFS

- Pouvoir identifier et utiliser des expressions dans un programme;

- connaître et savoir utiliser les opérateurs DIV, MOD, AND, OR et NOT;

- savoir comment utiliser des parenthèses et les fonctions dans des expressions;

- être familier avec la compatibilité de type et les possibilités de conversion entre types;

- connaître la priorité entre les opérateurs pour pouvoir évaluer correctement n'importe quelle expression;

- savoir comment créer de nouveaux types;

- maîtriser l'usage du type intervalle.

INTRODUCTION

Les chapitres précédents ont présenté quelques opérateurs (+, *, -, /, <, >, =, <=, >=, <>) et des opérandes (variables, constantes déclarées ou anonymes) qui peuvent être combinés pour obtenir des valeurs entières, réelles ou booléennes. Ces valeurs pouvaient être affectées à une variable ou utilisées dans des énoncés (exemple IF, REPEAT).

De manière générale, le terme *expression* est utilisé, en PASCAL, pour des **combinaisons d'opérateurs et d'opérandes**. Mais, peu importe le terme utilisé ou la complexité des expressions que l'on peut construire, il y a un point à retenir : **une expression est une valeur ayant un type précis**. Le type de l'expression est déterminé par les opérandes et/ou les opérateurs utilisés.

Ce chapitre introduit de nouveaux opérateurs pour l'arithmétique entière ou booléenne. Nous examinerons aussi l'ordre dans lequel sont évaluées les opérations (pour le cas où les expressions contiennent plusieurs sortes d'opérateurs) et la façon de modifier cet ordre. Ceci permettra de construire des expressions très complexes qui pourront être utilisées dans des énoncés déjà vus et ceux qui restent à voir.

Finalement, nous terminerons le chapitre avec la déclaration de types définis par l'usager, un concept important en PASCAL.

6.1 EXPRESSION VERSUS VALEUR

Pour illustrer qu'une expression quelconque est une valeur, nous présentons un cas, en apparence inusité, mais qui illustre bien que les expressions peuvent être introduites partout où une valeur est utilisable dans une instruction et vice versa.

Les déclarations ci-dessous seront utilisées pour le cas présenté :

```
...
VAR
  Age, PrixItem    : REAL;
  Majeur, Taxable  : BOOLEAN;
...
```

Les énoncés **IF** et **REPEAT** contiennent tous les deux une condition qui donne un résultat TRUE ou FALSE. Ces conditions sont des ***expressions booléennes*** (expression logique s'emploie aussi). Ce type d'expression peut également être affecté à une variable booléenne comme dans l'exemple ci-après :

```
...
Majeur := Age >= 18;
...
Taxable := PrixItem > 3.25;
...
```

Ces affectations ont le même sens que celles vues jusqu'ici. L'expression à droite du := est d'abord évaluée (calculée) et le résultat (TRUE ou FALSE) est mémorisé dans la variable à gauche du :=. La valeur ainsi mémorisée peut par la suite être utilisée plus loin dans le programme. Un exemple possible d'utilisation de cette valeur avec l'énoncé **IF** pourrait s'écrire :

```
...
IF Majeur THEN WRITE (OUTPUT, '*** MAJEUR ***')
ELSE WRITE (OUTPUT, '* NE PEUT PAS VOTER *');
...
```

Dans ce cas-ci, l'expression booléenne se résume à la valeur d'une variable. Celle-ci, puisqu'elle est du bon type, sera testée par le **IF** et un des WRITE sera effectué selon le résultat du test. Il n'est pas nécessaire d'utiliser une expression qui aurait pour but de tester explicitement la variable :

```
...
IF Majeur = TRUE THEN WRITE (OUTPUT, '*** MAJEUR ***')
ELSE WRITE (OUTPUT, '* NE PEUT PAS VOTER *');
...
```

Expression versus valeur

Le lecteur pourra facilement s'en convaincre en remarquant que la condition "Majeur = TRUE" a toujours la même valeur que la variable Majeur. Les mêmes considérations s'appliquent également aux énoncés **REPEAT** et **WHILE** (à voir).

Récapitulation Ces exemples servaient surtout à illustrer qu'une expression quelconque est utilisable partout où l'on a besoin d'une valeur. L'inverse est également vrai. Pour PASCAL, toute valeur est une expression. En fait, le terme expression n'est qu'un moyen pour désigner une valeur sans préciser sa nature exacte. Ainsi, partout où l'on peut utiliser une expression, on pourra se servir :

- d'une constante;
- d'une variable;
- d'une fonction (à voir);
- du résultat d'un calcul arithmétique;
- du résultat d'une condition booléenne;
- de n'importe quelle combinaison des items ci-dessus.

En effet, chacun de ces items représente une valeur, donc une expression. Nous aurons l'occasion, dans les prochaines sections, de généraliser le concept d'expression en introduisant, entre autres, de nouveaux opérateurs.

6.2 COMPATIBILITÉ ET CONVERSION DE TYPE

Au chapitre 2, il a été mentionné que l'affectation se faisait seulement entre des types identiques. Ainsi, l'affectation

```
...
Groupe := 'E';
...
```

est un énoncé qui est valide seulement si la variable Groupe est du type CHAR. L'utilisation d'un autre type dans ce cas entraînerait une erreur à la compilation. Cette règle a cependant une exception : **une variable de type REAL peut être affectée par des valeurs de types REAL ou INTEGER**.

Ainsi, les énoncés

```
...
VAR TOTAL : REAL;
...
    TOTAL := 0;
...
```

sont parfaitement légaux dans un programme même si le type de la variable (REAL) est différent du type de l'expression (INTEGER) qui lui est affectée. Dans ce cas, PASCAL fait la conversion du nombre entier en une valeur réelle. L'inverse n'est pas vrai : **PASCAL ne permet pas l'affectation d'une valeur réelle à une variable entière**. Ces deux règles permettent plus de souplesse dans la rédaction des programmes tout en évitant à PASCAL d'avoir à décider ce qu'il faut faire avec les décimales d'une valeur réelle affectée à une variable entière.

La même idée peut être étendue aux opérandes des quatre opérateurs arithmétiques de base (+, -, *, /). C'est-à-dire qu'une même expression pourra contenir des opérandes de types REAL et INTEGER. L'exemple suivant est parfaitement correct en PASCAL :

```
...
VAR
  N    : INTEGER;
  S, M : REAL;
...
  S := S + 2;
...
  M := N * 3.14159;
...
```

Dès qu'une opération arithmétique implique un entier et un réel, PASCAL fait la conversion de l'entier en un réel puis effectue l'opération demandée. **Ainsi l'addition, la soustraction et la multiplication auront toujours un résultat de type REAL dès qu'un des opérandes est un réel**. La division, quant à elle, donne toujours un résultat réel comme il a déjà été mentionné.

Compatibilité et conversion de type **133**

Cette possibilité de conversion existe également pour la lecture des nombres réels. Ainsi, le programme qui contient les énoncés suivants :

```
...
VAR   Temperature : REAL;
...
   READLN (INPUT, Temperature);
...
```

acceptera, lors de la lecture de la variable Température, un nombre entier ou réel. Au besoin, PASCAL convertira les entiers fournis par l'usager en nombres réels.

Afin d'exprimer cette possibilité de conversion d'une valeur entière en une valeur réelle, nous parlerons de **compatibilité de types**.

> **Deux types sont compatibles s'ils sont identiques ou s'ils impliquent un entier et un réel.**

Pour l'affectation, cette compatibilité est un peu plus sévère comme on l'a vu : les variables entières peuvent être affectées seulement d'une valeur du même type. **La conversion implicite d'un entier en un réel est la seule effectuée par PASCAL.**

6.3 DEUX OPÉRATEURS POUR L'ARITHMÉTIQUE ENTIÈRE

Les quatre opérateurs arithmétiques sont utilisables avec des opérandes de type INTEGER ou REAL. L'opérateur de division a cependant le «fâcheux» effet de produire un résultat qui est toujours du type REAL, même si les deux opérandes sont des entiers. Ceci semble bien raisonnable dans le cas de la division de

5 par 2 (résultat 2.5) mais beaucoup moins pour 4/2 qui produit le réel 2.0 plutôt que l'entier 2 attendu.

Afin de remédier à ce genre de problème, PASCAL introduit deux opérateurs spécifiques à l'arithmétique en mode entier : DIV et MOD. À remarquer que ces opérateurs ne sont pas des symboles spéciaux (comme les autres opérateurs) mais des identificateurs réservés. DIV est l'opérateur de *division entière* : **la partie fractionnaire obtenue lors d'une division est toujours éliminée**. MOD est l'opérateur MODULO : **c'est le reste obtenu lors d'une division entière des opérandes**.

Exemples   4 DIV 2 donne 2
      et 5 DIV 2 donne 2 également (en non 2.5)

tandis que

     4 MOD 2 donne 0 (parce que 4 DIV 2 donne : 2 reste 0)
et 5 MOD 2 donne 1 (parce que 5 DIV 2 donne : 2 reste 1)

Ainsi DIV et MOD sont complémentaires. L'un permet d'obtenir la partie entière d'une division tandis que l'autre donne le reste entier de la même division. À noter que les résultats et les opérandes des opérateurs DIV et MOD sont toujours des valeurs entières.

Quelques usages de DIV et MOD

Ces deux opérateurs peuvent être particulièrement intéressants lorsqu'ils sont utilisés avec des multiples de 10 comme illustré par le programme de la figure 6.1 et l'exemple ci-dessous.

Exemple avec une variable Date du type INTEGER et qui contient une date quelconque, il est facile de calculer le siècle auquel appartient cette date à partir de Date DIV 100 et de connaître le nombre d'années écoulées depuis le début de ce siècle par Date MOD 100. (La figure 6.1 illustre ce calcul).

Par une combinaison de DIV et de MOD, il est facile d'extraire n'importe lequel des chiffres appartenant à un nombre entier. Ainsi, avec la même variable Date, il est facile de trouver le nombre de dizaines d'années écoulées depuis le début d'un siècle par l'opération

Date **DIV** 10 **MOD** 10.

Plusieurs programmes avec des compteurs et des listes à imprimer peuvent mettre à profit le fait que le résultat de l'opérateur MODULO est toujours inférieur à l'opérande situé à droite de l'opérateur.

Exemple 1 MOD 3 ──> 1
2 MOD 3 ──> 2
3 MOD 3 ──> 0
4 MOD 3 ──> 1
5 MOD 3 ──> 2
6 MOD 3 ──> 0
7 MOD 3 ──> 1

La nature cyclique des résultats obtenus en appliquant l'opération MODULO sur un compteur peut être mise à profit par plusieurs programmes. En effet, le résultat du MODULO peut être testé pour une des valeurs du cycle et une action peut être effectuée de façon cyclique. La figure 6.2 donne un exemple de programme qui utilise cette propriété pour imprimer les nombres de 1 à 100 avec 5 nombres par ligne.

```
1  PROGRAM DeDate (INPUT, OUTPUT);
2  (*
3     Ce programme fait la lecture d'une année (exemple: 1534) et il
4     imprime à quel siècle cette année appartient ainsi que le nombre
5     d'années écoulées depuis le début du siècle en question.
6
7     RAPPEL:La dernière année de chaque siècle est un multiple de 100.
8            Ainsi 1900 appartient au 19ième siècle et non au 20e siècle
9  *)
10 VAR
11    Annee  : INTEGER; (* Année fournie par l'usager *)
12    Siecle : INTEGER; (* Siècle auquel appartient cette année *)
13    Reste  : INTEGER; (* Années depuis le début du siècle *)
14
15 BEGIN
```

136 *Expressions et types définis par l'usager*

```
16    (* Lecture de l'année spécifiée par l'usager *)
17
18    WRITE (OUTPUT, 'Ecrire une année: ');
19    READLN(INPUT, Annee);
20
21    (* On diminue de 1 l'année lue de façon à ce que les années à
22       l'intérieur du même siècle commencent par les mêmes chiffres. *)
23
24    Annee := Annee - 1;
25
26    (* Calcul du siècle et du reste *)
27
28    Siecle := Annee DIV 100 + 1;
29    Reste  := Annee MOD 100 + 1;
30
31    (* Impression des résultats *)
32
33    WRITELN(OUTPUT,'Cette année appartient au ',Siecle:1,' ième siècle');
34    WRITELN(OUTPUT,'Nombre d''années écoulées depuis le ',
35                   'début du siècle: ',Reste);
36
37  END
```

Figure 6.1 Programme traitant des dates

Exemple d'exécution du programme de la figure 6.1

Ecrire une année: 1534
Cette année appartient au 16 ième siècle
Nombre d'années écoulées depuis le début du siècle: 34

```
1   PROGRAM Imprime (OUTPUT);
2   (*
3      Ce programme imprime les nombres de 1 à 100 à raison de 5 nombres
4      par ligne.  Note: N MOD 5 vaut 0 pour toutes les valeurs de N qui
5      sont des multiples de 5.
6   *)
7   VAR
8     N: INTEGER;    (* Un compteur *)
9
10  BEGIN
11    N := 0;
12
13    REPEAT
```

```
14      N := N + 1;
15      WRITE(OUTPUT, N:10);
16
17      (* Changement de ligne si N vaut 5,10,15,20,25...*)
18
19      IF N MOD 5 = 0 THEN WRITELN(OUTPUT)
20   UNTIL N = 100
21 END.
```

Figure 6.2 Impression de 5 nombres par ligne

Exemple d'exécution du programme de la figure 6.2

1	2	3	4	5
6	7	8	9	10
11	12	13	14	15
16	17	18	19	20
21	22	23	24	25
26	27	28	29	30
31	32	33	34	35
36	37	38	39	40
41	42	43	44	45
46	47	48	49	50
...	...	...	...	...
76	77	78	79	80
81	82	83	84	85
86	87	88	89	90
91	92	93	94	95
96	97	98	99	100

6.4 USAGE DES PARENTHÈSES DANS UNE EXPRESSION

Dans l'expression A + B * C la multiplication est effectuée avant l'addition. Il s'agit d'une convention tirée des mathématiques et qui est utilisée dans plusieurs langages de programmation. Cependant, cette convention n'est pas nécessairement appropriée dans le cas où le programmeur a besoin d'effectuer l'addition **avant** de faire la multiplication (du résultat obtenu) par C.

Ceci peut facilement se régler en utilisant une autre convention mathématique : les parenthèses. Ainsi, si le programmeur désire d'abord effectuer l'addition, il écrira l'expression sous la forme :

(A + B) * C .

Dans une expression, les parenthèses sont toujours évaluées avant tous les autres opérateurs.

Ceci permet alors au programmeur de fixer arbitrairement l'ordre dans lequel les expressions sont évaluées.

De plus, comme les parenthèses peuvent être imbriquées (parenthèses à l'intérieur de parenthèses), il est facile de créer des expressions très complexes. **Dans ce cas, les parenthèses les plus internes sont évaluées avant les parenthèses les plus externes.**

Quelques exemples supplémentaires d'utilisation des expressions mises entre parenthèses sont donnés ci-dessous :

```
E := (N * S2 - S * S) / (N * (N - 1))
Y := (-B + RacineDelta) / (2 * A)
IF (Intra + Final)/2<40 THEN WRITELN (OUTPUT, 'ECHEC');
WRITELN (OUTPUT, A * (B + C + D) :5)
```

6.5 FONCTIONS ARITHMÉTIQUES PRÉDÉFINIES

Même augmentées de parenthèses et d'opérateurs `DIV` ou `MOD`, les expressions de PASCAL restent jusqu'ici moins puissantes que ce que l'on peut faire avec une calculatrice ordinaire... En effet, ces calculatrices offrent plusieurs *fonctions* très utiles. PASCAL offre également des fonctions. Celles-ci peuvent être vues comme des opérateurs spéciaux qui calculent une valeur à partir d'une expression donnée en *paramètre*.

Considérons le calcul de la racine carrée d'une valeur. En PASCAL, la fonction s'appelle `SQRT`, de l'anglais *SQuare RooT*.

> **Le paramètre de la fonction est une valeur, placée entre parenthèses, qui suit immédiatement le nom de la fonction.**

Ainsi SQRT (16) calcule la racine carrée de seize et le résultat vaut quatre. Les fonctions peuvent être utilisées dans n'importe quelle expression. Exemple d'utilisation de la fonction SQRT :

```
VAR A, B : REAL;
                              (* RESULTAT *)
A := 25.0;                    (* A ← 25.0 *)
B := SQRT (A);                (* B ←  5.0 *)
B := SQRT (A + 56.0);         (* B ←  9.0 *)
B := SQRT (A - 16.0) + 4;     (* B ←  7.0 *)
```

paramètre (une expression entre parenthèses)
nom de la fonction

La fonction ROUND permet de calculer l'arrondi de la valeur réelle donnée en paramètre. Ceci permet d'obtenir l'entier qui se rapproche le plus d'une valeur réelle. Ainsi ROUND (1.41) vaut 1 et ROUND (-17.9) vaut -18.

La fonction TRUNC a pour valeur la partie entière (tronquée des décimales) de la valeur réelle spécifiée en paramètre. Ainsi TRUNC (1.41) vaut 1 et TRUNC (-17.9) vaut -17. TRUNC et ROUND sont donc deux fonctions qui permettent d'obtenir un nombre entier à partir d'une valeur réelle en choisissant le sort réservé à la partie fractionnaire : arrondi ou élimination. PASCAL a plusieurs autres fonctions arithmétiques, la figure 6.3 en donne une liste partielle.

Pour terminer, examinons trois fonctions reliées aux caractères. Tout d'abord, la fonction LENGTH (disponible seulement avec l'extension STRING) qui permet de connaître le nombre de caractères dans une chaîne de caractères. Cette fonction est particulièrement utile lorsque l'on veut connaître le nombre de caractères d'une chaîne lue avec un READLN.

Exemple **VAR** S : STRING[80];
```
    ...
    READLN (INPUT, S);
    IF LENGTH(S)=0 THEN WRITELN (OUTPUT, 'ERREUR')
    ELSE
    ...
```

Deux autres fonctions, ORD et CHR, permettent respectivement de connaître la valeur numérique que l'ordinateur utilise pour mémoriser un caractère et de connaître le caractère correspondant à une valeur numérique. Ces fonctions sont l'inverse l'une de l'autre.

Exemples ORD ('A') vaut 65 (voir l'appendice A pour l'ordinal de tous les caractères ASCII)
CHR (65) vaut 'A'

Ces deux fonctions sont très utiles lorsqu'il faut faire des conversions «numérique à texte» et vice versa.

Nom	Pascal	Paramètre	Résultat	Exemples	
Valeur absolue	ABS (X)	entier/réel	idem	ABS(-2)	=> 2
				ABS(5.0)	=> 5.0
Carré	SQR (X)	entier/réel	idem	SQR(5.0)	=> 25.0
				SQR(3)	=> 9
Racine carré	SQRT (X)	entier/réel	réel	SQRT(25)	=> 5.0
Sinus	SIN(X)	entier/réel*	réel	SIN(PI/2)	=> 1.0
Cosinus	COS (X)	entier/réel*	réel	COS(PI/2)	=> 0.0
Arc Tangente	ARCTAN (X)	entier/réel	réel*	ARCTAN(0)	=> 0.0
Log naturel	LN (X)	entier/réel	réel	LN(1.0)	=> 0.0
Exponentielle	EXP (X)	entier/réel	réel	EXP(0.0)	=> 1.0
Partie entière	TRUNC (X)	réel	entier	TRUNC(7.6)	=> 7
Arrondi	ROUND (X)	réel	entier	ROUND(7.6)	=> 8

Légende :
PI   : 3.14159265358979323
X   : une expression du type approprié
idem   : indique que le type du résultat est le même que celui du paramètre
*   : indique que le paramètre ou le résultat est donné en RADIANS.

Figure 6.3 Liste partielle des fonctions arithmétiques prédéfinies.

En résumé, on peut voir les fonctions comme un bon moyen d'accéder aux fonctions mathématiques les plus usuelles (exemple : sinus, cosinus) ou à des utilitaires fréquemment utilisés (exemple : ARRONDI d'un réel). La figure 6.4 donne un exemple de programme qui utilise ces fonctions.

Fonctions arithmétiques prédéfinies

```
1  PROGRAM Table (INPUT, OUTPUT);
2  (*
3     Ce programme lit deux nombres entiers (A et B) et à partir de ces
4     nombres il imprime le carré, la racine carrée, le logarithme et
5     l'exponentielle de tous les nombres compris dans l'intervalle [A B]
6  *)
7  VAR
8     A,B: INTEGER; (* Intervalle spécifié par l'usager *)
9
10 BEGIN
11    (* Message d'incitation et lecture de l'intervalle *)
12
13    WRITE(OUTPUT, 'Indiquez l''intervalle qui vous intéresse:');
14    READLN(INPUT, A, B);
15
16    (* Affichage d'un en-tête pour la table produite *)
17
18    WRITELN(OUTPUT, '  N   CARRE RACINE CARREE LOGARITHME EXPONENTIELLE');
19    WRITELN(OUTPUT, '----------------------------------------------------');
20    WRITELN(OUTPUT);
21
22    (* Affichage de la table des valeurs produites *)
23
24    REPEAT
25      WRITELN(OUTPUT,A:3,SQR(A):7,SQRT(A):13:5,LN(A):11:5 EXP(A):14:1);
26      A := A + 1
27    UNTIL A > B
28 END.
```

Figure 6.4 Un programme utilisant les fonctions prédéfinies

Exemple d'exécution du programme de la figure 6.4

```
Indiquez l'intervalle qui vous intéresse: 1 10
  N   CARRE RACINE CARREE LOGARITHME EXPONENTIELLE
-------------------------------------------------

  1     1     1.00000     0.00000           2.7
  2     4     1.41421     0.69315           7.4
  3     9     1.73205     1.09861          20.1
  4    16     2.00000     1.38629          54.6
  5    25     2.23607     1.60944         148.4
  6    36     2.44949     1.79176         403.4
  7    49     2.64575     1.94591        1096.6
  8    64     2.82843     2.07944        2981.0
  9    81     3.00000     2.19722        8103.1
 10   100     3.16228     2.30259       22026.5
```

6.6 OPÉRATEURS LOGIQUES

Les opérateurs relationnels (>, <, etc...) que l'on a vus ne sont pas toujours suffisants pour représenter des conditions complexes. Supposons qu'il faut valider une note d'examen. Celle-ci a une valeur minimum (zéro) et une valeur maximum (cent) qu'il faut vérifier. De manière informelle, ceci pourrait s'écrire :

SI `NoteExamen >= 0` **ET** `NoteExamen <= 100` **ALORS**
   ... (* traitement pour une note valide *)
SINON
   ... (* traitement pour une note invalide *)

Ceci fait apparaître dans l'algorithme un nouvel opérateur : le ET logique. Dans notre exemple, il est clair que la note est valide seulement si les deux conditions sont vraies. En PASCAL, l'écriture sera très similaire :

IF `(NoteExamen >= 0)` **AND** `(NoteExamen <= 100)` **THEN**
   ... (* traitement pour une note valide *)
ELSE
   ... (* traitement pour une note invalide *)

> L'opérateur AND est un opérateur logique (ou booléen, avec un résultat TRUE ou FALSE) dont le résultat est TRUE si et seulement si les deux opérandes valent TRUE.

Dans l'exemple, si la note de l'examen vaut 110, alors la condition `NoteExamen >= 0` sera TRUE mais la condition `NoteExamen <= 100` sera FALSE, ce qui donnera un résultat global de FALSE pour la condition complète. Ce qui est bien normal, puisque la note n'est pas valide et que le test avait pour but de valider cette note. À noter que les parenthèses, ici, sont obligatoires. Leur présence est requise à cause de la priorité des opérateurs comme nous le verrons dans la prochaine section.

Il existe un autre opérateur pour représenter l'idée d'alternative entre deux conditions : le OU logique. Avec le même problème de validation, le programmeur pourrait vouloir détecter la condition inverse (i.e. détecter les données invalides) en utilisant cet opérateur. On obtient le code suivant :

```
IF (NoteExamen <0) OR (NoteExamen >100) THEN
   ... (* traitement pour une note invalide *)
ELSE
   ... (* traitement pour une note valide *)
```

> **L'opérateur OR est une opérateur logique dont le résultat est TRUE si au moins un de ses opérandes vaut TRUE.**

Dans l'exemple, si la note est inférieure à zéro, alors la condition globale vaudra TRUE. Le résultat sera identique si la note est supérieure à cent. Ici aussi, ce comportement est correct puisque la condition avait pour but de détecter les erreurs dans une note.

Finalement, il existe un dernier opérateur logique qui permet d'inverser la valeur booléenne qui le suit : le NON logique. Cet opérateur est fréquemment utilisé avec des variables booléennes; il sert alors à inverser la valeur de celles-ci. C'est-à-dire que les valeurs TRUE sont changées en FALSE et vice versa. La section de programme qui suit utilise l'exemple de la validation d'une note d'examen mais avec reprise en cas d'erreur.

```
...
VAR NoteExamen : REAL; Valide : BOOLEAN;
...
  REPEAT
    WRITE (OUTPUT, 'Ecrire la note de l'examen');
    READLN (INPUT, NoteExamen);
    Valide:=(NoteExamen>=0.0) AND (NoteExamen<=100.0);
  IF NOT Valide THEN
    WRITELN (OUTPUT, 'ERREUR, essayez de nouveau')
  UNTIL VALIDE;
...
```

C'est également un bon exemple de l'usage d'une variable booléenne affectée d'une expression logique, car cela permet d'éviter d'évaluer la condition, relativement complexe, dans le `IF` ainsi que dans le `UNTIL`.

Les opérateurs logiques peuvent s'utiliser dans n'importe quelle expression booléenne. Ils peuvent être présents dans un `IF`, bien sûr, mais aussi dans la condition d'un `REPEAT UNTIL` ou d'un `WHILE`. La figure 6.5 donne un résumé du résultat des opérateurs logiques en fonction des valeurs des opérandes.

Figure 6.5
Résultats des opérateurs logiques

Opérateur	Opérande gauche	Opérande droit	Résultat
AND	TRUE	TRUE	TRUE
AND	TRUE	FALSE	FALSE
AND	FALSE	TRUE	FALSE
AND	FALSE	FALSE	FALSE
OR	TRUE	TRUE	TRUE
OR	TRUE	FALSE	TRUE
OR	FALSE	TRUE	TRUE
OR	FALSE	FALSE	FALSE
NOT	---	TRUE	FALSE
NOT	---	FALSE	TRUE

6.7 PRIORITÉ DES OPÉRATEURS

Nous avons vu que dans une expression certaines opérations sont effectuées avant d'autres. Ceci est dû au fait qu'une ***priorité*** est associée à chaque opérateur et qu'une expression est évaluée en fonction de cette priorité.

Avec l'addition des nouveaux opérateurs présentés dans ce chapitre, il devient urgent de mettre un peu d'ordre dans tout cela! Nous donnons ci-dessous l'ordre dans lequel sont effectuées les opérations par ordre décroissant de priorité :

1 expressions entre parenthèses
2 les fonctions et l'opérateur NOT
3 opérateurs unaires (+, -)
4 opérateurs multiplicatifs (*, /, DIV, MOD, AND)
5 opérateurs additifs (+, -, OR)
6 opérateurs relationnels (<, <=, >=, >, =, <>).

À priorité égale, les opérations sont effectuées de gauche à droite. En regardant cette liste, on s'aperçoit que les opérateurs AND et OR ont une priorité plus grande que celle des opérateurs relationnels. C'est ce qui explique l'usage des parenthèses dans les exemples de la section 6.6 : celles-ci forcent l'évaluation des opérateurs relationnels puis le AND ou le OR est évalué.

Remarque   Il n'est pas permis d'avoir deux opérateurs consécutifs : Ainsi B * -2 n'est pas accepté par le compilateur. Il faut plutôt écrire -2 * B ou B * (-2).

6.8 TYPES DÉFINIS PAR L'USAGER

Cette section introduit une nouvelle possibilité du langage PASCAL : la création de types. Cette caractéristique, rarement offerte par les autres langages, permettra au programmeur de décrire plus précisément les informations manipulées par son programme.

La section TYPE   Le langage PASCAL permet d'ajouter de nouveaux types à ceux prédéfinis. Ces nouveaux types sont introduits dans une section annoncée par l'identificateur réservé TYPE, section qui se place entre celle des constantes et celle des variables. Ainsi, à partir de maintenant, nos programmes PASCAL pourront avoir la structure suivante :

```
PROGRAM ...;
CONST
   ... (* déclaration des constantes *)
TYPE
   ... (* déclaration des nouveaux types *)
VAR
   ... (* déclaration des variables *)
```

```
BEGIN
   ... (* instructions à exécuter *)
END.
```

Une déclaration de type ressemble à une déclaration de constante : la partie gauche est composée d'un identificateur, elle est suivie du symbole d'égalité puis d'une **spécification de type** et le tout se termine par un point-virgule.

exemple
```
CONST
    MAXETUDIANT = 120;
TYPE
    NOMETUDIANT = STRING[30];
```

IDENTIFICATEUR 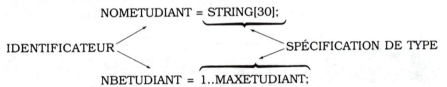 SPÉCIFICATION DE TYPE

```
    NBETUDIANT = 1..MAXETUDIANT;
```

Il y a plusieurs genres de spécification de type. Cependant, dans le cadre de ce chapitre, nous nous limitons aux types «*intervalle*» et «*chaîne de caractères*».

Le type intervalle

Le type intervalle permet de définir l'ensemble des valeurs possibles que peut prendre une variable de ce type.

On spécifie un type intervalle en indiquant les valeurs minimum et maximum, séparées par le symbole .. que peut prendre une variable de ce type.

exemples
```
TYPE
    LettresMajuscules  = 'A' .. 'Z';
    LettresMinuscules  = 'a' .. 'z';
    JourAnnée          = 1 .. 366;
    JourMois           = 1 .. 31;
```

La borne inférieure doit toujours être à gauche de la borne supérieure. Un identificateur de constante peut servir de borne inférieure et/ou supérieure. Le symbole .. est composé de deux points juxtaposés, sans espace entre eux.

L'intervalle défini doit être dénombrable (dont on peut compter le nombre de valeurs possibles). Les intervalles de caractères, d'entiers, de booléens (FALSE .. TRUE) sont permis, tandis que les intervalles de réels sont interdits.

Utilisation

Les types intervalles ainsi définis peuvent servir partout où un type intervalle est permis. L'exemple suivant en montre quelques applications :

```
CONST
   MinTemp = -50;       (* température minimum *)
   MaxTemp = +50;       (* température maximum *)
TYPE
   IntTemp = MinTemp .. MaxTemp;
   IntMois = 1 .. 12;
VAR
   MOIS : IntMois;
   TEMPERATURE : IntTemp;
   JOURS : 1 .. 366;    (* type anonyme, sans nom *)
```

L'usage du type intervalle permet d'améliorer la compréhension d'un programme en décrivant de manière plus précise les valeurs que peut prendre une variable. En effet, la compréhension de certains programmes peut être améliorée si l'on sait qu'une variable peut prendre seulement certaines valeurs. Dans l'exemple ci-dessus, par exemple, il apparaît plus raisonnable d'avoir une variable `TEMPERATURE` de type `IntTemp` plutôt qu'`INTEGER`. Le premier cas permet seulement des valeurs dans l'intervalle [-50, 50] tandis que le second permettrait des températures du genre -30000!

Le type intervalle et la mise-au-point des programmes

L'utilisation du type intervalle permet aussi au compilateur de faire des tests de façon à s'assurer qu'une variable intervalle contient toujours une valeur appartenant à l'intervalle. Ainsi les affectations suivantes :

```
            MOIS := 24;
            TEMPERATURE := 100;
```

vont générer une erreur à la compilation. La plupart des compilateurs vont également permettre la génération de tests lors de l'exécution du programme.

Ainsi, l'affectation :

```
            TEMPERATURE := TEMPÉRATURE + 20;
```

va produire une erreur à l'exécution si la valeur de TEMPÉRATURE + 20 dépasse 50. À cet égard, le type intervalle est donc un bon outil pour la mise-au-point des programmes.

Le type intervalle versus l'espace mémoire

La plupart des compilateurs vont aussi utiliser les déclarations de type intervalle de façon à allouer le minimum d'espace mémoire nécessaire pour mémoriser n'importe quelles valeurs de l'intervalle. Ainsi, pour une variable déclarée :

```
            VAR A : 0..255;
```

Le compilateur va allouer 1 seul octet de mémoire; ce qui est moitié moins que si la variable avait été déclarée de type INTEGER.

Le type chaîne de caractères

Le type chaîne de caractères a déjà été présenté au chapitre deux. On pouvait avoir une variable de ce type en utilisant le mot STRING suivi d'un entier entre crochets, spécifiant la longueur maximale de la chaîne (exemple: STRING[80]).

Les compilateurs possédant cette extension permettront aussi de donner un nom à des chaînes d'une longueur bien précise. Ainsi la déclaration:

```
TYPE
   NomPrenom = STRING[40];
```

permet de définir un type représentant des chaînes de 40 caractères ou moins. Le grand avantage ici est de définir une seule fois le type et de l'utiliser partout dans les déclarations de variable :

Types définis par l'usager

exemples `VAR`

```
    NomEpoux      : NomPrenom;
    NomEpouse     : NomPrenom;
    NomTemoin     : NomPrenom;
    NomOfficiant  : NomPrenom;
```

Ceci nous permet de changer une seule déclaration de type pour changer le type de plusieurs variables.

Le type intervalle et la compatibilité de TYPE

Considérons maintenant les déclarations suivantes :

`TYPE`
   Code = 'A' .. 'E';
   Age = 0 .. 115;
`VAR`
   Delta   : INTEGER;
   Examen   : CHAR;
   AgePatient   : Age;
   CodePatient : Code;

Avec ces déclarations, les opérations suivantes sont légales même si elles impliquent des types différents :

    AgePatient   := AgePatient + Delta;
    CodePatient := Examen;

En effet, avec le type intervalle la compatibilité de type est plus souple: **deux types sont compatibles s'ils ont le même type de base**. Ainsi, le type de base pour le type Age est INTEGER, c'est ce qui permet l'opération d'addition de la première instruction ci-dessus. De façon similaire, l'affectation d'une variable CHAR à une variable de type Code est permise (comme dans l'exemple) si son type de base est CHAR.

RÉVISION

1   Identifier tous les endroits d'un programme où l'on peut utiliser une expression. (*Revoir 6.1, 4.2, 5.1*)

2   Qu'est-ce qu'une expression? (*Revoir 6.5*)

3   Identifier les deux seuls types de base qui peuvent être combinés dans une même expression? (*Revoir 6.2*)

4   Quels sont les deux opérateurs spécifiques à l'arithmétique entière? (*Revoir 6.3*)

5   À quoi servent les parenthèses dans une expression? Dans une fonction? (*Revoir 6.4, 6.6*)

6   Comment affecter une valeur entière à une variable réelle? Une valeur réelle à une variable entière? (*Revoir 6.2, 6.5*)

7   Nommer les trois opérateurs logiques de PASCAL? (*Revoir 6.6*)

8   Les opérateurs multiplicatifs ont-ils une priorité plus grande que celle des opérateurs additifs? (*Revoir 6.7*)

9   Dans l'ensemble, est-ce que les opérateurs arithmétiques ont une priorité plus grande que celle des opérateurs relationnels? (*Revoir 6.7*)

10   Donner au moins deux avantages à l'usage du type intervalle dans un programme. (*Revoir 6.8*)

RÉSUMÉ

Ce chapitre discutait de l'usage des expressions, des nouveaux opérateurs utilisables dans celles-ci, de la compatibilité de type ainsi que de la création de types.

Les cinq nouveaux opérateurs peuvent se ranger dans deux classes : les opérateurs pour l'arithmétique entière (DIV et MOD) et les opérateurs logiques (NOT, OR, AND). Les parenthèses et les fonctions sont deux autres moyens pour construire des expressions plus complexes et plus puissantes.

Ces expressions peuvent s'utiliser avec tous les énoncés vus jusqu'ici mais également avec ceux que l'on utilisera dans les prochains chapitres.

Finalement, la création de types par l'usager est un nouveau moyen en PASCAL d'augmenter la compréhension d'un programme PASCAL tout en améliorant l'utilisation de l'espace mémoire et en facilitant la mise-au-point des programmes.

EXERCICES

1   Répondez par VRAI ou FAUX à chacune des affirmations suivantes.

   a) Les opérations logiques **OR** et **AND** sont de priorité égale.

   b) **DIV** et **MOD** sont des fonctions prédéfinies en PASCAL.

   c) La syntaxe de l'expression suivante est correcte: B <> F **AND** G <= L **OR** M>N.

   d) L'expression suivante: 4.2 **DIV** 2 est valide (correcte) en PASCAL.

   e) Les énoncés i) et ii) donnent le même résultat:

      i)   **IF** (K > 3) **AND** (Reponse = 'n') **THEN** K := 0;
      ii)   **IF** K > 3 **THEN IF** Reponse = 'n' **THEN** K := 0;

2   Questions à choix multiples. Indiquez par i, ii, iii ou iv, laquelle des réponses s'applique le mieux à la question.

   a) Choisissez une des déclarations pour que l'affectation suivante soit valide.
         E := ((A **DIV** B) > 5) **AND** (Q = E);

      i)   **VAR** A, B, E   : INTEGER; Q   : CHAR ;
      ii)   **VAR** A, B   : REAL;   Q, E : BOOLEAN;
      iii) **VAR** E, Q   : BOOLEAN; A, B : INTEGER ;
      iv) **VAR** E   : BOOLEAN; A, B : INTEGER ; Q : CHAR;

   b) Dans un programme, une variable TEL contient un entier de 10 chiffres représentant un numéro complet de téléphone, soit le code régional (3 chiffres), l'échange téléphonique (3 chiffres) et le numéro proprement dit (4 chiffres). Exemple 5145551212. On veut placer dans la variable entière ECH l'échange téléphonique (dans notre exemple, 555). Quel sera l'énoncé requis?

152 Expressions et types définis par l'usager

i)   ECH := TEL **MOD** 1000 **DIV** 10000
ii) ECH := TEL **DIV** 10000 **MOD** 1000
iii) ECH := TEL **MOD** 10000 **DIV** 1000
iv) ECH := TEL **DIV** 1000 **MOD** 10000

c) Soit la déclaration suivante:
VAR Annee, Siecle : INTEGER ;
Supposons qu'un programme calcule le siècle auquel appartient une année (à l'aide des variables déclarées ci-dessus).
Exemples: 1534 ==> 16 ème siècle;   2000 ==> 20 ème siècle

Lequel des énoncés suivant s'applique le mieux?

i)   Siecle := Annee **DIV** 100;
ii) Siecle := Annee **MOD** 100 + 1;
iii) Siecle := Annee **DIV** 100 + 1;
iv) Siecle := (Annee - 1) **DIV** 100 + 1;

d) Soit la formule:

$$X \leftarrow \frac{A}{B + \frac{C}{D}}$$

Laquelle des affectations en PASCAL s'applique le mieux?

i)   X := A / B + C / D;
ii) X := A / (B + C / D);
iii) X := A / B + (C / D);
iv) X := A / (B + C) / D;

e) Indiquez parmi les énoncés fournis celui qui contient le moins de parenthèses et qui est équivalent à l'énoncé suivant:
WRITELN (OUTPUT, (A * (B + C)));

i)   WRITELN (OUTPUT, A * (B + C));
ii) WRITELN (OUTPUT, B + C * A);
iii) WRITELN (OUTPUT, A * B + C);
iv) WRITELN OUTPUT, A * (B + C);

3. Évaluez chacune des expressions suivantes si, au départ, les entiers A, B, C, D et E valent respectivement 21, 4, 4, 3 et 5, tandis que le réel F vaut 3.5.

a) A **MOD** B + A **DIV** B * B
b) A + B / C * D
c) F + A * E + 5
d) (A * E - E * (10 + E)) **DIV** 4
e) (A > 2) **AND** (A < 100)

4 Étant données les déclarations et les affectations suivantes, évaluez les expressions des questions a) à e).

```
VAR
    A, B, C, D, E : INTEGER;
    R           : REAL;
    L           : BOOLEAN;
...
    A := 24;  B := 6;  C := 3;  D := 2;  E := 1;
    R := 12.5;      L := TRUE;
```

a) A+B/C

b) A MOD B+A DIV B

c) R*D/E

d) NOT L OR (A DIV B*B=A)

e) NOT (L OR(A DIV B*B=A))

5 Si on a: A vaut 3, B -3, C 7, D 2.5 et E 20, que vaudront les expressions suivantes?

a) A > B*D

b) A MOD C - B DIV A

c) (C - E DIV A) / B

d) D - E DIV C MOD A / 2 * D

6 Évaluez chacune des expressions suivantes sachant que:

les variables A et B de type INTEGER valent respectivement 11 et 14;
les variables C et D de type REAL valent respectivement 1.4142 et 3.1415;
la variable E de type BOOLEAN vaut TRUE et
la variable F de type CHAR vaut 'A'

a) TRUNC (B / A) = B DIV A

b) ((A + 3 = B) OR (NOT E)) AND (F = 'a')

c) A * 10 MOD 25 + ROUND (C + D)

d) (A + ABS(A - B) * 5 -1) / 2

e) (A + B) * A -(B - 4) * 3

7   Écrivez un programme qui fait la lecture d'un nombre entier au clavier et imprime les deux informations suivantes:

- un entier qui contient les mêmes chiffres que l'entier lu mais dans l'ordre inverse.
  exemple: 435 versus 534.

- le nombre de chiffres contenu dans l'entier
  exemple: l'entier 435 contient trois chiffres.
  SUGGESTION: Pensez à DIV et MOD.

EXERCICES NON SOLUTIONNÉS

1   Répondez par VRAI ou FAUX à chacune des affirmations suivantes.

   a) Les opérateurs relationnels ont tous la même priorité.

   b) Quand on a une expression à calculer en PASCAL, il faut **toujours** évaluer de **gauche** à **droite**.

   c) Dans l'expression 3 + 4 * 7 DIV 2 - 5 l'ordre d'évaluation n'a aucune importance.

   d) L'énoncé suivant est valide en PASCAL:
   ```
   IF Age >= 18 AND Sexe = 'F' THEN
           WRITELN (OUTPUT, 'Une femme adulte');
   ```

   e) Si X et Y sont des variables de type INTEGER, le résultat de l'expression i) est le même que le résultat de l'expression ii):

   i)   X DIV Y
   ii)   X/Y

2   Questions à choix multiples. Indiquez par i, ii, iii ou iv, laquelle des réponses s'applique le mieux à la question.

   a) Soit la section de programme suivante:

   ```
   A := B MOD C;
   IF (NOT D) OR (Reponse = '7') THEN B := 17 DIV 3;
   ```

   Identifiez la séquence de déclarations requise pour que les énoncés ci-dessus soient valides:

   i)   VAR A, B, C : REAL ; D : BOOLEAN ; Reponse   : CHAR;
   ii)   VAR A, B, C : INTEGER ; D : BOOLEAN ; Reponse : CHAR;
   iii) VAR A : REAL ; B, C : INTEGER ; D , Reponse : CHAR;
   iv)   VAR A, B, C, Reponse : INTEGER ; D : BOOLEAN;

b) Indiquez lequel des énoncés suivants calcule dans la variable NbVehicules (de type INTEGER) le nombre de véhicules qu'il faut pour transporter un certain nombre de personnes, en supposant que la variable NbPersonnes (de type INTEGER) indique le nombre de personnes à transporter et que la variable NbPlaces (de type INTEGER) indique le nombre de personnes qui peuvent prendre place dans un véhicule.

   i)   NbVehicules := NbPersonnes **DIV** NbPlaces;
   ii) NbVehicules := (NbPersonnes - 1) **DIV** NbPlaces + 1;
   iii) NbVehicules := ROUND (NbPersonnes / NbPlaces);
   iv) NbVehicules := (NbPersonnes + NbPlaces - 1) **DIV** NbPlaces;

c) Dans un programme, une variable DATENAISS contient un entier de 6 chiffres représentant la date de naissance d'une personne, soit le jour, le mois (ajouter 50 si une femme) et l'année.

   exemple: 120762 homme, né le 12 juillet 1962
             256258 femme, née le 25 décembre 1958.

   On veut placer dans la variable MOIS, le mois de naissance et dans FEMME (de type BOOLEAN) soit TRUE soit FALSE selon que la date est celle d'une femme ou d'un homme. Quels sont les énoncés requis?

   i)   MOIS := DATENAISS **DIV** 100 **MOD** 100; FEMME := MOIS > 50;
   ii) MOIS := DATENAISS **MOD** 100 **DIV** 100; FEMME := MOIS > 50;
   iii) MOIS := DATENAISS **DIV** 10000; FEMME := TRUE;
   iv) Aucune de ces réponses.

d) Pour programmer
$$X \leftarrow \frac{A}{B} + \frac{C}{D}$$
Laquelle des affectations s'applique le mieux en PASCAL?

   i)   X := A / (B + C / D);
   ii) X := A / B + C / D;
   iii) X := A / B / C / D;
   iv) X := A / (B + C) / D;

e) Indiquez parmis les énoncés fournis celui qui contient le moins de parenthèses et qui est équivalent à l'énoncé suivant:
   IF (Riche) **AND** (W = 2) **THEN** Riche := (Reponse = 'n');

   i)   **IF** Riche **AND** (W = 2) **THEN** Riche := (Reponse = 'n');
   ii) **IF** (Riche) **AND** W = 2 **THEN** Riche := (Reponse = 'n');
   iii) **IF** Riche **AND** (W = 2) **THEN** Riche := Reponse = 'n';
   iv) **IF** Riche **AND** W = 2 **THEN** Riche := Reponse = 'n';

3 Évaluez chacune des expressions suivantes. Les entiers A, B, C, D, E valent respectivement 21, 4, 4, 3 et 5; le réel F vaut 3.5 tandis que le booléen G vaut FALSE.

   a) A **MOD** B + A **DIV** B * B

b) A + B / C * D

c) F + A * E + 5

d) (A * E - E * (10 + E)) **DIV** 4

e) (A - B) / (C - D)

f) **NOT** G

g) (A > 2) **AND** (A < 100)

h) (B < F) **OR** G

i) G **AND** ((A - D) **DIV** 3 > 5) **OR** ((B = C) = G)

j) (F - E > 0) **AND** **NOT** G

4 Indiquez, à l'aide d'un chiffre placé sous chaque opérateur, l'ordre dans lequel sera évalué chacune des expressions suivantes:

a) A + B * C + D

b) A * B + C * D

c) A **MOD** B + A **DIV** B * B

d) A * (B + C/D)

e) (A * E - E * (10 + E)) **DIV** 4

5 Évaluez chacune des expressions suivantes.
les variables A et B de type INTEGER valent respectivement 11 et 14;
les variables C et D de type REAL valent respectivement 1.5 et 3.5;
la variable E de type BOOLEAN vaut TRUE et
la variable F de type CHAR vaut 'A'.

a) ((A + 3 = B) OR (**NOT** E)) AND (F = 'a')

b) A * 10 **MOD** 25 + C

c) (A + B) * 2 - (B - 4) * 3

d) A / 2 - D + B DIV A

6 Soient des variables qui sont déjà déclarées d'une manière appropriée: A et B valent 14 et 5, S vaut 2.7, V vaut FALSE, C vaut 'N'. Évaluez les expressions suivantes:

a) A **MOD** B * 2 /B

b) A **MOD** (B * 2) - S

c) V **OR** (A < B **DIV** 2)

d) (C <> 'n') **AND** (V = TRUE)

e) S + A / B

7 Écrivez un programme complet (déclarations et instructions), en PASCAL, qui effectue les trois étapes suivantes. Le programme effectue une seule fois l'ensemble des trois étapes.

   1 Le programme fait la lecture d'un nombre entier, appelé N, après avoir affiché un message d'incitation. Si le nombre lu est négatif, il imprime un message d'erreur et la lecture est reprise. L'étape 1 se termine lorsque l'usager a tapé un nombre qui n'est pas négatif.

   2 À partir du nombre lu à la première étape, le programme doit répéter les instructions suivantes jusqu'à l'obtention d'une valeur nulle (zéro) pour N:

- Imprimer la valeur de N MOD 10 dans un champ de 1 caractère et cela sans changer de ligne;
- Mettre dans N le résultat de N DIV 10;

   3 Finalement le programme imprime aussi le nombre de fois que la boucle ci-dessus a été exécutée. Note: il vous faudra pour cela ajouter les énoncés nécessaires dans la boucle de l'étape 2.

8 Donnez les déclarations de type les plus appropriées pour représenter les informations suivantes:

a) la scolarité d'un étudiant du primaire;

b) l'âge d'une personne;

c) les initiales du nom d'une personne.

PROJET DE PROGRAMMATION NUMÉRO 2

7.1 Énoncé du problème
7.2 Analyse du problème
7.3 Algorithme
7.4 Le programme PASCAL
7.5 Addenda: Discussion sur les qualités d'un programme

OBJECTIFS

- Pouvoir effectuer le traitement de plusieurs données;

- s'habituer à détecter les erreurs dans les données;

- apprendre à décomposer des problèmes complexes en plusieurs problèmes plus simples.

7.1 ÉNONCÉ DU PROBLÈME

Le projet consiste à écrire un programme interactif (lecture au clavier, écriture à l'écran) pour traiter les notes d'un groupe d'étudiants d'un cours d'introduction à l'informatique. L'évaluation du cours est basée sur deux notes d'examen et sur une note attribuée pour les travaux pratiques.

Le barème qui s'applique pour ce cours est le suivant :

L'examen intra	25% de la note globale,
L'examen final	35% de la note globale,
Les travaux pratiques	<u>40%</u> de la note globale.
	100%

Pour chaque étudiant traité, le programme doit demander à l'utilisateur d'entrer les données suivantes :

le nom de l'étudiant	(30 caractères au maximum);
la note de l'intra	(évaluée sur 100);
la note du final	(évaluée sur 100);
la note des travaux pratiques	(évaluée sur 100).

À partir de ces données, le programme doit calculer et afficher la note finale de l'étudiant. Lorsque le traitement de chaque étudiant est terminé le programme produit les résultats suivants :

le nombre d'étudiants dans le groupe ainsi que le nombre d'échecs (la note de passage est de 60.0);

la moyenne du groupe;

la plus petite et la plus grande note calculée;

le nombre d'étudiants avec une note se situant
entre   0.0 et 25.0 inclusivement,
       25.0 et 50.0 inclusivement,
       50.0 et 75.0 inclusivement,
       75.0 et 100.0 inclusivement.

7.2 ANALYSE DU PROBLÈME

La stratégie à adopter pour résoudre un problème est d'avoir en premier une vision globale des grandes étapes de l'algorithme. C'est par un processus de raffinement successif qu'on arrive à la description détaillée de l'algorithme.

Ainsi, pour notre problème, nous considérons les étapes suivantes :

RÉPÉTER

Étape 1   Obtenir les données d'un étudiant;
Étape 2   Traiter les données d'un étudiant;

JUSQU'À (Tous les étudiants soient traités)

Étape 3   Produire les résultats du groupe.

Maintenant, il faut reprendre chacune des étapes et les décomposer afin d'obtenir un peu plus de détails.

Étape 1   Obtenir les données d'un étudiant;

Cette étape consiste à demander à l'usager de taper le nom de l'étudiant et trois valeurs réelles, et d'en faire la lecture. Pour s'assurer de la validité du traitement ultérieur, il faut que le programme n'accepte, pour les notes, que des valeurs entre 0.0 et 100.0, ce qui correspond à une valeur valide pour une note. La validation d'une note peut se faire avec une structure répétitive de la forme suivante :

RÉPÉTER

      - Demander à l'usager d'entrer une note;
      - Lire une note;
      - Évaluer si la note lue se situe entre 0.0 et 100.0;
      - Si la note lue est invalide, afficher un message.

JUSQU'À (la note soit valide)

Cette structure est reprise pour chacune des notes à lire.

Détaillons maintenant l'étape qui consiste à traiter les données d'un étudiant.

Étape 2   Traiter les données d'un étudiant

Cette étape se divise en deux parties: la première consiste à calculer la note simple de l'étudiant, la deuxième à accumuler de l'information afin de fournir les résultats demandés au niveau du groupe. Ainsi, l'étape du traitement des notes d'un étudiant se décompose à l'aide des étapes élémentaires suivantes :

- Calculer la note finale de l'étudiant;
- augmenter le compteur du nombre d'étudiants;
- augmenter au besoin le compteur du nombre d'échecs;
- augmenter le totaliseur des notes finales;
- vérifier dans quelle catégorie la note se situe et augmenter le compteur de la catégorie;
- vérifier si la note de cet étudiant est inférieure à la plus petite note retenue jusqu'à présent;
- vérifier si la note de cet étudiant est supérieure à la plus grande note retenue jusqu'à présent;
- afficher la note finale de l'étudiant.

Chacune de ces étapes sera détaillée à nouveau au moment de l'écriture de l'algorithme. La dernière étape de la première ébauche consiste à produire les résultats du groupe.

Étape 3   Produire les résultats du groupe

- Afficher le nombre d'étudiants dans le groupe;
- afficher le nombre d'échecs;
- calculer et afficher la moyenne du groupe;
- afficher la plus petite et la plus grande note obtenue;
- afficher le nombre d'étudiants pour chacune des catégories suivantes :

                              0.0 à   25.0
                             25.0 à   50.0
                             50.0 à   75.0
                             75.0 à   100.0

Nous obtenons, après un premier raffinement des grandes étapes, l'algorithme suivant :

Initialiser Compteurs et Totaliseurs.

RÉPÉTER

    Demander à l'usager d'entrer le nom de l'étudiant;
    lire le nom de l'étudiant;

RÉPÉTER

        - Demander à l'usager d'entrer la note d'intra;
        - lire la note de l'intra;
        - évaluer si la note de l'intra est entre 0.0 et 100.0;
        - si la note de l'intra est invalide, alors afficher un message.

JUSQU'À (Une note d'intra valide)

RÉPÉTER

        - Demander à l'usager d'entrer la note du final;
        - lire la note du final;
        - évaluer si la note du final est entre 0.0 et 100.0;
        - si la note du final est invalide alors afficher un message.

JUSQU'À (Une note du final valide)

RÉPÉTER

        - Demander à l'usager d'entrer la note des travaux pratiques;
        - lire la note des travaux pratiques;
        - évaluer si la note des travaux pratiques est entre 0.0 et 100.0;
        - si la note des travaux pratiques est invalide alors afficher un message

JUSQU'À (Une note des travaux pratiques valide)

- Calculer la note finale de l'étudiant;
- augmenter le compteur du nombre d'étudiants;
- augmenter au besoin le compteur du nombre d'échecs;
- augmenter le totaliseur des notes finales;
- augmenter le compteur de la catégorie de la note finale;
- mise à jour de la plus petite note, au besoin;
- mise à jour de la plus grande note, au besoin;
- afficher la note finale de l'étudiant.

JUSQU'À (tous les étudiants soient traités)

- Afficher le nombre d'étudiants dans le groupe;
- afficher le nombre d'échecs;
- calculer et afficher la moyenne du groupe;
- afficher le nom et la note du meilleur étudiant;
- afficher la plus petite et la plus grande note obtenue;
- afficher le nombre d'étudiants pour chacune des catégories suivantes:

        0.0 à   25.0
       25.0 à   50.0
       50.0 à   75.0
       75.0 à 100.0

Avant de poursuivre le raffinement de notre algorithme, introduisons les identificateurs associés aux informations manipulées.

L'information	Le type	La nature	La valeur	L'identificateur
Le barème de l'intra	REAL	CONSTANTE	0.25	BarIntra
Le barème du final	REAL	CONSTANTE	0.35	BarFinal
Le barème des travaux	REAL	CONSTANTE	0.40	BarTravaux
La note de passage	REAL	CONSTANTE	60.00	NotePassage
Le nom de l'étudiant	STRING[30]	VARIABLE	à obtenir	Nom
La note de l'intra	REAL	VARIABLE	à obtenir	Intra
La note du final	REAL	VARIABLE	à obtenir	Final
La note des travaux	REAL	VARIABLE	à calculer	Travaux
La note globale de l'étudiant	REAL	VARIABLE	à calculer	NoteGlobale

Le nombre d'étudiants	INTEGER	VARIABLE (COMPTEUR)	à comptabiliser	`NbEtudiant`
Le nombre d'échecs	INTEGER	VARIABLE (COMPTEUR)	à comptabiliser	`NbEchec`
La somme des notes finales	REAL	VARIABLE (TOTALISEUR)	à comptabiliser	`SommeGlobale`
Indicateur de donnée valide	BOOLEAN	VARIABLE	à calculer	`Valide`
La meilleure note obtenue	REAL	VARIABLE	à calculer	`MaxNote`
La plus petite note obtenue	REAL	VARIABLE	à calculer	`MinNote`
Le nombre d'étudiants dans la catégorie 0.0 à 25.0	INTEGER	VARIABLE (COMPTEUR)	à comptabiliser	`NbCate1`
Le nombre d'étudiants dans la catégorie 25.0 à 50.0	INTEGER	VARIABLE (COMPTEUR)	à comptabiliser	`NbCate2`
Le nombre d'étudiants dans la catégorie 50.0 à 75.0	INTEGER	VARIABLE (COMPTEUR)	à comptabiliser	`NbCate3`
Le nombre d'étudiants dans la catégorie 75.0 à 100.0	INTEGER	VARIABLE (COMPTEUR)	à comptabiliser	`NbCate4`
La moyenne du groupe	REAL	VARIABLE	à calculer	`Moyenne`
La réponse de l'usager	CHAR	VARIABLE	à obtenir	`Reponse`

7.3 L'ALGORITHME

La section précédente contient l'analyse du problème et la liste des identificateurs associés aux informations manipulées. En regroupant et en détaillant de nouveau, nous obtenons l'algorithme:

NbEtudiant ← 0
NbEchec ← 0
SommeGlobale ← 0
NbCate1 ← 0 NbCate2 ← 0 NbCate3 ← 0 NbCate4 ← 0
MaxNote ← 0.0

MinNote ← 100.0

RÉPÉTER

    ÉCRIRE 'Entrer le nom de l"étudiant :'
    LIRE Nom

    RÉPÉTER

        ÉCRIRE 'Entrer la note d"intra :'
        LIRE Intra
        Valide ← (Intra >= 0.0) **ET** (Intra <= 100.0)
        SI Valide = FALSE **ALORS** ÉCRIRE 'Donnée invalide'

    JUSQU'À Valide = TRUE

    RÉPÉTER

        ÉCRIRE' Entrer la note du final'
        LIRE Final
        Valide ← (Final >= 0.0) **ET** (Final <= 100.0)
        SI Valide = FALSE **ALORS** ÉCRIRE 'Donnée invalide'

    JUSQU'À Valide = TRUE

    RÉPÉTER

        ÉCRIRE 'Entrer la note des travaux'
        LIRE Travaux
        Valide ← (Travaux >= 0.0) **ET** (Travaux <= 100.0)
        SI Valide = FALSE **ALORS** ÉCRIRE 'Donnée invalide'

    JUSQU'À Valide = TRUE

    NoteGlobale←Intra x BarIntra+Final x BarFinal+Travaux x BarTravaux
    NbEtudiant ← NbEtudiant + 1
    SI NoteGlobale < NotePassage **ALORS** NbEchec ←NbEchec + 1
    SommeGlobale ← SommeGlobale + NoteGlobale

    SI NoteGlobale > MaxNote **ALORS** MaxNote ← NoteGlobale
    SI NoteGlobale < MinNote **ALORS** MinNote ← NoteGlobale
    SI NoteGlobale <= 25.0   **ALORS** NbCate1 ← NbCate1 + 1
    SINON

>   **SI** NoteGlobale <= 50.0 **ALORS** NbCate2 ← NbCate2 + 1
>   **SINON**
>   **SI** NoteGlobale<=75.0 **ALORS** NbCate3 ← NbCate3+1
>   **SINON** NbCate4 ← NbCate4 +1
>
>   ÉCRIRE 'Avez-vous un autre étudiant? (O/N)'
>   LIRE Reponse
>
> **JUSQU'À** (Reponse = 'n') **OU** (Reponse = 'N')
> ÉCRIRE 'Le nombre d"étudiants est :', NbEtudiant
> ÉCRIRE 'Le nombre d"échecs est :', NbEchec
>
> Moyenne ← SommeGlobale / NbEtudiant
> ÉCRIRE 'La moyenne est :', Moyenne
>
> ÉCRIRE 'La note maximum est :', MaxNote
> ÉCRIRE 'La note minimum est :', MinNote
>
> ÉCRIRE 'Le nombre d"étudiants de la catégorie 1 est :', NbCate1
> ÉCRIRE 'Le nombre d"étudiants de la catégorie 2 est :', NbCate2
> ÉCRIRE 'Le nombre d"étudiants de la catégorie 3 est :', NbCate3
> ÉCRIRE 'Le nombre d"étudiants de la catégorie 4 est :', NbCate4

7.4 LE PROGRAMME PASCAL

La traduction de notre algorithme, en PASCAL, nous donne le programme suivant.

```
1  PROGRAM DeCalculDeNote( INPUT , OUTPUT ) ;
2  (*
3     Ce programme calcule les notes d'un groupe d'étudiants.  Pour chaque
4     étudiant traité, le programme demande la note de l'examen intra , du
5     final et des travaux  pratiques.  Le programme calcule la note finale
6     de l'étudiant et il produit quelques statistiques pour le groupe :
7          -le nombre d'étudiants considérés ,
8          -le nombre d'étudiants avec un échec ,
9          -la moyenne du groupe ,
```

```
10            -la note maximum et minimum ,
11            -le nombre de notes dans chaque intervalle de 25 %.
12  *)
13
14  CONST
15
16     BarIntra    =  0.25 ; (* Le barème de l'intra              *)
17     BarFinal    =  0.35 ; (* Le barème du final                *)
18     BarTravaux  =  0.40 ; (* Le barème des travaux pratiques   *)
19     NotePassage =  60.0 ; (* La note de passage                *)
20
21  VAR
22
23     NbEtudiant    : INTEGER ; (* Le nombre d'étudiants          *)
24     NbEchec       : INTEGER ; (* Le nombre d'échecs             *)
25     NbCate1       : INTEGER ; (* Compteur interv.  0.0 à  25.0  *)
26     NbCate2       : INTEGER ; (* Compteur interv. 25.0 à  50.0  *)
27     NbCate3       : INTEGER ; (* Compteur interv. 50.0 à  75.0  *)
28     NbCate4       : INTEGER ; (* Compteur interv. 75.0 à 100    *)
29
30     Intra         : REAL ; (* La note de l'examen intra         *)
31     Final         : REAL ; (* La note de l'examen final         *)
32     Travaux       : REAL ; (* La note des travaux pratiques     *)
33     NoteGlobale   : REAL ; (* La note globale pour le cours     *)
34     SommeGlobale  : REAL ; (* La somme des notes globales       *)
35     MaxNote       : REAL ; (* La plus grande note calculée      *)
36     MinNote       : REAL ; (* La plus petite note calculée      *)
37     Moyenne       : REAL ; (* La moyenne du groupe              *)
38
39     Valide    : BOOLEAN ; (* Indique une donnée valide *)
40     Reponse   : CHAR ;    (* La réponse de l'usager à la question:*)
41                           (*      Avez-vous un autre étudiant ?*)
42
43     Nom       : STRING[ 30 ] ; (* Le nom de l'étudiant *)
44
45  BEGIN    (* DeCalculDeNote *)
46    (* Initialisation des compteurs et des totaliseurs *)
47
48     NbEtudiant    := 0 ; NbEchec := 0 ;
49     NbCate1       := 0 ; NbCate2 := 0 ;
50     NbCate3       := 0 ; Nbcate4 := 0 ;
51     SommeGlobale  :=   0.0 ;
52     MinNote       := 100.0 ;
53     Maxnote       :=   0.0 ;
54
```

```
55     REPEAT  (* Boucle pour le traitement de chaque étudiant *)
56
57       (* Lecture des informations d'un étudiant   *)
58
59       WRITE( OUTPUT , 'Entrer le nom de l''étudiant >> ' ) ;
60       READLN( INPUT , Nom ) ;
61
62       REPEAT
63
64         WRITE( OUTPUT , 'Entrer la note d''intra    >> ' ) ;
65         READLN( INPUT , Intra ) ;
66         Valide := ( Intra >= 0.0 ) AND ( Intra <= 100.0 ) ;
67         IF NOT Valide
68         THEN WRITELN( OUTPUT , ' Donnée invalide ' ) ;
69
70       UNTIL Valide ;
71
72       REPEAT
73
74         WRITE( OUTPUT , 'Entrer la note du final    >> ' ) ;
75         READLN( INPUT , Final ) ;
76         Valide := ( Final >= 0.0 ) AND ( Final <= 100.0 ) ;
77         IF NOT Valide
78         THEN WRITELN( OUTPUT , ' Donnée invalide ' ) ;
79
80       UNTIL Valide ;
81
82       REPEAT
83
84         WRITE( OUTPUT , 'Entrer la note des travaux >> ' ) ;
85         READLN( INPUT , Travaux ) ;
86         Valide := ( Travaux >= 0.0 ) AND ( Travaux <= 100.0 ) ;
87         IF NOT Valide
88         THEN WRITELN( OUTPUT , ' Donnée invalide ' ) ;
89
90       UNTIL Valide ;
91
92       (* Section du traitement des données d'un étudiant *)
93
94       NoteGlobale := Intra*BarIntra+Final*BarFinal+Travaux*BarTravaux ;
95
96       NbEtudiant := NbEtudiant + 1 ;
97       IF NoteGlobale < NotePassage THEN NbEchec:=NbEchec + 1 ;
98       SommeGlobale := SommeGlobale + NoteGlobale ;
99
```

```
100     IF NoteGlobale > MaxNote THEN MaxNote := NoteGlobale ;
101     IF NoteGlobale < MinNote THEN MinNote := NoteGlobale ;
102
103     IF NoteGlobale <= 25.0 THEN NbCate1 := NbCate1 + 1
104     ELSE
105      IF NoteGlobale <= 50.0 THEN NbCate2 := NbCate2 + 1
106      ELSE
107       IF NoteGlobale <= 75.0 THEN NbCate3 := NbCate3 + 1
108       ELSE NbCate4 := NbCate4 + 1 ;
109
110     (* Affichons les résultats de l'étudiant *)
111
112     WRITELN( OUTPUT ) ;
113     WRITELN( OUTPUT , Nom : 30 , NoteGlobale :6:1 ) ;
114     WRITELN( OUTPUT ) ;
115
116     WRITE( OUTPUT , 'Avez-vous un autre étudiant(O/N) ? ') ;
117     READLN( INPUT , Reponse ) ;
118     WRITELN( OUTPUT ) ;
119
120    UNTIL ( Reponse = 'N' ) OR ( Reponse = 'n' ) ;
121
122    (* Calcul de la moyenne du groupe *)
123
124    Moyenne := SommeGlobale / NbEtudiant ;
125
126    (* Affichons les résultats du groupe *)
127
128    WRITELN(OUTPUT,'LE NOMBRE D''ÉTUDIANTS EST      : ',NbEtudiant : 5  );
129    WRITELN(OUTPUT,'LE NOMBRE D''ÉCHECS EST         : ',NbEchec    : 5  );
130    WRITELN(OUTPUT,'LA NOTE MINIMUM EST             : ',MinNote    :5:1 );
131    WRITELN(OUTPUT,'LA NOTE MAXIMUM EST             : ',MaxNote    :5:1 );
132    WRITELN(OUTPUT,'LA MOYENNE DU GROUPE EST        : ',Moyenne    :5:1 );
133
134    WRITELN(OUTPUT,'LE NOMBRE D''ÉTUDIANTS DE  0.0 A 25.0:',NbCate1: 5);
135    WRITELN(OUTPUT,'LE NOMBRE D''ÉTUDIANTS DE 25.0 A 50.0:',NbCate2: 5);
136    WRITELN(OUTPUT,'LE NOMBRE D''ÉTUDIANTS DE 50.0 A 75.0:',NbCate3: 5);
137    WRITELN(OUTPUT,'LE NOMBRE D''ÉTUDIANTS DE 75.0 A 100 :',NbCate4: 5);
138
139 END. (* DeCalculDeNote *)
```

Figure 7.1   Programme pour le calcul des notes

7.5 ADDENDA : DISCUSSION SUR LES QUALITÉS D'UN PROGRAMME

La conception de l'algorithme et la codification sont deux étapes essentielles du processus de programmation. Longtemps on a pensé que connaître l'algorithme à utiliser et la manière de le coder était suffisant pour obtenir un programme intéressant. Cependant, le coût croissant du développement des programmes et le manque de fiabilité de ces derniers incitèrent les gens à déterminer les qualités que devrait avoir tout bon programme. Ce texte a pour but de présenter ces qualités.

Un bon programme doit être :

correct un programme doit répondre aux exigences du problème initial. À cet effet, il faut donc utiliser le bon algorithme. Notamment, il faut surveiller l'enchaînement des énoncés, la validité des formules et les cas spéciaux ou peu fréquents. Un moyen simple de vérifier si un programme est correct est de le tester avec un jeu de données et de vérifier si les résultats obtenus correspondent aux résultats attendus.

précis il s'agit d'éviter les algorithmes qui font perdre rapidement de la précision dans les données manipulées ou qui causent des débordements de capacité non détectés (exemple : entier dépassant 32 767). Il faut également éviter de faire imprimer plus de décimales que ne peuvent en fournir les données, l'algorithme ou l'ordinateur utilisé. Exemple : sur les ordinateurs, les nombres réels sont souvent limités à 7 chiffres significatifs (11 chiffres avec Turbo Pascal).

robuste un programme est robuste s'il résiste bien aux erreurs. Celles-ci proviennent surtout de données erronées. De façon générale, on augmente la robustesse d'un programme en prévoyant des tests de validation de données et un mécanisme de recouvrement d'erreurs.

Un programme interactif devrait toujours valider les données lues. Exemple : si une donnée lue est une note d'examen, alors la note doit être dans l'intervalle zéro à cent.

fiable un programme sur lequel on peut compter. Un programme fiable est un programme correct, robuste et précis.

commenté les commentaires aident le lecteur à comprendre le programme. Un commentaire au début du programme permet d'identifier clairement le but de ce programme, les références utilisées, les grandes étapes de l'algorithme, et le nom du programmeur. Finalement, on peut insérer des commentaires dans le code lui-même pour indiquer le début des grandes étapes, expliquer une formule obscure ou un truc. Règle générale : mieux vaut en mettre plus que pas assez.

clair le texte du programme doit présenter une bonne lisibilité. Personne n'est intéressé à lire un texte confus. La clarté est augmentée par l'usage judicieux des commentaires, des identificateurs significatifs, l'indentation des énoncés, l'aération du texte (à l'aide de lignes blanches).

paramétrisé un programme paramétrisé est un programme dont on peut facilement altérer le comportement par une modification des paramètres. En PASCAL, on peut obtenir cet effet en utilisant des déclarations de constantes.

facile à utiliser un programme sera utilisé seulement si on arrive à s'en servir facilement. Sinon, il va rester sur les tablettes. Un programme facile à utiliser est un programme bien documenté et qui offre un environnement agréable à l'usager. On peut améliorer l'environnement homme-machine en utilisant un programme fiable qui utilise des messages d'incitation pour lire des données, affiche les résultats de manière concise et donne de bons messages d'information ou d'erreur. Un programme clair et bien paramétrisé peut également être un atout pour l'usager qui a des connaissance en programmation car il pourra alors l'adapter à ses besoins.

INSTRUCTIONS DE CONTRÔLE

8.1 Instruction de sélection multiple `CASE ... OF`
8.2 Deux exemples de l'utilisation de l'instruction `CASE ... OF`
8.3 Instruction de répétition `WHILE ... DO`
8.4 Instruction de répétition `FOR ... TO ... DO`
8.5 Boucles imbriquées

OBJECTIFS

■ Maîtriser trois nouvelles instructions;

■ reconnaître les situations qui requièrent l'usage de l'instruction `CASE` plutôt que l'instruction `IF ... THEN ... ELSE`;

■ apprendre à choisir la bonne instruction de répétition selon le contexte parmi :
`REPEAT ... UNTIL`
`WHILE ... DO`
`FOR ... DO`

INTRODUCTION

Ce chapitre présente trois nouvelles instructions de contrôle, soit l'instruction de sélection multiple `CASE` et deux nouvelles instructions de répétition : `WHILE` et `FOR`.

L'instruction de répétition `REPEAT ... UNTIL`, étudiée au chapitre 5, permet d'écrire des programmes dans lesquels certaines instructions peuvent être exécutées plusieurs fois, de manière répétitive. Les instructions `WHILE` et `FOR` jouent le même rôle. Ces deux instructions n'introduisent, par conséquent, aucun nouveau concept de programmation. Cependant, elles permettent, dans certains contextes, de simplifier l'écriture des programmes. La même remarque s'applique à l'instruction de sélection multiple `CASE`. Cette dernière permet de simplifier et de clarifier l'écriture de certains programmes nécessitant plusieurs énoncés `IF ... THEN ... ELSE` imbriqués.

8.1 INSTRUCTION DE SÉLECTION MULTIPLE `CASE ... OF`

Introduction

L'instruction de sélection multiple `CASE` permet de choisir une instruction à exécuter parmi plusieurs instructions possibles. Le terme *sélection multiple* exprime les idées de choix (sélection) et de variétés (multiple).

Il est toujours possible de représenter la sélection multiple à l'aide de l'instruction `IF...THEN...ELSE`. Par contre, cette dernière ne possédant qu'une alternative (deux possibilités), nous devons utiliser une série de `IF` en cascade afin de représenter toutes les possibilités d'une sélection multiple.

La section 4.7 comporte un programme qui effectue la conversion d'un nombre entier, compris dans l'intervalle 0 à 9, en un mot (chaîne de caractères) représentant le même nombre. Ce programme, retranscrit partiellement à la figure 8.1, utilisait une série d'énoncés **IF** disposés en cascade.

Figure 8.1
L'instruction **IF** en cascade

```
IF N = 0 THEN WRITELN(OUTPUT, 'zéro')
 ELSE IF N = 1 THEN WRITELN(OUTPUT, 'un')
  ELSE IF N = 2 THEN WRITELN(OUTPUT, 'deux')
   ELSE IF N = 3 THEN WRITELN(OUTPUT, 'trois')
    ELSE IF N = 4 THEN WRITELN(OUTPUT, 'quatre')
     ELSE IF N = 5 THEN WRITELN(OUTPUT, 'cinq')
      ELSE IF N = 6 THEN WRITELN(OUTPUT, 'six')
       ELSE IF N = 7 THEN WRITELN(OUTPUT, 'sept')
        ELSE IF N = 8 THEN WRITELN(OUTPUT, 'huit')
         ELSE IF N = 9 THEN WRITELN(OUTPUT, 'neuf')
          ELSE   WRITELN(OUTPUT 'Mauvaise réponse')
```

Chacune des conditions vérifiées par les nombreuses instructions **IF...THEN...ELSE** de la figure 8.1 porte sur une relation impliquant l'identificateur de variable N. Le choix de l'instruction à exécuter dépend de la valeur de la variable N. Ce type de sélection d'une instruction parmi plusieurs, basée sur la valeur d'une même expression, se traduit plus clairement et plus élégamment avec l'instruction **CASE...OF** :

Figure 8.2
L'instruction
CASE ... OF

```
CASE    N    OF
   0 :    WRITELN( OUTPUT, 'zéro    ') ;
   1 :    WRITELN( OUTPUT, 'un      ') ;
   2 :    WRITELN( OUTPUT, 'deux    ') ;
   3 :    WRITELN( OUTPUT, 'trois   ') ;
   4 :    WRITELN( OUTPUT, 'quatre  ') ;
   5 :    WRITELN( OUTPUT, 'cinq    ') ;
   6 :    WRITELN( OUTPUT, 'six     ') ;
   7 :    WRITELN( OUTPUT, 'sept    ') ;
   8 :    WRITELN( OUTPUT, 'huit    ') ;
   9 :    WRITELN( OUTPUT, 'neuf    ') ;
ELSE    WRITELN( OUTPUT, 'Mauvaise réponse') ;
END;
```

Syntaxe générale de l'instruction CASE...OF

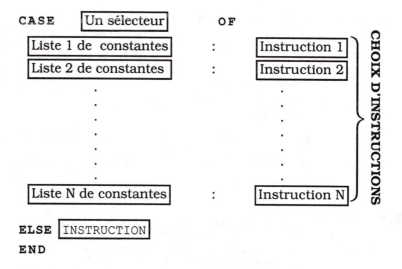

Explication du diagramme

L'instruction CASE est composée d'un sélecteur et de plusieurs options.

Le **sélecteur** est une expression de type BOOLEAN, INTEGER ou de type CHAR (les autres types : REAL, STRING, etc., sont invalides). C'est la valeur de ce sélecteur qui détermine l'instruction à exécuter.

Chacune des **options** possibles contient, dans l'ordre :

1 une liste composée d'une ou de plusieurs constantes anonymes ou déclarées appelées «étiquettes de cas»;

2 le caractère spécial : ;

3 n'importe quelle instruction (simple ou composée).

L'exécution d'une instruction CASE débute par l'évaluation de l'expression de sélection. L'exécution se poursuit avec l'instruction du CASE ayant une étiquette égale à la valeur du sélecteur. Finalement, lorsque cette instruction est terminée, l'exécution du programme continue avec l'instruction qui suit l'identificateur END qui indique la fin de l'instruction CASE.

À titre d'illustration, si la variable sélecteur N de la figure 8.2 vaut 2, l'instruction WRITELN(OUTPUT, 'deux') est exécutée.

Remarques

- La valeur du sélecteur doit obligatoirement correspondre à une des constantes utilisées à l'intérieur du CASE, sinon une erreur sera détectée lors de l'exécution;

- dans le cas où on ne désire pas formuler une liste exhaustive de constantes, on doit utiliser l'option ELSE (disponible en TURBO Pascal) et lui joindre une instruction exécutable; le ELSE s'insère avant le END du CASE;

- la valeur du sélecteur et les constantes doivent être du même type;

- une constante ne peut être utilisée plus d'une fois dans un même énoncé.

8.2 DEUX EXEMPLES DE L'UTILISATION DE L'INSTRUCTION CASE...OF

Un programme qui affiche le nombre de jours d'un mois

Considérons maintenant une application de l'instruction CASE, soit le programme de la figure 8.3.

Un usager aimerait avoir un programme lui permettant de connaître et d'afficher le nombre de jours compris dans un mois d'une année déterminée ainsi que le nom du mois. En appliquant la syntaxe générale de l'instruction CASE à ce problème, nous définissons tout d'abord le sélecteur. Nous savons tous que le nombre de jours compris dans un mois dépend du mois envisagé. Le mois sera donc notre sélecteur et ce dernier sera un entier dont la valeur pourra varier entre 1 et 12. Il faut maintenant définir les choix possibles de l'instruction CASE.

Ces choix contiennent une ou des constantes auxquelles correspond une instruction. Dans notre exemple, nous connaissons les mois de l'année comprenant un nombre fixe de 30 ou 31 jours. Nous pouvons donc les regrouper en deux listes de constantes. Mais qu'advient-il du mois de février? Février étant le seul mois de l'année dont le nombre de jours peut varier de 28 à 29 selon l'année envisagée, il constitue à lui seul une option du CASE.

Deux exemples de l'utilisation de l'instruction CASE ...OF **179**

Nous aurons donc deux listes de constantes pour les mois de 30 et 31 jours et une constante isolée afin de traiter le mois de février selon l'année envisagée.

```
1  PROGRAM JoursMois( INPUT , OUTPUT ) ;
2    (*
3     * Ce programme affiche le nombre de jours d'un mois ainsi que le nom
4     * du mois à partir du numéro du mois (1 à 12) et de l'année. Exemple:
5     * Données: 02 1984.  Résultats : Il y a 29 jours en FEVRIER 1984
6     *)
7  VAR
8     NomDuMois : STRING[ 10 ] ; (* Le nom du mois              *)
9     NbDeJours : INTEGER       ; (* Le nombre de jours du mois *)
10    Mois      : INTEGER       ; (* Le numéro du mois lu       *)
11    Annee     : INTEGER       ; (* L'année lue                *)
12
13 BEGIN (* Mois *)
14    (* Lecture des données *)
15
16    WRITE ( OUTPUT , 'Entrez le numéro du mois ( 1 à 12 ) : ') ;
17    READLN( INPUT  , Mois ) ;
18    WRITE ( OUTPUT , 'Entrez l''année : ' ) ;
19    READLN( INPUT  , Annee ) ;
20
21    (* Selection selon le numéro du mois *)
22
23    CASE Mois OF
24      1,3,5,7,8,10,12 : BEGIN
25                          NbDeJours := 31 ;
26                          CASE Mois OF
27                             1 : NomDuMois := 'JANVIER ' ;
28                             3 : NomDuMois := 'MARS    ' ;
29                             5 : NomDuMois := 'MAI     ' ;
30                             7 : NomDuMois := 'JUILLET ' ;
31                             8 : NomDuMois := 'AOUT    ' ;
32                            10 : NomDuMois := 'OCTOBRE ' ;
33                            12 : NomDuMois := 'DÉCEMBRE' ;
34                          END ;
35                        END ;
36              2 : BEGIN
37                    IF  ( Annee MOD 4 = 0 ) AND
38                        ( ( Annee MOD 100 <> 0 ) OR
39                          ( Annee MOD 400  = 0 ) )
40                    THEN NbDeJours := 29
41                    ELSE NbDeJours := 28 ;
```

```
42
43                              NomDuMois := 'FÉVRIER ' ;
44                   END ;
45        4,6,9,11 : BEGIN
46                              NbDeJours := 30 ;
47                              CASE Mois OF
48                                 4 : NomDuMois := 'AVRIL     ' ;
49                                 6 : NomDuMois := 'JUIN      ' ;
50                                 9 : NomDuMois := 'SEPTEMBRE' ;
51                                11 : NomDuMois := 'NOVEMBRE ' ;
52                              END ;
53                   END ;
54    END ; (* Case Mois *)
55
56    (* Écriture des résultats *)
57
58    WRITE  ( OUTPUT , 'Il y a ' , NbDeJours : 2 , ' jours ' ) ;
59    WRITELN( OUTPUT , ' en ' , NomDuMois , Annee : 5          ) ;
60    END. (* Mois *)
```

Figure 8.3 Programme qui affiche le nombre de jours d'un mois

Revenons une fois de plus à la syntaxe générale de l'instruction **CASE**. Il nous reste maintenant à définir l'instruction comprise dans chacun de nos trois choix. Cette instruction peut être n'importe laquelle des instructions PASCAL y compris l'énoncé composé et le **CASE**. Dans notre exemple, l'instruction correspondant au mois de février sera une instruction composée afin de traiter l'année envisagée et les deux nombres de jours possibles pour ce mois. De plus, les instructions correspondant aux deux listes de constantes pour les mois de 30 et 31 jours seront, elles aussi, composées afin de donner un nom au mois traité pour en permettre l'affichage. Pour ce faire, il est possible d'utiliser une autre instruction **CASE** faisant elle-même partie de l'instruction **CASE**.

Une application avec menu

Il est fréquent d'avoir des programmes interactifs qui fonctionnent avec des menus. Ceux-ci affichent d'abord la liste des opérations que le programme peut effectuer, puis l'usager désigne l'opération qu'il désire effectuer (en tapant le code associé à l'opération désirée) et le programme traite l'opération demandée.

Par exemple, un programme appelé Calculatrice affiche le menu suivant :

                    +)   Addition
                    -)   Soustraction
                    *)   Multiplication
                    /)   Division
                    T)   Terminer

              Entrez l'opération désirée :

Si le menu présente plus de deux choix, il peut être avantageux d'utiliser l'instruction de sélection multiple CASE...OF pour sélectionner les instructions à exécuter pour répondre au choix de l'usager. La figure 8.4 illustre le programme Calculatrice avec l'instruction CASE...OF. On remarque que le programme réaffiche le menu jusqu'à ce que l'usager choisisse l'option T pour terminer, et que dans cet exemple, le sélecteur de l'instruction CASE est de type CHAR.

```
1  PROGRAM Calculatrice( INPUT , OUTPUT ) ;
2  (*
3   * Ce programme simule une calculatrice rudimentaire , qui possède
4   * seulement les quatres opérations de base + - * et / .
5   *)
6  VAR
7     Terminer : BOOLEAN ; (* Indicateur de fin de traitement *)
8     LeChoix  :    CHAR ; (* L'option choisie par l'usager    *)
9     Valeur1  :    REAL ; (* La première valeur du calcul     *)
10    Valeur2  :    REAL ; (* La deuxième valeur du calcul     *)
11
12 BEGIN   (* Calculatrice *)
13    Terminer := FALSE ;
14
15    REPEAT
16       (* afficher le menu *)
17       WRITELN( OUTPUT ) ;
18       WRITELN( OUTPUT , ' +) Addition           ' ) ;
19       WRITELN( OUTPUT , ' -) Soustraction       ' ) ;
20       WRITELN( OUTPUT , ' *) Multiplication     ' ) ;
21       WRITELN( OUTPUT , ' /) Division           ' ) ;
22       WRITELN( OUTPUT ) ;
23       WRITELN( OUTPUT , ' T) Terminer           ' ) ;
24       WRITELN( OUTPUT ) ;
```

```
25
26      WRITE ( OUTPUT , ' Entrez l'opération désirée : ' ) ;
27      READLN( INPUT   , LeChoix ) ;
28      WRITELN( OUTPUT ) ;
29
30      (* Exécution de l'opération selon le choix de l'usager *)
31
32      CASE LeChoix OF
33       '+': BEGIN
34              WRITE( ' Entrez les valeurs à additionner: ' ) ;
35              READLN( INPUT   , Valeur1 , Valeur2 ) ;
36              WRITELN( ' Le résultat est : ',Valeur1 + Valeur2 :12:2 ) ;
37            END ;
38       '-': BEGIN
39              WRITE( ' Entrez les valeurs à soustraire : ' ) ;
40              READLN( INPUT   , Valeur1 , Valeur2 ) ;
41              WRITELN( ' Le résultat est : ', Valeur1 - Valeur2 :12:2 ) ;
42            END ;
43       '*': BEGIN
44              WRITE( ' Entrez les valeurs à multiplier : ' ) ;
45              READLN( INPUT   , Valeur1 , Valeur2 ) ;
46              WRITELN( ' Le résultat est : ', Valeur1 * Valeur2 :12:2 ) ;
47            END ;
48       '/': BEGIN
49              WRITE( ' Entrez les valeurs à diviser : ' ) ;
50              READLN( INPUT   , Valeur1 , Valeur2 ) ;
51              WRITELN( ' Le résultat est : ', Valeur1 / Valeur2 :12:2 ) ;
52            END ;
53
54       'T','t': Terminer := TRUE ;
55
56      END ; (* Du CASE *)
57
58    UNTIL Terminer ;
59
60 END.   (* Calculatrice *)
```

Figure 8.4 Programme calculatrice

8.3 INSTRUCTION DE RÉPÉTITION WHILE...DO

Introduction

Comme nous l'avons vu précédemment au chapitre 5, l'instruction de répétition `REPEAT...UNTIL` permet d'exécuter plusieurs fois un groupe d'instructions. L'instruction `WHILE...DO` va jouer le même rôle. C'est une différence de fonctionnement qui rend, dans certains contextes, son utilisation plus avantageuse.

Considérons, par exemple, le problème suivant :

On demande à l'usager d'entrer une valeur entière positive et le programme calcule la somme des entiers de 1 à cette valeur.

En utilisant l'instruction de répétition `REPEAT...UNTIL`, le traitement est le suivant :

```
...
WRITE(OUTPUT, 'Entrez une valeur entière positive: ') ;
READLN(INPUT, ValMax) ;
Somme  := 0 ;
Nombre := 0 ;

REPEAT
  Nombre := Nombre + 1 ;
  Somme  := Somme + Nombre ;
UNTIL  Nombre = ValMax ;

WRITELN(OUTPUT, 'La somme est: ', Somme:7) ;
...
```

Nous remarquons qu'avec l'instruction `REPEAT...UNTIL`, la condition est vérifiée à la fin de la boucle.

Qu'arrive-t-il si l'usager répond à la question en tapant la valeur 0?

La variable `ValMax` va recevoir la valeur 0 et les instructions de la boucle s'exécutent une première fois. Ainsi, les variables `Nombre` et `Somme` vont recevoir la valeur 1. La condition d'arrêt de la boucle est ensuite évaluée. `Nombre` (valeur 1) étant différent de `ValMax` (valeur 0), la condition n'est pas vérifiée et les instructions sont donc répétées.

Comme la condition ne sera jamais vérifiée, nous sommes en présence d'une «boucle infinie». Dans ce problème, pour certaines valeurs (`ValMax =0`), les instructions de la boucle ne devraient pas être exécutées une première fois. Il est possible de combler cette lacune en utilisant l'instruction de sélection `IF...THEN` avant la boucle. Ainsi:

```
...
IF   ValMax > 0   THEN
 REPEAT
   Nombre := Nombre + 1 ;
   Somme  := Somme + Nombre ;
 UNTIL   Nombre = ValMax ;
...
```

Cette solution est peu élégante, car on retrouve deux conditions à vérifier.

Une façon plus simple de vérifier si les instructions de la boucle doivent être exécutées une première fois est d'utiliser l'instruction de répétition `WHILE...DO` :

```
...
WHILE   Nombre <> ValMax   DO
BEGIN
  Nombre := Nombre + 1 ;
  Somme  := Somme + Nombre ;
END ;
...
```

En utilisant l'instruction de répétition `WHILE...DO` nous vérifions d'abord la condition :

- si la condition est vérifiée, les instructions sont exécutées tout comme pour une boucle `REPEAT...UNTIL` ;

- si la condition est fausse, les instructions de la boucle ne peuvent être exécutées.

Syntaxe de l'instruction WHILE...DO

WHILE [une condition] DO [une instruction]

La condition est évaluée; si elle est vérifiée l'instruction est exécutée. La condition est ensuite réévaluée et tant qu'elle est vérifiée, l'instruction sera répétée.

Donc, tant que la condition est vraie, on répète, et lorsque la condition devient fausse, on arrête. L'instruction **WHILE** fournit à l'usager plus de protection que l'instruction **REPEAT** puisque la condition est évaluée avant l'exécution des instructions de la boucle.

Cependant, cet avantage peut devenir un inconvénient, car avec le **WHILE**, il faut que la condition soit définie avant que les instructions soient exécutées et ce sont parfois ces instructions qui donnent un sens à la condition. Ceci nous oblige donc parfois à doubler des instructions afin de donner un sens à la condition dès sa première évaluation.

Ainsi, si on utilise l'instruction **WHILE** pour valider une réponse d'un usager :

```
...
WRITE (OUTPUT, 'Entrez le prix total des mets') ;
READLN (INPUT, PrixTotal) ;
Erronee := PrixTotal < 0 ;
WHILE  Erronee  DO
BEGIN
  WRITE (OUTPUT, 'Entrez le prix total des mets') ;
  READLN (INPUT, PrixTotal) ;
  Erronnee := PrixTotal < 0 ;
END ;
...
```

Nous constatons que les mêmes instructions que celles contenues dans la boucle sont exécutées une fois avant la boucle **WHILE** afin de définir la condition une première fois. On peut comparer ce même traitement effectué avec l'instruction **REPEAT** au chapitre 5 section 5.5.

8.4 INSTRUCTION DE RÉPÉTITION FOR...DO

Introduction

L'instruction de répétition **FOR...DO** se distingue des instructions **REPEAT...UNTIL** et **WHILE...DO** dans les situations où le nombre de répétitions à effectuer est connu. L'exemple de la section 8.3, qui consistait à faire la somme des entiers de 1 à la valeur maximum spécifiée `ValMax`, est un exemple où le nombre de répétitions est connu. La résolution de ce problème avec les deux autres instructions de répétition contient les mêmes éléments (mise-à-zéro des compteurs, incrément et test).

```
Somme  := 0;                      Somme  := 0;
Nombre := 0;                      Nombre := 0;
REPEAT                            WHILE  Nombre <> ValMax DO
 Nombre := Nombre + 1;            BEGIN
 Somme  := Somme + Nombre;         Nombre := Nombre + 1;
UNTIL  Nombre = ValMax;            Somme  := Somme + Nombre;
                                  END;
```

Pour répéter `ValMax` fois le même traitement, il a fallu utiliser un compteur `Nombre`, l'initialiser à 0 au départ et l'incrémenter de 1 à chaque tour de la boucle. Le compteur est utilisé dans le critère d'arrêt de la boucle. Cela a nécessité l'utilisation de trois instructions :

- ■ Une initialisation :   `Nombre := 0 ;`
- ■ Une incrémentation: `Nombre := Nombre + 1 ;`
- ■ La répétition avec le test d'arrêt: `Nombre  = ValMax`
                                                ou `Nombre <> ValMax` .

L'instruction **FOR...DO** va incorporer ces trois éléments dans une même instruction de répétition. Il s'agit de faire `ValMax` fois l'instruction `Somme := Somme + Nombre` pour les valeurs de `Nombre` **allant de** 1 **à** `ValMax`.

Instruction de répétition FOR ... TO ... DO **187**

```
Somme := 0 ;
FOR   Nombre := 1  TO   ValMax   DO   Somme := Somme + Nombre ;
```

L'instruction qui suit le mot **DO** est répétée pour chacune des valeurs de la variable Nombre et cette dernière recevra les valeurs de 1 jusqu'à ValMax en augmentant de 1 automatiquement à chaque tour de boucle (itération).

```
FOR  Nombre  := 1  TO  ValMax  DO  Somme  :=  Somme + Nombre ;
     |____|    |_|    |____|                     |_____|
       1       2        3                               4
```

1 Un ***identificateur de variable*** qu'on nomme la variable de contrôle de la boucle;

2 une ***expression*** qui définit la valeur initiale que prend la variable de contrôle;

3 une ***expression*** qui définit la valeur finale que prend la variable de contrôle.

4 une ***instruction*** qui définit le contenu de la boucle.

Remarques

■ La variable de contrôle et les expressions définissant la valeur initiale et la valeur finale doivent être du même type;

■ la variable de contrôle ne peut être du type REAL. L'énoncé suivant est invalide

```
FOR   R := 4.1   TO   10.2   DO   WRITE (OUTPUT, R:8:2)
```

mais l'énoncé suivant est valide

```
FOR   C := 'A'   TO   'Z'   DO   WRITE(OUTPUT, C:2) ;
```

■ à la fin de l'exécution de la boucle **FOR**, la valeur de la variable de contrôle est indéfinie;

■ dans une instruction **FOR...TO**, la boucle n'est pas exécutée si la valeur initiale est supérieure à la valeur finale;

- l'instruction `FOR` peut s'utiliser sous sa forme descendante en remplaçant le mot `TO` par le mot `DOWNTO` :

    ```
    FOR  I := 5  DOWNTO  1  DO    WRITE(OUTPUT, I:2) ;
    ```

    produit le résultat 5 4 3 2 1

    Dans cet exemple, la valeur initiale de la variable de contrôle `I` est supérieure à la valeur finale, la variable `I` diminue de 1 à chaque itération;

- avec l'instruction `FOR`, le pas est toujours de 1. Pour obtenir un pas différent, il faut le simuler à l'aide d'une autre variable, comme illustré dans l'exemple suivant.

    Nous voulons imprimer les nombres pairs entre 2 et 40 inclusivement.

    ```
    FOR  I := 1  TO  20  DO
    BEGIN
      K := I * 2 ;
      WRITE(OUTPUT, K:2) ;
    END ;
    ```

8.5 BOUCLES IMBRIQUÉES

Les instructions de répétition peuvent être incluses les unes dans les autres pour former des boucles imbriquées. On veut répéter un traitement et ce traitement contient aussi une répétition : on obtient une boucle à l'intérieur d'une boucle.

> **POUR** I ← de 1 A 3 **FAIRE**
> **POUR** J ← de 2 A 4 **FAIRE** ÉCRIRE I, J et I+J

En utilisant l'instruction `FOR` on obtient en PASCAL :

la boucle extérieure :   `FOR  I := 1  TO  3  DO`

la boucle intérieure :   `FOR  J := 2  TO  4  DO`
                         `    WRITELN (OUTPUT,I : 3,J : 3,I+J : 3);`

Pour chacune des valeurs de la variable de contrôle I de la boucle extérieure, la boucle intérieure est exécutée. La simulation de l'exécution de ces deux boucles imbriquées donne :

les valeurs des variables de contrôle I et J

I	J
1	2
1	3
1	4
2	2
2	3
2	4
3	2
3	3
3	4

les résultats affichés

```
1  2  3
1  3  4
1  4  5
2  2  4
2  3  5
2  4  6
3  2  5
3  3  6
3  4  7
```

Chaque fois que la boucle extérieure est exécutée, la boucle intérieure est réexécutée. La figure 8.5 illustre un programme PASCAL qui contient deux boucles imbriquées. Ce programme affiche une table de multiplication.

	0	1	2	3	4	...
0	0	0	0	0	0	
1	0	1	2	3	4	
2	0	2	4	6	8	
3	0	3	6	9	12	

Figure 8.5
Programme qui affiche une table de multiplication.

```
PROGRAM   TableMul(OUTPUT) ;
VAR
  I, J : INTEGER ;
BEGIN
  FOR   I := 0   TO   9   DO   WRITE (OUTPUT, I : 3)
  WRITELN (OUTPUT) ;

  FOR   I := 0   TO   9   DO
  BEGIN
    WRITE (OUTPUT, I : 3)
    FOR   J := 0   TO   9   DO
    WRITE (OUTPUT, I*J : 3) ;
    WRITELN (OUTPUT) ;
  END ;
END.
```

ERREURS ET PROBLÈMES FRÉQUEMMENT RENCONTRÉS

■ Oublier l'identificateur réservé `END` pour terminer l'instruction `CASE...OF`.

■ Ajouter le caractère : après l'option `ELSE` de l'instruction `CASE...OF`.

■ Oublier de spécifier une alternative possible dans une instruction `CASE...OF`.

■ Oublier les identificateurs `BEGIN` et `END` dans une instruction `WHILE...DO`, qui contient plusieurs instructions à répéter.

■ Mal exprimer la condition d'arrêt dans l'instruction de répétition `WHILE...DO` et générer une répétition qui ne s'arrête pas.

■ Incrémenter inutilement la variable de contrôle d'une instruction `FOR`.

```
FOR    I := 1   TO   N   DO
BEGIN
        I := I + 1 ;    (*Erreur*)
        ...
END
```

■ Essayer de réutiliser la dernière valeur de la variable de contrôle à la fin de l'exécution de l'instruction de répétition **FOR**.

RÉVISION

1 L'instruction de sélection multiple **CASE...OF**, peut toujours remplacer les instructions **IF...THEN...ELSE**. *(Revoir 8.1)*

2 Peut-on associer plusieurs instructions à une étiquette de cas de l'instruction **CASE...OF**? *(Revoir la syntaxe générale)*

3 Peut-on associer plusieurs étiquettes à une instruction qui représente une des alternatives dans une instruction **CASE...OF**. *(Revoir la syntaxe générale)*

4 Le sélecteur de l'instruction **CASE** peut être de type **REAL**. *(Revoir la syntaxe générale de l'instruction)*

5 Dans quel contexte est-il plus avantageux d'utiliser l'instruction de répétition **WHILE...DO** plutôt que l'instruction **REPEAT...UNTIL**? *(Revoir 8.3)*

6 Dans quelle situation l'instruction **REPEAT...UNTIL** demeure supérieure à l'instruction **WHILE...DO**? *(Revoir 8.3)*

7 En quoi se distingue l'instruction de répétition **FOR** des deux autres instructions de répétition? *(Revoir 8.4)*

8 Est-il possible de définir, à même l'instruction **FOR**, un pas différent de 1? *(Revoir 8.4)*

9   En quoi consiste les boucles imbriquées? *(Revoir 8.5)*

RÉSUMÉ

Ce chapitre a présenté trois nouvelles instructions de contrôle : les instructions `CASE...OF`, `WHILE...DO` et `FOR`. L'instruction de sélection multiple `CASE...OF` permet, selon la valeur d'une expression, de choisir une instruction à exécuter. Cette instruction permet d'exprimer plus clairement une suite d'instructions `IF...THEN...ELSE` en cascade qui exprime plusieurs possibilités d'une sélection. Le programme interactif qui fonctionne avec un menu présenté à la figure 8.4 est un exemple d'application où l'instruction `CASE...OF` est utile.

Deux autres instructions de répétition, `WHILE` et `FOR`, se sont ajoutées à l'instruction `REPEAT...UNTIL`, vue au chapitre 5. On a mis en évidence que les instructions dans une boucle `REPEAT` sont toujours exécutées au moins une fois, puisque la condition d'arrêt est vérifiée à la fin de la boucle. C'est pourquoi l'usage de cette instruction dans certaines situations peut causer des problèmes. L'instruction `WHILE...DO` vient combler cette lacune. Dans l'instruction `WHILE...DO`, la condition d'arrêt apparaît au début de la boucle et si cette condition n'est pas vérifiée les instructions de la boucle ne sont pas exécutées.

La troisième instruction de répétition, l'instruction `FOR`, s'avère utile et efficace comparativement aux deux autres instructions dans les situations où le nombre de répétitions à effectuer est connu. L'instruction peut s'utiliser sous la forme ascendante `TO`, c'est-à-dire que la variable de contrôle est automatiquement augmentée de 1 à chaque itération, ou sous la forme descendante `DOWNTO`, alors la variable de contrôle est automatiquement diminuée de 1 (ou augmentée de -1) à chaque itération.

EXERCICES

1   Répondez par VRAI ou FAUX à chacune des affirmations suivantes:

   a)   Un énoncé `CASE` avec seulement deux choix peut facilement être remplacé par un énoncé `IF ... THEN ... ELSE ...`

   b)   Le type du sélecteur dans un énoncé `CASE` (`CASE` sélecteur `OF`) doit être du même type que les étiquettes associées aux options (alternatives) de cet énoncé.

Exercices **193**

c) Dans une instruction **FOR ... TO**, la variable de contrôle est incrémentée automatiquement après chaque itération (tour de boucle).

d) Les énoncés suivants donnent le même résultat.

   i)
   ```
   I := 1;
   REPEAT
      WRITE(OUTPUT, I:3);
      I := I + 1
   UNTIL I > 3;
   ```
   ii) `FOR I := 1 TO 3 DO WRITE (OUTPUT, I:3);`

e) Si les variables utilisées sont de type **INTEGER**, le bout de programme suivant fait imprimer la valeur 1.
   ```
   SOMME := 0;
   FOR K := 1 TO 3 DO SOMME := SOMME + 1 DIV K;
   WRITELN (OUTPUT, SOMME);
   ```

2 Questions à choix multiples. Indiquez par i, ii, iii ou iv, laquelle des réponses s'applique le mieux à la question.

   a) Qu'imprime le programme suivant:
   ```
   PROGRAM x (OUTPUT);
   VAR i, j : INTEGER ;
   BEGIN
      FOR j := 3 DOWNTO 1 DO
         FOR i := 1 TO 3 DO
            IF i=j THEN WRITE (OUTPUT, I : j+1)
            ELSE WRITE (OUTPUT, 'x');
      WRITELN (OUTPUT)
   END.
   ```
   i)   xx.3xx..2xx...1
   ii) x.3x..2x..1
   iii) xx.3x..2x...1xx
   iv) xx...3x..2x.1xx   (N.B. les "." représentent des espaces blancs)

   b) Si I est une variable de type **INTEGER**, identifiez, parmi les 4 instructions ci-dessous, celle qui équivaut parfaitement à l'instruction suivante pour les valeurs de I 1, 2 et 3:
   ```
   CASE I OF
   1    : WRITE (OUTPUT, 'Bonjour');
   2, 3 : WRITE (OUTPUT, 'Bonsoir');
   END.
   ```
   i) `IF (I<>1) THEN WRITE (OUTPUT, 'Bonjour')`
       `ELSE IF (I<>2) AND (I<>3) THEN WRITE (OUTPUT, 'Bonsoir');`
   ii) `IF (I=1) THEN WRITE (OUTPUT, 'Bonjour')`
       `ELSE IF (I=2) AND (I=3) THEN WRITE (OUTPUT, 'Bonsoir');`

Instructions de contrôle

    iii) `IF (I=1) THEN WRITE (OUTPUT, 'Bonjour')`
        `ELSE WRITE (OUTPUT, 'Bonsoir');`
    iv) `IF (I=1) THEN WRITE (OUTPUT, 'Bonjour')`
        `ELSE IF (I=2) OR (I=3) THEN WRITE (OUTPUT, 'Bonsoir');`

c) Soient B et C, deux variables de type `INTEGER` et les deux suites d'énoncés suivantes:

```
B := C;                          B := C;
REPEAT                           WHILE B > 0 DO
    B := B - 1;                      BEGIN B := B - 1;
    WRITE (OUTPUT, B)                    WRITE (OUTPUT, B)
UNTIL B <= 0;                        END;
WRITELN (OUTPUT, B);             WRITELN (OUTPUT, B);
```

Ces deux suites

    i) sont toujours équivalentes.
    ii) sont équivalentes si C est nul ou négatif (C <= 0)
    iii) sont équivalentes si C > 0
    iv) ne sont aucunement équivalentes.

d) Lequel des blocs d'énoncés suivants fait le bon calcul de
SOMME = 1 + 1/2 + 1/3 + 1/4 + ... + 1/100

    i) `Somme := 0;`
       `FOR I := 1 TO 100 DO Somme := Somme + 1 DIV I;`
    ii) `Somme := 0; I := 1;`
       `WHILE I <= 100 DO`
          `Somme := Somme + 1/I;`
    iii) `Somme := 0; I := 1;`
       `REPEAT`
          `Somme := Somme + 1/I;`
          `I := I + 1`
       `UNTIL I = 100;`
    iv) `Somme := 0;`
       `FOR I := 1 TO 100 DO Somme := Somme + 1/I;`

e) Choisissez le fragment de programme qui écrit ceci:
```
1234
 234
  34
   4
```

    i) `FOR I := 1 TO 4 DO FOR J := 1 TO 4 DO WRITE (OUTPUT, J);`
    ii) `FOR I := 1 TO 4 DO`
       `BEGIN FOR J := I TO 4 DO WRITE (OUTPUT, J);`
          `WRITELN (OUTPUT)`
       `END;`

iii) `FOR I := 4 DOWNTO 1 DO`
    `BEGIN FOR J := (5-I) TO 4 DO WRITE (J, OUTPUT);`
        `WRITELN (OUTPUT)`
    `END;`
iv) Aucune de ces réponses.

3 Pour chacune des questions de cette section, indiquez ce que vont imprimer les parties de programme ou les programmes qui suivent. Au besoin, considérez que toute variable non déclarée est de type INTEGER.

a)
```
PROGRAM DeConversion (INPUT, OUTPUT);
VAR
    K: INTEGER; L: CHAR;
BEGIN
    WRITE (OUTPUT, 'Tapez un entier suivi d''un caractère');
    READLN (INPUT, K, L);
    IF K> 0 THEN
      CASE (K MOD 3) OF
        0 : WRITE (OUTPUT, 'Un');
        1 : BEGIN WRITE (OUTPUT, 'De'); WRITE (OUTPUT, 'ux') END;
        2 : WRITE (OUTPUT, 'Trois')
      ELSE WRITE (OUTPUT, 'Erreur')
      END;
    CASE L OF
      'A' : WRITELN (OUTPUT, 'Dollar(s)');
      'B',
      'C',
      'D' : WRITELN (OUTPUT, 'cent(s)');
      'E' : WRITELN (OUTPUT, 'heure(s)')
    ELSE WRITELN (OUTPUT, 'ZUT!!!')
    END;
END.
```
Données fournis par l'usager : 4B

b)
```
K := 47; L := 25; M := K MOD L;
WHILE M < 15 DO
    BEGIN
        M := M + 7;
        L := L + 1
    END;
S := L + M;
WRITELN (OUTPUT, S);
```

c)
```
PROGRAM Mystere (INPUT, OUTPUT);
VAR K : INTEGER;
BEGIN
```

```
        FOR K := 1 TO 6 DO
           CASE K DIV 2 OF
              1 : WRITE (OUTPUT, 'Un ');
              2 : WRITE (OUTPUT, 'Deux ');
              3 : WRITE (OUTPUT, 'Trois ')
              ELSE WRITE (OUTPUT, 'Bizarre ')
           END
     END.
```

d)
```
     K := 2; P := 6; L := 5; S := 35;
     WHILE P <> 10 DO
        BEGIN
           CASE K OF
              1: K: K + 1;
              2: BEGIN L := L * 10; P := P + 2 END;
              3: BEGIN P := P + 2; L := L - 5 END;
              4: BEGIN P := 10; WRITELN (OUTPUT, S:5) END
           END;
           K := K + 1
        END;
     S := K + L;
     WRITELN (OUTPUT, S:5);
```

e)
```
     PROGRAM Mystere (OUTPUT);
     VAR
        K, L: INTEGER;
     BEGIN
        FOR K := 1 TO 4 DO
           BEGIN
              L := 1;
              WHILE L <= 4 DO
                 BEGIN
                    IF K = L THEN WRITE (OUTPUT, 'X')
                    ELSE WRITE (OUTPUT, '.');
                    L := L + 1
                 END;
              WRITELN (OUTPUT);
           END
     END.
```

4   Exercices de programmation.

a)   Réécrivez la section de programme suivante en utilisant la boucle WHILE plutôt que REPEAT.

```
     (*Somme = 1 + 6 + 11 +16 + ... + 101*)
     Somme := 0; Valeur := 1;
     REPEAT
        Somme := Somme + Valeur; Valeur := Valeur + 5
     UNTIL Valeur > 101;
```

b) Réécrivez le bout de programme suivant en remplaçant les énoncés CASE par un (des) énoncé(s) IF.

```
CASE AGE < 18 OF
   TRUE   : CASE SEXE OF
               'M' : WRITE (OUTPUT, '1');
               'F' : WRITE (OUTPUT, '2');
            END;
   FALSE  : CASE AGE <= 40 OF
               TRUE   : CASE SEXE OF
                           'M' : ;
                           'F' : WRITE (OUTPUT, '3');
                        END;
               FALSE  : CASE SEXE OF
                           'M' : BEGIN
                                    WRITELN (OUTPUT, '5');
                                    WRITE (OUTPUT, '6')
                                 END;
                           'F' : WRITE (OUTPUT, '4');
                        END
            END
END
```

c) Réécrivez la section de programme suivante en remplaçant l'instruction REPEAT ... UNTIL par une instruction FOR ... DO et en remplaçant les instructions IF par une instruction CASE.

```
K := 0;
Somme := 0;
REPEAT
   K := K + 1;
   IF K MOD 5 = 4 THEN Somme := Somme + 1
      ELSE IF K MOD 5 = 3 THEN Somme := Somme - 1
         ELSE IF K MOD 5 = 2 THEN Somme := Somme + 2
            ELSE IF K MOD 5 = 1 THEN Somme := Somme - 2
               ELSE Somme := Somme + 5;
UNTIL K = 25;
```

d) Écrivez un programme PASCAL complet qui affiche une table du **carré des nombres pairs** de 0 à 40. Voici un exemple des résultats.

```
NOMBRE     CARRE
   0          0
   2          4
   4         16
   6         36
  ...        ...
  40       1600
```

e) Nous vous fournissons un algorithme partiel qui permet de calculer le salaire d'un employé à partir du nombre d'heures travaillées et de son taux horaire. Le taux horaire varie selon le poste qui est codifié de la manière suivante:

Poste	CodeEmploye
Analyste	A
Directeur	D
Vendeur	V
Secrétaire	S

Notez que le CodeEmploye est un CARACTÈRE.

L'algorithme

Obtenir CodeEmploye, NbHeures

SELON LE CodeEmploye **FAIRE**

    'D' : TauxHoraire ← 25.75

    'A' : TauxHoraire ← 16.50

    'V' : TauxHoraire ← 12.50

    'S' : TauxHoraire ← 6.65

SINON Ecrire 'Code incorrect'

    TauxHoraire ← 0.00

Salaire ← NbHeures * TauxHoraire

Ecrire Salaire

Écrivez un programme PASCAL qui correspond à l'algorithme ci-dessus mais augmenté des spécifications suivantes:

- Doit fonctionner pour plusieurs employés;

- Doit calculer et écrire le salaire total de tous les analystes;

- Doit calculer et écrire le salaire moyen de tous les analystes.

EXERCICES NON-SOLUTIONNÉS

1 Répondez par VRAI ou FAUX à chacune des affirmations suivantes :

   a) Les instructions (énoncés) à l'intérieur d'une boucle `FOR ... DO` sont toujours exécutées au moins une fois.

   b) On peut toujours utiliser l'énoncé `CASE ... OF ....` pour remplacer un énoncé `IF ... THEN ... ELSE ...`

   c) Les énoncés `IF` et `CASE` suivants sont équivalents :

```
IF Heure > 20 THEN                      CASE Heure OF
   WRITE (OUTPUT, 'Bonne nuit')            20 : WRITE (OUTPUT, 'Bonne nuit');
ELSE IF Heure > 18 THEN                    18 : WRITE (OUTPUT, 'Bonsoir')
   WRITE (OUTPUT, 'Bonsoir')            ELSE WRITE (OUTPUT, 'Bonjour');
ELSE WRITE (OUTPUT, 'Bonjour');         END;
```

   d) Les énoncés i et ii donnent toujours le même résultat pour n'importe quelle valeur de X (déclarée de type `INTEGER`).

      i)
```
REPEAT X := X + 1;
       WRITELN (OUTPUT, X)
UNTIL X > 15;
```
      ii)
```
WHILE X <= 15 DO
   BEGIN X := X + 1;
         WRITELN (OUTPUT, X)
   END;
```

   e) L'énoncé i est valide ET l'énoncé ii ne l'est pas. (La variable Car est déclaré de type `CHAR` et Reel est déclaré de type `REAL`).

      i) `FOR Car := 'A' TO 'Z' DO WRITELN (OUTPUT, Car);`
      ii) `FOR Reel := 0.1 TO 10.0 DO WRITELN (OUTPUT, Reel : 10 : 2);`

2 Questions à choix multiples. Indiquez par i, ii, iii ou iv laquelle des réponses s'applique le mieux à la question.

   a) Que fait imprimer cette partie d'un programme?
      `FOR I := 1 TO 10 DO IF I MOD 3 = 0 THEN WRITE (OUTPUT, I : 3);`

      i) `..3..6..9`
      ii) `369`
      iii) `..3..7..10`
      iv) Aucune de ces réponses.   (N.B.: on interprète "." comme un espace (un blanc))

b) Que fait imprimer la partie de code suivant?:
```
A := 5;
IF A <= 7 THEN
   WHILE A >= 4 DO BEGIN  WRITELN (A);
                          A := A - 1
                     END
   ELSE         BEGIN
                   A := A + 1;
                   REPEAT WRITELN (OUTPUT, A MOD 3); A := A + 7
                   UNTIL A > 2;
                END;
```

i)   5 et 4 sur la même ligne
ii) 5 sur une ligne et 4 sur la ligne suivante
iii) 5, 4 et 3 sur trois lignes différentes
iv) Aucune de ces réponses

c) Sachant que les variables K et L sont de type INTEGER, identifiez laquelle des instructions i à iv ci-dessous est parfaitement équivalente à l'instruction suivante :

```
IF K > 0 THEN
   REPEAT WRITE (OUTPUT, K);
          K := K-1;
   UNTIL K <= 0;
```

i)   REPEAT WRITE (OUTPUT, K); K := K-1; UNTIL K <= 0;
ii) FOR L := K DOWNTO 0 DO   WRITE (OUTPUT, L);
iii) WHILE K >= 0 DO BEGIN WRITE (OUTPUT, K); K := K - 1; END;
iv) WHILE K > 0 DO BEGIN WRITE (OUTPUT, K); K := K - 1: END;

d) Soient les variables I, J et N de type INTEGER et les instructions suivantes :

```
N := 10;
FOR I := 1 TO N DO
   FOR J := 1 TO N DO WRITELN (OUTPUT, I : 3, J : 3);
```

Combien de fois l'instruction WRITELN est-elle exécutée?

i)   10 fois
ii) 20 fois
iii) 100 fois
iv) Aucune de ces réponses.

e) Pour calculer SOMME = 3 * 8 * 13 * 18 * 23 * ... * 98 lesquelles des instructions suivantes sont correctes?

i)   FOR I := 3 TO 98 DO SOMME := SOMME * I;

ii)   SOMME := 3;
      FOR I := 3 TO 98 DO SOMME := SOMME * I;
iii) SOMME := 1; I := 3;
      WHILE I <= 98 DO
      BEGIN SOMME := SOMME * I;
          I := I + 5
      END;
iv)   SOMME := 1; I := 3;
      REPEAT SOMME := SOMME * I;
          I := I *5
      UNTIL I = 98
```

3  a) Soit la section de programme suivante:
```
WRITE   (OUTPUT, 'Tapez un code et le prix à payer');
READLN   (INPUT, Code, Prixapayer);
WRITE   (OUTPUT, 'Le prix à payer après taxe:');

CASE Code OF
'A', 'B'   : WRITE (OUTPUT, prixapayer);
'C'   : WRITE (OUTPUT, prixapayer * 1.10); (* 10% de taxe *)
'D', 'E', 'F'   : WRITE (OUTPUT, prixapayer * 1.15); (* 15% de taxe *)
ELSE   WRITE (OUTPUT, prixapayer * 1.09) (* 9% de taxe *)
END; (*de Case*)
WRITELN (OUTPUT, 'Merci! À la prochaine');
```

Que fait imprimer cette section si le code lu vaut 'E' et le prixapayer lu vaut 100? (ignorez le format!)

b) En considérant que toutes les variables utilisées sont de type INTEGER, indiquez ce que va imprimer la section de programme suivante:

```
K := 33; L := 25; R := K MOD L;

CASE R OF
  0  : WRITELN (OUTPUT, K + L);
  33 : WRITELN (OUTPUT, K * L)
ELSE
     WRITELN (OUTPUT, K DIV L)
END;
```

c) Que va imprimer la section de programme suivante:
```
PROGRAM Simulation (OUTPUT);
VAR
   I, X, Y, Z : INTEGER;
BEGIN  {Simulation}
   X := 0;
   Y := 1;
   FOR I := 1 TO 7 DO
    BEGIN
     Z := X + Y;
     WRITE (OUTPUT, Z : 4);
```
```

```
              X := Y;
              Y := Z;
           END;
     END.  {Simulation}
```

d) Soient K et L, deux variables de type INTEGER. Indiquez ce qu'imprime la section de code qui suit:

```
FOR K := 1 TO 4 DO
   BEGIN
     L := K;
     WHILE L <= 4 DO
      BEGIN
        WRITE (OUTPUT, L : 3);
        L := L + 1
      END;
     WRITELN (OUTPUT)
   END;
```

e)
```
PROGRAM Question (INPUT, OUTPUT);
VAR I, J : INTEGER;
BEGIN WRITE (OUTPUT, 'Entrez deux nombres entiers >>');
      READLN (INPUT, I, J);
      CASE (I-J) OF
        0   : IF I > J THEN WRITELN (OUTPUT, 'BONJOUR!');
        1, 2 : REPEAT
                 I := I - 1;
                 WRITELN (OUTPUT, I)
               UNTIL I <= J
        ELSE WRITELN (OUTPUT, 'BONSOIR!')
      END
END.
```

Que fait imprimer le programme si l'usager entre comme valeurs entières:

i)   10 et 5
ii)   10 et 10
iii) 10 et 8

4. Réécrivez la section de programme suivante en utilisant la boucle **FOR** plutôt que la boucle **WHILE** pour le calcul du produit suivant:

Produit = 1 x 2 x 3 x ... x 101
Produit := ... ; {à vous d'initialiser}
Valeur := 1 ;
WHILE Valeur <= 101 **DO**

```
BEGIN
   Produit := Produit * Valeur;
   Valeur  := Valeur + 1
END;
```

5 Soit JOURNEE un entier dont la valeur ne peut être autre que 1, 2, 3, 4, 5, 6 ou 7. Soit TEMPS une variable de type CHAR dont la valeur ne peut être que "B" ou "M". Soit PIQUENIQUE un booléen, et soit l'énoncé (bloc) CASE suivant:

```
CASE JOURNEE OF
   2, 3, 5, 6: CASE TEMPS OF
               'B' : PIQUENIQUE := TRUE;
               'M' : PIQUENIQUE := FALSE;
          END;
   1, 4, 7 : PIQUENIQUE := TRUE;
END
```

Écrivez un énoncé IF (ne pas utiliser de CASE) qui remplacera adéquatement le CASE ci-dessus.

6 Réécrivez le bout de programme qui suit en n'utilisant que la variable J, et l'énoncé WHILE plutôt que FOR pour contrôler la boucle.

```
FOR K := 5 TO 10 DO
   BEGIN J := K * 2 - 1;
      WRITE (OUTPUT, J)
   END
```

Quels seront les résultats imprimés?

7 Écrivez une section de programme en utilisant les intructions FOR ... TO ... DO et CASE ... OF afin de remplacer adéquatement la section de programme suivante.

```
   I := 1;
   WHILE I <= 3 Do
   BEGIN
      IF I = 1 THEN WRITELN (OUTPUT, 'UN')
      ELSE IF I = 2 THEN WRITELN (OUTPUT, 'DEUX')
         ELSE IF I = 3 THEN WRITELN (OUTPUT, 'TROIS');
      I := I + 1;
   END;
```

8 Le propriétaire d'un magasin décide d'offrir un rabais à ses clients. La promotion consiste à réduire d'un certain pourcentage la facture d'un client. La réduction accordée dépend de la catégorie de l'article acheté.

CATEGORIE	REDUCTION
A	10%
B	20%
C	50%
les autres	0%

Le propriétaire a écrit un programme PASCAL interactif pour calculer le prix à payer par un client ainsi que le rabais que ce client obtient. Pour ce problème, on suppose que le client n'achète qu'une seule sorte d'articles à la fois. Le programme fait la lecture de la catégorie de l'article, de la quantité achetée par le client et du prix unitaire de l'article. Il calcule ensuite le prix à payer sans le rabais, le rabais, le prix avec rabais sans taxe, la taxe (10%) et le prix à payer. Voici le programme du propriétaire:

```
PROGRAM UnArticle (INPUT, OUTPUT);

VAR Categorie : CHAR;
    Quantite  : INTEGER;
    PrixUnitaire, TauxdeRabais, Rabais, Prix : REAL;
    PrixAvantTaxe, Taxe, PrixAPayer : REAL;
BEGIN
   READLN (INPUT, Categorie, Quantite, PrixUnitaire);
   IF Categorie = 'A' THEN TauxdeRabais := 0.10
   ELSE
    IF Categorie = 'B' THEN TauxdeRabais := 0.20
    ELSE
     IF Categorie = 'C' THEN TauxdeRabais := 0.50
     ELSE TauxdeRabais := 0.0;

   Prix := Quantite * PrixUnitaire;
   Rabais := Prix * TauxdeRabais;
   PrixAvantTaxe := Prix - Rabais;
   Taxe := PrixAvantTaxe * 0.10;
   PrixAPayer := PrixAvantTaxe + Taxe;

   WRITELN (OUTPUT, Rabais);
   WRITELN (OUTPUT, PrixAPayer);
END.
```

Réécrivez ce programme en ajoutant les points suivants:

- Remplacer les constantes par des identificateurs de constante.
- Ajouter une question pour inciter l'usager (l'utilisateur) à entrer les données.
- Remplacer les instructions IF ... THEN ... ELSE dans le calcul du taux de rabais par une instruction CASE ... OF.
- Ajouter un message pertinent et un format d'impression à l'affichage des résultats.

FICHIERS TEXTES

9.1 Fichiers textes
9.2 Application simple : la consultation de fichiers
9.3 Traitement de fichier, première partie
9.4 Traitement de fichier, deuxième partie
9.5 Exemple concernant le traitement de caractères
9.6 Varia

OBJECTIFS

- Apprendre les nouveaux énoncés PASCAL pour l'utilisation des fichiers ;

- reconnaître les situations qui requièrent l'usage des fichiers ;

- apprendre comment créer un fichier texte ;

- apprendre comment se fait la lecture et l'écriture sur fichier texte ;

- apprendre les rudiments du traitement de fichiers ;

- connaître les possibilités et les limitations des fichiers textes.

Note au lecteur Ce chapitre est une introduction aux fichiers. À cette fin nous nous sommes limités aux fichiers textes et aux opérations les plus simples. Les fichiers binaires, l'accès direct (non standard en PASCAL) et les opérations les plus complexes ne sont pas abordés dans ce livre.

INTRODUCTION

Tous les programmes présentés jusqu'à maintenant étaient des programmes interactifs c'est-à-dire des programmes qui dialoguaient avec l'usager. Nous pouvons cependant trouver des exemples où cette approche n'est pas toujours souhaitable.

Exemple Si nous voulions faire un programme de paye sophistiqué, nous devrions fournir à l'ordinateur le nombre d'heures travaillées par un employé, tous les cumulatifs que l'on retrouve sur le talon d'un chèque (impôt, salaire brut, assurance-chômage, prélèvements à la source, dons, etc.), ainsi qu'un bon nombre d'informations qui varient très peu d'une semaine à l'autre (adresse de l'employé, taux-horaire, statut, etc.). Nous avons ici un exemple type où la quantité de données est particulièrement volumineuse et très répétitive d'une semaine à l'autre.

Nous avons par contre utilisé des disques ou disquettes pour mémoriser des programmes. N'y aurait-il pas un moyen d'utiliser le même support physique pour mémoriser de l'information (exemple : avoir des données d'employés sur la disquette)? Pourquoi pas! Même mieux, pour y accéder, nous utiliserons des énoncés déjà connus : READLN et WRITELN.

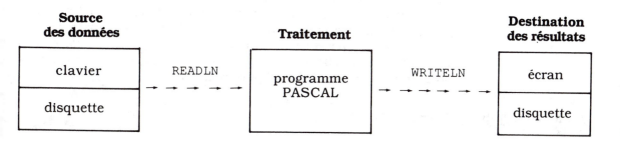

Nous verrons comment il est possible en PASCAL d'accéder à une disquette pour y lire ou y écrire de l'information: une possibilité intéressante pour l'application de paye discutée précédemment, car nous pourrons mémoriser sur la disquette beaucoup de données relatives à chaque employé.

La notion de fichier

À partir de maintenant, nos programmes pourront échanger de l'information avec le milieu extérieur d'une manière plus souple et plus généralisée. C'est ici qu'entre en jeu la notion de fichier.

> **Un fichier est une suite d'éléments d'une longueur quelconque et composé d'informations de même type.**

Cette définition est différente de celle présentée au chapitre 1, mais elle est tout aussi correcte car, en informatique, le terme fichier peut avoir deux sens :

1. Moyen de mémoriser de l'information (exemple : un programme). C'est la définition vue au chapitre 1.

2. Suite d'éléments du même type (exemple : suite de caractères, d'entiers).

En fait, les deux définitions ne sont pas incompatibles : la deuxième indique comment l'information est organisée tandis que la première fait référence à l'ensemble des informations.

En PASCAL, il est possible d'utiliser un ou plusieurs fichiers dont le support physique est un disque ou une disquette. À titre d'exemple, nous présentons un programme simple (voir figure 9.1 pour la version en Pascal standard et la figure 9.2 pour la version Turbo Pascal) générant sur le fichier INFO une table des carrés des 100 premiers nombres entiers. Vous constaterez la similarité du programme avec celui de la figure 5.2.

```
1  PROGRAM TableDeCarres (Info);
2  (*
3     Ce programme produit un fichier contenant le carré des entiers de 1 à
4     100.  L'en-tête de la table et les valeurs calculées sont envoyés
5     dans un fichier sur disque (ou disquette).
6  *)
7  CONST
8     NbNombre  = 100;        (* Longueur de la table des carrés *)
9  VAR
10    Info      : TEXT;       (* Fichier contenant la table       *)
11    N         : INTEGER;    (* Compteur                         *)
```

```
12  BEGIN
13    (* Préparation du fichier *)
14
15    REWRITE(Info);
16
17    (* Affichage de l'en-tête *)
18
19    WRITELN(Info, 'Table des carrés des nombres de 1 à ', NbNombre:3);
20    WRITELN(Info);
21
22    (* Calcul et impression des carrés *)
23
24    FOR N := 1 TO NbNombre DO
25      WRITELN(Info, N:15, SQR(N):15);
26  END.
```

Figure 9.1   Un programme créant un fichier texte

Ce programme introduit un fait nouveau : l'exécution du programme ne produit aucun résultat à l'écran (car les résultats sont envoyés sur disquette). Contrairement aux programmes précédents, ce programme n'est pas interactif, car il n'y a aucun dialogue avec l'usager lors de l'exécution du programme. Ce sera également le cas de la plupart des programmes présentés dans ce chapitre.

9.1 FICHIERS TEXTES

Nous utiliserons une sorte de fichiers bien particulière : les fichiers textes. Ces fichiers sont constitués d'une suite de caractères découpée en lignes de longueur quelconque.

Graphiquement c'est un long ruban de caractères...

BAZINET André Δ DUPRAS Jean-Claude Δ FOISY Michel Δ MENARD Paul Δ■

Note   Le caractère Δ a été utilisé ici comme étant le caractère marquant la fin de ligne tandis que le caractère ■ a été utilisé comme marqueur de fin de fichier.

Cependant, lorsque ce ruban est affiché sur l'écran, nous obtenons :

```
BAZINET André
DUPRAS Jean-Claude
FOISY Michel
MENARD Paul
```

Il s'agit d'une représentation connue qui ressemble beaucoup aux lignes de texte manipulées par un éditeur de texte et aussi à celles tapées au clavier comme données d'un programme interactif (des informations séparées par des blancs). En fait, c'est la même chose. Les fichiers textes de PASCAL sont compatibles avec le texte manipulé par l'éditeur et celui tapé par un usager.

Par commodité, nous travaillerons la plupart du temps avec les fichiers en pensant à la représentation «écran». Cependant, nous retiendrons tout de même la représentation «ruban» pour certains genres d'applications.

Déclaration d'un fichier

Un fichier texte se déclare facilement en PASCAL. Les lignes 1 et 10 du programme de la figure 9.1 en donnent un exemple :

```
PROGRAM TableDeCarres(INFO);
INFO : TEXT;
```

La variable INFO représente un fichier. Ceci est indiqué par le nouveau type TEXT qui signifie *fichier de caractères*.

La même variable est spécifiée dans l'en-tête du programme; cela indique que le fichier en question est permanent et qu'il sera gardé après l'exécution du programme. Si la variable INFO n'était pas spécifiée dans l'en-tête du programme, il s'agirait d'un fichier temporaire, qui serait uniquement utilisé pendant l'exécution du programme. Le TURBO PASCAL ignore cependant cette distinction; les variables spécifiées dans l'en-tête sont ignorées et tous les fichiers sont permanents.

Le nom de la variable fichier (exemple : INFO) représente rarement le nom du fichier que l'on retrouve sur le disque ou la disquette.

Afin de bien faire la distinction entre les deux noms, il faut introduire deux nouveaux termes.

Le nom interne : le nom du fichier tel que défini dans la déclaration des variables.

Exemple **VAR** `INFO : TEXT;`

Très souvent, ce nom n'est pas celui que l'on retrouve dans la liste des fichiers d'un disque ou d'une disquette. **Cependant, il est utilisé partout dans le programme PASCAL**. Le terme «nom logique» est également utilisé comme synonyme de «nom interne».

Le nom externe : le nom du fichier auquel nous voulons accéder sur la disquette ou le disque.

Exemple `TABLE.DAT`

Ce nom est celui que l'usager veut voir lorsqu'il examine la liste des fichiers contenus sur un disque ou une disquette. Le terme «nom physique» est également utilisé comme synonyme de «nom externe».

Pourquoi ces deux noms? Pour la commodité... En général, la syntaxe permise pour les noms externes de fichiers est beaucoup plus permissive que la syntaxe des noms internes.

Exemple Plusieurs ordinateurs vont accepter des fichiers avec un nom externe tel `TABLE.DAT` mais aucun compilateur PASCAL n'acceptera un nom interne de ce genre. Rappel : les noms internes sont des identificateurs de variables et ils sont donc sujets aux règles de composition de ceux-ci : seulement des lettres et/ou des chiffres.

Il existe plusieurs façons, dépendant de l'ordinateur utilisé, de définir le nom externe d'un fichier manipulé par PASCAL via le nom interne. Nous présenterons la méthode utilisée par TURBO PASCAL un peu plus loin.

**Le mode d'accès :
lecture ou
écriture**

Avec le langage PASCAL standard, un fichier peut être utilisé en deux modes : **lecture** ou **écriture**. Le mode lecture permet d'obtenir l'information d'un fichier tandis que le mode écriture permet de mettre de l'information dans un fichier. Il n'est pas possible d'utiliser les deux modes simultanément. Afin de spécifier le mode d'opération, il faut utiliser un énoncé RESET (relire) ou REWRITE (récrire).

RESET(F) indique que le fichier de nom interne F est utilisé en mode lecture. On présume ici que le fichier a été créé précédemment et qu'il contient l'information désirée.

REWRITE(F) indique que le fichier de nom interne F est utilisé en mode écriture. Ceci équivaut à une création de fichier. Après l'exécution du programme, il y aura un nouveau fichier sur le disque ou la disquette. Si le fichier existe déjà, l'effet dépendra de l'ordinateur utilisé.

Ainsi, à la ligne 15 du programme de la figure 9.1, nous avons l'énoncé :

REWRITE(INFO);

Cet énoncé indique que le fichier INFO sera utilisé en mode écriture.

**L'écriture sur
fichier texte**

Pour ajouter des informations au fichier, nous utiliserons ici deux énoncés connus : WRITE et WRITELN. Leur fonctionnement avec un fichier «texte» est identique au fonctionnement avec OUTPUT.

WRITE(F, K1, K2, ...) permet d'écrire sur un fichier de nom interne F une ou plusieurs informations. Notons ici que la longueur du fichier augmentera à chaque fois que nous y ajouterons de l'information. PASCAL n'a pas de longueur maximale pour les fichiers, mais il y a une limite physique : la taille du disque ou de la disquette.

WRITELN(F, K1, K2, ...) permet également d'écrire de l'information sur le fichier de nom interne F, mais il y a toujours un caractère de fin de ligne d'ajouté au fichier. L'information du

prochain WRITE ou WRITELN commencera donc au début de la prochaine ligne du fichier.

WRITELN(F) est une variante de l'énoncé précédent. Il ajoute seulement une fin de ligne. Il termine donc la ligne courante pour passer à la suivante. Il est fréquemment utilisé pour introduire des **lignes blanches** dans un texte.

L'énoncé WRITELN a d'ailleurs été utilisé à la ligne 25 du programme de la figure 9.1 :

```
WRITELN(INFO, N:15, SQR(N):15);
```

Cet énoncé commande l'écriture de la valeur du compteur N et de la valeur SQR(N) sur le fichier INFO. L'écriture des informations est suivie d'un changement de ligne sur le même fichier. L'exécution répétitive de cet énoncé (il y a une boucle dans le programme) produira un fichier INFO ayant l'allure suivante :

```
Table des carrés des nombres de 1 à 100
        1               1
        2               4
        3               9
        4              16
        5              25
             ...
      100           10000
```

Cela est identique à ce qui aurait été affiché à l'écran avec un énoncé

```
WRITELN(OUTPUT, N:15, SQR(N):15)
```

sauf que, cette fois-ci, l'information est écrite sur la disquette plutôt qu'à l'écran. Une autre façon de créer un fichier identique serait de remplacer le WRITELN de la ligne 25 par une combinaison de WRITE et de WRITELN comme suit :

```
WRITE(INFO, N:15);              ou      WRITE(INFO, N:15)
WRITELN(INFO, SQR(N):15)                WRITE(INFO, SQR(N):15);
                                        WRITELN(INFO)
```

Le fichier produit sera identique dans les deux cas car l'énoncé WRITE ne termine pas la ligne courante; le prochain WRITE ou WRITELN ajoutera de l'information à la ligne où nous sommes rendus.

Notons que les énoncés WRITE et WRITELN ne sont utilisables que si le fichier est en mode écriture (il y a eu un REWRITE d'exécuté sur le fichier avant l'exécution du premier WRITE ou WRITELN).

La lecture sur fichier texte

Pour lire (ou relire) l'information contenue dans un fichier nous utiliserons les énoncés READ et READLN. Nous connaissons déjà ce dernier tandis que READ n'a pas été utilisé jusqu'ici. Nous avons :

READ(F, V1, V2, ...) permet de lire sur un fichier de nom interne F une ou plusieurs informations. Il n'y a pas de changement automatique de ligne après la lecture.

READLN(F, V1, V2, ...) permet de lire sur un fichier de nom interne F une ou plusieurs informations. Cependant, contrairement au READ, cet énoncé force un changement de ligne sur le fichier de lecture **après** que la lecture de l'information soit complétée. Le **prochain** READ ou READLN commencera donc au début de la ligne suivante.

READLN(F) est une variante du READLN. Il n'y a aucune information lue, mais il y a changement de ligne quand même. La prochaine lecture commencera donc au début de la prochaine ligne.

Les énoncés READ et READLN ne sont utilisables que si le fichier est en mode lecture (il y a eu un RESET d'exécuté sur le fichier avant l'exécution du premier READ ou READLN).

Nous aurons l'occasion d'utiliser cet énoncé un peu plus loin. Notons seulement que les énoncés READ et READLN sur fichier disquette ont un fonctionnement fondamentalement identique à celui que nous connaissons avec INPUT.

L'accès aux fichiers avec TURBO PASCAL

Le programme présenté à la figure 9.1 est écrit en PASCAL standard. Cependant, la plupart des compilateurs ont des extensions concernant les fichiers textes. Nous présentons ici deux extensions requises pour le bon fonctionnement des programmes compilés avec le compilateur TURBO. Ces extensions sont très similaires aux extensions disponibles avec les autres compilateurs.

La figure 9.2 présente une version modifiée du programme de la figure 9.1. Il y a deux énoncés supplémentaires: un ASSIGN à la ligne 15 et un CLOSE à la ligne 30.

```
1  PROGRAM TableDeCarres (Info);
2  (*
3     Ce programme produit un fichier contenant le carré des entiers de 1 à
4     100. L'en-tête de la table et les valeurs calculées sont envoyés dans
5     un fichier sur disque (ou disquette).
6  *)
7  CONST
8     NbNombre = 100;        (* Longueur de la table des carrés *)
9  VAR
10    Info   : TEXT;         (* Fichier contenant la table       *)
11    N      : INTEGER;      (* Compteur                         *)
12 BEGIN
13    (* Préparation du fichier *)
14
15    ASSIGN(Info,'TABLE.DAT');    (* Définition du nom externe *)
16    REWRITE(Info);               (* Création du fichier TABLE.DAT *)
17
18    (* Affichage de l'en-tête *)
19
20    WRITELN(Info, 'Table des carrés des nombres de 1 à ',NbNombre:3);
21    WRITELN(Info);
22
23    (* Calcul et impression des carrés *)
24
25    FOR N := 1 TO NbNombre DO
26      WRITELN(Info, N:15, SQR(N):15);
27
28    (* Fermeture du fichier *)
29
30    CLOSE(Info)
31 END.
```

Figure 9.2 Création d'un fichier avec TURBO PASCAL

Le but de l'énoncé ASSIGN est de définir le nom externe du fichier sur le disque ou la disquette. Il permet d'associer les noms internes et externes. Toutes les opérations effectuées par PASCAL, en utilisant le nom interne, se refléteront sur le fichier du disque en utilisant le nom externe. Cet énoncé a été utilisé de la façon suivante dans la figure 9.2 :

ASSIGN(INFO,'TABLE.DAT')

Ainsi, l'exécution du programme de la figure 9.2 produit un fichier sur la disquette dont le nom est TABLE.DAT, même si le nom INFO a été utilisé partout dans le programme. À remarquer : le nom externe du fichier est une chaîne de caractères, il faut donc utiliser une variable de type STRING ou une suite de caractères entre apostrophes.

La syntaxe de l'énoncé ASSIGN permet que le nom du fichier soit spécifié à l'aide d'une variable de type chaîne de caractères (STRING). Ainsi, nous pourrons écrire des programmes dont le nom externe est défini au moment de l'exécution.

Le but de l'énoncé CLOSE (fermer), quant à lui, est de terminer les opérations concernant le fichier spécifié entre parenthèses. Ainsi, l'énoncé

CLOSE(INFO);

de la figure 9.2 indique qu'il n'y a plus d'opérations à effectuer sur le fichier INFO. D'ailleurs, toute tentative d'écrire sur le fichier après l'exécution d'un CLOSE produirait une erreur d'exécution sur la plupart des ordinateurs.

Pourquoi utiliser un tel énoncé s'il n'est pas nécessaire en PASCAL standard? Pour deux raisons très différentes :

- ■ pour simplifier la gestion des fichiers : certains compilateurs PASCAL utilisent le CLOSE pour tout mettre ce qu'il faut à date sur la disquette. Dans ce cas, il arrive parfois qu'un CLOSE oublié se traduise par un fichier incomplet ou inexistant.

- ■ pour bien délimiter la fin des opérations : avec PASCAL standard le début des opérations est bien identifié par un RESET ou un REWRITE, mais la fin des opérations est moins claire. Avec un CLOSE, la fin des opérations sur un fichier est formellement indiquée.

Fichiers textes **217**

Exemple	Lecture	Écriture
ouverture du fichier	RESET(F);	REWRITE(F);
opérations sur le fichier	...	...
fermeture du fichier	CLOSE(F);	CLOSE(F);

Types de base et fichiers textes

La plupart des types de base (CHAR, INTEGER, REAL, BOOLEAN et STRING) sont utilisables avec les fichiers de type TEXT. L'écriture ne pose aucun problème, tandis que la lecture fait place à quelques cas particuliers qui seront discutés un peu plus loin.

L'écriture sur fichier est permise avec tous les types de base. Dans chaque cas, il est possible d'utiliser une constante, une variable ou une expression. Un format d'impression peut également être spécifié. Si ce dernier est omis, l'information est écrite dans un format de défaut qui varie, malheureusement, d'un compilateur à un autre.

La lecture sur fichier, quant à elle, se fait uniquement à l'aide de variables (une constante ou une expression n'aurait aucun sens ici). Il n'y a pas de format de lecture, quoique l'expression lecture «en format libre» est parfois utilisée pour désigner l'absence de format.

Les caractères peuvent être lus, un à un, à l'aide d'une variable de type CHAR. Tous les caractères sont significatifs, y compris les espaces et les caractères «de contrôle» (exemple : les 32 premiers caractères du jeu ASCII). La lecture de caractères fait place à une seule particularité : il est possible de lire le «marqueur de fin de ligne» qui termine chaque ligne d'un fichier texte. Dans ce cas, la valeur retournée par PASCAL est un espace (' '). Ce marqueur est présent après le tout dernier caractère de chaque ligne.

Les entiers ou les réels sont lus à l'aide d'une variable INTEGER ou REAL. Chaque nombre peut être précédé d'un nombre quelconque d'espaces incluant les espaces de fins de ligne. C'est-à-dire que PASCAL peut donc continuer sa recherche d'un nombre sur la ligne suivante s'il ne le trouve pas sur la ligne courante.

Il est interdit de lire des valeurs booléennes (TRUE/FALSE) même s'il est possible de les écrire sur fichier.

Il est également interdit de faire la lecture de chaînes de caractères avec le PASCAL standard. Cependant, cette dernière restriction ne s'applique pas pour les versions de PASCAL qui supportent les variables de type `STRING` (c'est le cas du TURBO PASCAL). La lecture de chaînes de caractères comporte également une particularité causée par la longueur variable de la chaîne : la lecture d'une chaîne lue sur fichier `TEXT` se terminera lorsque:

- le nombre de caractères lus atteint la longueur maximale de la chaîne;

ou

- la fin de la ligne courante est atteinte. Dans ce cas, la chaîne de caractères lue est plus courte que la longueur maximum de celle-ci. Il n'y a donc pas de changement automatique de ligne comme dans le cas des entiers ou des réels.

Les fonctions EOLN et EOF

Il existe deux fonctions standard utilisables avec les fichiers textes : `EOLN` (End Of LiNe) et `EOF` (End Of File). Ces deux fonctions permettent le traitement de fichiers dont nous ne connaissons ni le nombre de lignes et ni la longueur de chaque ligne.

`EOLN(F)` est une fonction booléenne qui vaut TRUE lorsque le dernier caractère de la ligne courante du fichier de nom interne `F` a été lu. Pour tout autre position, la fonction vaut FALSE.

`EOF(F)` est une fonction booléenne qui vaut TRUE lorsque la dernière ligne du fichier de nom interne `F` a été lue. Pour toute les autres lignes, la fonction vaut FALSE.

Ces deux fonctions sont très utiles. Par exemple, la plupart des programmes de traitement de fichiers possèdent une boucle similaire à celle présentée ci-dessous :

```
VAR F: TEXT;
...
REPEAT
   READ(F, ... )   (*Lecture d'une ligne d'information*)
   ...             (*Traitement d'une ligne d'information*)
UNTIL EOF(F);
```

Il est également possible d'utiliser l'énoncé **WHILE NOT** `EOF(F)` **DO** pour effectuer cette boucle. L'important ici est de noter que la boucle est exécutée aussi longtemps que `EOF(F)` vaut `FALSE`, ce qui est le cas pour toutes les lignes du fichier sauf lorsque la dernière a été lue.

9.2 APPLICATION SIMPLE : LA CONSULTATION DE FICHIERS

Nous allons mettre en pratique ces énoncés avec une application qui consiste à extraire de l'information d'un fichier existant. Il s'agit ici d'un fichier contenant un bottin téléphonique que nous allons examiner à l'aide d'un programme permettant d'imprimer le numéro de téléphone d'une personne à partir de son nom.

Le fichier `Bottin`

La création de ce fichier peut se faire à l'aide d'un éditeur de texte. L'information du fichier est organisée comme suit :

- chaque ligne du fichier contient le nom et le numéro de téléphone d'une seule personne;

- le nom de la personne occupe les 30 premiers caractères de chaque ligne;

- le numéro de téléphone est composé de trois entiers séparés par au moins un espace. Ces entiers représentent le code régional, l'échange téléphonique et le numéro à l'intérieur de l'échange;

- le fichier est trié selon le nom et le prénom des personnes.

Exemple de fichier `Bottin`

```
BÉDARD CLAUDE                 517 234 9376
PICARD MICHEL                 514 737 2256
TRÉPANIER PIERRE              514 342 1918
```
                              30 CHARACTERS

Le programme de consultation

Le programme permettant de retrouver le numéro d'une personne à partir de son nom est présenté à la figure 9.3. Nous retrouvons dans ce programme :

- la déclaration d'une variable spécifiant le nom interne du fichier (`FichierBottin` à la ligne 11) et la présence de la même variable dans l'en-tête du programme (ligne 1);

- un `ASSIGN` (ligne 27) pour associer le nom interne et le nom externe du fichier;

- l'énoncé `RESET` (ligne 28) pour indiquer que le fichier est utilisé en mode lecture;

- un énoncé de lecture sur le fichier (ligne 33);

- un `CLOSE` (ligne 46) pour indiquer la fin du traitement du fichier.

Le déroulement du programme se fait en trois étapes :

Étape 1   Lecture du nom d'une personne;

Étape 2   recherche de ce nom dans le fichier `Bottin`;

Étape 3   impression du résultat de la recherche.

La première étape se fait interactivement, l'usager doit fournir le nom d'une personne au clavier. Notons ici que le nom tapé aura probablement moins de 30 caractères (la longueur maximum d'une chaîne pour la variable `NomCherche`). L'énoncé de la ligne 23 a tout simplement pour but de concaténer des blancs au nom tapé afin que ce nom ait exactement 30 caractères comme dans le fichier `Bottin`.

Les opérations avec le bottin commencent par la préparation du fichier à la lecture (`ASSIGN` et `RESET`). La recherche se fait à l'aide d'une boucle contrôlée par deux conditions. La boucle s'arrêtera lorsque:

- la fin du fichier est atteinte : `EOF(FichierBottin)` vaut TRUE.

  ou

- le nom a été trouvé dans le fichier : TROUVE vaut TRUE.

La première condition est obligatoire. En son absence, le programme essayerait de lire sur le fichier, après que la dernière ligne du fichier ait été lue, dans le cas où le nom cherché ne serait pas inclus dans le bottin. La deuxième condition termine la lecture du fichier dès que le nom cherché a été lu.

Application simple : la consultation de fichiers **221**

La troisième étape consiste à imprimer le numéro de téléphone dans un format standard ou à imprimer un message d'erreur dans le cas où le nom n'a pu être trouvé dans le fichier.

```
 1  PROGRAM Bottin (INPUT, OUTPUT, Fichierbottin);
 2  (*
 3     Ce programme cherche un numéro de téléphone dans un fichier
 4     BOTTIN.DTA, à partir du nom d'une personne. Chaque ligne du fichier
 5     contient le nom d'une personne (une chaîne de 30 caractères) et son
 6     numéro de téléphone (sous la forme de 3 entiers)
 7  *)
 8  CONST
 9     NomDuBottin  =  'BOTTIN.DTA';
10  VAR
11     FichierBottin :   TEXT;            (* Fichier des noms et numéros *)
12     NomCherche,                        (* Nom dont on cherche le num  *)
13     NomPrenom     :   STRING[30];      (* Un nom du fichier bottin    *)
14     Region,                            (* Un code régional            *)
15     Echange,                           (* Un échange téléphonique     *)
16     Numero        :   INTEGER;         (* Un numéro de téléphone      *)
17     Trouve        :   BOOLEAN;         (* Résultat de la recherche    *)
18  BEGIN
19     (* Lecture du nom et ajustement du nom à 30 caractères *)
20
21     WRITE(OUTPUT, 'Ecrire NOM et PRENOM en majuscules >> ');
22     READLN(INPUT, NomCherche);
23     NomCherche := NomCherche + '                              ';
24
25     (* Ouverture du bottin  *)
26
27     ASSIGN(FichierBottin, NomDuBottin);
28     RESET(FichierBottin);
29
30     (* Recherche du nom dans le bottin *)
31
32     REPEAT
33      READLN(FichierBottin,NomPrenom,Region,Echange,Numero);
34      Trouve := NomCherche = NomPrenom
35     UNTIL EOF(FichierBottin) OR Trouve;
36
37     (* Impression du résultat de la recherche *)
38
39     IF Trouve THEN
```

```
40      WRITELN(OUTPUT,'Numéro = (',Region:3,')',Echange:4,'-',Numero:4)
41    ELSE
42      WRITELN(OUTPUT,'Désolé, cette personne n''est pas dans le bottin');
43
44    (* Fermeture du bottin *)
45
46    CLOSE(FichierBottin);
47  END.
```

Figure 9.3 Consultation du fichier `Bottin`

Le traitement séquentiel des fichiers

Le programme de la figure 9.3 met aussi en évidence la nature séquentielle du traitement des fichiers avec PASCAL. Il n'est pas possible, avec PASCAL standard, d'accéder directement à la ligne qui contient le nom qui nous intéresse; toutes les lignes qui précèdent le nom cherché doivent être lues séquentiellement. Il est cependant permis d'arrêter la lecture avant la fin du fichier.

Traitement d'informations triées

Une des particularités du fichier n'a pas été mise à profit dans le programme de la figure 9.3 : le fichier est trié. En effet, il n'est pas nécessaire de lire le fichier jusqu'à la fin si le nom lu sur le fichier vient après le nom cherché dans l'ordre alphabétique. Pour améliorer ce programme, il faudrait changer le contrôle de la boucle en ajoutant une condition d'arrêt supplémentaire de la façon suivante :

```
REPEAT
   ...
UNTIL EOF(FichierBottin) OR Trouve OR (NomPrenom > NomCherche);
```

De cette façon, les noms absents du bottin seront repérés beaucoup plus rapidement, en général, qu'avec la boucle de la figure 9.3.

9.3 TRAITEMENT DE FICHIERS, PREMIÈRE PARTIE

Les deux exemples de programmes qui ont été présentés utilisaient un seul fichier sur disquette. Bien peu d'applications peuvent s'en tirer à si bon compte. À titre d'exemple, nous verrons dans cette section deux modestes applications utilisant deux fichiers sur disquette.

La première application concerne un changement de format pour les données d'un fichier. Elle servira de cadre général pour le traitement de fichiers textes en PASCAL.

La deuxième application est un programme de copie pouvant servir à copier n'importe quel fichier texte. Il faut retenir que l'algorithme de ce programme peut être utilisé dans d'autres applications. Le programme peut aussi servir à remplacer la commande COPY que l'on retrouve sur la plupart des ordinateurs.

Conversion du format des données d'un fichier

Examinons le problème qui consiste à convertir, du système anglais de mesure (pied, pouce, livre, once) au système métrique (mètre, kilogramme), les données d'un fichier utilisé pour des études en biologie.

Le fichier de données

Il s'agit d'un fichier contenant la taille et le poids de plusieurs personnes. La taille est exprimée par trois entiers représentant la grandeur en pieds, pouces et huitièmes de pouce tandis que le poids est exprimé par deux entiers représentant les livres et les onces.

Exemple
```
5 10 0 160  0
6  0 4 147 14
5  6 2 139  3
5  8 1 152  5
5 11 7 225 13
```

Nous supposerons que le fichier ne contient aucune erreur et que le nom externe est BIOANGL.DAT.

Les mêmes informations en format métrique

Nous voulons ici un fichier qui contienne les tailles et les poids des individus, mais en utilisant les unités **mètre** et **kilogramme** du système métrique[1]. La taille est dans un champ de 15 espaces avec 3 décimales tandis que le poids occupe un champ de 15 espaces avec 2 décimales.

---

[1] Un pied vaut 0.3048 mètre tandis qu'une livre vaut 0.453592 kg.

Exemple

1.778	72.57
1.841	67.07
1.683	63.13
1.730	69.09
1.826	102.43

Le nom externe du fichier contenant ces valeurs est BIOMETR.DAT.

Le programme de conversion

Ce problème ne peut pas se résoudre avec un seul fichier. En effet, il n'est pas possible d'ajouter, retrancher ou même modifier sur place l'information d'un fichier texte. Ceci peut cependant se résoudre avec un deuxième fichier.

Il faut recopier un premier fichier dans un deuxième, tout en faisant les modifications désirées. Il s'agit de la base même de tout traitement de fichiers avec le langage PASCAL.

La figure 9.4 illustre un programme de conversion permettant de produire un fichier contenant des données métriques à partir d'un fichier contenant des données anglaises.

```
1  PROGRAM DeConversion(FichierAnglais,FichierMetrique);
2  (*
3     Ce programme effectue la conversion d'un fichier contenant de
4     l'information en unités anglaises en un fichier contenant la même
5     information en unités métriques.
6  *)
7  CONST
8     MetrePied = 0.3048;          (* Mètre dans un pied             *)
9     KiloLivre = 0.453592;        (* Kilogramme dans une livre      *)
10 VAR
11    FichierAnglais   : TEXT;     (* Fichier initial                *)
12    FichierMetrique  : TEXT;     (* Fichier final                  *)
13    NbPieds          : INTEGER;  (* Taille en pieds                *)
14    NbPouces         : INTEGER;  (* ...         pouces             *)
15    NbHuits          : INTEGER;  (* ... et en huitièmes de po.     *)
16    NbLivres         : INTEGER;  (* Poids en livres                *)
17    NbOnces          : INTEGER;  (* ...et en onces                 *)
18    Taille           : REAL;     (* Taille calculée en mètres      *)
19    Poids            : REAL;     (* Taille calculée en kilo        *)
20 BEGIN
21    (* Préparation des fichiers *)
22
```

```
23  ASSIGN(FichierAnglais,'BIOANGL.DAT');
24  RESET(FichierAnglais);
25
26  ASSIGN(FichierMetrique,'BIOMETR.DAT');
27  REWRITE(FichierMetrique);
28
29  (* Conversion du format anglais au format métrique *)
30
31  WHILE NOT EOF(FichierAnglais) DO
32   BEGIN
33     READLN(FichierAnglais,NbPieds,NbPouces,NbHuits, NbLivres,NbOnces);
34     Taille := (NbPieds+(NbPouces+NbHuits/8)/12)*MetrePied;
35     Poids  := (NbLivres + NbOnces/16) * KiloLivre;
36     WRITELN(FichierMetrique, Taille:15:3, Poids:15:2)
37   END;
38
39  CLOSE(FichierAnglais);
40  CLOSE(FichierMetrique)
41  END.
```

Figure 9.4 Exemple d'un programme de conversion

Nous y remarquons la présence de deux fichiers dont les noms internes apparaissent à la fois dans l'en-tête du programme et dans la déclaration de variables (lignes 11 et 12). `FichierAnglais` est utilisé exclusivement en mode lecture (un `RESET` à la ligne 24 et `READLN` à la ligne 33) tandis que `FichierMetrique` est utilisé exclusivement pour l'écriture (`REWRITE` à la ligne 27 et `WRITELN` à la ligne 36). Le traitement est simple : il consiste à calculer la taille et le poids en unités métriques à partir des valeurs lues sur le fichier de lecture et à écrire les résultats sur le fichier d'écriture.

Le squelette du programme de la figure 9.4 est à la base de tous les programmes de traitement de fichiers. Seul le traitement peut varier d'une application à l'autre.

```
RESET(A);
REWRITE(B);
WHILE NOT EOF(A) DO
 BEGIN
   READLN(A,...)
   ...            (* Traitement *)
   WRITELN(B,...)
 END;
```

Le **WHILE DO** peut tout aussi bien être remplacé par un **REPEAT ... UNTIL** comme dans l'exemple de la figure 9.3. Il a cependant un avantage : si pour une raison quelconque, le fichier de lecture est vide (sans donnée) alors EOF vaut TRUE, ce qui permet au programme de fonctionner sans exécuter le READLN. Ceci évite alors une erreur d'exécution du genre «essai de lire après la fin du fichier».

Les READLN et WRITELN peuvent également être remplacés par des combinaisons de READ/READLN et WRITE/WRITELN si cela simplifie le traitement de certaines applications.

Copie de fichiers

Considérons une autre application qui consiste seulement à copier, tel quel, un premier fichier (dit source) dans un second fichier (dit destination). Il s'agit d'un cas spécial où il n'y a pas de traitement!

Pour cette application, nous devons lire le fichier caractère par caractère, car on ne connaît pas la nature de l'information du fichier. Il faut donc copier tous les caractères du fichier source dans le fichier destination tout en conservant le découpage du texte en lignes. Un des programmes possibles pour réaliser cela est montré dans la figure 9.5. Celui-ci permet également à l'usager de spécifier interactivement les noms des fichiers source et destination afin de rendre le programme plus général.

Nous y retrouvons deux boucles **WHILE DO** imbriquées. Celle qui est la plus externe correspond à la boucle qui est illustrée dans le squelette du programme de la section précédente. Il s'agit encore d'une boucle pour le traitement d'une ligne du fichier de lecture. La boucle la plus interne sert à copier, un à un, les caractères d'une ligne du fichier source sur le fichier destination. Cette ligne pouvant avoir une longueur quelconque, il est approprié ici, d'utiliser la fonction prédéfinie EOLN afin de tester si le caractère lu correspond au dernier caractère de la ligne courante. Une valeur TRUE permet au programme de sortir de la boucle interne afin de passer à la ligne suivante sur les fichiers source et destination.

Est-il possible de remplacer la boucle interne par la lecture et l'écriture d'une variable chaîne de caractères? Bien sûr, nous laisserons au lecteur le loisir d'écrire ce programme.

```
1  PROGRAM Copie (INPUT,OUTPUT,Source,Destination);
2  (*
3     Ce programme fait la copie d'un fichier texte SOURCE dans un autre
4     fichier texte DESTINATION. Les noms externes des deux fichiers sont
5     fournis interactivement par l'usager lors de l'exécution du programme
6  *)
7  VAR
8     Source      : TEXT;       (* Fichier à copier           *)
9     Destination : TEXT;       (* Fichier généré             *)
10    Car         : CHAR;       (* Un caractère du fichier lu *)
11    NomSource   : STRING[16]; (* Nom du fichier source      *)
12    NomDest     : STRING[16]; (* Nom du fichier destination *)
13 BEGIN
14    WRITE(OUTPUT,'Ecrire le nom du fichier source: ');
15    READLN(INPUT,NomSource);
16    WRITE(OUTPUT,'Ecrire le nom du fichier destination: ');
17    READLN(INPUT,NomDest);
18
19    ASSIGN(Source,NomSource);
20    RESET(Source);
21    ASSIGN(Destination,Nomdest);
22    REWRITE(Destination);
23
24    WHILE NOT EOF(Source) DO   (* Recopier chacune des lignes *)
25     BEGIN
26      WHILE NOT EOLN(Source) DO (* Recopier les caractères *)
27       BEGIN
28        READ(Source,Car);
29        WRITE(Destination,Car);
30       END;
31      READLN(Source);
32      WRITELN(Destination)
33     END;
34
35    CLOSE(Source);
36    CLOSE(Destination);
37 END.
```

Figure 9.5 Copie d'un fichier texte

9.4 TRAITEMENT DE FICHIERS, DEUXIÈME PARTIE

Les deux programmes présentés dans la section précédente génèrent des fichiers qui sont très similaires, sinon identiques, au fichier initial. Les seules différences se limitent à des changements de format. Nous vous présenterons dans cette section deux programmes qui permettent de mettre à jour l'information d'un premier fichier en utilisant l'information provenant d'un deuxième fichier.

Le premier programme illustre une application de fusion de fichiers. Il s'agit d'un cas où l'information d'un fichier est fusionnée (mélangée) avec celle d'un autre fichier.

Le deuxième programme présente le cas typique d'un programme faisant la mise à jour d'un inventaire quelconque. Ceci implique non seulement la modification, mais également l'addition et l'élimination de certains items.

Ces nouvelles applications ont deux points en commun: elles utilisent deux fichiers comme source de données et elles produisent un troisième fichier contenant les résultats. De plus, afin de faciliter le traitement, ces trois fichiers sont toujours triés selon une des informations contenues dans le fichier.

La fusion de deux fichiers textes

La fusion de fichiers consiste à prendre les données de deux fichiers triés pour produire un nouveau fichier contenant les informations des deux autres fichiers. Ce dernier est également trié. Le troisième fichier est essentiel ici, car il n'est pas possible d'insérer directement les données du deuxième fichier dans le premier.

Les fichiers de données

Il s'agit, pour l'exemple qui nous concerne, de deux fichiers de notes d'examen contenant un nom de 30 caractères et un nombre entier sur chaque ligne. De plus, chaque fichier est trié par ordre croissant des entiers.

Exemple : Premier fichier (nom externe : SOURCE.DAT) :
```
GIRARD Serge           64
DESJARDINS Normand     71
COTE Charles           77
HAMELIN Guy            82
LAFLAMME Claude        90
```

Deuxième fichier (nom externe : AJOUT.DAT) :
```
LESAGE Michel          48
DAVID Alexandre        60
CAMPEAU Luc            85
BEAUDRY Fernand        97
```

Le fichier des résultats

Le fichier des résultats contient l'ensemble de l'information des fichiers de données. Les données identiques sont répétées au besoin et, dans tous les cas, ce fichier est également trié par ordre croissant des valeurs.

Exemple : Fichier résultat (nom externe : RESULTAT.DAT) :
```
LESAGE Michel          48
DAVID Alexandre        60
GIRARD Serge           64
DESJARDINS Normand     71
COTE Charles           77
HAMELIN Guy            82
CAMPEAU Luc            85
LAFLAMME Claude        90
BEAUDRY Fernand        97
```

Le programme de fusion

La difficulté principale du programme consiste à faire correctement la lecture sur deux fichiers à la fois, de façon à s'assurer que le fichier des résultats contienne bien toute l'information et dans le bon ordre.

Il existe plusieurs façons d'éviter cette difficulté. Nous vous présentons une façon qui pourra être réutilisée plus tard pour la mise à jour de fichiers.

Il s'agit de synchroniser principalement la lecture sur un seul fichier et de lire sur un deuxième fichier au besoin. Le fichier résultat reçoit alors des valeurs provenant alternativement du premier et du deuxième fichier. Ceci est illustré par le programme de la figure 9.6.

```
1  PROGRAM Fusion(Source,Ajout,Resultat);
2  (*
3     Ce programme réalise la fusion de 2 fichiers, "Source" et "Ajout",
4     pour en produire un troisième "Resultat".  Les 3 fichiers contiennent
5     un nom et un entier par ligne et ils sont triés en ordre croissant de
6     valeurs
7  *)
8  CONST
9     Sentinelle   = 32767;       (* Valeur signalant fin de Source *)
10 TYPE
11    NomEtud      = STRING[30];
12 VAR
13    Source       : TEXT;        (* Le fichier initial              *)
14    Ajout        : TEXT;        (* Le fichier des ajouts           *)
15    Resultat     : TEXT;        (* Fusion de source et ajout       *)
16    ValeurSource : INTEGER;     (* Une valeur du fichier Source    *)
17    NomSource    : NomEtud;     (* Un nom du fichier Source        *)
18    ValeurAjout  : INTEGER;     (* Une valeur du fichier Ajout     *)
19    NomAjout     : NomEtud;     (* Un nom du fichier Ajout         *)
20 BEGIN
21    ASSIGN(Source,'SOURCE.DAT');      RESET(Source);
22    ASSIGN(Ajout,'AJOUT.DAT');        RESET(Ajout);
23    ASSIGN(Resultat,'RESULTAT.DAT');  REWRITE(Resultat);
24
25    (*Insérer les ajouts parmi les données du fichier Source*)
26
27    READLN(Source,NomSource,ValeurSource);
28    WHILE NOT EOF(Ajout) DO
29      BEGIN
30        READLN(Ajout,NomAjout,ValeurAjout);
31        WHILE   (ValeurSource < ValeurAjout) DO
32          BEGIN
33            WRITELN(Resultat,NomSource:30,ValeurSource:4);
34            IF NOT EOF(Source)  THEN  READLN(Source,NomSource,ValeurSource)
35            ELSE ValeurSource := Sentinelle
36          END;
37        WRITELN(Resultat,NomAjout:30,ValeurAjout:4)
38      END;
39
40    (* Recopier le reste du fichier Source dans Resultat *)
41
```

```
42    IF ValeurSource <> Sentinelle THEN
43      BEGIN
44        WHILE NOT EOF(Source) DO
45          BEGIN
46            WRITELN(Resultat,NomSource:30,ValeurSource:4);
47            READLN(Source,NomSource,ValeurSource)
48          END;
49        WRITELN(Resultat,NomSource:30,ValeurSource:30)
50      END;
51
52    CLOSE(Source);      CLOSE(Ajout);       CLOSE(Resultat)
53  END.
```

Figure 9.6   Fusion de deux fichiers textes triés

Le programme contient une boucle **WHILE DO** (lignes 28 à 38) qui sert surtout pour la lecture sur le fichier Ajout. Cependant, la dernière valeur qui vient d'être lue sur ce fichier n'est pas nécessairement celle qui doit être copiée sur le fichier Resultat. En effet, peut-être qu'il faut d'abord copier quelques valeurs du deuxième fichier de lecture (Source). Ceci est réalisé par une deuxième boucle **WHILE DO** (lignes 31 à 36) qui permet de copier sur le fichier Resultat toutes les valeurs du fichier Source qui sont inférieures à la dernière valeur lue sur le fichier Ajout.

Un dernier problème consiste à traiter correctement la fin de fichier sur les deux fichiers de données. Il faut éviter de lire des données sur le premier fichier dont on détecte la fin (EOF = TRUE) et il faut aussi terminer de copier le deuxième fichier. D'abord, notons que la boucle **WHILE DO** de la ligne 28 va permettre de lire toutes les valeurs du fichier Ajout même si une fin de fichier est d'abord rencontrée sur le fichier Source. À cet égard, une valeur sentinelle de très grande valeur est générée lorsque la fin de fichier est détectée sur le fichier Source, ce qui empêche toute lecture subséquente sur ce fichier tout en permettant la copie du fichier Ajout. Tout ce qui reste alors à prévoir est une autre boucle (lignes 42 à 50) pour finir de copier ce qui pourrait éventuellement rester sur le fichier Source dans le cas où la première fin de fichier est détectée sur le fichier Ajout.

Mise à jour d'un fichier

Examinons maintenant une application permettant la mise à jour d'un fichier de données. Ce genre d'application s'adresse tout particulièrement à la gestion. Les données peuvent représenter un inventaire de magasin, les dossiers médicaux d'un hôpital, les employés d'une usine, etc. Le fichier, comme moyen de stockage, est très intéressant ici, car il permet de mémoriser une grande quantité d'informations pour l'usager.

L'information de ces fichiers est typiquement organisée comme une suite d'enregistrements. Chaque enregistrement représente l'information que l'on possède sur un item d'inventaire, un malade, un employé, etc. La mise à jour de ces fichiers implique la modification d'enregistrements (exemple: changer le salaire d'un employé), l'ajout de nouveaux enregistrements (exemple: un nouveau dossier médical) et l'élimination d'enregistrements qui ne sont plus nécessaires (exemple: des produits qui sont retirés de l'inventaire). Les changements à effectuer sont présentés par l'usager de manière interactive ou via un fichier de modifications.

À titre d'exemple, nous présentons la mise à jour d'un inventaire ayant de très petits enregistrements. Il peut facilement être grossi afin de s'adapter à des situations spécifiques.

Le fichier inventaire

L'inventaire consiste en un fichier dont chaque ligne contient de l'information sur un seul produit (un enregistrement). L'information est constituée du numéro du produit (un entier), de la quantité en stock (un entier) et du prix du produit (un réel). Le fichier est également trié en ordre croissant de numéro de produit.

Exemple

43	9	29.49
138	1	249.99
336	4	8.79
491	4	12.25
747	0	15.85
751	6	7.21

Les changements à l'inventaire

Tous les changements seront contenus dans un fichier texte dont le nom externe est `MODIF.INV`. Chaque ligne de ce fichier contient un et un seul type de changement : ajout d'un enregistrement, élimination d'un enregistrement ou modification d'un enregistrement.

Le type de changement est spécifié par le premier caractère de chaque ligne : *A* pour Ajouter, *E* pour Eliminer et *M* pour Modifier.

Ce caractère est suivi dans tous les cas par le numéro de l'item à changer. Le fichier est également trié selon la valeur de ce numéro d'item.

Dans le cas où il faut éliminer, le code *E* est suivi seulement du numéro de l'item à éliminer.

Pour une modification, il faut une information supplémentaire spécifiant le changement dans la quantité en stock du produit concerné. Dans ce cas, la ligne contiendra une troisième valeur : un entier positif (augmentation du stock) ou négatif (diminution du stock).

Finalement, dans le cas d'un ajout, il faut être capable de reconstituer un enregistrement complet de l'inventaire. Ces informations sont fournies à la suite du numéro du produit, par un entier indiquant la quantité en stock et par un réel indiquant le prix du produit.

Exemple
```
A    22    12    1.25
M   336     2
E   747
M   751    -3
```

Ce fichier contient donc des lignes avec 2, 3 ou 4 valeurs selon le type de changement à effectuer. Le terme enregistrement à longueur variable est parfois utilisé pour désigner ce type d'enregistrement.

Le programme de mise à jour

Il s'agit encore une fois d'un programme avec trois fichiers. Le premier pour l'inventaire actuel, un deuxième pour les changements et un troisième pour recevoir l'inventaire mis à jour.

La figure 9.7 illustre ce programme. Il possède le même squelette que le programme de fusion présenté précédemment. Le traitement diffère un peu, car il faut faire trois types de changement et non seulement des ajouts comme dans la fusion. La lecture sur le fichier des modifications est également compliquée par le format variable de chaque ligne. Pour simplifier, nous avons supposé qu'il n'y avait pas d'erreur dans les fichiers à lire.

```pascal
 1  PROGRAM Modification(Source,Modif,Resultat);
 2  (* Ce programme fait la mise à jour du fichier Source à partir des
 3     requêtes du fichier Modif pour produire Resultat          *)
 4  CONST
 5     Sentinelle = 32767; (* Valeur signalant fin de Source      *)
 6  VAR
 7     Source      : TEXT;     (* Le fichier initial              *)
 8     Modif       : TEXT;     (* Le fichier des modifications    *)
 9     Resultat    : TEXT;     (* Le fichier final mis à jour     *)
10     Item        : INTEGER;  (* Numéro de l'item courant        *)
11     ItemModif   : INTEGER;  (* Numéro d'un item de Modif       *)
12     Operation   : CHAR;     (* Sorte de modification           *)
13     Quantite    : INTEGER;  (* Quantité en stock (item courant) *)
14     QuantModif  : INTEGER;  (* Changement dans la quantité     *)
15     Prix        : REAL;     (* Le prix de l'item courant       *)
16     PrixModif   : REAL;     (* Le prix du nouvel item          *)
17  BEGIN
18     ASSIGN(Source,'SOURCE.INV');       RESET(Source);
19     ASSIGN(Modif,'MODIF.INV');         RESET(Modif);
20     ASSIGN(Resultat,'RESULTAT.INV');   REWRITE(Resultat);
21     READLN(Source,Item,Quantite,Prix);
22     WHILE NOT EOF(Modif) DO (* Traiter chaque requête *)
23      BEGIN
24       READ(Modif,Operation,ItemModif);
25       WHILE   Item < ItemModif DO          (* Lire sur Source *)
26        BEGIN
27         WRITELN(Resultat,Item:10,Quantite:10,Prix:10:2);
28         IF NOT EOF(Source) THEN READLN(Source,Item,Quantite,Prix)
29         ELSE Item := Sentinelle
30        END;
31       CASE Operation OF
32        'A': BEGIN      (* AJOUTER; ItemModif < Item courant *)
33              READ(Modif,QuantModif,PrixModif);
34              WRITELN(Resultat,ItemModif:10,QuantModif:10, PrixModif:10:2)
35             END;
36        'E':            (* ELIMINER; ItemModif = Item courant *)
37             IF NOT EOF(Source) THEN READLN(Source,Item,Quantite,Prix)
38             ELSE Item := Sentinelle;
39        'M': BEGIN      (* MODIFIER; ItemModif = Item courant *)
40              READ(Modif,QuantModif);
41              Quantite := Quantite + QuantModif
42             END;
43       END;
44       READLN(Modif)       (* On passe à la prochaine requête *)
45      END;
```

```
46
47   IF Item <> Sentinelle THEN    (* Copier le reste de source *)
48    BEGIN
49      WHILE NOT EOF(Source) DO
50        BEGIN
51          WRITELN(Resultat,Item:10,Quantite:10,Prix:10:2);
52          READLN(Source,Item,Quantite,Prix)
53        END;
54      WRITELN(Resultat,Item:10,Quantite:10,Prix:10:2)
55    END;
56   CLOSE(Source);         CLOSE(Modif);          CLOSE(Resultat)
57  END.
```

Figure 9.7 Mise à jour d'un fichier

La lecture sur le fichier Modif se fait en trois étapes. La première (ligne 25) permet de lire la partie constante de tous les types de changement : type de changement et numéro d'item. La deuxième étape est conditionnée par le type de changement. Un **CASE OF** (ligne 32) permet de sélectionner la section de code appropriée pour la lecture du reste de la ligne (lignes 34 et 41). Finalement, un changement de ligne est effectué (ligne 45) de façon à préparer la lecture de la prochaine ligne.

L'idée principale pour le traitement est de recopier sur le fichier Resultat tous les items du fichier inventaire Source dont le numéro est inférieur au numéro de l'item à changer. Ces items ne subissent aucun changement. L'enregistrement courant de l'inventaire a toujours un numéro supérieur ou égal au numéro de l'item à changer. Cet enregistrement courant est prêt pour la mise à jour.

Les ajouts sont similaires à ceux de la fusion. Les valeurs lues sur le fichier Modif sont insérées sur le fichier Résultat avant les valeurs correspondantes de l'enregistrement courant. La modification consiste à changer la quantité en stock de l'item courant. Finalement, l'élimination d'un changement est réalisée par une nouvelle lecture sur le fichier d'inventaire en «oubliant» de copier l'enregistrement courant sur le fichier Resultat.

Une dernière remarque : toutes les modifications pourraient être effectuées interactivement. Dans ce cas, les changements seraient lus d'INPUT à la place de Modif.

9.5 EXEMPLE CONCERNANT LE TRAITEMENT DE CARACTÈRES

La plupart des programmes présentés jusqu'à présent faisaient le traitement de valeurs numériques. Cette section présente une application basée sur le traitement de caractères. Il s'agit d'un mini-programme de traitement de texte. Ce terme est utilisé pour désigner les programmes qui servent à améliorer la présentation d'un texte.

Nous nous limiterons à un programme permettant les améliorations suivantes :

- élimination des espaces consécutifs dans un texte;

- ajout d'un espace après les caractères de ponctuation . , ; : ! et ? si cet espace est absent;

- vérifier si les phrases commencent bien par une lettre majuscule.

Afin de garder l'exemple simple, le programme respecte le découpage actuel du texte sans essayer de remplir au maximum chacune des lignes comme cela se fait typiquement dans ce genre d'application.

Exemple

Fichier de données avant traitement :

```
certains        textes   sont    parfois très        mal
présentés;ne  pourrait  -     on      pas    facilement
     les améliorer?nous notons,entre       autres,les
     points suivants:trop d'       espaces         entre
      les mots, pas d'espace après         la ponctuation,
aucune majuscule,       etc       .mais bien sûr!cela
     est à la portée du plus simple programme         de
traitement         de         texte .  .    .
```

Le même fichier après traitement :

Certains textes sont parfois très mal
présentés; ne pourrait - on pas facilement
les améliorer? Nous notons, entre autres, les
points suivants: trop d' espaces entre
les mots, pas d'espace après la ponctuation,
aucune majuscule, etc . Mais bien sûr! Cela
est à la portée du plus simple programme de
traitement de texte . . .

Le programme   Rappelons d'abord que les fichiers textes sont avant tout des fichiers de caractères. Il est possible de lire chacun des caractères à l'aide d'une variable de type CHAR comme cela a été mentionné à la section 9.1 et illustré par le programme de copie de la figure 9.5 .

Cette application requiert justement l'examen de chaque caractère du fichier source afin de déterminer s'il doit faire l'objet d'un traitement spécial. Le squelette du programme de la figure 9.5 servira ici de base pour ce nouveau programme.

```
1  PROGRAM JoliTexte (Source,Resultat);
2  (*
3     Ce programme effectue un mini-traitement de texte.  Son but consiste
4     à traiter le texte du fichier Source en enlevant les espaces super-
5     flus entre les mots, en ajoutant un espace après certains caractères
6     de ponctuation et en s'assurant que toutes les phrases commencent par
7     une lettre majuscule.
8  *)
9  VAR
10    Source      : TEXT;    (* Fichier du texte original    *)
11    Resultat    : TEXT;    (* Fichier du texte final       *)
12    Car         : CHAR;    (* Un caractère du fichier Source *)
13    NbBlanc     : INTEGER; (* Nombre d'espaces consécutifs *)
14    DebutPhrase : BOOLEAN; (* Vrai lorsque Car vaut . ? ou ! *)
15 BEGIN
16    ASSIGN(Source,'TEXTE.DAT');      RESET(Source);
17    ASSIGN(Resultat,'BEAUTEXTE.DAT'); REWRITE(Resultat);
18
19    DebutPhrase := TRUE;
20    WHILE NOT EOF(Source) DO
21     BEGIN
22       NbBlanc := 1;   (* Cas des espaces en début de ligne *)
23       WHILE NOT EOLN(Source) DO
```

```
24        BEGIN
25          READ(Source, Car);
26          IF Car = ' ' THEN     (* Cas des espaces superflus *)
27           BEGIN
28             NbBlanc := NbBlanc + 1;
29             IF NbBlanc = 1 THEN WRITE(Resultat, ' ')
30           END
31          ELSE         (* Cas des caractères spéciaux   *)
32           IF  (Car = '.') OR (Car = ',') OR (Car = ';') OR
33               (Car = ':') OR (Car = '!') OR (Car = '?') THEN
34            BEGIN (* Ajouter espace après la ponctuation *)
35             WRITE(Resultat,Car,' ');
36             NbBlanc := 1;
37             DebutPhrase := (Car = '.') OR (Car = '!') OR (Car = '?')
38            END
39           ELSE     (* Traiter les lettres et le reste... *)
40            BEGIN
41             NbBlanc := 0;
42             IF DebutPhrase THEN
43              BEGIN
44               IF (Car>='a') AND (Car<='z') THEN
45                 Car := CHR(ORD(Car) - 32);
46               IF (Car>='A') AND (Car<='Z') THEN DebutPhrase := FALSE;
47              END;
48             WRITE(Resultat,Car);
49            END
50         END; (* WHILE *)
51         READLN(Source);
52         WRITELN(Resultat)
53       END;
54
55      CLOSE(Source);         CLOSE(Resultat)
56    END.
```

Figure 9.8 Un mini traitement de texte

Nous y retrouvons d'abord les deux énoncés **WHILE DO** (lignes 20 et 23) qui, utilisés avec un READ (ligne 25), permettent la lecture d'un fichier ligne par ligne, caractère par caractère. Le caractère lu est ensuite analysé pour connaître le traitement qu'il faut lui appliquer. Le traitement est décomposable en trois parties qui correspondent chacune à une des règles pour l'amélioration du texte.

Un premier test (ligne 26) permet de traiter les espaces et de n'écrire, sur le fichier de sortie, que le premier espace d'une suite d'espaces consécutifs. Ceci est accompli à l'aide d'un compteur pour les espaces consécutifs. Ce compteur est ré-initialisé pour les débuts de ligne (ligne 22) et lorsque le programme rencontre un caractère différent de l'espace (lignes 36 et 41), tandis qu'il est augmenté lors de la lecture d'espaces qui se suivent.

Un deuxième test (lignes 32, 33) détecte les caractères de ponctuation qui sont obligatoirement suivis d'un espace. Un autre test (ligne 37) permet, par la même occasion, de détecter les caractères de ponctuation qui signalent la fin de la phrase courante.

Finalement, de tous les caractères qui restent, il faut s'assurer que le premier caractère alphabétique de chaque ligne est une majuscule. Ceci est accompli par le code des lignes 42 à 47. Pour bien comprendre cette section, il faut savoir que tous les caractères alphabétiques de l'ASCII se suivent et que chaque caractère majuscule est à une distance de 32 caractères du même caractère minuscule. Ceci peut être vérifié avec la table du jeu de caractère ASCII de l'appendice A.

9.6 VARIA

La vraie nature d'INPUT et OUTPUT

Les énoncés READ, READLN, WRITE et WRITELN semblent fonctionner sans problème avec INPUT, OUTPUT et les fichiers sur disquettes. Comment peut-on expliquer cette compatibilité? Celle-ci est facilitée par le fait que les identificateurs INPUT et OUTPUT sont prédéfinis comme étant eux-mêmes de type texte. Les énoncés suivants s'appliquent à chaque fois que vous déclarez INPUT et/ou OUTPUT dans l'en-tête du programme :

```
VAR
   INPUT   : TEXT;      (* Fichier "système" de lecture *)
   OUTPUT  : TEXT;      (* Fichier "système" d'écriture *)
RESET(INPUT);
REWRITE(OUTPUT);
```

En général, chaque ordinateur va associer INPUT à un dispositif d'entrée de défaut (exemple : clavier d'un terminal) et OUTPUT à un dispositif de sortie de défaut (exemple : écran d'un terminal). Ces dispositifs sont toujours compatibles avec la définition d'un fichier texte. Ils peuvent recevoir ou générer des suites de caractères découpées en lignes.

Une restriction s'applique souvent aux fichiers `INPUT` et `OUTPUT` : on ne peut y accéder que dans un seul mode : lecture ou écriture. Ceci est une restriction très raisonnable: il serait difficile d'essayer d'écrire sur un clavier ou de lire sur un écran. De plus, il n'est pas recommandé de faire un `RESET(INPUT)` ou `REWRITE(OUTPUT)`.

Généralisation des fichiers textes

Dans la même veine, notons que la notion de fichier texte peut s'appliquer à tout dispositif pouvant générer ou recevoir des suites de caractères. C'est le cas du clavier (génération de caractères) et de l'écran (réception de caractères), mais aussi de plusieurs autres dispositifs physiques tels les imprimantes, traceurs de courbes, etc. Lorsque l'ordinateur utilisé le permet, ces dispositifs sont alors accessibles par des noms externes spécifiques à chaque fabricant.

Considérons, à titre d'exemple, les énoncés suivants :

```
VAR LST: Text;
...
ASSIGN(LST,'PRINTER:');
REWRITE(LST);
...
```

Ces énoncés, ou des variantes de ceux-ci, peuvent typiquement être utilisés pour associer le fichier `LST` à une imprimante connectée à l'ordinateur utilisé. Chaque `WRITE(LST,...)`/`WRITELN(LST,...)` produit alors du texte sur cette imprimante.

READ et WRITE sans spécification de fichier

La plupart des programmes utilisent fréquemment les fichiers `INPUT` et `OUTPUT`. Il devient alors ennuyeux de toujours répéter, un peu partout, `INPUT` et `OUTPUT`, surtout si ce sont les deux seuls fichiers utilisés. À cette fin, PASCAL permet d'abréger les énoncés d'accès aux fichiers `INPUT` et `OUTPUT` par l'utilisation des équivalences suivantes :

Forme complète	Forme abrégée
`RESET(INPUT)`	`RESET`
`REWRITE(OUTPUT)`	`REWRITE`
`READ(INPUT, V1, V2, ...)`	`READ(V1, V2, ...)`
`READLN(INPUT, V1, V2, ...)`	`READLN(V1, V2, ...)`
`READLN(INPUT)`	`READLN`
`WRITE(OUTPUT, K1, K2, ...)`	`WRITE(K1, K2, ...)`
`WRITELN(OUTPUT, K1, K2, ...)`	`WRITELN(K1, K2, ...)`
`WRITELN(OUTPUT)`	`WRITELN`
`EOF(INPUT)`	`EOF`
`EOLN(INPUT)`	`EOLN`

Le gain de temps est parfois avantageux: un simple `WRITELN` contient deux fois moins de caractères à taper que le `WRITELN(OUTPUT)` et produit un résultat identique.

ERREURS ET PROBLÈMES FRÉQUEMMENT RENCONTRÉS

- Erreurs de compilation avec `ASSIGN` et `CLOSE`

    Vous utilisez probablement une version qui ne respecte pas le standard PASCAL ou qui a une convention autre que celle présentée dans ce manuel.

    Dans le premier cas, il faut laisser tomber les énoncés `ASSIGN` et `CLOSE` puis examiner comment l'ordinateur utilisé fait la connexion entre les fichiers physiques et les fichiers passés dans l'en-tête du programme. Parfois, il y a une commande `ASSIGN` à faire exécuter juste avant l'exécution du programme.

    Dans le second cas, le `ASSIGN` est souvent remplacé par un `OPEN` ou encore par des énoncés `RESET` et `REWRITE` ayant un paramètre additionnel spécifiant le nom externe. C'est notamment le cas avec le PASCAL UCSD.

- Le fichier produit est incomplet, il manque une ou plusieurs lignes

    Vous avez probablement oublié de faire exécuter un `CLOSE` dans votre programme tout en utilisant une version de PASCAL qui rend cet énoncé obligatoire.

- Erreur à l'exécution : «Essai de lire un fichier en mode écriture»

    Vous avez probablement oublié de faire un RESET sur le fichier que vous essayez de lire. Il se peut également que vous ayez fait un RESET sur un fichier spécial ne permettant que l'écriture (exemple : écran).

- Erreur à l'exécution : «Essai d'écrire en mode lecture»

    Vous avez probablement oublié de faire un REWRITE sur le fichier où vous essayez d'écrire. Il se peut aussi que vous ayez fait un REWRITE sur un fichier spécial ne permettant que la lecture (exemple : clavier).

- Erreur à l'exécution : «Essai de lire après la fin de fichier (EOF)»

    Il s'agit ici d'une erreur de programmation. Vous avez probablement une logique erronée pour détecter la fin du fichier à lire.

- Erreur à l'exécution : «Erreur dans un nombre»

    Cette erreur est produite lors de la lecture d'un entier ou d'un réel. Cela peut indiquer une erreur de format (exemple : un réel qui commence avec le point décimal, il faut avoir 0.5 et non pas .5) ou encore que PASCAL a rencontré du texte (i.e. des caractères autres que des espaces). Ce dernier cas semble indiquer qu'il y a une erreur dans le fichier (il manque peut-être un nombre) ou que la logique du programme qui lit le fichier est erronée (il y a peut-être une variable qui n'a pas été lue) ou encore il y a eu un READLN de trop quelque part.

- Erreur à l'exécution : «Le fichier à lire n'existe pas ou est vide»

    Vérifiez si le nom externe utilisé correspond bien au fichier sur la disquette.

- Erreur à l'exécution : «Plus d'espace pour le fichier»

    Cette erreur indique que vous avez excédé la capacité de la disquette ou du disque utilisé. Votre disquette est probablement déjà remplie de programmes et de données. Il se peut également que vous ayez excédé le quota qui vous était alloué sur un disque partagé entre plusieurs usagers. Il faut alors purger les fichiers inutiles pour faire de la place.

    Il se peut aussi que vous ayez fait une erreur de programmation. Dans ce cas, il s'agit typiquement d'un énoncé WRITE ou WRITELN inclus dans une boucle qui ne se termine jamais. Ceci fait augmenter la taille du fichier jusqu'à ce qu'il prenne tout l'espace disponible.

Erreurs et problèmes fréquemment rencontrés **243**

■ Le fichier produit par le programme a une allure bizarre.

Vous avez peut-être oublié de spécifier un format dans vos énoncés d'écriture sur le fichier. Dans ce cas, PASCAL utilise une valeur de défaut qui n'est pas toujours avantageuse pour votre application.

Il peut également y avoir des erreurs dans votre programme, surtout si la logique est complexe.

■ Il y a des blancs au début des chaînes de caractères

Le blanc (espace) est un caractère qui peut être significatif. Dans certains contextes, il faut s'en débarrasser lors de la lecture ou de l'écriture sur fichier.

■ La lecture d'un caractère sur fichier a retourné un blanc plutôt que le caractère attendu

Voir le paragraphe précédent.

RÉVISION

1   Qu'est-ce qu'un fichier texte? *(revoir 9.1)*

2   Indiquer au moins un avantage des fichiers. *(revoir 9.4)*

3   Vrai ou faux : les fichiers textes possèdent un mode d'accès de type lecture, écriture et mise à jour? *(revoir 9.1)*

4   Quel est l'effet d'un READLN sur un fichier? D'un WRITELN? *(revoir 9.1)*

5   Peut-on lire des entiers et des réels sur un fichier texte? *(revoir 9.1)*

6   À quoi sert la fonction EOLN? La fonction EOF? *(revoir 9.1)*

7   Le fichier texte permet-il l'accès direct à l'information désirée si l'on utilise un fichier texte trié? *(revoir 9.2)*

8   Est-il possible de modifier sur place un fichier dans le cas où l'application conserve le même nombre de caractères dans le fichier? *(revoir 9.3)*

9 Est-il possible d'avoir deux fichiers utilisés en mode lecture dans un même programme? *(revoir 9.4)*

10 Le fichier texte est-il utilisable pour des applications relatives à la manipulation de caractères? *(revoir 9.5)*

RÉSUMÉ

Ce chapitre présentait le fichier texte: un type de fichier permettant des opérations d'entrée-sortie basées sur le caractère. De façon générale, ce fichier est tout à fait similaire à un texte quelconque.

L'accès au fichier texte se fait à l'aide des énoncés READ et WRITE. Il existe en plus deux nouveaux énoncés, RESET et REWRITE, qui permettent de spécifier le mode d'utilisation du fichier (lecture ou écriture). Ces quatre énoncés standard sont assez souvent complétés par d'autres énoncés comme le ASSIGN qui permet de spécifier le nom externe d'un fichier et le CLOSE qui indique explicitement la fin de l'utilisation d'un fichier dans le mode courant.

Le fichier texte est très versatile. Il possède un nombre quelconque de lignes et ces lignes peuvent généralement avoir une longueur quelconque. Les caractères qui composent ces lignes peuvent être considérés comme de simples caractères ou comme faisant partie d'une information plus complexe de type INTEGER, REAL ou STRING. Au besoin, PASCAL effectue les opérations nécessaires pour la lecture ou l'écriture de ces trois types sur fichier texte.

Le traitement de fichiers textes se fait typiquement de manière séquentielle, car il n'est pas possible d'accéder à une information ou de la modifier sans avoir, au préalable, accédé aux informations qui la précèdent. De plus, comme il n'est pas possible de modifier un fichier déjà existant, le traitement de fichiers implique donc souvent la présence d'un nouveau fichier contenant une version modifiée du fichier initial. Dans certaines applications, il est même possible de mettre sur un même fichier l'information provenant de deux autres fichiers, réalisant ainsi une application du genre «fusion» ou «mise à jour».

Finalement, le fichier texte est l'outil utilisé, en PASCAL, pour toutes les applications reliées aux textes et à la manipulation des caractères.

EXERCICES

1. Répondez par VRAI ou FAUX à chacune des affirmations suivantes:
   a) Lors de la mise à jour d'un fichier de type TEXT, il est impossible d'exécuter simultanément les opérations de lecture et d'écriture sur le même fichier.
   b) Il n'est pas permis de lire des entiers ou des réels sur des fichiers TEXT car ceux-ci sont des fichiers de caractères.
   c) Le nom d'un fichier, sur une disquette, est parfois différent du nom de fichier utilisé dans un programme PASCAL.
   d) En PASCAL standard, il est permis de faire la lecture et l'écriture de tous les types standards sur fichier TEXT.
   e) Certaines applications de traitement de fichiers sont simplifiées si l'information du fichier est classée en ordre alphabétique ou en ordre croissant (décroissant) de valeur.

2. Soient les déclarations suivantes:
   VAR C: CHAR; I: INTEGER; R: REAL;
   et les trois lignes de données suivantes tapées sur le clavier (INPUT):
   ```
   A 123 3.1415
   B 3.25 22
   7
   ```
   a) Laquelle des suites d'énoncés peut-on utiliser si on veut lire la première ligne au complet?
      i) READ(C); READ(I); READ(R); READLN;
      ii) READ(C); READLN(I,R);
      iii) READLN(C,I,R)
      iv) i, ii ou iii sont équivalents.
   b) Laquelle des suites d'énoncés peut-on utiliser si on veut lire les données à partir du début et que la donnée 3.25 soit placée dans la variable R?
      i) READLN(C,I,R); READ(C,R);
      ii) READLN (C,I); READLN(C); READ(R);
      iii) READLN; READLN; READLN(R);
      iv) Aucune de ces réponses.
   c) Laquelle des suites d'énoncés peut-on utiliser si on vient de lire la donnée 3.25 (sans changement de ligne) et si on veut placer la donnée 7 dans la variable I?
      i) READLN(I);
      ii) READ(I);
      iii) READLN; READ(I);
      iv) READ(I); READLN;

3. Le fichier FINAL.DTA contient les trois lignes de données suivantes:
   ```
   514  343  5805
   516  346  5486
   633  273  0132
   ```
   Soient K et L, deux variables de type INTEGER et F une variable de type TEXT. Que va imprimer chacune des sections de code suivantes:
   a) ```
      ASSIGN (F, 'FINAL.DTA');   RESET (F);
      READ (F, K);
      READLN (F, K, L);
      READLN (F, K, L);
      WRITELN (OUTPUT, K:5, L:5);
      ```
      ```

b) ```
ASSIGN (F, 'FINAL.DTA'); RESET (F);
READLN (F, K);
READLN (F, L);
READLN (F, K);
WRITELN (OUTPUT, K:5, L:5);
```
*c)* ```
ASSIGN (F, 'FINAL.DTA');  RESET (F);
READLN (F);
READ (F, K);
READLN (F, L);
WRITELN (OUTPUT, K:5, L:5);
```

4. Quel sera la valeur des variables entières A, B et C après l'exécution de chacune des sections de programme qui suivent? Considérez que le fichier de lecture F est prêt à être lu dans chaque cas et qu'il contient les valeurs suivantes :

```
20       07       1987
6032     14
345      0        543
```

a) READ(F,A);   READ(F,B);   READ(F,C);
b) READLN(F,A);   READ(F,B);   READLN(F,C);
c) READLN(F,A,B,C);
d) READLN(F);   READLN(F,A);   READ(F,B,C)
e) READLN(F,A);   READLN(F);   READLN(F,A,B,C)

5. Analyse d'un programme.

```
(1)   PROGRAM Mystere (Donnees, OUTPUT);
(2)
(3)   VAR
(4)       Donnees          : TEXT;
(5)       A, B, C, M, Somme : INTEGER;
(6)
(7)
(8)   BEGIN
(9)       ASSIGN(Donnees, 'SIMUL.DTA');
(10)      RESET(Donnees);
(11)      Somme := 0;
(12)      WHILE Somme <= 40 DO
(13)      BEGIN
(14)         READLN (Donnees, A, B, C);
(15)         IF A>B THEN
(16)          IF A>C THEN M := A
(17)           ELSE M := C
(18)         ELSE IF B>C THEN M := B
(19)              ELSE M := C;
(20)         WRITELN(OUTPUT, M:3);
(21)         Somme := Somme + M;
(22)      END;
(23)      WRITELN(OUTPUT, Somme:3);
(24)      CLOSE (Donnees);
(25)   END.
```

Le fichier SIMUL.DTA contient les lignes suivantes:

```
 4   8  12
 8  12   4
12   4   8
 3   6   9
 9   3   6
 6   9   3
```

  a) Interprétez le rôle des lignes (15) à (19). (Vous devez répondre à cette question en disant quel est le but pour lequel ces lignes de code ont été programmées et non en décrivant les instructions une à une.)
  b) Combien de lignes de données seront lues par le programme?
  c) Indiquez ce qui sera affiché par le programme MYSTERE.

6   Écrivez le ou les énoncés PASCAL permettant d'écrire la valeur du booléen B sur le fichier F.

7   Écrivez un programme qui permet de rendre illisible un texte en le codant selon un procédé secret. Nous vous proposons comme code secret de tout simplement remplacer chaque lettre d'un texte par la lettre qui la suit dans l'alphabet. La lettre Z, quant à elle, étant remplacée par un A.

   Exemple :   Fichier source   : Manuel d'introduction à l'informatique
              Fichier codé   : Nbovfm e'jouspevdujpo b m'jogpsnbujrvf

8   Vous possédez un fichier de données dont le nom externe est STOCK.ITM. Ce fichier contient des informations importantes concernant l'inventaire de votre magasin de sport. Chaque ligne du fichier décrit UN des articles en vente et est constituée de la façon suivante:

Le nombre d'exemplaires de l'article   (un ENTIER)
Le prix d'achat auprès du fournisseur   (un REEL)
Le prix de vente au client   (un REEL)
Le nom de l'article   (35 CARACTERES)

Un blanc sépare le prix de vente et le nom de l'article.

Exemple du contenu du fichier de données STOCK.ITM
```
25  40.00   99.99 SAC DE GOLF
10  68.00   55.50 RAQUETTE DE TENNIS
45  10.50   12.75 BATON DE HOCKEY
```

Le programme à réaliser :
Vous devez écrire un programme complet en langage PASCAL servant à:
1 LIRE les informations de chaque ligne du fichier de données.
2 Calculer le profit maximal que peut rapporter chaque article. À titre d'exemple, considérons le premier article du fichier STOCK.ITM fourni ci-dessus: un sac de golf vous coûte 40,00$ à l'achat. Vous le revendez 99,99$. Le profit réalisé lors de la vente d'un exemplaire de cet article est de 59,99$. Étant donné que vous en avez 25 en magasin, le profit maximal que vous pourriez en retirer s'élève à
   (59.99 * 25 = 1499,75$).
3 Créer un nouveau fichier sous le nom externe STOCK.PFT dans lequel vous prendrez soin de retranscrire toutes les informations contenues dans le fichier précédent (STOCK.ITM) et d'ajouter, pour chaque article, le profit maximal.
4 Calculer et afficher le total des profits maximaux.

EXERCICES NON-SOLUTIONNÉS

1   Répondez par VRAI ou FAUX à chacune des affirmations suivantes:

a) L'énoncé suivant est valide en PASCAL:
   `ASSIGN (Trans.Mar, 'Trans.Mar');`
b) Les énoncés `READLN; WRITELN;` sont valides en PASCAL.
c) Pour mettre à jour un fichier, il suffit de lire chaque information du fichier, de la modifier et de récrire cette information sur le même fichier.
d) Les fichiers sont utilisables pour transmettre du texte à une imprimante.
e) La séquence d'instructions ci-dessous permet de recopier un fichier F1 sur un fichier F2 tout en respectant le découpage en ligne du fichier original:
   WHILE NOT `EOF(F1)` **DO BEGIN** `READ(F1, C); WRITE(F2, C)` **END;**

2 Que vont imprimer les sections de programmes suivantes :

a) `WRITELN(OUTPUT,'Bonjour ');   WRITELN(OUTPUT,'les amis...');`
b) `WRITE(OUTPUT,'Bonsoir ');`
   `WRITELN(OUTPUT,'les copains...');`
c) `WRITELN(OUTPUT,' =', '=':2, ' 123', 123:4, -3.14);`

3 On a un fichier DON.DTA sur disquette qui contient les lignes des données suivantes:
17 0 2 8
1 3
5

Soient A, B, C, trois variables de type `INTEGER`, et F un identificateur de fichier (nom interne) de type `TEXT`.

a) Quelle sera la valeur de C après les énoncés suivants:
   `ASSIGN(F, 'DON.DTA'); RESET(F); READLN(F, A, B, C); READLN(F, B, C);`
   i)   3
   ii) 5
   iii) 8
   iv) Aucune de ces réponses.

b) Quelle sera la valeur de C après les énoncés suivants:
   `ASSIGN(F, 'DON.DTA'); RESET(F); READLN(F,); READLN(F, C, B, C);`
   i)   1
   ii) 3
   iii) 5
   iv) Essai de lire après la fin des données.

4 Soient les déclarations suivantes:

```
VAR Source       : TEXT ;   {fichier Maitre.Fev}
    Codearticle  : STRING [5]  ;
    Quantite     : INTEGER ;
    Prix         : REAL ;
    Description  : STRING [30];
```

Indiquez quelle séquence d'énoncés est équivalente à l'énoncé:
`READLN (Source, Codearticle, Quantite, Prix, Description);`

a) `READLN (Codearticle, Quantite, Prix, Description);`
b) `READLN (Source, Quantite, Prix); READLN (Source, Description);`
c) `READ   (Source, Codearticle, Quantite);`
   `READLN (Source, Prix, Description);`
d) `READLN (INPUT, Codearticle, Quantite, Prix, Description);`

5   Le fichier FINAL.DTA contient les trois lignes de données suivantes:
    514 343 5805
    516 346 5486
    633 273 0132

    Soient K et L, deux variables de type INTEGER et F une variable de type TEXT. Que va imprimer la section de code qui suit:

    ```
    ASSIGN (F, 'FINAL.DTA');  RESET (F);
    READLN (F, K);
    READ   (F, L);
    READLN (F, K);
    WRITELN (OUTPUT, K:5, L:5);
    ```

6   Que fait imprimer le programme suivant?

    ```
    PROGRAM   TRUC (INPUT, OUTPUT);
    CONST     VALEUR = 5;
    VAR       I, J    : INTEGER;
    BEGIN J := 0;
        WHILE NOT EOF DO
        BEGIN WHILE NOT EOLN DO
          BEGIN READ (I);
            IF I > VALEUR THEN J := J + 1
          END; READLN
        END;
        WRITE (J)
    END.
    ```

    Le fichier des données INPUT contient:
    1 3 8 0 9 4
    7 9 3 5 0
    8 7 6 4 2 1 0 2
    3 4

7   Que fait imprimer le programme suivant:

    ```
    PROGRAM Simulation3 (INPUT, OUTPUT);
    VAR
        N, X, Mn, Mx  : INTEGER;
        A             : REAL;
        Data          : TEXT;
    BEGIN (*Simulation3*)
        ASSIGN (Data, 'SIMULE3.DAT');
        RESET (Data);
        N  := 0;
        Mn := 32767;    (*Le plus grand entier traité par TurboPascal*)
        Mx := -32767;   (*Le plus petit entier traité par TurboPascal*)
        A  := 0.0;
        WHILE NOT EOF (Data) DO
         BEGIN
            READLN (Data, X);
            N := N + 1;
            WRITE (OUTPUT, N:2, X:4);
    ```

```
            IF (N MOD 3 = 0) THEN WRITELN (OUTPUT);
            IF X < Mn THEN Mn := X;
            IF X > Mx THEN Mx := X;
            A := A + X;
       END;
    CLOSE (Data);
    WRITELN (OUTPUT);
    WRITELN (OUTPUT, Mn:4, Mx:4, N:4, A/N : 8:1);
END (*Simulation3*).
```

Le fichier: SIMULE3.DAT contient les données suivantes:

```
4    8
12   7
8
6    3
```

8   Écrivez les déclarations qui rendent valide l'énoncé d'affectation suivant.
    ```
    SauterPage := (NbLigne = 60) OR EOF (Donnees);
    ```

9   Récrivez le programme de la figure 9.5 en utilisant une variable de type STRING pour lire et copier la ligne courante du fichier source.

10 Un fichier de données STOCK.DTA contient les informations suivantes sur les inventaires d'un petit magasin général. Chaque ligne du fichier décrit un item en vente.

    - Le nom du produit (35 caractères)
    - le nombre d'unités en stock (un entier)
    - le prix de revient à l'unité (un réel)
    - le nombre d'unités à partir duquel il faut commander le produit (un entier)

    Par exemple, on aurait:

    ```
    TELEVISEUR                         26    309.50    10
    GANTS DE BOXE                       8     28.00     2
    COLLIER DE PERLES FAUSSES           2    100.00     5
    ```

    Vous devez écrire un programme Pascal complet, qui fait la lecture des informations de chacune des lignes et qui, pour chacune des lignes lues, exécute le traitement suivant:

    - Calcule et affiche à l'écran la valeur du produit de la ligne (le nombre d'item * le prix de revient);
    - Cumule la valeur totale de l'inventaire.
    - Calcule et affiche à l'écran le nom et le nombre d'unités à commander d'un produit dont le nombre d'unités en stock est strictement inférieur au nombre d'unités de commande, afin que le nombre d'unités en stock soit égal au nombre d'unités de commande.

    Lorsque votre programme a traité toutes les lignes du fichier il termine en affichant à l'écran la valeur totale cumulée du stock en inventaire.

11 Vous avez un programme de mise à jour interactive d'un fichier. Malheureusement, cette application a besoin de lire des nombres entiers tapés par l'usager et ce dernier fait souvent des erreurs. Par exemple, l'entier fourni par l'usager dépasse parfois la capacité de l'ordinateur ou il est précédé de caractères non numériques. Ces erreurs ont la fâcheuse propriété de causer une erreur d'exécution qui peut mettre en danger la mise à jour.

    Écrivez les énoncés permettant de lire un nombre entier sur un fichier sans causer d'erreur. Ceci implique que vous ne pouvez pas utiliser directement l'énoncé READ pour lire cet entier.

    Suggestion : essayez de lire l'entier, caractère par caractère, tout en faisant de la validation. La reconstitution de l'entier à partir de ses chiffres peut aussi être facilitée si l'on tient compte du fait que tous les caractères numériques (0 à 9) sont consécutifs dans le jeu de caractères ASCII (voir appendice A et le programme de la figure 9.8.

10

PROJET DE PROGRAMMATION NUMÉRO 3

- **10.1** Analyse du problème
- **10.2** Algorithme et solution du programme `CREATION`
- **10.3** Algorithme et solution du programme `EDITION`
- **10.4** Algorithme et solution du programme `BILAN`
- **10.5** Discussion
- **10.6** Améliorations possibles aux programmes
- **10.7** Addenda : format de fichier

OBJECTIFS

- Maîtriser l'usage des fichiers textes;

- apprendre à utiliser plus d'un programme pour résoudre les besoins de certaines applications;

- apprendre à définir des formats de fichiers qui soient compatibles avec les applications étudiées.

ÉNONCÉ DU PROBLÈME

Le grand avantage des fichiers est de pouvoir mémoriser de l'information à long terme. Mieux, il est possible d'écrire des programmes PASCAL permettant de mettre à jour l'information contenue dans ces fichiers. Ceci a d'ailleurs été abordé précédemment. Ce chapitre présentera un projet mettant à profit cette mémorisation à long terme.

De plus en plus de gens ont diversifié les moyens de faire fructifier leurs économies et ont décidé d'acheter des actions de compagnies inscrites à la bourse. Se prenant au jeu, plusieurs d'entre eux ont acquis des actions de plusieurs compagnies différentes. Les investissements devenant plus importants, ils ont également réparti leurs opérations dans différents types d'achat (RÉA, RÉER, options, valeur spéculatives, etc.). La gestion de tout cela devenant de plus en plus compliquée, certains ont pensé que l'informatique pourrait leur donner des outils pour simplifier leur travail.

Le projet consiste à permettre à un investisseur de connaître instantanément ses avoirs, de modifier ceux-ci et d'avoir un moyen d'évaluer le comportement de chacune des actions dans un passé récent. Afin de garder le projet dans des limites raisonnables, nous nous bornerons aux possibilités discutées dans les paragraphes suivants.

Nous avons d'abord besoin d'un outil permettant la mise à jour des actions d'un investisseur. Ceci inclut la possibilité d'ajouter, éliminer, examiner ou modifier des actions. Pour chaque lot d'actions, nous désirons conserver les informations suivantes : nom de la compagnie, quantité d'actions en main, prix à l'achat, prix actuel ainsi que les variations de prix (incluant la date) dans un passé récent. Ces variations servent d'aide-mémoire à l'investisseur; elles peuvent l'aider à décider du moment opportun pour vendre ses actions. Pour les modifications, elles se limitent au prix actuel des actions. Notons ici que chaque modification du prix doit être mémorisée de façon à pouvoir établir les variations de prix minimum et maximum pendant le dernier mois et pendant la dernière année.

L'investisseur doit aussi avoir le moyen de regrouper plusieurs actions différentes dans un même portefeuille. Ce dernier contient des actions ayant au moins une caractéristique identique (exemple : actions admissibles à un RÉA). Évidemment, l'investisseur peut avoir plus d'un portefeuille.

L'investisseur est également intéressé à connaître la valeur actuelle de chaque portefeuille afin de pouvoir prendre de nouvelles décisions. Ceci implique de pouvoir connaître les variations (MIN et MAX) du prix de chaque action dans le dernier mois et dans la dernière année, de connaître le nombre d'actions et la valeur actuelle de chaque lot d'actions, le pourcentage de gain (ou de perte!) réalisé sur chaque action ainsi que la valeur totale du portefeuille.

Finalement, l'investisseur n'est probablement pas informaticien. L'édition de texte ne l'intéresse pas et encore moins la programmation (quel dommage!). Il lui faut donc un outil qui présente le maximum d'interactivité. À cet égard, les programmes avec sélection à partir d'un menu présentent beaucoup d'intérêt.

Pour résumer, nous voulons avoir les possibilités suivantes :

- gérer un ou plusieurs portefeuilles;
- ajouter, modifier, examiner et éliminer un lot d'actions d'un portefeuille;
- pouvoir faire le bilan d'un portefeuille;
- effectuer toutes ces opérations de manière interactive.

10.1 ANALYSE DU PROBLÈME

Le problème présenté semble très complexe bien que son énoncé ne soit pas très long. C'est souvent le cas dans la vie réelle! En fait, nous pourrons le résoudre en grande partie avec du matériel que nous avons déjà vu. Au besoin, nous prendrons des décisions raisonnables.

Le résumé (à la fin du problème) nous donne un bon point de départ pour l'analyse du problème. Étudions chaque sous-problème séparément.

Les portefeuilles

Les portefeuilles servent à contenir l'information sur les actions ayant au moins une caractéristique identique. Les caractéristiques en question ne faisant pas l'objet du projet lui-même, nous pouvons présumer que c'est l'usager qui détermine ses propres caractéristiques et, par conséquent, le nombre de portefeuilles qu'il désire utiliser. Cependant, pour la réalisation du projet, il importe de pouvoir identifier la façon la plus intéressante de représenter ces portefeuilles en langage PASCAL.

Chaque portefeuille doit pouvoir contenir une grande quantité d'informations de nature variable. De plus, ces informations doivent être gardées à long terme. Le fichier semble donc s'imposer ici. En effet, il s'agit du seul moyen de mémoriser de l'information à long terme et c'est, jusqu'à maintenant, la seule façon simple de mémoriser plusieurs informations similaires (les actions).

Ainsi, chaque portefeuille d'actions sera représenté par un fichier. Nous devrons aussi permettre à l'usager de créer un nouveau portefeuille ou de sélectionner un portefeuille déjà existant. Mais comment associer le bon fichier avec le portefeuille auquel s'intéresse l'investisseur? Le plus simple pour cela sera de demander à l'usager de spécifier le portefeuille qui l'intéresse (exemple : REA) et de se servir du nom du portefeuille comme nom externe de fichier.

De tout ceci, nous retenons que :

- nous devons être capable de créer un nouveau portefeuille;

- nous devons être capable d'accéder à un portefeuille déjà existant;

- nous utiliserons le nom du portefeuille à manipuler comme nom de fichier. Au besoin, l'usager devra spécifier le nom du portefeuille à manipuler lors de l'utilisation du programme.

Le format d'un fichier portefeuille

Nous avons à mémoriser l'information de plusieurs actions dans un même portefeuille. Cependant, l'énoncé du problème ne spécifie pas l'organisation interne des informations à l'intérieur du fichier. Ceci est laissé aux soins du programmeur (pour cette application, la structure du fichier n'est pas importante pour l'usager; ce n'est pas toujours le cas). Examinons les informations que nous désirons mémoriser dans ce cas sur chaque type d'actions :

- le nom de la compagnie émettant les actions;
- la quantité d'actions en main;
- le prix de l'action lors de l'achat;
- le prix actuel de l'action;
- les variations du prix de l'action.

Nous pouvons assez facilement définir un format acceptable pour mémoriser ces informations sauf en ce qui concerne les variations de prix. Quelles sont les informations relatives à ces variations? Du problème, nous savons que nous devons mémoriser les prix de l'action à certaines dates. Par contre, nous ne savons pas combien de variations il faut mémoriser, d'où la nécessité de prévoir un mécanisme nous permettant de mémoriser un nombre variable d'informations. Le plus simple est d'avoir un compteur indiquant le nombre de variations mémorisées en plus des variations. Ainsi, nous aurons au moins deux autres informations pour chaque action :

- nombre de variations de prix;
- liste de variations (où chaque variation définit une date et un prix).

Puisque nous devrons éditer ce fichier, il est souhaitable que ce dernier soit classé par ordre alphabétique selon les noms des compagnies pour faciliter la recherche dans le fichier. Cette notion a déjà été vue dans le chapitre 9. De plus, il serait opportun, puisque le programmeur a ici la possibilité de définir le format du fichier, d'ajouter une sentinelle à la fin du fichier. Ceci permettra la détection de la fin du fichier tout en rendant très facile l'ajout d'actions à la toute fin du fichier.

De tout ceci, nous pouvons définir le format suivant, compatible avec notre application :

- Le fichier portefeuille est composé d'une suite d'actions classées par ordre alphabétique selon le nom de l'action.
- L'information mémorisée sur chaque action respecte le format suivant :

- Une première ligne contient le nom de l'action (20 caractères)
- Une deuxième ligne définit les quatre champs suivants :

1. Le nombre d'actions en main (un entier dans un champ de 7 caractères);
2. Le prix de l'action à l'achat (un réel dans un champ de 7 caractères contenant 2 décimales);
3. Le prix actuel de l'action (un réel dans un champ de 7 caractères contenant 2 décimales);
4. Le nombre de variations de prix mémorisées (un entier dans un champ de 7 caractères).

- Une ou plusieurs lignes de quatre champs décrivant une variation de prix :

1. Prix de l'action (un réel dans un champ de 7 caractères contenant 2 décimales);
2. La date (jour, mois, année) de la mémorisation du prix (3 entiers ayant chacun un champ de 7 caractères).

■ La fin du fichier est signalée par une sentinelle de valeur zzzzzz.

Exemple fichier contenant 2 actions

```
ABC Inc                             (* 500 actions ABC achetées $9.45 ...      *)
    500    9.45    9.80       3
   9.45      25       6    1987     (* Variation des prix de ABC               *)
   9.26      30       7    1987
   9.80      11       9    1987
XYZ Ltd                             (* 3 000 actions XYZ achetées $4.11 mais
   3000    4.11    4.05       2         n'ayant plus qu'une valeur de $4.05... *)
   4.11      11       9    1987
   4.05       7      10    1987
zzzzzzzzzzzzzzzzzzzz                (* Une sentinelle de fin de fichier        *)
```

Notons qu'il s'agit d'un format valable parmi plusieurs autres; nous l'utiliserons plus loin dans notre programme.

La mise à jour d'un portefeuille

Nous sommes déjà familiers avec la notion de mise-à-jour. Énumérons les opérations requises par l'application :

■ ajouter une action;
■ éliminer une action;

- consulter une action;
- modifier une action.

Ces opérations sont déduites directement du problème. Nous avons déjà vu trois de ces opérations dans le chapitre précédent. Quant à la nouvelle opération consulter, elle ne pose pas de problème: il s'agit simplement d'afficher l'information que l'on possède sur une action choisie.

Cependant, l'opération modifier est un peu plus complexe qu'elle ne paraît. En effet, il faut non seulement modifier le champ `prix actuel` d'une action, mais il faut aussi considérer cette modification comme étant une variation du prix de l'action et, à ce titre, il faut également mettre à jour la liste des variations de prix qui accompagne l'action. Il faudra prévoir la logique nécessaire dans notre algorithme.

Le bilan du portefeuille

Le bilan du portefeuille suppose les opérations suivantes :

- calcul de la valeur minimum et maximum de l'action pendant le dernier mois;
- calcul de la valeur minimum et maximum de l'action pendant la dernière année;
- calcul de la valeur actuelle de chaque lot d'actions;
- calcul du pourcentage de gain ou de perte;
- calcul de la valeur totale du portefeuille.

Cette partie ne pose pas de problème; il s'agit tout simplement de faire la comptabilité du portefeuille.

Implantation

Nous avons maintenant beaucoup de matériel à mettre au point. Pour réaliser ce projet, nous pouvons écrire un seul programme effectuant tout ce qui est demandé. Cependant, ce programme serait très gros, difficile à mettre au point et, finalement, pas si facile à utiliser. En effet, il faudrait non seulement prévoir des options pour la mise à jour d'un portefeuille, mais aussi pour la production d'un bilan ainsi que la création ou la sélection d'un portefeuille.

Pour en faciliter la réalisation, il est préférable de prévoir trois programmes. Chaque programme servira à réaliser un ensemble bien précis de fonctions.

Nous avons tout d'abord besoin d'un programme, `CREATION`, permettant la création d'un portefeuille lorsque l'usager le désire. Ce programme demandera à l'usager le nom du portefeuille à créer et procédera à la création du fichier correspondant. Il s'agira ici d'un fichier ne contenant aucune information sauf la sentinelle.

Puis, nous avons besoin d'un deuxième programme, `EDITION`, permettant la mise à jour d'un portefeuille. Dans un premier temps, ce programme servira surtout à ajouter des actions dans le portefeuille. Par la suite, l'usager l'utilisera pour effectuer les mises à jour correspondant à ses achats, ses ventes et aux changements du prix des actions. Notons que ce programme devra permettre la mise à jour interactive d'un portefeuille (avec options `A`, `E`, `M`, `V` et `T` pour Ajouter, Éliminer, Modifier, Visualiser et Terminer).

Finalement, un troisième programme, `BILAN`, permettra la production du bilan d'un portefeuille. Ce programme n'a pas besoin d'être interactif (si ce n'est que pour demander le nom du portefeuille). Quel est le meilleur moyen de présenter les résultats? L'écran ou le fichier? Le fichier semble plus avantageux ici, car il peut être affiché à l'écran et/ou être imprimé par la suite.

10.2 ALGORITHME ET SOLUTION DU PROGRAMME CREATION

Il s'agit du programme le plus simple. Nous avons seulement besoin d'un nom de portefeuille dont on se sert pour créer un fichier du même nom.

Les informations Dans ce cas-ci, les informations sont vraiment réduites au minimum : nous avons seulement besoin d'une variable fichier, du nom du fichier et d'une sentinelle de fin de fichier.

L'information	Type	Sorte	Valeur	Identificateur
Nom du portefeuille	STRING	VARIABLE	à obtenir	NomPortefeuille
Le fichier portefeuille	TEXT	VARIABLE	à créer	Titres
Sentinelle de fin de fichier	STRING	CONSTANTE	'zzzzzzz'	TitreSentinelle

L'algorithme

Étape 1   ECRIRE "Ecrire nom du portefeuille"
Étape 2   LIRE NomPortefeuille
Étape 3   ASSOCIER NomPortefeuille ET Titres
Étape 4   RECRIRE Titres
Étape 5   ECRIRE TitreSentinelle
Étape 6   FERMER Titres

Le programme PASCAL

La figure 10.1 illustre directement l'algorithme ci-dessus. L'exécution de ce programme produira un fichier ayant le nom du portefeuille spécifié par l'usager. Notons qu'un fichier sera effectivement créé sur le disque ou la disquette même s'il ne contient que la sentinelle; pour PASCAL, il s'agit d'une information comme une autre.

```
1   PROGRAM CreerPortefeuilleBoursier (INPUT,OUTPUT,Titres);
2   (*
3    Ce programme permet la création d'un portefeuille boursier vide qui
4    peut être mis-à-jour par le programme EditerPortefeuilleBoursier
5    dans le but, notamment, d'y ajouter des titres de compagnies -
6    enregistrées à la bourse.
7   *)
8   CONST
9     TitreSentinelle = 'zzzzzzzzzzzzzzzzzz';
10  VAR
11    Titres          : TEXT;       (* Fichier à créer          *)
12    NomPortefeuille : STRING[8];  (* Nom externe du fichier *)
13  BEGIN
14    WRITE('Nom du portefeuille à créer (1 à 8 caractères): ');
15    READLN(NomPortefeuille);
16
17    (* Création du fichier *)
18
19    ASSIGN(Titres,NomPortefeuille);
20    REWRITE(Titres);
21    WRITELN(Titres,TitreSentinelle);
```

```
22      CLOSE(Titres);
23
24      WRITELN;
25      WRITELN('Portefeuille ', NomPortefeuille, ' créé...')
26   END.
```

Figure 10.1   Le programme CREATION

10.3 ALGORITHME ET SOLUTION DU PROGRAMME EDITION

Ce programme est une variante interactive d'un programme présenté au chapitre 9. Nous y retrouvons le même algorithme pour la mise à jour du fichier. Cependant, les commandes d'édition sont fournies au programme de manière interactive, selon une technique avec menu (cf. chapitre 8) plutôt que d'être lues sur fichier. De plus, la lecture sur le fichier contenant les actions est simplifiée par l'usage d'une sentinelle à la fin du fichier.

Les informations

Les informations sont nombreuses mais peuvent être regroupées en trois groupes : les fichiers, l'information d'une action et les informations accessoires.

Deux fichiers sont nécessaires pour la mise à jour : un fichier contenant les titres des compagnies (que l'on va lire) ainsi qu'un autre fichier similaire mis à jour (que l'on va écrire). Puisque l'édition se fait interactivement, nous utiliserons aussi INPUT et OUTPUT qui, nous l'avons appris au chapitre précédent, sont aussi des fichiers.

Plusieurs variables seront aussi nécessaires pour représenter les informations d'une action. Ces informations forment un groupe souvent appelé un *enregistrement*. Cette notion met en valeur le fait que le fichier n'est pas une suite de caractères sans organisation, mais plutôt une collection d'entités représentant un lot d'actions d'une compagnie.

Finalement, nous avons aussi besoin de variables pour mémoriser la date, les commandes d'édition, etc. Le tableau suivant présente les principales variables pour ce programme.

L'information	Type	Sorte	Valeur	Identificateur
Nom du portefeuille	STRING	VARIABLE	à obtenir	NomPortefeuille
Le fichier portefeuille	TEXT	VARIABLE	à consulter	Titres
Sentinelle de fin de fichier	STRING	CONSTANTE	'zzzzzzz'	TitreSentinelle
Le nom d'une action	STRING	VARIABLE	à lire	Titre
La quantité en main	INTEGER	VARIABLE	à lire	Quantite
Le prix d'achat de l'action	REAL	VARIABLE	à lire	PrixAchat
Le prix actuel de l'action	REAL	VARIABLE	à lire	PrixActuel
Le nombre de variations	INTEGER	VARIABLE	à lire	NbPrix
Un des prix mémorisés	REAL	VARIABLE	à lire	AncPrix
Une des dates mémorisées	INTEGER	VARIABLE	à lire	JourPrix, MoisPrix, AnneePrix
L'action à éditer	STRING	VARIABLE	à lire	NouvTitre
Nombre d'actions achetées	INTEGER	VARIABLE	à lire	NouvQuant
Prix payé ou nouveau prix	REAL	VARIABLE	à lire	NouvPrix
Un fichier temporaire	TEXT	VARIABLE	à créer	Resultat
Le choix de l'usager	CHAR	VARIABLE	à lire	Operation
La date courante	INTEGER	VARIABLE	à lire	Jour,Mois,Annee

L'algorithme Ce programme est le plus complexe des trois. Cependant, l'algorithme ne présente guère d'idées nouvelles; il s'agit simplement de combiner une édition interactive (par menu) avec une mise à jour séquentielle d'un fichier contenant les lots d'actions. Chaque lot d'actions présente la particularité d'avoir une longueur variable (qui dépend du nombre de variations de prix mémorisées) mais, là encore, nous avons déjà présenté un format de fichier approprié pour un traitement informatique.

Un premier algorithme, très général, ressemble à ceci :

Étape 1 Préparer les fichiers Titres et Resultat
Étape 2 Demander la date
RÉPÉTER

Étape 3   Lire une commande d'édition
Étape 4   Effectuer l'opération demandée
            JUSQU'À Operation = 'T' **OU** Operation = 't'
            FERMER Titre, Resultat

Détaillons chacune des étapes.

Étape 1   **Préparer les fichiers Titres et Resultat** :

        ÉCRIRE "Nom du portefeuille à mettre à jour"
        LIRE NomPortefeuille
        ASSOCIER NomPortefeuille ET Titres
        RELIRE Titres
        LIRE Titre
        ASSOCIER "TITRES.TMP" ET Resultat
        RÉCRIRE Resultat

Étape 2   **Demander la date** :

        ÉCRIRE "Quelle date sommes-nous (jour, mois, année)?"
        LIRE Jour, Mois, Annee

Étape 3   **Lire une commande d'édition** :

        Afficher menu à l'écran
        ÉCRIRE "Votre choix: "
        LIRE Operation
        Demander informations accessoires (Nom de l'action et/ou prix et/ou quantité)

        Afficher menu à l'écran :

        ÉCRIRE "A) Ajouter un nouveau titre"
        ÉCRIRE "E) Eliminer un ancien titre"
        ÉCRIRE "M) Modifier un titre"
        ÉCRIRE "V) Visualiser un titre"
        ÉCRIRE "T) Terminer"

        Demander informations accessoires :

        CAS Operation **DE**
         'A':   ÉCRIRE "Nom du titre: "   LIRE NouvTitre
               ÉCRIRE "Quantité en main: "   LIRE NouvQuant
               ÉCRIRE "Prix courant: "   LIRE NouvPrix

'E' : ÉCRIRE "Nom du titre à éliminer: " LIRE NouvTitre

'M': ÉCRIRE "Nom du titre à modifier: " LIRE NouvTitre
    ÉCRIRE "Nouveau prix du titre: "   LIRE NouvPrix

'V' : ÉCRIRE "Nom du titre à visualiser: " LIRE NouvTitre

'T' : Nouv Titre ← TitreSentinelle

Étape 4 **Effectuer opération demandée** :

Copier partiellement Titres sur Resultat jusqu'au moment de rencontrer la région du fichier qu'il faut éditer.

Ajouter, Éliminer, Visualiser ou Modifier une action

Copier partiellement Titres sur Resultat :

TANTQUE Titre < NouvTitre **FAIRE**
    ECRIRE Titre
    LIRE Quantite, PrixAchat, PrixActuel, NbPrix
    ECRIRE Quantite, PrixAchat, PrixActuel, NbPrix
    POUR K ← 1 **A** NbPrix **FAIRE**
        LIRE AncPrix, JourPrix, MoisPrix, AnneePrix
        ECRIRE AncPrix, JourPrix, MoisPrix, AnneePrix
    LIRE Titre

Ajouter, Éliminer, Visualiser ou Modifier une action

CAS Operation **DE**

  'A' : ÉCRIRE NouvTitre
       ÉCRIRE NouvQuant, NouvPrix, NouvPrix, 1
       ÉCRIRE NouvPrix, Jour, Mois, Annee

'E' :   LIRE Quantite, PrixAchat, PrixActuel, NbPrix
        POUR K ← 1 **A** NbPrix **FAIRE**
        LIRE AncPrix, JourPrix, MoisPrix, AnneePrix
        LIRE Titre

'V' :   ECRIRE Titre
        LIRE Quantite, PrixAchat, PrixActuel, NbPrix
        ECRIRE Quantite, PrixAchat, PrixActuel, NbPrix
            (* écran *)
        ECRIRE Quantite, PrixAchat, PrixActuel, NbPrix
            (* fichier *)
        POUR K ← 1 **A** NbPrix **FAIRE**
        LIRE AncPrix, JourPrix, MoisPrix, AnneePrix
        ECRIRE AncPrix, JourPrix, MoisPrix, AnneePrix
            (* écran *)
        ECRIRE AncPrix, JourPrix, MoisPrix, AnneePrix
            (* fichier *)
        LIRE Titre

'M' :   ECRIRE Titre
        LIRE Quantite, PrixAchat, PrixActuel, NbPrix
        ECRIRE Quantite,PrixAchat,NouvPrix, NbPrix+ 1
        POUR K ← 1 **A** NbPrix **FAIRE**
        LIRE AncPrix, JourPrix, MoisPrix, AnneePrix
        ECRIRE AncPrix, JourPrix, MoisPrix, AnneePrix
        ECRIRE NouvPrix, Jour, Mois, Annee
        LIRE Titre

'T' :   ECRIRE TitreSentinelle

Le programme PASCAL La figure 10.2 présente la traduction PASCAL de l'algorithme. Quelques additions mineures ont également été apportées: la date courante est demandée à l'usager seulement lorsque cela est nécessaire (ajout ou modification de prix), un minimum de validation est faite et, finalement, le fichier résultat est recopié sur le fichier portefeuille.

```
1   PROGRAM EditerPortefeuilleBoursier (INPUT,OUTPUT,Titres);
2   (*
3       Ce programme permet la gestion d'un portefeuille contenant des
4       titres de compagnies cotées en bourse.
```

```
5   *)
6   CONST
7       TitreSentinelle = 'zzzzzzzzzzzzzzzzzzzz';
8       PasDeTitre      = 'Ce titre n''existe pas dans le portefeuille';
9
10  TYPE
11      NomAction = STRING[20];
12
13  VAR
14      Titres             : TEXT;        (* Fichier contenant les titres        *)
15      NomPortefeuille    : STRING[8];   (* Nom externe de Titres               *)
16      DateInfo           : BOOLEAN;     (* VRAI si date courante est connue   *)
17      Dater              : BOOLEAN;     (* VRAI si date courante à demander   *)
18      Erreur             : BOOLEAN;     (* VRAI si une erreur est détectée    *)
19      K                  : INTEGER;     (* Un indice de boucle                 *)
20      UneLigne           : STRING[80];  (* Une ligne du fichier Titres         *)
21      Operation          : CHAR;        (* Opération sélectionnée              *)
22      Resultat           : TEXT;        (* Un fichier local temporaire         *)
23      Jour, Mois, Annee  : INTEGER;     (* La date courante                    *)
24
25      (* Variables décrivant un lot d'actions du fichier Titres*)
26
27      Titre              : NomAction;   (* Nom du titre courant                *)
28      Quantite           : INTEGER;     (* Nombre d'actions du titre           *)
29      PrixAchat          : REAL;        (* Prix d'achat d'une action           *)
30      PrixActuel         : REAL;        (* Prix actuel d'une action            *)
31      NbPrix             : INTEGER;     (* Nombre de prix mémorisés            *)
32      AncPrix            : REAL;        (* Un des prix mémorisés               *)
33      JourPrix, MoisPrix,              (* Date où AncPrix a été mémorisé       *)
34      AnneePrix          : INTEGER;     (* sur le fichier Titres               *)
35
36      (* Variables décrivant un nouveau titre ou une modif. *)
37
38      NouvTitre,                        (* Titre ajouté, éliminé, etc.         *)
39      AncTitre           : NomAction;   (* Titre de l'opération précéd.        *)
40      NouvQuant          : INTEGER;     (* Nombre d'actions achetées           *)
41      NouvPrix           : REAL;        (* Nouveau prix d'une action           *)
42  BEGIN
43
44      (* Ouvrir le fichier portefeuille à éditer *)
45
46      WRITE('Nom du portefeuille à mettre à jour: ');
47      READLN(NomPortefeuille);
48      ASSIGN(Titres,NomPortefeuille);
49      RESET(Titres);
```

```
50      WRITELN('Portefeuille ',   NomPortefeuille, ' ouvert...');
51      READLN(Titres,Titre);    (* Lecture du premier titre *)
52
53      (* Ouvrir un fichier temporaire pour les modifications *)
54
55      ASSIGN(Resultat,'TITRES.TMP');
56      REWRITE(Resultat);
57
58      DateInfo := False;
59      AncTitre := 'AAAAAAAAAAAAAAAAAAAA';
60
61      REPEAT
62        (*------- Lecture d'une commande et validation -------*)
63
64        Dater := FALSE;
65        REPEAT
66          WRITELN;  WRITELN;
67          WRITELN('L I S T E   D E S   C O M M A N D E S');
68          WRITELN('---------------------------------------');
69          WRITELN;  WRITELN;
70          WRITELN(' A) Ajouter un nouveau titre');
71          WRITELN(' E) Eliminer un ancien titre');
72          WRITELN(' M) Modifier un titre');
73          WRITELN(' V) Visualiser un titre');
74          WRITELN(' T) Terminer');
75          WRITELN;  WRITELN;
76          WRITE('Votre choix: ');
77          READLN(Operation);
78          WRITELN;  WRITELN;
79          CASE Operation OF
80            'a',
81            'A': BEGIN
82                   WRITE('Nom du titre      : ');
83                   READLN(NouvTitre);
84                   WRITE('Quantité en main : ');
85                   READLN(NouvQuant);
86                   WRITE('Prix courant      : ');
87                   READLN(NouvPrix);
88                   Dater := NOT DateInfo;
89                 END;
90            'e',
91            'E': BEGIN
92                   WRITE('Nom du titre à éliminer: ');
93                   READLN(NouvTitre);
94                 END;
```

268   *Projet de programmation numéro 3*

```
 95              'm',
 96              'M': BEGIN
 97                     WRITE('Nom du titre à modifier: ');
 98                     READLN(NouvTitre);
 99                     WRITE('Nouveau prix du titre   : ');
100                     READLN(NouvPrix);
101                     Dater := NOT DateInfo
102                   END;
103              'v',
104              'V': BEGIN
105                     WRITE('Nom du titre à visualiser: ');
106                     READLN(NouvTitre);
107                   END;
108              't',
109              'T': NouvTitre := TitreSentinelle
110            END;(* CASE *)
111            IF NouvTitre < AncTitre THEN
112              BEGIN
113                WRITELN('Les titres doivent être en ordre croissant');
114                WRITELN('Nom du titre courant    : ',NouvTitre);
115                WRITELN('Nom du titre précédent : ',AncTitre);
116                WRITELN('Au besoin, ré-exécuter le programme');
117                Erreur := True
118              END
119            ELSE Erreur := False;
120         UNTIL NOT Erreur;
121
122         (*------------ implantation des commandes ------------*)
123
124         (*Copier tous les titres du fichier Titres sur Resultat jusqu'au
125           moment de rencontrer ou dépasser NouvTitre *)
126
127         WHILE Titre < NouvTitre DO
128         BEGIN
129           WRITELN(Resultat,Titre);
130           READLN(Titres,Quantite,PrixAchat,PrixActuel,NbPrix);
131           WRITELN(Resultat,Quantite:7,PrixAchat:7:2,PrixActuel:7:2,
132                   NbPrix:7);
133           FOR K := 1 TO NbPrix DO
134             BEGIN
135               READLN(Titres,AncPrix,JourPrix,MoisPrix,AnneePrix);
136               WRITELN(Resultat,AncPrix:7:2,JourPrix:7,MoisPrix:7,
137                       AnneePrix:7)
138             END;
139           READLN(Titres,Titre)
```

```
140        END;
141        AncTitre := NouvTitre;
142
143        IF Dater THEN
144          BEGIN
145            WRITE('Quel jour sommes-nous (jour,mois,année)? ');
146            READLN(Jour,Mois,Annee);
147            DateInfo := True
148          END;
149
150        (* Effectuer l'opération demandée par l'usager *)
151
152        CASE Operation OF
153         'a',
154         'A': IF Titre <> NouvTitre THEN
155                BEGIN
156                  WRITELN(Resultat,NouvTitre);
157                  WRITELN(Resultat,NouvQuant:7,NouvPrix:7:2,
158                       NouvPrix:7:2,1:7);
159                  WRITELN(Resultat,NouvPrix:7:2,Jour:7,Mois:7,Annee:7);
160                  WRITELN('Titre ',NouvTitre,' ajouté...')
161                END
162              ELSE
163                WRITELN('Ce titre existe déjà dans le portefeuille');
164         'e',
165         'E': IF Titre = NouvTitre THEN
166                BEGIN
167                  READLN(Titres,Quantite,PrixAchat,PrixActuel,NbPrix);
168                  FOR K := 1 TO NbPrix DO READLN(Titres);
169                  WRITELN('Titre ',NouvTitre,' éliminé...');
170                  READLN(Titres,Titre)
171                END
172              ELSE
173                WRITELN(PasDeTitre);
174         'm',
175         'M': IF Titre = NouvTitre THEN
176                BEGIN
177                  WRITELN(Resultat,Titre);
178                  READLN(Titres,Quantite,PrixAchat,PrixActuel,NbPrix);
179                  WRITELN(Resultat,Quantite:7,PrixAchat:7:2,NouvPrix:7:2,
180                       NbPrix+1:7);
181                  FOR K := 1 TO NbPrix DO
182                    BEGIN
183                      READLN(Titres,AncPrix,JourPrix,MoisPrix,AnneePrix);
184                      WRITELN(Resultat,AncPrix:7:2,JourPrix:7,MoisPrix:7,
```

```
185                         AnneePrix:7)
186                END;
187             WRITELN(Resultat,NouvPrix:7:2,Jour:7,Mois:7,Annee:7);
188             WRITELN('Titre ',NouvTitre,' modifié...');
189             READLN(Titres,Titre)
190          END
191        ELSE
192          WRITELN(PasDeTitre);
193   'v',
194   'V': IF Titre = NouvTitre THEN
195          BEGIN
196             WRITELN(Resultat,Titre);
197             READLN(Titres,Quantite,PrixAchat,PrixActuel,NbPrix);
198             WRITELN(Resultat,Quantite:7,PrixAchat:7:2,PrixActuel:7:2,
199                    NbPrix:7);
200             WRITELN('Titre   : ',Titre:20,' Quantité  : ',Quantite:7);
201             WRITELN('Prix d''achat : ',PrixAchat:20:2,
202                    ' Prix actuel: ',PrixActuel:7:2);
203             WRITELN('Variations récentes du prix:');
204             FOR K := 1 TO NbPrix DO
205                BEGIN
206                   READLN(Titres,AncPrix,JourPrix,MoisPrix,AnneePrix);
207                   WRITELN(Resultat,AncPrix:7:2, JourPrix:7,
208                          MoisPrix:7,AnneePrix:7);
209                   WRITELN(AnneePrix:7,'/',MoisPrix:2,'/',JourPrix:2,
210                          ' ==> $',AncPrix:7:2)
211                END;
212             READLN(Titres,Titre);
213          END
214        ELSE
215          WRITELN(PasDeTitre);
216   't',
217   'T': WRITELN(Resultat,TitreSentinelle)
218     END;
219   UNTIL (Operation = 'T') OR (Operation = 't');
220
221   (* Recopier le fichier Résultat sur le fichier initial *)
222
223   CLOSE(Titres);   CLOSE(Resultat);
224   REWRITE(Titres); RESET(Resultat);
225   WHILE NOT EOF(Resultat) DO
226     BEGIN
227        READLN(Resultat,UneLigne);
228        WRITELN(Titres,UneLigne)
229     END;
```

```
230     CLOSE(Titres);    CLOSE(Resultat);
231     WRITELN('Bonne chance...')
232  END.
```

Le programme EDITION

10.4 ALGORITHME ET SOLUTION DU PROGRAMME BILAN

Ce dernier programme s'occupe du bilan d'un portefeuille boursier. Même s'il est beaucoup plus long, il est de la même famille que le programme de la figure 9.4. En effet, il s'agit d'un programme ayant une boucle, qui lit des informations sur un premier fichier et produit ses résultats sur un deuxième fichier.

Les informations Les informations manipulées sont semblables à celles du programme d'édition, sauf pour les variables réservées à l'édition qui sont remplacées par des variables permettant de faire le bilan.

L'information	Type	Sorte	Valeur	Identificateur
Nom du portefeuille	STRING	VARIABLE	à obtenir	NomPortefeuille
Le fichier portefeuille	TEXT	VARIABLE	à consulter	Titres
Sentinelle de fin de fichier	STRING	CONSTANTE	'zzzzzz'	TitreSentinelle
Le nom d'une action	STRING	VARIABLE	à lire	Titre
La quantité d'actions en main	INTEGER	VARIABLE	à lire	Quantite
Le prix d'achat de l'action	REAL	VARIABLE	à lire	PrixAchat
Le prix actuel de l'action	REAL	VARIABLE	à lire	PrixActuel
Le nombre de variations	INTEGER	VARIABLE	à lire	NbPrix
Un des prix mémorisés	REAL	VARIABLE	à lire	AncPrix
Une des dates mémorisées	INTEGER	VARIABLE	à lire	JourPrix, MoisPrix, AnneePrix
Valeur totale du portefeuille	REAL	VARIABLE	à calculer	ValeurTOT
Valeur d'un lot d'actions	REAL	VARIABLE	à calculer	ValeurACT
Pourcentage de gain/perte	REAL	VARIABLE	à calculer	Gain
"Age" d'une variation de prix	REAL	VARIABLE	à calculer	AgePrix
Indic. var. mensuelle du prix	BOOLEAN	VARIABLE	à calculer	ValMois
Indic. var. annuelle prix	BOOLEAN	VARIABLE	à calculer	ValAnnee

Prix min/mois d'une action	REAL	VARIABLE	à calculer	MinMois
Prix max/mois d'une action	REAL	VARIABLE	à calculer	MaxMois
Prix min/année d'une action	REAL	VARIABLE	à calculer	MinAnnee
Prix max/année d'une action	REAL	VARIABLE	à calculer	MaxAnnee

L'algorithme   Pour ce problème, le corps du programme sera composé d'une boucle ayant pour but de lire l'information d'une action et de calculer les valeurs minimum et maximum (du mois et de l'année), la valeur de chaque lot d'actions, le prix actuel et le gain.

Un algorithme pour ce programme :

Étape 1   Préparer les fichiers Titres et Resultat
Étape 2   Demander la date
        ValeurTot ← 0.0
        LIRE Titre
Étape 3   TANTQUE Titre <> TitreSentinelle FAIRE
        Lire et traiter une action
        ECRIRE ValeurTOT
        FERMER Titre, Resultat

Détaillons chacunes des étapes.

Étape 1   **Préparer les fichiers Titres et Resultat** :
        ECRIRE "Nom du portefeuille"
        LIRE NomPortefeuille
        ASSOCIER NomPortefeuille ET Titres
        RELIRE Titres
        ASSOCIER Bilan.dat ET Resultat
        RECRIRE Resultat

Étape 2   **Demander la date** :
        ECRIRE "Quelle date sommes-nous (jour, mois, année)?"
        LIRE Jour, Mois, Annee

Étape 3   **Lire et traiter une action** :
        MinMois ← 1E35 MaxMois ← 0 ValMois ← Faux
        MinAnnee ← 1E35 MaxAnnee ← 0 ValAnnee ← Faux
        LIRE Quantite, PrixAchat, PrixActuel, NbPrix

POUR K ← 1 **A** NbPrix **FAIRE**
    LIRE AncPrix, JourPrix, MoisPrix, AnneePrix
    Calculer les minimum et maximum
    Gain ← (PrixActuel - PrixAchat) / PrixAchat * 100
    ValeurACT ← Quantite * PrixActuel
    ValeurTOT ← ValeurTOT + ValeurAct
    ECRIRE Titre, Quantite, PrixActuel, MinMois,
    MaxMois, MinAnnee, MaxAnnee, ValeurAct, Gain
    LIRE Titre

Calculer les minimum et maximum :
    AgePrix ← (Annee-AnnePrix)+(Mois-MoisPrix)
        /12+(Jour-JourPrix)/365
    SI AgePrix <= 1.0 **ALORS**
      SI AncPrix < MinAnnee **ALORS**
        MinAnnee ← AncPrix
      SI AncPrix > MaxAnnee **ALORS**
        MaxAnnee ← MaxAnnee
      ValAnnee ← True
    SI AgePrix < 1/12 **ALORS**
      SI AncPrix < MinMois **ALORS** MinMois ← AncPrix
      SI AncPrix > MaxMois **ALORS** MaxMois ← AncPrix
      ValMois ← True

Le programme PASCAL

```
1  PROGRAM BilanPortefeuille (INPUT,OUTPUT,Titres,Resultat);
2  (*
3     Ce programme permet de faire le bilan d'un portefeuille contenant des
4     titres de compagnies cotées en bourse.
5  *)
6  CONST
7     TitreSentinelle = 'zzzzzzzzzzzzzzzzzzzz';
8     NomBilan  = 'BILAN.DAT'; (* Nom externe du fichier bilan *)
9  TYPE
10    NomAction = String[20];
11 VAR
12    Titres           : TEXT;       (* Fichier contenant les titres *)
13    NomPortefeuille  : STRING[8];  (* Nom externe de Titres        *)
14    Resultat         : TEXT;       (* Fichier contenant le bilan   *)
15    Jour, Mois,Annee : INTEGER;    (* La date courante             *)
16    K                : INTEGER;    (* Indice de boucle             *)
17
```

```
18      (* Variables décrivant une action du fichier Titres *)
19
20      Titre       : NomAction; (* Nom du titre courant             *)
21      Quantite    : INTEGER;   (* Nombre d'actions du titre        *)
22      PrixAchat   : REAL;      (* Prix d'achat d'une action        *)
23      PrixActuel  : REAL;      (* Prix actuel d'une action         *)
24      NbPrix      : INTEGER;   (* Nombre de prix mémorisés         *)
25      AncPrix     : REAL;      (* Un des prix mémorisés            *)
26      JourPrix, MoisPrix,      (* Date où AncPrix a été mémorisé   *)
27      AnneePrix   : INTEGER;   (* sur le fichier Titres            *)
28
29      (* Variables décrivant le bilan du portefeuille *)
30
31      NbTitres    : INTEGER;   (* Nombre de titres en main         *)
32      ValeurTOT   : REAL;      (* Valeur totale du portefeuille    *)
33      ValeurAct   : REAL;      (* Valeur actuelle d'un lot         *)
34      Gain        : REAL;      (* Pourcentage de gain ou perte     *)
35      AgePrix     : REAL;      (* Temps écoulé depuis un prix      *)
36      MinMois     : REAL;      (* Prix minimum dans un mois        *)
37      MaxMois     : REAL;      (* Prix maximum dans un mois        *)
38      ValMois     : BOOLEAN;   (* VRAI si on a des prix du mois    *)
39      MinAnnee    : REAL;      (* Prix minimum dans l'annee        *)
40      MaxAnnee    : REAL;      (* Prix maximum dans l'annee        *)
41      ValAnnee    : BOOLEAN;   (* VRAI si on a des prix de l'an    *)
42   BEGIN
43      (* Demande du nom du portefeuille et de la date courante *)
44
45      WRITE('Nom du portefeuille: ');
46      READLN(NomPortefeuille);
47      WRITE('Quel jour sommes-nous (jour, mois, année)? ');
48      READLN(Jour, Mois, Annee);
49
50      (* Accès au fichier Titres et création du fichier bilan *)
51
52      ASSIGN(Titres, NomPortefeuille);
53      RESET(Titres);
54      ASSIGN(Resultat, NomBilan);
55      REWRITE(Resultat);
56      WRITELN(Resultat, 'Bilan du portefeuille ',NomPortefeuille,
57                      ' le ', Annee:4, '/' ,Mois:2, '/', Jour:2);
58      WRITELN(Resultat);
59      WRITELN(Resultat,'Titre       Quant   Prix   Min.Max.Mois ',
60                      'Min.Max.Annee ','   Valeur   Gain');
61      WRITELN(Resultat);
62
```

Algorithme et solution du programme BILAN

```
63      (* Traitement, titre par titre, du fichier portefeuille *)
64
65      NbTitres := 0;                  ValeurTOT := 0.0;
66      READLN(Titres,Titre);
67      WHILE Titre <> TitreSentinelle DO
68       BEGIN
69        MinMois   := 1E35;  MaxMois   := 0.0;
70        MinAnnee  := 1E35;  MaxAnnee  := 0.0;
71        ValMois   := FALSE; ValAnnee  := FALSE;
72
73        (* Lecture de la partie fixe d'un titre *)
74
75        READLN(Titres, Quantite, PrixAchat, PrixActuel, NbPrix);
76
77        (* Recherche des minimum et maximum parmi les prix *)
78
79        FOR K := 1 TO NbPrix DO
80         BEGIN
81           READLN(Titres, AncPrix, JourPrix, MoisPrix, AnneePrix);
82           AgePrix := (Annee - AnneePrix) + (Mois - MoisPrix)/12 +
83                      (Jour - JourPrix)/365;
84           IF AgePrix <= 1.0 THEN    (*Un prix de l'année courante*)
85             BEGIN
86               IF AncPrix < MinAnnee THEN MinAnnee := AncPrix;
87               IF AncPrix > MaxAnnee THEN MaxAnnee := AncPrix;
88               ValAnnee := True;
89               IF AgePrix <= (1/12) THEN (*Un prix du mois courant*)
90                 BEGIN
91                   IF AncPrix < MinMois THEN MinMois := AncPrix;
92                   IF AncPrix > MaxMois THEN MaxMois := AncPrix;
93                   ValMois := True;
94                 END
95             END;
96         END;
97        (* Calculs et impression des résultats pour ce titre *)
98
99        NbTitres    := NbTitres + 1;
100       Gain        := (PrixActuel - PrixAchat) / PrixAchat * 100;
101       ValeurACT   := Quantite * PrixActuel;
102       ValeurTOT   := ValeurTOT + ValeurACT;
103       Titre       := Titre + '
104
105       WRITE(Resultat, Titre:20, Quantite:7, PrixActuel:7:2);
106       IF ValMois THEN WRITE(Resultat, MinMois:7:2, MaxMois:7:2)
107       ELSE WRITE(Resultat, '   ----   ----');
```

```
108    IF ValAnnee THEN WRITE(Resultat, MinAnnee:7:2, MaxAnnee:7:2)
109    ELSE WRITE(Resultat, '    ----    ----');
110    WRITELN(Resultat, ValeurACT:10:2, Gain:7:2);
111    WRITELN(Resultat);
112    READLN(Titres, Titre);
113   END;
114 (* Impression des résultats globaux *)
115
116 WRITELN(Resultat);
117 WRITELN(Resultat,'Nombre de titres: ', NbTitres:15);
118 WRITELN(Resultat,'Valeur totale    : ', ValeurTOT:15:2);
119 CLOSE(Titres);     CLOSE(Resultat);
120 WRITELN('Bilan complété; lire ou imprimer ', NomBilan)
121 END.
```

Figure 10.3   Le programme BILAN

10.5 DISCUSSION

Les trois programmes présentés permettent de satisfaire les exigences du problème initial bien que l'approche utilisée pour ce problème ait été différente : nous avons trois programmes au lieu d'un seul qui fait tout. Ceci oblige l'usager à sélectionner un programme pour chaque grande classe d'opérations désirées (création d'un portefeuille, édition et bilan). Cependant, cela est plus simple que d'avoir un seul programme surchargé d'options.

L'édition pourrait être facilitée si la contrainte de l'ordre alphabétique n'était pas présente. Pour cela, il faudrait avoir des fichiers à accès direct (qui permettent d'accéder directement à n'importe laquelle des informations du fichier), mais ils ne sont pas disponibles avec le PASCAL standard. Une autre façon de procéder serait de lire tout le fichier à chaque fois que l'on recherche une action. Elle n'a pas été retenue à cause de sa lenteur, en particulier avec les ordinateurs équipés de systèmes à disquettes.

10.6 AMÉLIORATIONS POSSIBLES AUX PROGRAMMES

Plusieurs améliorations peuvent être faites à ces programmes. Quelques-unes d'entre elles sont discutées dans les paragraphes suivants.

Une des premières modifications serait d'améliorer la validation faite par le programme EDITION. Présentement, l'usager peut entrer n'importe quelle valeur dans son portefeuille. Une valeur non valide pourrait rendre inutilisable le contenu de tout un portefeuille.

Les possibilités d'édition pourraient être étendues. Par exemple, il serait intéressant de pouvoir éditer le nom d'une action et sa quantité. Cela permettrait de corriger des erreurs faites par l'usager et de mettre à jour le nombre d'actions détenues par un investisseur. La modification de la quantité implique toutefois des modifications au format du fichier et au programme BILAN, de façon à pouvoir calculer le pourcentage de gain correctement.

Plus d'informations pourraient être emmagasinées sur chaque lot d'actions. Cela permettrait de prendre de meilleures décisions en ce qui concerne les achats et les ventes.

Le programme ÉDITION ne fait qu'ajouter de l'information sur les variations de prix. Éventuellement, la quantité de ce type d'information peut devenir très grande (exemple : si le prix d'une action achetée il y a deux ans est mis à jour quotidiennement, il y aura environ 500 lignes d'informations mémorisées...) et encombrer le disque ou la disquette. Un mécanisme pourrait être implanté pour régler ce cas.

Les programmes pourraient être améliorés s'ils pouvaient lire l'horloge qui est disponible sur la plupart des ordinateurs; cela éviterait à l'usager d'avoir à la fournir à chaque fois... Ceci n'a pas été inclus dans les programmes car son implantation dépend de l'ordinateur utilisé.

10.7 ADDENDA : FORMAT DE FICHIER

Dans ce chapitre, nous avons eu à définir l'organisation des informations mémorisées dans les fichiers `Portefeuille`. Cette tâche est importante et mérite d'être étudiée un peu plus en détail.

Tout d'abord, notons que le format du fichier est parfois défini avec le problème lui-même. En effet, certains programmes traitent des fichiers produits par d'autres programmes plus anciens : ces programmes doivent donc s'adapter aux formats de fichiers déjà établis. Par ailleurs, il existe des situations où il faut définir l'organisation des informations. Examinons quelques points importants à ce sujet.

La notion d'enregistrement

Si un fichier est constitué d'une suite plus ou moins longue d'informations de nature similaire, nous pouvons parler d'un fichier d'enregistrements. Un **enregistrement** regroupe des informations qui vont typiquement ensemble. Chaque enregistrement peut être plus ou moins compliqué selon les applications. Considérons l'exemple fourni par un fichier contenant des noms de personnes avec leur numéro de téléphone :

```
BELANGER CLAUDE      514 324 4618
GELINAS MARC         513 737 4142
LABELLE ANDRE        514 881 9328
```

Nous avons ici un fichier dont les enregistrements sont constitués de quatre informations : un nom, un code régional, un échange téléphonique et un numéro de téléphone à l'intérieur de l'échange.

Cette notion d'enregistrement facilite le traitement des fichiers tout en étant facile à comprendre et à documenter. Pour le traitement, il s'agit de connaître le traitement à effectuer sur un enregistrement pour être capable de traiter le fichier au complet.

Structure des enregistrements

Un autre point important consiste à définir précisément les informations, ou champs, qui composent un enregistrement. Dans le cadre d'enregistrements sur fichier texte, nous aurons pour chaque champ :

- une description du champ avec éventuellement un nom symbolique (exemple : code postal de l'employé, `CodePostal`);

- le type de l'information (exemple : `REAL`, `INTEGER`, `STRING`...);

- la taille du champ (exemple : champ de 15 caractères comprenant 2 décimales);

- sa position dans l'enregistrement (exemple : 2e ligne de l'enregistrement).

La plupart des informations nécessaires peuvent être déduites de l'énoncé du problème. Au besoin, le programmeur prendra des décisions raisonnables pour les informations manquantes. (Il n'est pas interdit de choisir un format d'enregistrement qui facilite le traitement des divers champs).

Les enregistrements de longueurs variables

Il arrive parfois qu'un enregistrement comprenant un nombre fixe d'informations ne corresponde pas à nos besoins. Ainsi, pour le projet discuté dans ce chapitre nous avions besoin de mémoriser une quantité variable de prix pour chacune de nos actions. Nous avions dans ce cas des enregistrements de longueurs variables : des enregistrements dont la taille change d'un enregistrement à un autre. Une façon simple d'implanter ces enregistrements est d'avoir un champ décrivant le nombre de fois qu'un autre champ est présent.

Exemple Quel serait le format de fichier approprié pour mémoriser les cours suivis par chaque étudiant d'une université?

Puisque chaque étudiant suit un nombre variable de cours, nous aurons besoin d'enregistrements de longueurs variables. Chaque enregistrement sera composé :

- du nom de l'étudiant : une chaîne de caractères occupant les 30 premiers caractères de la première ligne de l'enregistrement;
- du nombre de cours suivis : un entier occupant les trois caractères suivant le nom de l'étudiant;
- de la liste des cours suivis : zéro ou plusieurs lignes contenant une chaîne de huit caractères décrivant le code du cours suivi.

Un tel fichier aurait l'allure suivante :

```
Lupin Arsène            1
PSY-1020
Mole Adrien             3
PHY-1420
MAT-1010
IFT-1810
Servadac Hector         2
BIO-1506
MAT-1020
```

Ces enregistrements sont évidemment un peu plus compliqués à traiter que les enregistrements de longueur fixe, mais ils offrent par contre une très grande flexibilité.

Fichier avec sentinelle

Le traitement avec sentinelle a déjà été abordé à quelques reprises dans ce manuel. Rappelons qu'une sentinelle est une valeur (ou un enregistrement) spéciale que l'on place à la fin des données ou d'un fichier pour indiquer la fin des informations.

L'usage d'une sentinelle est particulièrement intéressant dans certaines applications. Cela est notamment le cas pour les applications de traitement de fichier impliquant une mise à jour. Dans ce cas-là, il arrive que le traitement réservé à la fin de fichier soit simplifié si l'on utilise une sentinelle. En effet, si l'on a un fichier trié et que la sentinelle choisie représente une très grande valeur alors les insertions en fin de fichier (en fait, tout juste avant la sentinelle) seront aussi simples que les insertions ailleurs dans le fichier. Pour s'en convaincre, nous suggérons au lecteur de comparer le programme de la figure 9.7 avec le programme EDITION de ce chapitre. L'ajout de la sentinelle a considérablement facilité le traitement de la fin de fichier dans le cas du programme EDITION.

11

TABLEAUX

11.1 Étude de cas : compilation des résultats d'une élection
11.2 Présentation générale des tableaux
11.3 Programmation et tableaux
11.4 Techniques de programmation
11.5 Seconde approche du problème des élections
11.6 Chaînes de caractères
11.7 Tableaux à plusieurs dimensions

OBJECTIFS

- Reconnaître les situations où l'usage de variables simples et/ou de fichiers ne permet pas de programmer efficacement une solution;

- apprendre la syntaxe de la déclaration d'un type tableau ainsi que les variantes possibles;

- apprendre comment utiliser une variable tableau dans une instruction;

- apprendre quelques techniques de programmation qui s'appliquent aux tableaux.

INTRODUCTION

Nous allons maintenant aborder une nouvelle façon d'organiser et de manipuler les informations à l'intérieur d'un programme : le tableau. Bien que les outils de programmation que nous ayons vus jusqu'à maintenant nous permettent de résoudre à peu près n'importe quel problème de traitement d'information, il existe des cas où l'utilisation de variables simples peut contribuer à rendre la programmation fastidieuse. Pour nous en convaincre, nous allons présenter un problème illustrant les lacunes des variables simples. Ce problème nous permettra d'introduire des techniques importantes en programmation. Par contre, ce qui est important pour le lecteur, dans un premier temps, c'est de comprendre la façon de le résoudre et de saisir en quoi les variables simples nous limitent. Plus loin, nous reprendrons le même problème et nous en présenterons une solution programmée plus complète.

11.1 ÉTUDE DE CAS : COMPILATION DES RÉSULTATS D'UNE ÉLECTION

Situation Le président des élections de Mégalo City a décidé de faire appel à une firme de consultants en informatique pour l'aider à compiler les résultats des prochaines élections au poste de maire. La ville étant populeuse, on y a installé plusieurs bureaux de scrutin qui alimenteront l'ordinateur en données; le poste de maire étant payant, les candidats y sont nombreux, une demi-douzaine en réalité. Les résultats seront acheminés au centre de traitement et seront conservés dans un fichier dont chacune des lignes contiendra les deux valeurs entières suivantes : le numéro du candidat (ceux-ci sont numérotés de 1 à 6) et le nombre de votes reçus par le candidat. Les résultats seront conservés dans le fichier selon un ordre tout à fait quelconque.

284   *Tableaux*

        Exemple   3 892
                        1 411
                        5 175
                        5 219
                        2 528
                        6   51
                        4 302
                        6   16
                        3 129
                        ...

Les problèmes à résoudre

À partir du fichier de données, nous voulons obtenir plusieurs résultats :

- La compilation du nombre de votes pour chaque candidat;

- le gagnant de l'élection;

- la présentation des résultats en ordre décroissant;

- le pourcentage des votes obtenus pour chaque candidat.

De plus, nous aimerions pouvoir facilement modifier le programme afin de l'adapter aux changements de dernière minute dans le nombre de candidats.

Une solution PASCAL peu satisfaisante

La figure 11.1 illustre un programme pouvant résoudre une partie des problèmes présentés à la section précédente. Une description en est donnée dans les paragraphes suivants la figure.

```
 1 PROGRAM Elections (INPUT,OUTPUT);
 2 (*
 3    Programme servant à compiler les résultats d'une élection
 4 *)
 5 VAR
 6    VotesCand1, VotesCand2, VotesCand3   : INTEGER;   (* Votes    *)
 7    VotesCand4, VotesCand5, VotesCand6   : INTEGER;   (* Votes    *)
 8    NoCandidat, NoGagnant                : INTEGER;   (* Gagnant  *)
 9    NbVotes, MaxVotes, TotalVotes        : INTEGER;
10    PctCand1, PctCand2, PctCand3         : REAL;      (* % calc.  *)
11    PctCand4, PctCand5, PctCand6         : REAL;      (* % calc.  *)
12 BEGIN
13    VotesCand1 := 0; VotesCand2 := 0; VotesCand3 := 0;
```

```
14      VotesCand4 := 0; VotesCand5 := 0; VotesCand6 := 0;
15      WHILE NOT EOF(INPUT) DO          (* Comptabiliser les votes *)
16        BEGIN
17          READLN(INPUT,NoCandidat,NbVotes);
18          CASE NoCandidat OF
19            1: VotesCand1 := VotesCand1 + NbVotes;
20            2: VotesCand2 := VotesCand2 + NbVotes;
21            3: VotesCand3 := VotesCand3 + NbVotes;
22            4: VotesCand4 := VotesCand4 + NbVotes;
23            5: VotesCand5 := VotesCand5 + NbVotes;
24            6: VotesCand6 := VotesCand6 + NbVotes
25          END
26        END;
27      WRITELN(OUTPUT,'Votes pour le candidat 1: ',VotesCand1);
28      WRITELN(OUTPUT,'Votes pour le candidat 2: ',VotesCand2);
29      WRITELN(OUTPUT,'Votes pour le candidat 3: ',VotesCand3);
30      WRITELN(OUTPUT,'Votes pour le candidat 4: ',VotesCand4);
31      WRITELN(OUTPUT,'Votes pour le candidat 5: ',VotesCand5);
32      WRITELN(OUTPUT,'Votes pour le candidat 6: ',VotesCand6);
33
34      (* Trouver le candidat gagnant *)
35
36      MaxVotes := VotesCand1;  NoGagnant := 1;
37      IF VotesCand2 > MaxVotes THEN
38      BEGIN MaxVotes:=VotesCand2 ;NoGagnant:=2 END;
39      IF VotesCand3 > MaxVotes THEN
40      BEGIN MaxVotes:=VotesCand3; NoGagnant:=3 END;
41      IF VotesCand4 > MaxVotes THEN
42      BEGIN MaxVotes:=VotesCand4; NoGagnant:=4 END;
43      IF VotesCand5 > MaxVotes THEN
44      BEGIN MaxVotes:=VotesCand5; NoGagnant:=5 END;
45      IF VotesCand6 > MaxVotes THEN
46      BEGIN MaxVotes:=VotesCand6; NoGagnant:=6 END;
47      WRITELN(OUTPUT,'Le candidat ',NoGagnant,
48      ' l''emporte avec ',MaxVotes,' votes');
49
50      (* Présentation des résultats en ordre décroissant *)
51
52                (* ----------- Non implanté ----------- *)
53
54      (* Pourcentage des votes *)
55
56      TotalVotes := VotesCand1 + VotesCand2 + VotesCand3
57                   +VotesCand4 + VotesCand5 + VotesCand6;
58      PctCand1 := VotesCand1 / TotalVotes * 100.0;
59      PctCand2 := VotesCand2 / TotalVotes * 100.0;
```

```
60      PctCand3 := VotesCand3 / TotalVotes * 100.0;
61      PctCand4 := VotesCand4 / TotalVotes * 100.0;
62      PctCand5 := VotesCand5 / TotalVotes * 100.0;
63      PctCand6 := VotesCand6 / TotalVotes * 100.0;
64      WRITELN(OUTPUT,'Pourcentage des votes pour le candidat 1:',
65                     PctCand1:4:1);
66      WRITELN(OUTPUT,'Pourcentage des votes pour le candidat 2:',
67                     PctCand2:4:1);
68      WRITELN(OUTPUT,'Pourcentage des votes pour le candidat 3:',
69                     PctCand3:4:1);
70      WRITELN(OUTPUT,'Pourcentage des votes pour le candidat 4:',
71                     PctCand4:4:1);
72      WRITELN(OUTPUT,'Pourcentage des votes pour le candidat 5:',
73                     PctCand5:4:1);
74      WRITELN(OUTPUT,'Pourcentage des votes pour le candidat 6:',
75                     PctCand6:4:1);
76      END.
```

Figure 11.1   Compilation des résultats d'une élection

Pour compiler les résultats, on doit d'abord associer à chacun des candidats une variable servant à compter le nombre de votes qu'il a reçus (lignes 6 et 7). La première étape du traitement consiste à mettre tous les compteurs à zéro (lignes 13 et 14). En second lieu, il faut comptabiliser les résultats, c'est-à-dire augmenter le compteur approprié à chaque fois qu'un candidat reçoit des votes. Comme on ne sait pas dans quel ordre les résultats se présentent, il faut donc tester le numéro du candidat pour retrouver le compteur à incrémenter (lignes 15 à 26). En dernier lieu, il faut imprimer les résultats, ce qui demande autant d'énoncés WRITELN que de variables comptant les votes des candidats (lignes 27 à 32).

Pour trouver qui a gagné les élections, il suffit de déterminer qui a reçu le plus grand nombre de votes, ce qui peut aussi s'énoncer comme la recherche du maximum parmi les variables ayant servi à accumuler les votes (lignes 36 à 46). Le principe a déjà été vu au chapitre 5. Il convient cependant de noter qu'il faut aussi retenir le numéro du candidat qui a reçu le plus de votes, de façon à pouvoir l'identifier; autrement, on connaitraît seulement que le nombre de votes reçus par le gagnant.

Pour ce qui est de la présentation des résultats en ordre décroissant, il faut trier tous les candidats selon leur nombre de votes. Une technique facile de tri consiste, pour le cas de l'ordre décroissant, à trouver le maximum et à le retirer des éléments à trier, puis à reprendre le même processus avec les éléments qui restent et ainsi de suite, jusqu'à ce qu'il ne reste plus d'éléments à trier. Nous laissons ici le soin au lecteur de se convaincre qu'une implantation basée sur le matériel connu serait très difficile.

Finalement, pour exprimer les suffrages en pourcentage, il faut d'abord connaître le nombre total de votes pour l'ensemble des candidats (ligne 56) et, par la suite, calculer et imprimer le pourcentage des votes obtenus par chacun des candidats (lignes 58 à 74).

Au dernier moment, un candidat peut se retirer ou s'ajouter. Si cela se produit, il faut modifier le programme, c'est-à-dire retrancher ou ajouter des instructions selon le cas. Comme tel, le programme est incapable de s'ajuster automatiquement aux variations dans le nombre de candidats.

L'outil recherché Le programme de la figure 11.1 a de nombreux défauts dont le plus important est de ne pas résoudre tous les problèmes (la présentation des résultats en ordre décroissant n'y est pas résolu). De plus, il est clair que de nombreux énoncés sont répétitifs (mise à zéro, gagnant, pourcentage) ou peu efficaces (compilation des résultats). Il pourrait être amélioré si l'on avait la possibilité :

- de reproduire facilement un même traitement sur un ensemble de variables jouant le même rôle (exemple : la mise à zéro des compteurs, le choix du gagnant et le calcul des pourcentages);

- d'accéder directement à n'importe quelle des variables de l'ensemble (exemple : compilation des votes de chaque candidat);

- de faire en sorte que le programme s'adapte automatiquement aux variations du nombre de variables à traiter (exemple : ajouts de nouveaux candidats).

Les tableaux nous offriront tous ces avantages.

11.2 PRÉSENTATION GÉNÉRALE DES TABLEAUX

Le tableau est une structure de données qui regroupe sous un même identificateur un ensemble de variables partageant une même fonction ou servant à emmagasiner des informations de même nature.

Par exemple, on peut utiliser :

- un tableau `Votes` pour regrouper l'ensemble des variables servant à emmagasiner le nombre de votes obtenus par chacun des candidats à une élection;

- un tableau `Soldes` pour contenir les soldes des clients d'une banque;

- un tableau `FreqTemp` pour compter les fréquences des températures moyennes quotidiennes au cours d'une année.

Chacun des identificateurs `Votes`, `Soldes` et `FreqTemp` désigne l'ensemble du tableau. Ceci est très différent des variables simples (`REAL`, `INTEGER`, `CHAR`, `BOOLEAN`) utilisées jusqu'ici car ces dernières désignaient une et une seule valeur.

Cependant, les différents éléments du tableau peuvent aussi être adressés séparément. Chaque élément se distingue des autres par une valeur qui lui est propre appelée **indice**. L'indice joue ici le rôle d'un indicateur identifiant un élément du tableau. Par exemple, on pourra dire que le cinquième élément d'un tableau possède l'indice 5.

La représentation graphique des tableaux revêt souvent l'aspect d'une suite de cases devant lesquelles on inscrit le nom du tableau avec son indice entre crochets (parenthèses carrées). Chaque case représente un élément du tableau. Par exemple, on pourrait représenter le tableau `Votes` de la façon suivante.

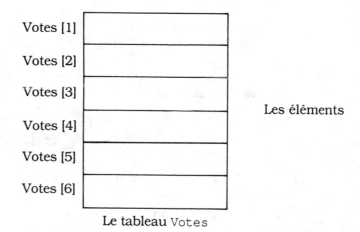

Mais, quel est l'avantage d'avoir un tableau plutôt que d'utiliser des variables simples? Cet avantage vient du fait que l'indice d'un élément d'un tableau peut être une expression calculée dont la valeur n'est déterminée que lors de l'exécution du programme. Pour illustrer ce qu'on entend par indice calculé, nous présentons un exemple sommaire illustrant la mise à zéro des compteurs de votes des candidats. Pour ce faire, il suffit d'écrire :

```
FOR    I := 1    TO    6    DO
Votes [I]  := 0 ;
```

Dans cet exemple, l'expression qui indice le tableau est plutôt simple : elle ne contient que la variable I. Cette dernière prend successivement les valeurs 1 à 6. À chaque itération de la boucle, on initialise donc un élément différent du tableau. Grâce aux indices calculés, les tableaux sont des outils extrêmement efficaces qui permettent de simplifier la programmation de nombreux algorithmes.

11.3 PROGRAMMATION ET TABLEAUX

Nous abordons maintenant l'utilisation des tableaux dans les programmes en PASCAL. En premier lieu, nous allons nous intéresser à la déclaration de tableaux et par la suite, nous allons examiner la façon d'utiliser les tableaux dans les diverses instructions des programmes.

Déclaration d'un tableau

La déclaration d'un tableau se place dans la section de déclaration des variables et doit fournir les informations suivantes :

- l'identificateur du tableau, c'est-à-dire le nom d'une variable qui servira aussi à engendrer le nom de chacun des éléments du tableau;

- une déclaration de type (tableau) `ARRAY` .

Par exemple, la déclaration :

```
VAR
   NoteExamen : ARRAY [1..50] OF REAL ;
                  1      2      3    4
```

définit le tableau `NoteExamen` comptant 50 éléments.

Une déclaration de type `ARRAY` est composée :

1 de l'identificateur réservé `ARRAY` qui annonce une déclaration de type tableau;

2 de l'intervalle des indices, entre crochets, qui indique la façon dont on désire adresser les éléments du tableau. Cet intervalle est délimité par une borne inférieure et une borne supérieure séparées par deux points côte à côte;

3 de la particule `OF`

4 du type des éléments du tableau.

En ce qui concerne les intervalles d'indices, trois remarques additionnelles s'imposent.

En premier lieu, le type de l'intervalle doit être dénombrable, c'est-à-dire qu'on doit pouvoir évaluer combien l'intervalle comporte d'éléments. Les intervalles de type entier, caractère et booléen sont dénombrables alors qu'un intervalle de type réel ne l'est pas; en effet, qui peut dire combien il y a de nombres réels entre

0.0 et 1.0. Les exemples suivants de déclaration de tableau illustrent les types d'intervalles entier, caractère et booléen.
```
VAR
    VentesDept  : ARRAY [1..10]        OF REAL    ;
    QteLettres  : ARRAY ['A'..'Z']     OF INTEGER ;
    Referendum  : ARRAY [FALSE..TRUE]  OF INTEGER ;
```

En second lieu, la seule contrainte à respecter est que la borne inférieure doit être plus petite que la borne supérieure : on ne peut pas inverser l'ordre des éléments du tableau. Comme corollaire, il s'ensuit que pour un intervalle entier la borne inférieure n'est pas nécessairement 1 et parfois, on a avantage à ce qu'elle ait une autre valeur. L'exemple suivant nous en fournit une illustration.

```
VAR
    FreqTemp :ARRAY [-50..50] OF INTEGER ;
```

Le tableau `FreqTemp` sert à compter la fréquence des températures moyennes quotidiennes. L'intervalle de -50 à 50 couvre la gamme des températures possibles, de sorte qu'avec la valeur d'une température on peut indicer directement le tableau et augmenter le compteur approprié.

En troisième lieu, l'intervalle des indices permet de calculer la taille (ou dimension) du tableau selon la formule suivante :

ORD (borne supérieure) - ORD (borne inférieure) + 1

Utilisation de constantes pour déclarer les tableaux

On peut déclarer des constantes symboliques correspondant aux bornes des tableaux dans la section des déclarations de constante et les utiliser dans la déclaration du tableau. Par exemple, on peut reformuler la déclaration du tableau `FreqTemp` de la façon suivante:

```
CONST
    MinTemp = -50 ;
    MaxTemp =  50 ;
VAR
    FreqTemp : ARRAY [MinTemp..MaxTemp] OF INTEGER ;
```

L'utilisation des identificateurs de constante permet de paramétriser la taille des tableaux. En effet, pour changer la taille d'un tableau et pour adapter automatiquement tous les traitements portant sur le tableau, il suffit de modifier la valeur de la constante dans sa déclaration. Lorsque la borne minimum d'un tableau est 0 ou 1, on ne lui associe pas d'identificateur de constante, à moins qu'il y ait possibilité que cette valeur change. Il faut éviter de profiter du fait que des constantes aient la même valeur pour les confondre ou n'en déclarer qu'une seule. Ainsi, l'exemple suivant utilise deux constantes, même si elles ont des valeurs identiques.

```
CONST
    MaxVendeur = 20 ;
    MaxArticle = 20 ;
VAR
    Salaire     : ARRAY [1..MaxVendeur] OF REAL    ;
    Dept        : ARRAY [1..MaxVendeur] OF INTEGER ;
    CoutArticle : ARRAY [1..MaxArticle] OF REAL    ;
```

Utilisation de types dans les déclarations de tableaux

On peut utiliser des types prédéfinis pour spécifier l'intervalle des indices d'un tableau. Voici deux exemples d'utilisation de type intervalle prédéfini.

```
VAR
    FreqCar    : ARRAY [CHAR]    OF INTEGER ;
    Referendum : ARRAY [BOOLEAN] OF INTEGER ;
```

Nous avons vu que le langage PASCAL permet d'ajouter de nouveaux types à ceux prédéfinis. On peut associer un identificateur de type intervalle et l'utiliser dans la déclaration du tableau. Les types intervalles ainsi définis peuvent servir partout où un type intervalle est permis. L'exemple suivant en montre quelques applications :

```
TYPE
    IntrnNoLoto = 1..49 ;
    IntrnChoix  = 1..6  ;
VAR
    NoGagnant    : ARRAY [IntrnChoix] OF IntrnNoLoto ;
    NoComplement : IntrnNoLoto ;
```

Dans cet exemple, le tableau contient six éléments dont les valeurs doivent respecter l'intervalle 1 à 49. La variable NoComplement doit aussi se situer dans cet intervalle.

Outre la lisibilité accrue des programmes, l'avantage de définir des types intervalles réside dans le fait que les valeurs affectées aux variables sont confrontées avec les bornes du type et toute affectation qui ne respecte pas ces limites entraîne une erreur d'exécution.

Déclaration de types tableaux

PASCAL nous permet aussi d'associer des identificateurs à des spécifications complètes de tableau. En procédant ainsi, on simplifie l'écriture des programmes et l'égalité de type entre deux tableaux devient évidente. Ainsi, dans l'exemple ci-dessous on se rend compte facilement que les tableaux CoorX et CoorY sont de même type.

```
TYPE
   TABCOOR = ARRAY [1..100] OF REAL ;
VAR
   CoorX : TABCOOR ;
   CoorY : TABCOOR ;
```

Tous les outils mentionnés précédemment peuvent être utilisés pour améliorer la déclaration des tableaux. Ils permettent, comme nous l'avons vu, de paramétriser les programmes, de les clarifier et de les documenter. Voici un exemple où tous ces outils sont utilisés.

```
CONST
   MAXEQUIPE    = 21 ;
TYPE
   INTRVEQUIPE = 1..MAXEQUIPE ;
   TABEQUIPE   = ARRAY [INTRVEQUIPE] OF INTEGER ;
VAR
   Victoires   : TABEQUIPE   ;
   Defaites    : TABEQUIPE   ;
   Points      : TABEQUIPE   ;
   NoEquipe    : INTRVEQUIPE ;
```

Opérations sur les tableaux

Le tableau peut être utilisé de deux façons : on peut le manipuler en entier ou on peut le manipuler élément par élément.

Opérations impliquant le tableau complet

L'identificateur du tableau est alors utilisé comme nom pour désigner l'ensemble des éléments de ce dernier. Pour le moment, nous allons limiter ce genre de manipulation à l'énoncé d'affectation.

L'affectation de tableaux permet de transférer en bloc tous les éléments d'un tableau dans un autre pourvu qu'ils soient de types équivalents. Cette opération est démontrée dans l'exemple qui suit.

```
CONST
    MAXDEPART     = 10 ;
TYPE
    INTRVDEPART = 1..MAXDEPART ;
    TABHRDEPART = ARRAY [INTRVDEPART] OF INTEGER ;
VAR
    HeurePrevuDepart     : TABHRDEPART ;
    HeureEffectiveDepart : TABHRDEPART ;
BEGIN
    .
    .
    .
    HeureEffectiveDepart   := HeurePrevuDepart ;
    .
    .
    .
END.
```

Dans cet exemple impliquant deux tableaux de même type, on copie au complet le tableau `HeurePrevuDepart` dans `HeureEffectiveDepart`. Cette copie en bloc est généralement plus efficace que le transfert élément par élément. Notons ici que la lecture ou l'écriture en bloc de tout un tableau, de même que les opérations arithmétiques ne sont pas permises.

Utilisation d'un élément de tableau

Un élément de tableau s'écrit en prenant l'identificateur du tableau et en le faisant suivre d'une expression entre crochets, fournissant l'indice de l'élément auquel on désire se référer. **On peut le retrouver partout où une variable ayant le type des éléments du tableau peut être utilisée.** Le programme de la figure 11.2 nous le montre, notamment dans l'énoncé d'affectation, à gauche comme à droite; dans une expression conditionnelle; dans les énoncés de lecture et d'écriture.

```
1  PROGRAM DeNotes ( INPUT , OUTPUT ) ;
2  (*
3     Exemple de programme utilisant une variable de type TABLEAU
4  *)
```

```
 5 CONST
 6    NoteDePassage = 50 ;    (* La note pour obtenir un succès *)
 7
 8 VAR
 9    Note      : ARRAY[ 1 .. 4 ] OF REAL ; (* Tableau des notes     *)
10    IndNote : INTEGER                    ; (* Indice dans Note      *)
11
12 BEGIN
13    (* Lecture des  notes *)
14
15    WRITE( OUTPUT , 'Entrez les trois notes : ' ) ;
16    READ ( INPUT  , Note[ 1 ] , Note[ 2 ] , Note[ 3 ] ) ;
17
18    (* Calcul de la note globale *)
19
20    Note[ 4 ] := 0 ;
21    FOR IndNote := 1 TO 3 DO Note[ 4 ] := Note[ 4 ] + Note[ IndNote ] ;
22
23    (* Ecriture de SUCCES ou ÉCHEC selon la note globale *)
24
25    IF Note[ 4 ] >= NoteDePassage
26    THEN WRITELN( OUTPUT , ' SUCCES ' )
27    ELSE WRITELN( OUTPUT , ' ECHEC ' ) ;
28
29 END.
```

Figure 11.2   Exemple d'utilisation d'un tableau

En ce qui concerne l'expression fournissant la valeur de l'indice, sa forme la plus simple est la constante, comme dans la plupart des énoncés du programme 11.2. Mais on peut aussi compliquer l'expression en y faisant intervenir des variables, d'autres éléments de tableau, des opérateurs, etc. En fait, l'expression peut être aussi compliquée que nécessaire, pourvu que :

- son résultat soit du même type que l'intervalle délimitant le tableau ;

- son résultat soit inclus entre les bornes du dit intervalle.

Ainsi, en reprenant le tableau Notes de la figure 11.2, les expressions suivantes ne sont pas valides :

- `Notes['0']`, l'expression est de type caractère alors que le contexte exige un entier ;

- `Notes[5]`, dépasse les bornes du tableau.

11.4 TECHNIQUES DE PROGRAMMATION

La présente section se compose d'exemples qui ont pour but premier de présenter des recettes ou techniques de base fréquemment utilisées en programmation.

Initialisation de tous les éléments d'un tableau

L'initialisation à une valeur quelconque de tous les éléments d'un tableau se fait généralement à l'aide d'une boucle **FOR** dont la variable de contrôle prend toutes les valeurs de l'intervalle des indices du tableau. La forme la plus simple et probablement la plus fréquente de cette boucle est la mise à zéro d'un tableau, dont voici un exemple.

```
TYPE
   TLETTRE = 'A'..'Z' ;
VAR
   OccurLettre : ARRAY [TLETTRE] OF INTEGER ;
   Lettre      : TLETTRE ;
BEGIN
   FOR Lettre := 'A' TO 'Z' DO
      OccurLettre [Lettre] := 0 ;
   .
   .
   .
END.
```

Dans l'exemple ci-dessous, on initialise deux tableaux; les valeurs du premier tableau sont lues alors que celles du second sont calculées à partir de celles du premier.

```
PROGRAM Compilation (INPUT, OUTPUT);
CONST
   MaxEtudiant = 100 ;
TYPE
   INTRVEtudiant = 1..MaxEtudiant ;
VAR
   NoteFinale : ARRAY [INTRVEtudiant] OF INTEGER ;
```

```
    Succes      : ARRAY [INTRVEtudiant] OF BOOLEAN ;
    Etudiant    : INTRVEtudiant ;
BEGIN
    FOR Etudiant := 1 TO MaxEtudiant DO
    BEGIN
        READLN (INPUT, NoteFinale [Etudiant]) ;
        SUCCES [Etudiant] := NoteFinale [Etudiant] >= 50 ;
    END
    ...
END.
```

Initialisation sélective des éléments d'un tableau

Dans l'exemple suivant, on initialise un tableau avec les valeurs provenant d'un fichier dont chaque ligne contient une année, variant entre 1910 et 1989, suivie du nombre d'automobiles en circulation au cours de cette année. Comme les données de certaines années manquent et comme il n'y a pas d'ordre dans le fichier, on ne peut utiliser une boucle pour initialiser tout le tableau. Nous allons plutôt nous servir de l'année lue comme indice dans le tableau. Nous obtenons :

```
CONST
    AnDebut         = 1910 ;
    AnFin           = 1989 ;
    DonneeAbsente   = -1 ;
TYPE
    IntrvAn = AnDebut..AnFin ;
VAR
    QteAuto : ARRAY [IntrvAn] OF INTEGER ;
    Annee   : IntrvAn ;
BEGIN
    FOR Annee := AnDebut TO AnFin DO
        QteAuto [Annee] := DonneeAbsente ;
    WHILE NOT EOF (INPUT) DO
    BEGIN
        READ   (INPUT, Annee) ;
        READLN (INPUT, QteAuto [Annee]) ;
    END ;
    ...
END.
```

La mise à -1 de tous les éléments du tableau va nous permettre de reconnaître les années où il n'y a pas d'information, c'est-à-dire celles qui ne seront pas initialisées par la boucle de lecture. En règle générale, il est préférable d'initialiser tous les éléments d'un tableau, même si cela demande quelques instructions supplémentaires, plutôt que de courir le risque d'en utiliser un dont la valeur est indéterminée.

Paramétrisation des tableaux

Il arrive souvent que le nombre d'éléments d'un tableau ne soit connu qu'à l'exécution du programme ou encore que ce nombre puisse varier d'une exécution à l'autre selon les données. Puisqu'il faut indiquer à l'avance, dans les déclarations, la taille du tableau, on peut faire face à cette situation en donnant au tableau une taille qui devrait être suffisante pour la majorité des cas et en allouant une variable pour retenir combien de positions du tableau sont effectivement occupées. Il faut aussi s'assurer, au moment où le tableau est initialisé, qu'il peut effectivement recevoir toutes les données qui lui sont destinées.

Nous allons illustrer ce qu'il convient de faire à l'aide d'un exemple où il faut emmagasiner, dans des tableaux, les coordonnées X et Y des points d'une courbe. Ces coordonnées sont lues sur fichier de nom externe `Courbe.XY`. Dans le programme de la figure 11.3, le nombre de points à lire est évalué dynamiquement lors de l'exécution du programme.

L'utilisation d'une boucle `WHILE` est essentielle pour pouvoir tester, à chaque itération, la fin du fichier et pour s'assurer qu'il reste de la place dans le tableau pour un autre élément. Une fois la boucle terminée, si le tableau était suffisamment grand, la variable `NbPoints` contient le nombre effectif d'éléments du tableau.

```
1  PROGRAM COURBE ( Donnees , OUTPUT ) ;
2  (*
3     Ce programme est un exemple d'initialisation d'un tableau à partir
4     d'une lecture de données dans un fichier de type TEXT. Le programme
5     fait la lecture des coordonnées en X et en Y de plusieurs points
6     d'une courbe et transfert ces informations dans les tableaux CoorX et
7     CoorY respectivement. Le traitement des coordonnées X Y n'est pas
8     effectué par le programme, c'est au lecteur de compléter le programme.
9  *)
10 CONST
```

```
11    MaxPoints  = 1000 ; (* Le nombre maximum de points      *)
12
13  TYPE
14    IntrvPoint = 1 .. MaxPoints ;
15    TabPoints  = ARRAY[ IntrvPoint ] OF REAL ;
16
17  VAR
18    CoorX     : TabPoints ; (* Le tableau des coordonnées en X     *)
19    CoorY     : TabPoints ; (* Le tableau des coordonnées en Y     *)
20    NbPoints  : INTEGER   ; (* Le nombre de points lus             *)
21    Donnees   : TEXT      ; (* Fichier des coordonnées             *)
22
23  BEGIN
24    ASSIGN( Donnees , 'Courbes.XY' ) ;
25    RESET ( Donnees ) ;
26
27    NbPoints := 0 ;
28    WHILE NOT EOF( Donnees ) AND ( NbPoints < MaxPoints ) DO
29    BEGIN (* boucle de lecture *)
30       NbPoints := NbPoints + 1 ;
31       READLN (Donnees, CoorX[ NbPoints ], CoorY[ NbPoints ]);
32       WRITELN(OUTPUT, CoorX[ NbPoints ], CoorY[ NbPoints ]);
33    END ;
34
35    IF NOT EOF( Donnees ) THEN
36    BEGIN (* il reste des données mais on manque de place *)
37
38       WHILE NOT EOF( Donnees ) DO
39       BEGIN
40          NbPoints := NbPoints + 1 ;
41          READLN( Donnees ) ;
42       END ;
43
44       WRITELN(OUTPUT, 'Le nombre de points ', NbPoints : 5
45                     , ' Dépasse la capacité du tableau', MaxPoints : 5 );
46    END
47    ELSE    BEGIN
48
49            (* ICI ON DOIT AJOUTER LE TRAITEMENT DES DONNEES *)
50
51            END ;
52
53  END.
```

Figure 11.3   Initialisation de tableau

Somme des éléments d'un tableau

Faire la somme des éléments d'un tableau nécessite l'utilisation d'une variable pour faire le cumul des valeurs. Au départ, cette variable reçoit la valeur 0 puis, à l'intérieur d'une boucle balayant tout le tableau, elle est incrémentée à chaque étape de la valeur d'un élément du tableau. À tout moment, le contenu de la variable reflète la somme des éléments traités.

```
1  PROGRAM Abonnes( INPUT , OUTPUT ) ;
2  (*
3   * Ce programme ( non complet ) présente comment calculer la somme des
4   * éléments d'un tableau.  À partir d'un tableau contenant le nombre
5   * d'appels pour chacun des abonnés, on veut connaître le nombre total
6   * d'appels effectués.
7   *)
8  CONST
9     MaxAbonnes   = 100 ;            (* Nombre maximum d'abonnés *)
10
11 TYPE
12    IntrvAbonnes = 1..MaxAbonnes ; (* Intervalle d'abonnés      *)
13
14 VAR
15    QteAppels : ARRAY [IntrvAbonnes] OF INTEGER;
16    SomAppels : INTEGER ; (* Totaliseur du nombre d'appels    *)
17    Abonne    : INTEGER ; (* Indice pour le tableau QteAppel  *)
18
19 BEGIN
20        (* A compléter: initialisation du tableau QteAppels   *)
21        (* Voir figure 11.3 pour la lecture des informations *)
22
23
24    SomAppels :=  0 ;
25
26    FOR Abonne := 1 TO MaxAbonnes DO
27      SomAppels := SomAppels + QteAppels[ Abonne ] ;
28
29    WRITELN(OUTPUT, 'Nombre total d''appels ', SomAppels: 5 );
30
31 END.
```

Figure 11.4   La somme des éléments d'un tableau

Recherche d'un maximum et de sa position dans un tableau

Pour trouver un maximum, il faut initialiser une variable soit avec le premier élément du tableau, soit avec une valeur dont on est certain qu'elle est plus petite que tous les éléments du tableau. Par la suite, les éléments du tableau sont passés en revue et comparés avec cette variable. Lorsqu'une valeur plus grande est identifiée, il suffit de l'affecter à la variable de sorte que celle-ci contienne toujours le maximum des éléments considérés. Dans le programme de la figure 11.5, on cherche quelle température a la plus grande fréquence : il faut donc trouver la fréquence maximum et retenir aussi la température correspondante. La recherche d'un minimum ou d'une valeur quelconque suit le même schéma avec quelques modifications que nous laissons au lecteur le soin de découvrir.

```
1   PROGRAM Temperatures ( INPUT , OUTPUT ) ;
2   (*
3    * Ce programme détermine quelle température a la plus grande fré-
4    * quence: il faut donc trouver la fréquence maximum et retenir aussi
5    * la température correspondante.  Le programme n'est pas complet il
6    * faut lui ajouter l'initialisation du tableau des fréquences de
7    * température.
8    *)
9   CONST
10    MinTemp = -50 ;   (* Température minimum enregistrée en C    *)
11    MaxTemp =  50 ;   (* Température maximum enregistrée en C    *)
12
13  TYPE
14    IntrvTemp = Mintemp .. Maxtemp ; (* Int. de température       *)
15
16  VAR
17    FreqTemp    : ARRAY[IntrvTemp] OF INTEGER; (* Fréquences*)
18    Temperature : IntrvTemp ; (* Indice pour FreqTemp             *)
19    FreqMax     : INTEGER   ; (* Fréquence maximum retenue        *)
20    TempFreqMax : IntrvTemp ; (* Température la + fréquente       *)
21
22  BEGIN
23     (* A compléter: initialisation du tableau des fréquences    *)
24     (* de température. Pour lecture dans un fichier: fig.11.3   *)
25
26   FreqMax     := FreqTemp[ MinTemp ] ;
27   TempFreqMax := MinTemp                     ;
28
29   FOR Temperature := MinTemp + 1 TO MaxTemp DO
30   IF FreqTemp[ Temperature ] > FreqMax THEN
31     BEGIN
32         (* Un nouveau maximum *)
```

```
33        FreqMax     := FreqTemp[ Temperature ] ;
34        TempFreqMax := Temperature             ;
35
36     END ;
37
38   WRITELN(OUTPUT, 'La fréquence maximum est de ', FreqMax: 5,
39                  ' pour une température de ', TempFreqMax: 5);
40 END.
```

Figure 11.5 Recherche d'un maximum

Recherche d'une valeur quelconque Une opération fréquente consiste à consulter un tableau pour déterminer si une valeur s'y trouve et quelle position elle occupe. Ce genre de recherche se programme donc avec une boucle WHILE comportant deux conditions d'arrêt : la première permet de terminer la boucle en cas de succès et la seconde permet d'arrêter la recherche lorsque tout le tableau a été investigué. Dans l'exemple suivant, on désire connaître le solde d'un client dont on connaît le numéro de dossier. L'information est distribuée dans deux tableaux, le premier contenant les numéros de dossier des clients et le second associant à chaque client son solde.

```
1  PROGRAM Recherche (INPUT, OUTPUT);
2  (*
3   Ce programme illustre comment trouver la position d'une valeur par-
4   ticulière (ClientRech) dans un tableau (NoDossierClient).  La position
5   ainsi trouvée sert à accéder un second tableau (SoldeClient), à la
6   même position, afin de pouvoir en imprimer la valeur.
7  *)
8  CONST
9     MaxClient   = 100;                    (* Nombre max. de dossiers *)
10 TYPE
11    IntrvClient = 1..MaxClient;
12 VAR
13    NoDossierClient: ARRAY[IntrvClient] OF INTEGER;  (* Dossiers *)
14    SoldeClient    : ARRAY[IntrvClient] OF REAL;     (* Soldes   *)
15    ClientRech     : INTEGER;             (* Le client recherché    *)
16    Trouve         : BOOLEAN;             (* VRAI si client trouvé  *)
17    IndClient      : IntrvClient;         (* Position dans un tableau *)
18 BEGIN
19    (* Initialisation des tableaux et de "ClientRech" *)
20
```

```
21    (* ............................................................. *)
22
23    (*Recherche du client ClientRech dans le tableau NoDossierClient*)
24
25    Trouve := False;
26    IndClient := 1;
27
28    WHILE NOT Trouve AND ( IndClient <= MaxClient) DO
29      IF NoDossierClient[IndClient] = ClientRech THEN Trouve := TRUE
30      ELSE IndClient := IndClient + 1;
31
32    (* Affichage du résultat de la recherche *)
33
34    IF Trouve THEN
35      WRITELN(OUTPUT, 'Client ', ClientRech:3,
36                      ' Solde ',SoldeClient[IndClient]:8:2)
37    ELSE
38      WRITELN(OUTPUT, 'Pas trouvé client ', ClientRech:3);
39    END.
```

Figure 11.6 Consultation d'un tableau

On peut simplifier la condition d'arrêt de la boucle et rendre le programme plus efficace en utilisant l'astuce de la sentinelle, vu dans la section 5.3. Pour ce faire, il faut que le tableau contienne une position de plus dans laquelle on place la valeur cible.

Recherche dichotomique

Comme nous l'avons vu pour la technique de recherche précédente, lorsque l'information n'est pas organisée, il faut examiner systématiquement les positions une à une. Une telle recherche consomme beaucoup de temps lorsqu'elle est exécutée plusieurs fois sur un tableau comportant plusieurs éléments.

Par contre, lorsque l'information présente une certaine organisation, on peut en tirer profit pour accélérer la recherche. C'est ce qu'on fait intuitivement lorsqu'on cherche un mot dans le dictionnaire ou un nom dans l'annuaire téléphonique.

La recherche dichotomique est une technique de recherche particulière qui s'applique lorsque l'information est organisée en ordre croissant ou décroissant. Cette technique consiste à comparer la valeur du milieu de l'intervalle avec celle recherchée. Lorsque l'ordre est croissant, on reprend le processus avec la moitié supérieure de l'intervalle si la valeur recherchée est plus grande que celle au milieu de l'intervalle, autrement on poursuit avec la moitié inférieure. La recherche se termine lorsqu'on trouve la valeur cible ou lorsque l'intervalle ne compte plus qu'un élément et qu'on ne peut plus le fractionner.

À titre d'illustration, le programme suivant utilise la recherche dichotomique pour trouver un numéro d'article dans un tableau trié en ordre croissant. Cette recherche nous permet d'obtenir le coût de l'article et de l'imprimer.

```
1  PROGRAM Article (INPUT, OUTPUT);
2  (*
3     Ce programme illustre la recherche dans un tableau trié du coût d'un
4     article à partir de son numéro d'article en utilisant une méthode de
5     recherche dichotomique.
6  *)
7  CONST
8     MaxArticle = 100;                    (* Nombre maximum d'articles *)
9  TYPE
10    IntrvArticle = 1..MaxArticle;
11 VAR
12    NoArticle      : ARRAY[IntrvArticle] OF INTEGER;
13    Cout           : ARRAY[IntrvArticle] OF REAL;
14    ArticleRech    : INTEGER;            (* Num. de l'article recherché*)
15    BorneInf       : IntrvArticle;       (* Borne inférieure de rech.  *)
16    BorneSup       : IntrvArticle;       (* Borne supérieure de rech.  *)
17    PosMilieu      : IntrvArticle;       (* Position entre les 2 bornes*)
18 BEGIN
19    (* A compléter: initialisation et tri des tableaux *)
20    (* ................................................................. *)
21
22    (* Recherche dichotomique dans le tableau des articles *)
23
24    BorneInf := 1;
25    BorneSup := MaxArticle;
26
27    REPEAT
28      (* Calcul du milieu de l'intervalle actuel *)
29
30      PosMilieu := (BorneInf + BorneSup) DIV 2;
31
32      IF ArticleRech > NoArticle[PosMilieu] THEN
33         (* Prendre la partie supérieure de l'intervalle *)
34         BorneInf := PosMilieu + 1
35      ELSE
```

```
36          (* Prendre la partie inférieure de l'intervalle *)
37          BorneSup := PosMilieu - 1
38
39   UNTIL (NoArticle[PosMilieu] = ArticleRech)   (* Trouvé *)
40         OR (BorneInf > BorneSup);              (* Terminé *)
41
42   (* Impression du résultat de la recherche *)
43
44   IF NoArticle[PosMilieu] = ArticleRech THEN
45      WRITELN(OUTPUT, 'Article no ', ArticleRech:3,
46              ' coût ', Cout[PosMilieu]:10:2)
47   ELSE
48      WRITELN(OUTPUT, 'Pas trouvé l''article recherché')
49   END.
```

Figure 11.7 Recherche dichotomique

Avec les données suivantes :

	No Article	Coût
1	2911	25,50
2	3033	97,50
3	3625	17,99
4	4350	124,00
5	4781	42,25
6	5045	189,99
7	5102	215,00
8	5144	59,00
9	5312	99,99
10	6024	37,50

la recherche de l'article 5102 serait menée ainsi :

Étape	BorneInf	BorneSup	PosMilieu	NoArticle[PosMilieu]	Action	
1	1	10	5	4781	augmenter	BorneInf
2	6	10	8	5144	diminuer	BorneSup
3	6	7	6	5045	augmenter	BorneInf
4	7	7	7	5102	diminuer	BorneSup
					on a trouvé	

L'efficacité de cet algorithme est telle qu'il ne faut pas plus de dix étapes pour conduire une recherche parmi 1 000 éléments.

Tri des éléments d'un tableau

Trier les éléments d'un tableau consiste, comme nous l'avons mentionné, à rechercher un maximum parmi un ensemble de plus en plus restreint d'éléments. En fait, le tableau est partagé en deux : la partie inférieure représente la partie triée et la partie supérieure celle non triée. Au début, la partie non triée comprend tous les éléments du tableau alors que la partie triée est vide. Pour un tri en ordre décroissant, on procède comme suit.

Au premier tour, le maximum trouvé parmi les éléments à trier est échangé avec la première position du tableau, constituant ainsi la partie triée. Au second tour, on répète le même processus de façon à augmenter la section triée du tableau. L'algorithme se poursuit ainsi jusqu'à ce que tout le tableau soit trié.

Dans l'exemple qui suit, on effectue le classement des équipes ayant participé à une compétition. Le critère de tri est donc le nombre de points amassés par chacune des équipes.

```
1  PROGRAM TriEquipe (INPUT, OUTPUT);
2  (* Tri de plusieurs équipes en fonction du nombre de points. *)
3  CONST
4     MaxEquipe    = 20;                (* Nombre d'équipes            *)
5  TYPE
6     IntrvEquipe = 1..MaxEquipe;
7     TabEquipe   = ARRAY[IntrvEquipe] OF INTEGER;
8  VAR
9     Points       : TabEquipe;         (* Nombre de points gagnés     *)
```

```
10      Victoires    : TabEquipe;       (* Nombre de victoires          *)
11      Defaites     : TabEquipe;       (* Nombre de défaites           *)
12      IdentEquipe  : TabEquipe;       (* Identification des équipes   *)
13      MaxPoint     : INTEGER;         (* Nombre maximum de points     *)
14      PosMax       : IntrvEquipe;     (* Position du maximum          *)
15      IndEquipe    : IntrvEquipe;     (* Indice pour les équipes      *)
16      NoTour       : IntrvEquipe;     (* Numéro du tour de tri        *)
17      ValEch       : INTEGER;         (* Valeur à échanger            *)
18   BEGIN
19      (* Initialisation des tableaux *)
20
21      (* ............................................................. *)
22
23      (* Tri des équipes selon le nombre de points gagnés *)
24
25      FOR NoTour := 1 TO MaxEquipe - 1 DO
26        BEGIN
27          (* Recherche du nombre maximum de points  *)
28
29          MaxPoint := Points[NoTour];    (* Maximum de départ *)
30          PosMax := NoTour;
31          FOR IndEquipe := NoTour + 1 TO MaxEquipe DO
32            IF Points[IndEquipe] > MaxPoint THEN
33              BEGIN
34                (* Nouveau maximum *)
35
36                MaxPoint := Points[IndEquipe];
37                PosMax := IndEquipe
38              END;
39
40          (* Echange des valeurs pour les positions NoTour et PosMax *)
41
42          IF PosMax <> NoTour THEN
43            BEGIN
44              ValEch := Points[NoTour];
45              Points[NoTour] := Points[PosMax];
46              Points[PosMax] := ValEch;
47              ValEch := IdentEquipe[NoTour];
48              IdentEquipe[NoTour] := IdentEquipe[PosMax];
49              IdentEquipe[PosMax] := ValEch;
50              ValEch := Victoires[NoTour];
51              Victoires[NoTour] := Victoires[PosMax];
52              Victoires[PosMax] := ValEch;
53              ValEch := Defaites[NoTour];
54              Defaites[NoTour] := Defaites[PosMax];
55              Defaites[PosMax] := ValEch
```

```
56          END;
57       END; (* TRI *)
58
59       (* Impression des résultats *)
60
61       FOR IndEquipe := 1 TO MaxEquipe DO
62          WRITELN(OUTPUT, 'Equipe ', IdentEquipe[IndEquipe]:4,
63                          ' Victoires ', Victoires[IndEquipe]:4,
64                          ' Defaites ', Defaites[IndEquipe]:4,
65                          ' Points ', Points[IndEquipe]:4);
66    END.
```

Figure 11.8   Programme de tri

On constate que lors de l'échange pour amener le maximum trouvé à sa place définitive, toutes les autres informations qui y sont rattachées doivent aussi être déplacées. En effet, on doit retrouver l'information d'une équipe donnée à une même position de tous les tableaux. Il est important de s'assurer que toute l'information rattachée à une position donnée est déplacée en même temps que le maximum auquel elle correspond.

Déplacement d'éléments dans un tableau

Lorsqu'on enlève des éléments ou qu'on en ajoute ailleurs qu'à la fin d'un tableau, il faut souvent en déménager une partie du contenu, question de récupérer l'espace libre ou de faire de la place pour les nouveaux arrivants. La nature du déplacement à effectuer est déterminée par trois paramètres :

- `PosActuelle` : indice actuel des éléments dans le tableau ;
- `NbElements` : nombre d'éléments à déplacer ;
- `NvellePos` : indice de la position désirée pour les éléments.

Les cas suivants peuvent se présenter.

Cas 1

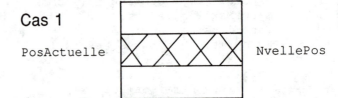

Les éléments sont déjà à leur place, il n'y a pas de déplacement à effectuer.

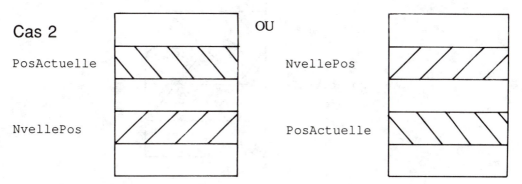

La zone source est disjointe de celle qui reçoit les valeurs transférées. Le transfert débute à `PosActuelle` et suit l'ordre croissant des indices.

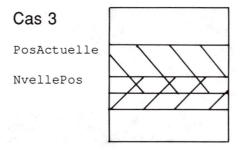

Les deux zones se superposent et `PosActuelle` est plus petit que `NvellePos`. Le transfert doit être fait dans le sens inverse, à partir de la fin de la zone à transférer pour ne pas détruire une partie des informations. En effet, comme `NvellePos` est à l'intérieur de l'intervalle à déplacer, en copiant l'information de `PosActuelle` à `NvellePos`, on se trouve à effacer et à perdre une partie des informations à déplacer, alors qu'en procédant à partir de la fin, l'information est transférée avant d'être perdue.

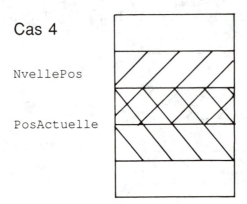

Cas 4

NvellePos

PosActuelle

Il y a superposition et `PosActuelle` vient après `NvellePos`. Le transfert peut s'effectuer à partir de `PosActuelle` dans l'ordre croissant des indices. Il n'y a pas de problème à procéder ainsi, car au moment où on commencera à écrire par-dessus les éléments de la zone à transférer, ceux-ci auront déjà été déplacés ailleurs.

Ces différents cas se résument soit à aucun transfert, soit un transfert à partir du début ou encore un transfert à partir de la fin. La programmation de ces cas est illustrée dans le programme de la figure 11.9.

```
1  PROGRAM Insere (INPUT, OUTPUT);
2  (*
3     Ce programme illustre l'algorithme pour le déplacement d'un groupe de
4     valeurs d'une région d'un tableau à une autre région du même tableau.
5  *)
6  CONST
7     MaxPlaces   = 200;              (* Nombre maximum de valeurs        *)
8
9  TYPE
10    IntrvPlaces = 1..MaxPlaces;
11
12 VAR
13    Occupation  : ARRAY[IntrvPlaces] OF INTEGER;   (* Valeurs           *)
14    PosActuelle : IntrvPlaces;      (* Pos. des valeurs à déplacer      *)
15    NbValeurs   : IntrvPlaces;      (* Nombre de valeurs à déplace      *)
16    NouvellePos : IntrvPlaces;      (* Pos. où déplacer les valeurs     *)
17    PosOrigine  : INTEGER;          (* Pos. d'une valeur à déplacer     *)
18    PosCible    : INTEGER;          (* Pos. où déplacer la valeur       *)
19    Pas         : INTEGER;          (* Incrément pour les indices       *)
```

```
20    IndOcc      : INTEGER;           (* Indice dans Occupation         *)
21 BEGIN
22    (* Init de NbValeurs, PosActuelle, NouvellePos et Occupation*)
23
24    (* ............................................................. *)
25
26    (* Déplacement de NbValeurs de PosActuelle à NouvellePos *)
27
28    IF PosActuelle <> NouvellePos THEN
29     BEGIN
30      (* Vérifier le sens du transfert *)
31
32      IF    (NouvellePos > PosActuelle) AND
33          (NouvellePos <= PosActuelle + NbValeurs - 1) THEN
34       BEGIN                         (* Transfert en sens inverse *)
35         PosOrigine := PosActuelle + NbValeurs - 1;
36         PosCible := NouvellePos + NbValeurs - 1;
37         Pas := -1
38       END
39      ELSE
40       BEGIN                    (* Transfert à partir de "PosActuelle" *)
41         PosOrigine := PosActuelle;
42         PosCible := NouvellePos;
43         Pas := 1
44       END;
45
46      (* Boucle de transfert *)
47
48      FOR IndOcc := 1 TO NbValeurs DO
49       BEGIN
50         Occupation[PosCible] := Occupation[PosOrigine];
51         PosOrigine := PosOrigine + Pas;
52         PosCible := PosCible + Pas
53       END
54     END;     (* Déplacement *)
55
56    (* Utilisation du tableau Occupation *)
57
58    (* ............................................................. *)
59
60 END.
```

Figure 11.9 Déplacement d'éléments dans un tableau

11.5 SECONDE APPROCHE DU PROBLÈME DES ÉLECTIONS

Nous sommes maintenant en mesure de présenter une solution programmée adéquate au problème des élections (Figure 11.10). En guise de rappel, mentionnons que le programme à écrire doit accomplir les tâches suivantes :

- compiler les résultats du vote ;
- trouver le gagnant ;
- trier les résultats en ordre décroissant ;
- calculer le pourcentage du vote reçu par chaque candidat.

Le programme doit aussi être en mesure de faire face à des changements éventuels dans le nombre de candidats. Voici donc une nouvelle version de ce programme (figure 11.10).

Comme les techniques nécessaires pour réaliser ce programme ont déjà été vues, on suggère au lecteur en cas de difficulté, de revoir les sections correspondantes. Pour ce qui est du programme comme tel, nous nous contenterons de la remarque suivante. Une petite modification a été apportée au fichier de données : le nombre de candidats de l'élection doit figurer en tête du fichier afin de s'assurer que les tableaux sont assez grands pour le nombre de candidats.

```
1  PROGRAM Election ( FResElect, OUTPUT ) ;
2  (*
3     ELection
4     --------
5
6     Compile les résultats d'une élection et produit les résultats :
7       - Votes pour chaque candidat en ordre décroissant;
8       - Pourcentage du vote obtenu par chaque candidat;
9       - Ecart de chaque candidat à la moyenne des votes.
10
11    Fichiers
12    --------
13
14    FResElec : Résultat des élections:
15               Première ligne  : Nombre de candidats.
16               Lignes suivantes: Numéro d'un candidat et nombre de votes.
```

```
17   OUTPUT    : Résultats du programme.
18 *)
19 CONST
20   MaxCandidat = 40;    (* Nombre maximum de candidats*)
21
22 TYPE
23   IntrvCand   = 1 .. MaxCandidat;
24   TabInfoCand = ARRAY[ InTrvCand ] OF INTEGER;
25               (* Informations sur chacun des candidats *)
26
27 VAR
28   FResElec      : TEXT          ; (* Résultat des élections          *)
29   QteVotes      : TabInfoCand;    (* Votes pour chacun des candidats *)
30   NoCandidat    : TabInfoCand;    (* Les numéros des candidats       *)
31   PctVotes      : TabInfoCand;    (* Les pourcentages du vote        *)
32   EcartMoy      : TabInfoCand;    (* Les écarts à la moyenne         *)
33   Candidat      : IntrvCand    ; (* Indice pour les candidats        *)
34   NbCandidats   : Integer      ; (* Nombre de candidats              *)
35   NbVotes       : Integer      ; (* Votes recus par un candidat      *)
36   MaxVotes      : Integer      ; (* Nombre maximum de votes          *)
37   PosActMax     : IntrvCand    ; (* Position actuelle du maximum     *)
38   PosMax        : IntrvCand    ; (* Position où placer le maximum    *)
39   ValEch        : Integer      ; (* Variable temporaire              *)
40   TotVotes      : Integer      ; (* Nombre total de votes            *)
41   Moyenne       : Integer      ; (* Nombre moyen de votes            *)
42
43 BEGIN
44   (* 0. Ouverture du fichier *)
45   (*------------------------*)
46
47   ASSIGN( FResElec, 'Election.dat' ) ;
48   RESET( FResElec ) ;
49
50   (* 1. Vérifier si les tableaux sont assez grands *)
51   (* ---------------------------------------------*)
52
53   READLN( FResElec, NbCandidats ) ;
54   IF NbCandidats <= MaxCandidat THEN
55    BEGIN
56
57     (* 2. Initialisations *)
58     (* ------------------ *)
59
60     FOR Candidat := 1 TO NbCandidats DO
61      BEGIN
62         QteVotes [ Candidat ] := 0 ;
```

```
63           NoCandidat[ Candidat ] := Candidat ;
64        END ;
65
66     (* 3. Compilation des résultats du vote *)
67     (* ---------------------------------- *)
68
69     WHILE NOT EOF( FResElec ) DO
70        BEGIN
71        READLN( FResElec, Candidat, NbVotes ) ;
72        QteVotes[ Candidat ] := QteVotes[ Candidat ] + NbVotes;
73        END ;
74
75     (* 4. Tri en ordre décroissant *)
76     (* --------------------------- *)
77
78     FOR PosMax := 1 TO NbCandidats - 1 DO
79       BEGIN
80       MaxVotes := QteVotes[ PosMax ] ;
81       PosActMax := PosMax ;
82       FOR Candidat := PosMax + 1 TO NbCandidats DO
83          BEGIN
84
85          (*--- Recherche du maximum ---*)
86
87          IF QteVotes[ Candidat ] > MaxVotes THEN
88             BEGIN
89
90             (*--- Nouveau maximum ---*)
91
92             MaxVotes := QteVotes[ Candidat ] ;
93             PosActMax := Candidat ;
94
95             END ;
96
97          END ;   (* Boucle de recherche du maximum *)
98
99       IF PosActMax <> PosMax THEN
100         BEGIN
101         (*--- Amener le maximum à sa position finale ---*)
102
103         ValEch          := QteVotes[ PosMax ] ;
104         QteVotes[ PosMax ]    := QteVotes[ PosActMax ] ;
105         QteVotes[ PosActMax ] := ValEch ;
106
107         (*--- Déplacer l'identification du candidat ---*)
```

```
108
109          ValEch      := NoCandidat[ PosMax ] ;
110          NoCandidat[ PosMax ]    := NoCandidat[ PosActMax ] ;
111          NoCandidat[ PosActMax ] := ValEch ;
112
113       END ;    (* recherche maximum *)
114
115    END ;  (* Boucle de tri *)
116
117    (* 5. Calculer le nombre total de votes *)
118    (*    -------------------------------- *)
119
120    TotVotes := 0 ;
121    FOR CAndidat := 1 TO NbCandidats DO
122       TotVotes := TotVotes + QteVotes[ Candidat ] ;
123
124    (* 6. Calculer les pourcentages de votes et les écarts *)
125    (*    ------------------------------------------------ *)
126
127    Moyenne := TotVotes DIV NbCandidats ;
128    FOR Candidat := 1 TO NbCandidats DO
129       BEGIN
130       PctVotes[Candidat] := ROUND((QteVotes[Candidat]*100.0)/TotVotes);
131       EcartMoy[ Candidat ] := QteVotes[ Candidat ] - Moyenne;
132       END ;
133
134    (* 7. Impression des résultats *)
135    (*    ------------------------ *)
136
137    WRITELN(' No. Candidat',
138            '   Nb. Votes',
139            '       Rang',
140            '     % vote',
141            '  écart moy' ) ;
142    WRITELN(' --- --------',
143            '   --- -----',
144            '       ----',
145            '     ------',
146            '  ---------' ) ;
147    WRITELN ;
148    FOR Candidat := 1 TO NbCandidats DO
149       BEGIN
150       WRITE(NoCandidat[ Candidat ] : 13,
151             QteVotes[ Candidat ]   : 11,
152             Candidat               : 11,
153             PctVotes[ Candidat ]   : 11,
```

```
154              EcartMoy[ Candidat ]    : 11 ) ;
155      IF Candidat = 1 THEN
156         WRITE(' * gagnant *' ) ;
157      WRITELN ;
158      END ;
159      WRITELN('-----'    : 24 ) ;
160      WRITELN(TotVotes   : 24 ) ;
161
162   END   (* Assez de place dans les tableaux *)
163   ELSE
164      WRITELN( 'Le nombre de candidats ', NbCandidats : 10,
165               'dépasse la capacité des tableaux qui est de ',
166               MaxCandidat : 5 ) ;
167   END.
```

Figure 11.10   Programme pour la compilation d'une élection

11.6 CHAÎNES DE CARACTÈRES

En programmation, on a souvent besoin de traiter des noms, des adresses, du texte, bref des chaînes de caractères. À priori, l'utilisation de tableaux semble s'imposer pour emmagasiner les caractères composant une chaîne. Cependant, nous nous sommes vite rendus compte qu'il fallait un outil plus puissant, car les opérations sur les chaînes portent souvent sur l'ensemble de la chaîne plutôt que sur chaque caractère. Ainsi, il est plus efficace de pouvoir comparer directement la valeur d'une chaîne plutôt que d'être contraint de la tester caractère par caractère, ce qui allonge le travail de programmation.

Le **paquet tableau** de caractères constitue le premier outil offert par PASCAL pour manipuler les chaînes. Une chaîne de caractères est introduite par le mot-clé **PACKED** préfixant une déclaration de tableau de caractères. Les opérations d'affectation, de comparaison et d'écriture sont alors permises sur l'ensemble de la chaîne, ce qui simplifie l'écriture des programmes comme on peut le constater dans l'exemple qui suit.

```pascal
1  PROGRAM BIDON (INPUT, OUTPUT);
2  (*
3   * Ce programme présente quelques exemples de manipulation de chaînes
4   * de caractères   PACKED ARRAY[ ... ] OF CHAR .
5   *)
6  CONST
7    MaxChaine = 10 ; (* La longueur maximum de la chaîne de caractères *)
8  TYPE
9    TChaine10 = PACKED ARRAY[ 1..MaxChaine ] OF CHAR ;
10 VAR
11   Mot1 , Mot2 , Mot3 : TChaine10 ;
12
13 BEGIN
14   (* Affection de constantes *)
15
16   Mot1 := 'Bonjour   ' ;
17   Mot2 := 'Bonsoir   ' ;
18   (* Affectation d'une variable chaîne à une autre *)
19
20   Mot3 := Mot1 ;
21
22   (* Comparaison *)
23
24   IF Mot1 = Mot3 THEN WRITELN(OUTPUT, 'Les chaînes sont identiques') ;
25
26   IF Mot1 = 'Bonjour   ' THEN WRITELN(OUTPUT, 'BONJOUR ') ;
27
28   IF Mot1 < Mot2 THEN
29   WRITELN(OUTPUT,'Bonjour est inférieur à Bonsoir');
30
31   IF Mot1 > Mot2 THEN
32   WRITELN(OUTPUT,'Bonjour est supérieur à Bonsoir') ;
33
34   (* Ecriture *)
35
36   WRITELN( OUTPUT , Mot1 , Mot2 ) ;
37
38   (* Accès à un caractère de la chaîne *)
39
40   IF ( Mot1[ 1 ] >= 'A' ) AND ( Mot1[ 1 ] <= 'Z' )
41      THEN WRITELN( OUTPUT, Mot1[ 1 ] , ' est une majuscule ') ;
42 END.
```

Figure 11.11   Exemple d'utilisation des chaînes de caractères

Ici, trois remarques s'imposent.

- Premièrement, dans les affectations et les comparaisons, les variables et constantes impliquées de type chaîne de caractères doivent être exactement de la même taille pour ne pas qu'il y ait une erreur due à une incompatibilité de type.

- Deuxièmement, le fait de pouvoir traiter la chaîne comme une entité ne lui enlève pas sa nature de tableau, de sorte que les caractères de la chaîne (les éléments du tableau) demeurent accessibles individuellement.

- Troisièmement, seules les affectations, les comparaisons et l'écriture de chaînes sont permises. La lecture, en utilisant une variable **PACKED ARRAY** [...] **OF** CHAR, n'est généralement pas permise.

Sur certaines implantations de PASCAL, les usagers disposent d'un outil encore plus puissant : le type prédéfini STRING que nous avons introduit au chapitre 2. Le grand avantage de ce type réside dans le fait qu'il permet d'oublier la contrainte d'égalité de longueur des chaînes; seul compte le fait que les chaînes soient du type de base STRING. D'une certaine façon, la longueur de la chaîne est emmagasinée dans celle-ci, mais sa mise à jour est transparente aux usagers. De plus, contrairement aux chaînes **PACKED ARRAY**, les chaînes STRING peuvent être lues comme nous l'avons vu dans les chapitres précédents.

Voici quelques exemples de déclaration et d'utilisation de chaîne (STRING) dans les affectations.

```
1  PROGRAM Bidon( OUTPUT ) ;
2  (*
3   * Ce programme présente quelques exemples de manipulation de chaînes
4   * de caractères déclarées avec le type STRING.
5   *)
6  CONST
7     LgIdent  = 20 ; (* Longueur maximum de la chaîne *)
8
9  TYPE
10    StrIdent = STRING[ LgIdent ] ;
11
12 VAR
```

```
13      Prenom   :      StrIdent  ;
14      Nom1     :      StrIdent  ;
15      Nom2     :      StrIdent  ;
16      Ville    : STRING[ 15 ]   ;
17      DebutNom : STRING[  5 ]   ;
18
19   BEGIN
20           (* Affectation de constantes *)
21
22      Prenom := 'Pierre' ;
23      Nom1   := 'Bellerive' ;
24      Ville  := 'Ste Angele' ;
25
26           (* Affectation de variables *)
27
28      Nom2     := Nom1 ;
29      DebutNom := Nom1 ;
30
31           (* Accès à un caractère de la chaîne *)
32
33   IF  ( Nom1[ 1 ] >= 'A' )  AND  ( Nom1[ 1 ] <= 'Z' )
34   THEN WRITELN(OUTPUT , Nom1[ 1 ], ' est une majuscule ') ;
35
36   END.
```

Figure 11.12 Exemple d'utilisation des chaînes STRING

À travers nos exemples, des constantes de la forme 'A', ' ' sont revenues à plusieurs occasions. S'agit-il de caractères ou de chaînes de longueur 1? Formellement, il s'agit de caractères, mais comme il y compatibilité entre les deux types, cela ne pose généralement aucun problème dans le cas du type STRING. En effet, partout où une valeur caractère est requise, une chaîne peut être utilisée et vice-versa. On peut donc faire intervenir des constantes ou variables caractères dans les expressions utilisant des chaînes. Ainsi, l'exemple suivant est parfaitement valide.

```
Ponctuation : CHAR     ;
Phrase : String [80] ;
Phrase := Phrase + Ponctuation ;
```

Pour terminer, nous illustrerons quelques unes des particularités du type STRING à l'aide du programme de la figure 11.13 qui lit un texte et qui dénombre les mots BEGIN et END. Puique Begin, begin,

BEGIN, etc. sont équivalents, toutes les lettres seront converties en minuscules avant de procéder à la recherche.

```
1   PROGRAM CompteMotCle (FTexte,OUTPUT);
2
3   (*
4    * CompteMotCle
5    * ------------
6    *
7    * Compte les occurrences des mots-cles BEGIN et END d'un texte. Comme
8    * les minuscules et majuscules sont équivalentes tout est transformé
9    * en minuscules pour les comparaisons.
10  *)
11
12  CONST
13    MaxLigne = 120 ;(* Longueur maximum d'une ligne de texte *)
14
15  TYPE
16    IntrvLigne  = 0 .. MaxLigne ;
17    TLigne      = STRING[ MaxLigne ] ;
18
19  VAR
20    FTexte     : TEXT        ; (* Texte à traiter                          *)
21    Ligne      : TLigne      ; (* Ligne de texte                           *)
22    LgLigne    : IntrvLigne  ; (* Longueur de la ligne en caractères       *)
23    NbBEGIN    : INTEGER     ; (* Nombre de BEGIN dans le texte            *)
24    NbEND      : INTEGER     ; (* Nombre de END dans le texte              *)
25    PosBegin   : IntrvLigne  ; (* Position où commence le mot BEGIN        *)
26    PosEnd     : IntrvLigne  ; (* Position où commence le mot END          *)
27    IndCar     : IntrvLigne  ; (* Indice pour les caractères               *)
28    DecMajMin  : INTEGER     ; (* Décalage pour passer des majuscules aux
29                                * minuscules dans le jeu de caractères    *)
30
31  BEGIN
32
33    (* 0. Initialisations *)
34    (* ------------------ *)
35
36    ASSIGN( FTexte, 'occur.dat' ) ;
37    RESET( Ftexte ) ;
38    NbBEGIN    := 0 ;
39    NbEND      := 0 ;
40    DecMajMin := ORD( 'A' ) - ORD( 'a' ) ;
41
42    (* 1. Traitement du fichier *)
```

```
43     (* ---------------------- *)
44
45   WHILE NOT EOF( FTexte ) DO
46     BEGIN
47
48       (*--- Lecture et transcription d'une ligne ---*)
49
50       READLN( FTexte, Ligne ) ;
51       WRITELN( OUTPUT, Ligne ) ;
52
53       (*--- Conversion des majuscules en minuscules ---*)
54
55       LgLigne := LENGTH( Ligne ) ;
56       FOR IndCar := 1 TO LgLigne DO
57         IF (Ligne[ IndCar ]>= 'A' ) AND ( Ligne[ IndCar ] <= 'Z' ) THEN
58            Ligne[ IndCar ] := CHR( ORD( Ligne[ IndCar ] ) - DecMajMin ) ;
59
60       (* Compter les occurrences du mot begin dans la ligne *)
61
62       PosBegin := POS('begin',Ligne); (*POS=Position d'une sous-chaîne*)
63       WHILE PosBegin <> 0 DO
64         BEGIN
65           (*--- Chaîne begin trouvée ---*)
66
67           NbBegin := NbBegin + 1 ;
68           DELETE( Ligne, PosBegin, 5 ) ; (* DELETE = élimine sous-chaîne *)
69           PosBegin := Pos( 'begin', Ligne ) ;
70
71         END ;
72
73       (* Compter les occurrences du mot end dans la ligne *)
74
75       PosEnd := POS( 'end', Ligne ) ;
76       WHILE PosEnd <> 0 DO
77         BEGIN
78           (*--- Chaîne end trouvée ---*)
79
80           NbEnd := NbEnd + 1 ;
81           DELETE( Ligne, PosEnd, 3 ) ; (* DELETE = élimine sous-chaîne *)
82           PosEnd := POS( 'end', Ligne ) ;
83
84         END ;
85
86     END ;   (* boucle de lecture du fichier *)
87
88   (* 2. Résultats *)
```

```
89     (* ----------- *)
90
91     WRITELN( OUTPUT, 'Nombre de begin', NbBegin : 5 ) ;
92     WRITELN( OUTPUT, 'Nombre de end  ', NbEnd   : 5 ) ;
93
94     END.
```

Programme qui dénombre les mots **BEGIN** et **END** dans un texte.

11.7 TABLEAUX À PLUSIEURS DIMENSIONS

Les tableaux à plusieurs dimensions sont des tableaux qui nécessitent plus d'un indice pour identifier complètement la position d'un de leurs éléments. Il existe de nombreux cas où l'adressage d'une valeur requiert plus d'une information. Ainsi, sur un écran de terminal, la position d'un caractère est donnée par deux valeurs, le numéro de ligne et le numéro de colonne où se trouve le caractère. Sur un échiquier, la position d'une pièce est donnée par la combinaison d'une lettre et d'un chiffre, les lettres servant à identifier les cases horizontales et les chiffres, les cases verticales. Enfin, dans une table de distances, la distance séparant deux villes se trouve à l'intersection de la ligne associée à la première ville et de la colonne associée à la seconde.

Pour conserver ce mode d'adressage à plusieurs indices, le langage PASCAL permet d'avoir des tableaux à plusieurs dimensions, chaque dimension étant adressée par un indice spécifique.

Comme nous l'avons vu, un tableau à une dimension correspond à une suite linéaire de cases. Un tableau à deux dimensions correspond graphiquement à une matrice ou, si l'on préfère, une grille. Pour un tel tableau, on parle de ligne et de colonne de sorte que la position d'un élément est souvent exprimée en ces termes. Pour adresser un élément, on fournit donc, dans l'ordre, son indice de ligne et son indice de colonne.

Tableau T

de 3 lignes par 4 colonnes

T[1.1]	T[1.2]	T[1.3]	T[1.4]
T[2.1]	T[2.2]	T[2.3]	T[2.4]
T[3.1]	T[3.2]	T[3.3]	T[3.4]

Un tableau à trois dimensions est représenté soit par un parallélépipède, soit par une suite de grilles toutes composées du même nombre de lignes et de colonnes. Cette dernière forme permet plus facilement de visualiser toutes les positions du tableau. L'adressage d'un élément requiert dans l'ordre : l'indice de la grille, l'indice de la ligne et l'indice de la colonne où il se trouve.

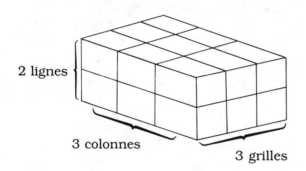

On peut aussi avoir des tableaux à plus de trois dimensions bien que les applications pour ce type de tableaux soient plutôt rares.

En PASCAL, la déclaration d'un tableau à plusieurs dimensions suit le modèle des tableaux à une dimension, à ceci près qu'on doit indiquer autant d'intervalles d'indices qu'on désire donner de dimensions au tableau. Les intervalles d'indices sont séparés entre eux par des virgules. Voici quelques exemples de déclaration de tableaux à plusieurs dimensions.

```
1 PROGRAM Declaration ;
2 (*
3  * Ce programme contient seulement quelques exemples de déclaration de
4  * tableaux à plusieurs dimensions.  Ainsi ce programme n'effectue
5  * aucun traitement .
6  *)
7 CONST
```

```
 8    MaxLigEcran    = 25 ; (* Nombre de ligne sur l'écran              *)
 9    MaxColEcran    = 80 ; (* Nombre de colonnes sur l'écran           *)
10    MoisParAn      = 12 ; (* Nombre de mois dans un an                *)
11    MaxSemParMois  =  6 ; (* Nombre maximum de semaines dans un mois  *)
12    MaxJourParSem  =  7 ; (* Nombre maximum de jours dans une semaine *)
13    MaxVille       = 10 ; (* Nombre maximum de villes dans la table   *)
14    MaxLgNomVille  = 20 ; (* Longueur maximum d'un nom de ville       *)
15
16  TYPE
17    TEchiquier    = ARRAY [ 'A' .. 'H' , 1 .. 8 ] OF INTEGER ;
18
19            (* Jeu d'échec , un indice caractère pour les lignes et
20             * un indice numérique pour les colonnes .
21             *  Valeur du tableau :
22             *                      > 0 : pièce blanche  ;
23             *                      < 0 : pièce noire    ;
24             *                      = 0 : position libre ;
25             *)
26
27    TEcran        = ARRAY[1 .. MaxLigEcran,1 .. MaxColEcran] OF CHAR;
28
29               (* L'image de l'écran d'un terminal                 *)
30
31    TTicTacToe2D  = ARRAY[ 1..3 , 1..3 ] OF CHAR ;
32
33               (* Jeu de tic-tac-toe à deux dimensions             *)
34
35    TNomVille     = ARRAY[1..MaxVille] OF STRING[MaxLgNomVille] ;
36
37               (* Nom des villes de la table des distances         *)
38
39    TDistance     = ARRAY[1 .. MaxVille,1 .. MaxVille] OF INTEGER ;
40
41               (* Distance entre les villes ( en mètres )          *)
42
43    TCalendrier   = ARRAY[1 .. MoisParAn , 1 .. MaxSemParMois ,
44                          1 .. MaxJourParSem ] OF INTEGER ;
45
46               (* Calendrier  d'une année, chaque  grille correspond
47                * à un mois qui peut s'étaler sur 6 semaines comptant
48                * au plus 7 jours .
49                *)
50  VAR
51    Echiquier  : TEchiquier    ; (* Un Jeu d'échec            *)
52    Ecran      : TEcran        ; (* Un écran d'un terminal    *)
```

```
53    TicTacToe  : TTicTacToe2D ; (* Un jeu de tictactoe              *)
54    NomVille   : TNomVille    ; (* Liste de nom de ville            *)
55    Distance   : TDistance    ; (* Table des distances entre les ville *)
56    Calendrier : TCalendrier  ; (* Calendrier d'une année           *)
57
58 BEGIN
59        (* Auncun traitement *)
60 END.
```

Figure 11.14 Exemples de déclaration de tableaux à plusieurs dimensions

Pour connaître le nombre total d'éléments d'un tableau à plusieurs dimensions, il suffit de multiplier la taille de chaque dimension. En se reportant aux déclarations précédentes, on obtient pour l'échiquier une taille de

Taille ligne   * taille colonne   =
(ORD(H) - ORD(A) + 1) * (ORD 8- ORD(1) + 1) =
(56 - 49 + 1)   * (8 - 1 + 1)   = 64 éléments

et pour le calendrier

Taille grille * taille ligne * taille colonne =
(12 - 1 + 1) * (6 - 1 + 1)   * (7 - 1 + 1)   = 504 éléments

Étant donné l'effet multiplicateur des dimensions, il faut faire attention de ne pas déclarer de tableaux qui débordent la capacité de mémoire de la machine sur laquelle on travaille. En effet, le nombre d'éléments d'un tableau à plusieurs dimensions croît assez vite, un tableau de 100 par 100 compte 10 000 éléments et un de 1 000 par 1 000 en compte un million!

Pour accéder à un élément d'un tableau à plusieurs dimensions, il faut inscrire les indices requis entre crochets après l'identificateur du tableau. Chaque indice est séparé du suivant par une virgule. Le nombre d'indices doit être rigoureusement conforme à la déclaration du tableau et le type de chaque indice doit être du même type que l'intervalle dont il fait partie. Ainsi,

```
Echiquier ['A',2] :=  0   ;
TicTacToe [ 2, 2] := 'X'  ;
Distance  [ 1, 2] := Distance [ 2, 1] ;
```

sont des instructions valides en PASCAL. Pour le reste, les mêmes règles que pour les tableaux à une dimension s'appliquent.

Il convient d'ajouter que très souvent l'organisation de l'information dans les tableaux à plusieurs dimensions présente certains avantages structurels. Ainsi, pour une table de distance, les valeurs sur une ligne correspondent aux distances d'une ville donnée vers toutes les autres, pour un échiquier on peut facilement identifier les cases voisines en ajoutant ou en retranchant 1 aux indices de la position courante. De tels tableaux présentent donc une organisation qui peut faciliter l'accès aux éléments et la recherche de l'information.

Nous allons maintenant illustrer l'utilisation de tableaux à plusieurs dimensions à l'aide de deux programmes. En premier, nous allons tracer au centre du tableau Ecran le contour d'un carré d'étoiles de la taille demandée.

```
1  PROGRAM DessinerCarre( INPUT , OUTPUT ) ;
2  (*
3   * Ce Programme présente un exemple d'utilisation des tableaux à plu-
4   * sieurs dimensions.  Ce Programme fait la lecture sur INPUT de la
5   * taille d'un côté de carré, détermine les limites du contour du carré
6   * et initialise le carré dans le tableau qui représente l'écran et
7   * termine en affichant le contenu du tableau qui représente l'écran.
8   *)
9
10 CONST
11    Etoile       = '*' ; (* Caractère pour dessiner le carré         *)
12    MaxLigEcran = 12 ; (* Nombre de lignes sur l'écran              *)
13    MaxColEcran = 80 ; (* Nombre de colonnes sur l'écran            *)
14
15 TYPE
16    InTrvLigne = 1 .. MaxLigEcran ; (* Intervalle ligne            *)
17    InTrvCol   = 1 .. MaxColEcran ; (* Intervalle colonne          *)
18
19    TEcran     = ARRAY [ InTrvLigne , InTrvCol ] OF CHAR ;
20
21                          (* L'image de l'écran *)
22
23 VAR
24    Ecran       : TEcran      ; (* Image de l'écran                 *)
25    Ligne       : InTrvLigne  ; (* Indice de ligne                  *)
26    Colonne     : InTrvCol    ; (* Indice de colonne                *)
```

```
27        TailleCarre  : INTEGER     ; (* Taille d'un côté du carré        *)
28        ColDroite    : InTrvCol    ; (* Indice de la colonne bornant le  *
29                                      * carré à droite                   *)
30        ColGauche    : InTrvCol    ; (* Indice de la colonne bornant le  *
31                                      * carré à gauche                   *)
32        LigneHaut    : IntrvLigne ;  (* Indice de la ligne bornant le    *
33                                      * carré en haut                    *)
34        LigneBas     : InTrvLigne ;  (* Indice de la ligne bornant le    *
35                                      * carré en bas                     *)
36
37 BEGIN    (* DessinerCarre *)
38   (* Lecture et validation de la taille d'un côté du carré *)
39
40   WRITE( OUTPUT , 'Entrez la taille du carré à dessiner: ') ;
41   READLN ( INPUT , TailleCarre ) ;
42
43   IF ( TailleCarre <= MaxLigEcran ) AND ( TailleCarre >= 1 )
44   AND ( TailleCarre <= MaxColEcran )
45
46   THEN   BEGIN
47            (* Initialiser l'écran avec des blancs         *)
48
49        FOR Ligne := 1 TO MaxLigEcran DO
50          FOR Colonne := 1 TO MaxColEcran DO
51            Ecran [ Ligne , Colonne ] := ' ' ;
52
53            (* Déterminer les limites du contour du carré *)
54
55        ColGauche :=(MaxColEcran DIV 2) - (TailleCarre DIV 2) ;
56        ColDroite := ColGauche + TailleCarre ;
57        LigneHaut :=(MaxLigEcran DIV 2) - (TailleCarre DIV 2) ;
58        LigneBas  := LigneHaut + TailleCarre ;
59
60
61
62            (* Remplir le contour *)
63
64        FOR Ligne := LigneHaut TO LigneBas DO
65        BEGIN
66          Ecran [ Ligne , ColGauche ] := Etoile ;
67          Ecran [ Ligne , ColDroite ] := Etoile ;
68        END ;
69
70        FOR Colonne := ColGauche + 1 TO ColDroite - 1 DO
71        BEGIN
72          Ecran [ LigneHaut , Colonne ] := Etoile ;
```

```
73              Ecran [ LigneBas  , Colonne ] := Etoile ;
74          END ;
75
76              (* Imprimer le tableau qui représente l'écran *)
77
78          CLRSCR ; (* pour effacer l'écran ( TURBO PASCAL ) *)
79
80          FOR Ligne := 1 TO MaxLigEcran DO
81          BEGIN
82              FOR Colonne := 1 TO MaxColEcran DO
83                 WRITE( OUTPUT , ECRAN[ Ligne , Colonne ] ) ;
84
85                 WRITELN( OUTPUT ) ;
86          END ;
87
88     END    (* IF ... *)
89     ELSE
90        WRITELN( OUTPUT , ' Taille demandée  invalide ' ) ;
91
92 END. (* DessinerCarre *)
```

Figure 11.15 Programme avec un tableau à plusieurs dimensions

On remarque que pour initialiser le tableau Ecran ou pour l'imprimer, il faut deux boucles imbriquées de façon à parcourir tous les indices de chaque dimension. Pour tracer le contour des carrés, une première boucle fait varier l'indice ligne et trace les côtés verticaux du carré, alors qu'une seconde boucle indépendante de la première fait varier l'indice colonne pour tracer les côtés horizontaux du carré.

Comme second exemple, nous présentons une partie d'un programme qui lit deux noms de villes, les valide et imprime la distance entre ces deux villes.

```
1 PROGRAM Distances( INPUT , OUTPUT , Donnees ) ;
2 (*
3  * Ce programme fait la lecture sur le  fichier de nom externe
4  * Ville.Dat les noms de 10 villes ainsi que la matrice des distances
5  * entre les villes.  Il demande à l'usager d'entrer deux noms de ville
6  * et le programme affiche la distance entre les deux villes.
7  *)
8
9 CONST
```

```
10     MaxVille        = 10; (* Nombre maximum de villes traitées        *)
11     MaxLgNomVille   = 20; (* Longueur maximum d'un nom de ville       *)
12
13  TYPE
14     InTrvVille      = 1 .. MaxVille; (* Intervalle des indices des villes*)
15
16     TnomVille       = ARRAY[ InTrvVille ] OF STRING[ MaxLgNomVille ] ;
17                             (* Noms des villes de la table des distances   *)
18
19     TDistance       = ARRAY [ InTrvVille , InTrvVille ] OF REAL ;
20                             (* Distance en Km entre les villes             *)
21  VAR
22     Donnees    : TEXT; (* Le fichier des noms de villes et des distances*)
23     NomVille   : TNomVille; (* Noms des villes                       *)
24     Distance   : TDistance; (* Distances en KM                       *)
25     NoLecture  : INTEGER   ; (* No. de lecture                       *)
26
27     Ville      : ARRAY [ 1 .. 2 ] OF STRING [ MaxLgNomVille ] ;
28
29                        (* Villes dont on veut connaître la distance      *)
30
31     PosVille   : ARRAY [ 1 .. 2 ] OF InTrvVille ;
33
34                        (* Indice dans NomVille des villes dont on veut *
35                         *  connaître la distance                       *)
36
37     Trouve     : BOOLEAN    ; (* Résultat de la recherche             *)
38     IndVille   : INTEGER    ; (* Pour la recherche des villes         *)
39     IndLig     : InTrvVille ; (* Indice de ligne                      *)
40     IndCol     : InTrvVille ; (* Indice de colonne                    *)
41
42  BEGIN (* Distance *)
43    (* lecture des données dans le fichier *)
44
45    ASSIGN ( Donnees , 'Ville.Dat' ) ;
46    RESET  ( Donnees ) ;
47
48    FOR IndVille:=1 TO MaxVille DO READLN(Donnees,NomVille[IndVille]);
49
50    FOR IndLig := 1 TO MaxVille DO
51    BEGIN
52      FOR IndCol := 1 TO MaxVille DO
53      READ ( Donnees , Distance [ IndLig , IndCol ] ) ;
54
55      READLN ( Donnees ) ;
```

```
56      END ;
57
58
59
60      (* Lecture des deux villes *)
61
62      FOR NoLecture := 1 TO 2 DO
63      BEGIN
64        REPEAT     (* Obtenir un nom de ville valide *)
65
66           WRITE( OUTPUT , ' Entrez le nom d''une ville : ' ) ;
67           READLN( INPUT , Ville [ NoLecture ] ) ;
68
69           (* Recherche pour s'assurer de la validité du nom *)
70           Trouve    := FALSE ;
71           IndVille :=       1 ;
72
73           WHILE NOT Trouve AND ( IndVille <= MaxVille )
74             DO IF Ville [ NoLecture ] = NomVille [ IndVille ]
75                THEN Trouve    := TRUE
76                ELSE IndVille  := IndVille + 1 ;
77
78           IF Trouve THEN
79             (* Retenir la position *)
80                PosVille [ NoLecture ] := IndVille
81             ELSE
82                WRITELN( OUTPUT , 'La ville ', Ville[ NoLecture ]
83                                , ' ne fait pas partie des villes '
84                                , ' de la table des distances     '
85                                ) ;
86
87        UNTIL TROUVE ;
88      END ; (* FOR ... Obtenir 2 noms de ville valides *)
89
90      (* Afficher la distance entre les deux villes *)
91
92      WRITELN( OUTPUT , ' La distance entre ' , Ville [ 1 ] , ' et '
93                      , Ville [ 2 ] , ' est de ',
94                      , Distance[ PosVille[ 1 ] , PosVille[ 2 ] ] : 10:1
95                      , ' KM ' ) ;
96
97      END.   (* Distance *)
```

Figure 11.16   Programme qui imprime la distance entre deux villes

Dans le programme qui imprime la distance entre deux villes, il suffit de trouver la position de chacune des villes lues en entrée dans le tableau `NomVille`. Les deux positions ainsi obtenues fournissent alors l'indice ligne et l'indice colonne permettant de localiser la distance voulue : noter l'emploi des éléments du tableau `PosVille` pour indicer le tableau `distance`.

Comme dernier exemple, nous allons explorer l'échiquier et, pour chaque cavalier présent sur le jeu, nous allons indiquer les positions accessibles au prochain coup. On suppose que le numéro de pièce d'un cavalier est 4. Le déplacement d'un cavalier suit l'algorithme suivant : le nombre total de cases pour le déplacement est toujours de 3, on fait alors un premier mouvement de une ou deux cases en ligne droite à partir de la position courante, suivi d'un angle droit et on complète le mouvement en avançant du nombre de cases manquant pour compléter le total de 3.

Le tableau `Mouvement` fournit les valeurs à ajouter à l'indice ligne et à l'indice colonne pour engendrer les positions accessibles au cavalier. Ainsi, lorsqu'on trouve un cavalier en parcourant les cases de l'échiquier, il suffit de calculer chacune des huit positions possibles, de vérifier si elles tombent à l'intérieur de l'échiquier et si elles ne sont pas déjà occupées.

```
1
2   PROGRAM Cavalier( FJeuEchec ) ;
3   (*
4      Ce programme détermine toutes les positions accessibles aux cavaliers
5      blancs ou noirs qui se trouvent sur un échiquier.
6   *)
7   CONST
8      PosLibre  =  0 ;   (* Position libre   *)
9      CavBlanc  =  4 ;   (* Cavalier blanc   *)
10     CavNoir   = -4 ;   (* Cavalier noir    *)
11
12  TYPE
13     TEchiquier = ARRAY[ 'A' .. 'H', 1 .. 8 ] OF INTEGER ;
14
15               (* Jeu d'échec, indice caractère pour les lignes   *)
16               (* indice entier pour les colonnes.  Valeur des    *)
17               (* cases:                                          *)
18               (*     > 0 : pièce blanche                         *)
19               (*     < 0 : pièce noire                           *)
20               (*     = 0 : position libre                        *)
```

```
21
22  VAR
23    FJeuEchec : TEXT ;        (* Configuration actuelle du jeu    *)
24    Echiquier : TEchiquier ;  (* Jeu d'échec                      *)
25    Mouvement : ARRAY[ 1 .. 8, 1 .. 2 ] OF INTEGER ;
26
27                              (*  Indique les 8 mouvements possibles *)
28                              (* du cavalier en déplacements relatifs *)
29                              (* Le second indice du tableau fournit *)
30                              (* selon sa valeur:                    *)
31                              (* = 1 : le déplacement ligne;         *)
32                              (* = 2 : le déplacement colonne.       *)
33
34    Ligne      : CHAR ;       (* Indice pour parcourir l'échiquier   *)
35    Colonne    : INTEGER ;    (* Indice pour parcourir l'échiquier   *)
36    NvLig      : CHAR ;       (* Indice d'une position à tester      *)
37    NvCol      : INTEGER ;    (* Indice d'une position à tester      *)
38    IndMouv    : INTEGER ;    (* Indice pour les mouvements          *)
39    CoulPiece  : CHAR ;       (* Couleur d'une pièce pouvant être prise *)
40                              (* par le cavalier                     *)
41
42  BEGIN (* Cavalier *)
43    (* 0. Initialiser le tableau Mouvement *)
44    (* ---------------------------------- *)
45
46    Mouvement[ 1, 1 ] :=  1 ; Mouvement[ 1, 2 ] :=  2 ;
47    Mouvement[ 2, 1 ] :=  2 ; Mouvement[ 2, 2 ] :=  1 ;
48    Mouvement[ 3, 1 ] := -1 ; Mouvement[ 3, 2 ] :=  2 ;
49    Mouvement[ 4, 1 ] := -2 ; Mouvement[ 4, 2 ] :=  1 ;
50    Mouvement[ 5, 1 ] :=  1 ; Mouvement[ 5, 2 ] := -2 ;
51    Mouvement[ 6, 1 ] :=  2 ; Mouvement[ 6, 2 ] := -1 ;
52    Mouvement[ 7, 1 ] := -1 ; Mouvement[ 7, 2 ] := -2 ;
53    Mouvement[ 8, 1 ] := -2 ; Mouvement[ 8, 2 ] := -1 ;
54
55    (* 1. Lire la configuration actuelle de l'échiquier *)
56    (* ----------------------------------------------- *)
57
58    ASSIGN( FJeuEchec, 'Echec.dat' ) ;
59    RESET( FJeuEchec ) ;
60
61    FOR Ligne := 'A' TO 'H' DO
62     FOR Colonne := 1 TO 8 DO
63      READ( FJeuEchec, Echiquier[ Ligne, Colonne ] ) ;
64
65    (* 2. Parcourir l'échiquier à la recherche des cavaliers *)
```

```
 66      (* ----------------------------------------------------- *)
 67
 68      FOR Ligne := 'A' TO 'H' DO
 69
 70       FOR Colonne := 1 TO 8 DO
 71
 72        IF  ( Echiquier[ Ligne, Colonne ] = CavBlanc ) OR
 73            ( Echiquier[ Ligne, Colonne ] = CavNoir  ) THEN
 74          BEGIN
 75           (*--- Cavalier trouvé ---*)
 76
 77          IF Echiquier[ Ligne, Colonne ] = CavBlanc THEN
 78            CoulPiece := 'N'
 79          ELSE
 80            CoulPiece := 'B' ;
 81
 82          WRITELN( OUTPUT, 'Cavalier en ', Ligne : 1 , Colonne : 1 ) ;
 83
 84          FOR IndMouv := 1 TO 8 DO
 85           BEGIN
 86            (*-- Essayer les 8 déplacements possibles --*)
 87
 88            (*-- Calculer la Nouvelle position --*)
 89
 90            NvLig := CHR( ORD( ligne ) + Mouvement[ IndMouv, 1 ] ) ;
 91            NvCol := Colonne + Mouvement[ IndMouv, 2 ] ;
 92            (*-- Vérifier si la position est valide --*)
 93            IF  ( NvLig >= 'A' ) AND ( NvLig <= 'H' ) AND
 94                ( NvCol >= 1 )    AND ( NvCol <= 8   ) THEN
 95             IF  ( Echiquier[ NvLig, NvCol ] = PosLibre ) OR
 96                ((CoulPiece = 'N') AND Echiquier[ NvLig, NvCol ] < 0 ) ) OR
 99                ( ( CoulPiece = 'B' ) AND Echiquier[ NvLig, NvCol ] > 0 ) )
100              THEN
101             (*--- Position où le cavalier peut aller:
102                  soit parce qu'elle est libre, soit parce
103                  qu'il peut prendre une pièce adverse ---*)
104              WRITELN( '---> peut aller à la position ',
105                   NvLig : 1, NvCol : 1 ) ;
106           END ; (* Boucle, tester les déplacements *)
107          END ;   (* Position occupée par un cavalier *)
108     END. (* Cavalier *)
```

Figure 11.17   Déplacement d'un cavalier sur l'échiquier

ERREURS ET PROBLÈMES FRÉQUEMMENT RENCONTRÉS

- Oublier d'utiliser un identificateur de constante pour indiquer la dimension d'un tableau.

- Déclarer un tableau trop grand; le tableau suivant :

  VAR tabdeReel : **ARRAY** [1..1000, 1..1000] **OF** REAL ;

  compte un million d'éléments.

- Conflit de type entre deux tableaux, les deux tableaux doivent être déclarés avec le même identificateur de type pour avoir égalité de type.

- Essayer d'effectuer une lecture, écriture ou initialisation en bloc de tout le tableau.

- Oublier de tester, à la lecture, le débordement potentiel du tableau.

- Accéder à un élément du tableau, non initialisé.

- Faire une recherche dichotomique dans un tableau non trié.

- Dans le tri d'informations (plusieurs tableaux) oublier de transférer toutes les informations rattachées à une même position.

RÉVISION

1. Quelle est la différence entre une variable tableau et une variable simple? *(revoir 11.2)*

2. Quel est l'avantage d'avoir un tableau plutôt que d'utiliser des variables simples? *(revoir 11.2)*

3. La borne inférieure de l'indice d'un tableau doit-elle obligatoirement être 1? *(revoir 11.3)*

4. Quels sont les avantages de définir des types intervalles pour déclarer un tableau? *(revoir 11.3)*

5 Peut-on effectuer la lecture ou l'écriture en bloc de tout un tableau? *(revoir 11.3)*

6 Peut-on initialiser à 0 tous les éléments d'un tableau avec une seule instruction? *(revoir 11.4)*

7 Peut-on déclarer la taille d'un tableau à l'exécution selon le besoin effectif? *(revoir 11.4)*

8 En quoi consiste une recherche dichotomique? *(revoir 11.4)*

9 Peut-on considérer une chaîne de caractères comme un tableau de caractères? *(revoir 11.6)*

10 Comment peut-on graphiquement représenter un tableau à plusieurs dimensions? *(revoir 11.7)*

RÉSUMÉ

Le tableau est une structure de données qui réside en mémoire centrale et qui regroupe sous un identificateur commun plusieurs informations de même nature. Selon son nombre de dimensions, le tableau est représenté par une suite linéaire de cases, une grille, une suite de grilles, etc. Chacune des cases du tableau s'appelle élément et les éléments constituant un tableau se distinguent entre eux par un indice. La valeur de cet indice provient d'une expression qui peut mêler variables et constantes. C'est justement cette possibilité d'utiliser des variables pour indicer des tableaux qui en fait une structure puissante et flexible : ainsi, pour donner une même valeur à tous les éléments d'un tableau, il suffit d'une boucle **FOR** contrôlant un énoncé d'affectation.

La déclaration d'un tableau fournit :

- le nom du tableau ;
- son nombre de dimensions ;
- pour chaque dimension, l'intervalle des indices;
- le type des éléments du tableau.

Des constantes et types définis par le langage ou par le programmeur peuvent être utilisés pour faciliter l'écriture des déclarations de tableaux, les clarifier et contribuer à paramétriser le programme.

Sauf pour les chaînes de caractères, l'affectation de tableau à tableau est la seule opération qui permet de manipuler un tableau comme une entité globale. Pour le reste, ce sont les éléments du tableau qui sont manipulés par les instructions. Partout où une variable simple peut être utilisée, un élément de tableau peut être intercalé. La spécification de l'élément se fait en fournissant pour chaque dimension une expression dont la valeur sert d'indice.

Les chaînes de caractères représentent un cas particulier des tableaux car, le plus souvent, ce n'est pas un accès par élément qu'on désire, mais manipuler l'ensemble du tableau, c'est-à-dire la chaîne elle-même. Le paquet tableau de caractères constitue la première forme d'implantation des chaînes de caractères qu'offre PASCAL : les affectations, les comparaisons et les écritures de chaînes sont alors possibles. Certaines implantations du langage offrent, en outre, le type prédéfini STRING qui ajoute aux avantages des paquets tableaux la possibilité de faire lire une chaîne et le relâchement de la contrainte d'égalité de type; deux chaînes sont alors considérées comme étant de type compatible, même si elles sont de longueurs différentes. C'est ainsi que des procédures et fonctions générales manipulant des chaînes de type STRING ont pu être ajoutées (exemple: LENGHT).

EXERCICES

1   Répondez par VRAI ou FAUX à chacune des affirmations suivantes.

   a) Deux éléments d'un même tableau peuvent être de type différent.

   b) Le **type de l'indice** d'un tableau doit toujours être le même que le **type des éléments** de ce tableau.

   c) L'intervalle '0'..'9' est identique à l'intervalle 0..9.

   d) L'énoncé WRITELN (OUTPUT, tab) est un énoncé PASCAL valide si «tab» est un tableau et que les éléments de ce tableau sont du type INTEGER, REAL ou CHAR.

   e) Un des avantages des tableaux est de permettre de déclarer un seul identificateur pour faire référence à plusieurs éléments de même type.

2   À partir des déclarations suivantes:

```
VAR  t      : ARRAY [1 .. 10] OF INTEGER;
     i,j,n  : INTEGER;
```

   Choisir une ou plusieurs des réponses suivantes pour les questions A à D

   a) boucle infinie
   b) conflit de type (incompatible)
   c) indice hors intervalle
   d) syntaxiquement légal
   e) erreur de compilation
   f) erreur d'exécution

a) Qu'arrivera-t-il si on soumet un programme qui contient la partie suivante:

```
BEGIN
   i := 5; t [i] := 'i'
END;
```

b) Qu'arrivera-t-il si on soumet un programme qui contient la partie suivante:

```
BEGIN
   i := 6; j := 3; t [2*i-j] := t [j]
END;
```

c) Qu'arrivera-t-il si on soumet un programme qui contient la partie suivante:

```
BEGIN
   i := 0;
   REPEAT
     t [i] := i MOD 2;
     i := i + 1
   UNTIL i > 10;
END;
```

d) Qu'arrivera-t-il si on soumet un programme qui contient la partie suivante:

```
BEGIN
   i := 3; t [i] := i;
   WHILE i > 0 DO t[i] := t [t[i]]
END;
```

3   Questions à choix multiples. Indiquez, par i, ii, iii ou iv, laquelle des réponses s'applique le mieux.

a) La déclaration suivante

```
CONST debut = 0;
VAR  fin      : INTEGER;
     tableau  : ARRAY [debut..fin] OF INTEGER;
```

est: i)   correcte
      ii)   invalide car la borne inférieure du tableau vaut zéro
      iii) invalide car la borne supérieure est une variable
      iv)   2 et 3 à la fois

b) Étant donné le bloc de déclarations ci-dessous

```
VAR
   I        : INTEGER;
   Tableau  : ARRAY [1 .. 50] OF CHAR;
```

quelle instruction parmi les suivantes est valide?

   i)   Tableau[1];
   ii) Tableau [10] := I;

iii) Tableau [50] := Tableau [50-1];
iv) Tableau := Tableau [Tableau [10]];

c) Laquelle des affirmations suivantes est fausse?

i) L'indice d'un tableau ne peut pas être de type REAL
ii) L'indice d'un tableau peut être de type CHAR
iii) La boucle FOR est très utile pour manipuler les tableaux
iv) Deux éléments d'un même tableau peuvent être de type différent

4   Un programme contient les déclarations suivantes:

```
T : ARRAY [1 .. 5] OF INTEGER;
K : INTEGER;
```
Indiquez le contenu du tableau T après l'exécution de la section de programme qui suit:
```
FOR K := 1 TO 5 DO T[K] := K;
FOR K := 2 TO 5 DO T[K] := T[K] + T[K-1];
```

5   Qu'imprime le programme suivant:

```
PROGRAM Question (OUTPUT);
VAR  I : INTEGER; {pour les boucles}
     T : ARRAY [1 .. 6] OF CHAR;
BEGIN
  FOR I := 1 TO 6 DO
  BEGIN
   CASE I OF
      1, 3, 5 : T [I] := 'A';
      2       : T [I] := 'C'
   ELSE
       T [I] := 'B'
   END;
   WRITE (OUTPUT, T[I] : 3)
  END;
  WRITELN (OUTPUT);
  FOR I := 5 DOWNTO 2 DO
   CASE T [I] OF
     'C'      : WRITELN (OUTPUT, '*OUI*');
     'A', 'B' : WRITE (OUTPUT, '*NON*')
    END
END.
```

6   Considérons les déclarations suivantes:

```
VAR   A, B : ARRAY [1 .. 5] OF INTEGER;
      K, L : INTEGER;
```

Indiquez quel sera le contenu du tableau A après chacune des séquences d'instructions suivantes:

a) `B [1] := 10; B [2] := 20; B [3] := 21; B [4] := 33; B [5] := 68;`
     `A := B;`

b) `FOR K := 5 DOWNTO 1 DO A[K] := K - 1;`

c) `FOR L := 1 TO 5 DO A[6-L] := L;`

d) `A[1] := 2; A[2] := 4; A[3] := 8; A[4] := 16; A[5] := 32;`
     `B[1] := 1; B[2] := 2; B[3] := A[2]; B[4] := A[3] + 1; B[5] := A[1 +4];`
     `FOR K := 1 TO 5 DO A[K] := A[K] + B[K];`

e) `A[1] := 1; A[2] := 1; L := 3;`
     `REPEAT A[L] := A[L-1] + A[L-2]; L := L + 1 UNTIL L = 6;`

7 Écrivez un programme pour le jeu LIFE (ou jeu de CONWAY). Ce jeu se veut une simulation très simplifiée des règles de la vie et de la mort chez les êtres vivants. Les résultats sont très intéressants malgré la simplicité du jeu.

Ce dernier se joue sur une grille (ex: une matrice 20 x 20) dont chaque case peut être vide ou occupée par un pion. Le jeu consiste à calculer de nouvelles grilles (appeler générations) en appliquant les règles suivantes :

1 Toute case vide de la grille, entourée d'exactement 3 pions, donnera naissance à un pion à la prochaine génération.

2 Tout pion entouré de 0 ou 1 pion meurt par isolement.

3 Tout pion entouré de plus de 3 pions meurt par étouffement.

4 Tout pion entouré de 2 ou 3 pions survit jusqu'à la prochaine génération.

Exemple:

```
          génération 0      génération 1
          ------            ------
          **----            **----
          **----            **----
          ------            ----*-
          ---***            ----*-
          ------            ----*-
```

Nous vous suggérons de lire la grille initiale sur un fichier texte contenant les coordonnés X et Y des pions. Faites exécuter votre programme sur plusieurs dizaines de générations et examinez ce qui arrive.

8 Écrivez un programme qui permet d'inverser l'ordre des lettres de tous les mots d'un fichier texte. Considérez comme mot toutes séquences de lettres alphabétiques; ainsi «en-tête» sera traduit «ne-etêt» et non pas «etêt-ne».

Exemple:

Fichier d'entrée   : Manuel d'introduction à l'informatique.
Fichier de sortie : Leunam d'noitcudortni à l'euqitamrofni.

EXERCICES NON-SOLUTIONNÉS

1. Répondez par VRAI ou FAUX à chacune des affirmations suivantes.

   a) Le but d'un indice de tableau est de choisir un élément particulier parmi les éléments de ce tableau.

   b) On peut conserver, dans un même tableau, des données de type caractères (CHAR) et des données de type réel (REAL).

   c) On utilise EOF(T) pour trouver le dernier élément dans un tableau T.

   d) La déclaration VAR Frequence: ARRAY ['A' .. 'Z'] OF INTEGER; rend valide l'affectation suivante:
   Frequence [16] := 'B' (on trouve 16 fois la lettre 'B')

   e) En programmation, le nombre maximum et le nombre effectif d'éléments d'un tableau diffèrent fréquemment.

2. Avec les déclarations suivantes:

```
CONST N = 4;
VAR T    : ARRAY [1 .. N] OF INTEGER;
    K, J : INTEGER;
```

   trouvez ce que donnera chacun des blocs suivants parmi les réponses suivantes:

   i) boucle infinie
   ii) conflit de type
   iii) indice hors du tableau
   iv) correct
   v) aucune des réponses précédentes

   a)
   ```
   BEGIN
       J := 1; T[J] := 'J'
   END
   ```

   b)
   ```
   BEGIN
       J := 1; K := N+J; T[K] := K
   END
   ```

   c)
   ```
   BEGIN
       K := 1;
       REPEAT
        T[K] := 0;
        IF K=N THEN K := 1 ELSE K := K+1
       UNTIL T[K]=K
   END
   ```

3   Identifiez les déclarations qui sont invalides:

   a) `TYPE HEURES    : 1 .. 24;`
      `VAR Compteurs  : ARRAY [Heures] OF INTEGER;`

   b) `VAR NbLettres: ARRAY['Z' .. 'A'] OF INTEGER;`

   c) `VAR MotMemoire: STRING[16] OF 0 .. 1;`

   d) `VAR Matrice: ARRAY[1 .. 5] OF STRING[25];`

4   Questions à choix multiples. Indiquez, par i, ii, iii ou iv, laquelle des réponses s'applique le mieux.

   a) Lequel des énoncés suivants ne peut pas être valide, peu importe la nature de V, X ou Y?

      i)   `VAR TABLO: ARRAY [BOOLEAN] OF X;`
      ii) `VAR TABLO: ARRAY [X .. Y] OF X .. Y;`
      iii) `VAR TABLO: ARRAY [Y .. X] OF X .. Y;`
      iv) `VAR TABLO: ARRAY [V] OF V;`

   b) Quelle expression parmi les suivantes est valide?

      i)   `Tab[I*I-I]  := Tab;`
      ii) `Tab[1+1]    :=2;`
      iii) `Tab[I]+I    := TAb [I];`
      iv) `Tab         := Tab [I+I];`

   c) Soient les déclarations suivantes:

      `CONST Debut   = 5; Fin = 7;`
      `TYPE  Limite  = Debut .. Fin;`
      `      Tableau = ARRAY [Limite] OF CHAR;`
      `VAR   T1, T2  : Tableau;`

      Lequel des énoncés suivants est VALIDE?

      i)   `T1[1]     := 'A';`
      ii) `T1['A']   := 5;`
      iii) `T2[7]     := T1[5];`
      iv) `T2[6]     := 14.6;`

   d) Parmi les énoncés suivants, lequel s'applique aux tableaux à une seule dimension et ne s'applique pas aux fichiers de texte?

      i)   On utilise l'instruction READ pour accéder à l'information qu'ils contiennent.
      ii) Ils peuvent contenir plus d'une information.
      iii) On accède à une des informations qu'ils contiennent à l'aide d'un indice.
      iv) Ils permettent de conserver de l'information à la fin de l'exécution d'un programme.

5   Soient les déclarations suivantes:

   `VAR`
   `   T: ARRAY [1 .. 7] OF INTEGER;`
   `   K: INTEGER;`

Indiquez le contenu du tableau T après l'exécution de la section de programme qui suit:
```
FOR K := 4 TO 7 DO T[K] :=0;
FOR K := 1 TO 3 DO T[K] :=K;
FOR K := 1 TO 7 DO T[K] := T[K] + T[8-K];
```

6   Qu'imprime le programme suivant:
```
PROGRAM SIM2 (INPUT, OUTPUT);
VAR TabEntiers : ARRAY [1 .. 7] OF INTEGER;
    I : INTEGER;
BEGIN
   FOR I := 1 TO 5 DO
    BEGIN
       TabEntiers[I] := I MOD 3;
       WRITE (OUTPUT, TabEntiers [I] : 3);
    END;
   WRITELN(OUTPUT);
   FOR I := 5 DOWNTO 3 DO
    CASE TabEntiers[I] OF
      1, 3 : WRITELN (OUTPUT, 'UN PEU');
      2    : WRITELN (OUTPUT, 'BEAUCOUP');
      4, 5 : WRITELN (OUTPUT, 'PAS DU TOUT');
      ELSE WRITELN (OUTPUT, 'A LA FOLIE')
    END; {Case}
END.
```

7   Soient les énoncés suivants:
```
VAR S, T : ARRAY [1 .. 6] Of INTEGER;
    K    : INTEGER;
{Remplir le tableau T}
   FOR K := 1 TO 6 DO
    CASE K OF
      1, 2    : T [K] := K DIV 2;
      3, 4 ,5 : T [K] := K * 2
      ELSE T [K] := 9
    END;
{Remplir le tableau S}
   FOR K := 6 DOWNTO 1 DO S [K] := T [7-K];
```
Quelle est la valeur de chaque élément de T et S?

8   En utilisant, s'il y a lieu les déclarations **CONST**, **TYPE** et **VAR** nécessaires, écrivez les énoncés permettant de définir:

- un tableau TABENT de 50 éléments contenant des entiers;
- un tableau LISTE de 100 éléments contenant des chaînes de 10 caractères;

et écrivez l'énoncé qui affecte au troisième élément de TABENT le double de la valeur du septième élément du même tableau.

9   Écrivez un programme qui permet de faire la justification d'un texte. La justification consiste à produire un texte ayant exactement le même nombre de caractères sur chaque ligne. Le terme «justification à droite» est également employé; il met en évidence le fait que la marge de droite est de même largeur pour toutes les lignes. Le paragraphe que vous lisez est un exemple de texte justifié. Pour votre programme, considérez que toutes les lignes du fichier de sortie doivent contenir 70 caractères.

   Suggestion   Lire le texte du fichier d'entrée mot par mot jusqu'au moment où il ne serait plus possible d'imprimer le dernier mot lu sur la ligne courante du fichier de sortie. Imprimer alors les mots précédents, que vous aurez mémorisés, en ajoutant le nombre d'espaces nécessaires entre chaque mot de façon à ce que le dernier caractère du dernier mot de la ligne soit le soixante-dixième. Les critères pour l'insertion des espaces ainsi que le traitement réservé à la ponctuation sont laissés à votre discrétion (vous pouvez vous inspirer de la section 5 du chap. 9).

12

SOUS-PROGRAMMES ET PARAMÈTRES

12.1 Approche décomposition
12.2 Une méthode pour résoudre un problème
12.3 Exemple
12.4 Sous-programmes `PROCEDURE`
12.5 Paramètres
12.6 Approche instruction
12.7 Sous-programmes `FUNCTION`
12.8 Sous-programme local à un sous-programme
12.9 Déclarations globales et locales
12.10 Procédures sans paramètre
12.11 Cas spéciaux

OBJECTIFS

■ Maîtriser l'usage des procédures et des paramètres;

■ apprendre à résoudre un problème en le divisant en plusieurs sous-problèmes.

■ connaître les différences entre un sous-programme FUNCTION et un sous-programme PROCEDURE.

■ savoir distinguer les informations locales et globales.

INTRODUCTION

Nous connaissons assez la programmation et le langage PASCAL pour pratiquement tout faire, mais nous devons améliorer la qualité de nos programmes. Au cours de ce chapitre, nous étudierons une méthode qui nous permettra de solutionner un problème en utilisant des sous-programmes et des paramètres.

Dans un premier temps, il faudra décrire, à un niveau élevé, les étapes de la résolution d'un problème, sans se soucier des détails. Ensuite, chacune des étapes sera élaborée pour en arriver au niveau du langage de programmation. Le langage PASCAL nous fournira les sous-programmes et les paramètres afin de codifier chacune des étapes du problème.

Qu'est-ce qu'un sous-programme? Les définitions sont multiples mais comprennent les points suivants :

- un groupe d'actions correspondant à un sous-problème particulier;
- une partie de code, complète en soi, qui produit des résultats selon les données fournies;
- effectue un travail déterminé et restreint, difficilement divisible;
- correspond à une étape logique.

Qu'est-ce qu'un paramètre? Un **paramètre** est une variable utilisée pour communiquer de l'information du programme au sous-programme ou entre les sous-programmes. Nous distinguerons deux sortes de paramètres : les paramètres utilisés pour fournir de l'information au sous-programme et les paramètres utilisés par le sous-programme pour retourner les résultats.

12.1 APPROCHE DÉCOMPOSITION

Afin de simplifier la résolution d'un problème, l'approche à adopter est de le concevoir comme une suite de sous-problèmes. Chacun des sous-problèmes correspond à un traitement simple qui constitue une étape logique dans la résolution du problème global. Les sous-problèmes étant plus petits et plus simples que le tout, la résolution en est simplifiée. Diviser pour régner, le problème est donc décomposé en sous-problèmes, d'où l'expression : approche par décomposition.

Dans un premier temps, on peut découper pratiquement tous les problèmes en trois sous-problèmes :

- lecture et validation des données;
- le traitement;
- l'écriture des résultats.

Le sous-problème traitement peut lui-même être décomposé en plusieurs autres sous-problèmes selon la nature du problème.

Jusqu'à présent, le traitement à exécuter sur les données afin de résoudre un problème était décrit par un algorithme, et le programme PASCAL correspondait à la traduction de cet algorithme. Maintenant, le problème est une suite de **sous-problèmes** auxquels correspondent des **sous-algorithmes** et des **sous-programmes** PASCAL. L'algorithme du problème fait référence aux sous-algorithmes et le programme fait appel aux sous-programmes. Ainsi, nos programmes PASCAL seront écrits en sous-programmes, ce qui en facilitera la compréhension et la modification. Chacun des sous-programmes formera un module complet, c'est-à-dire un module qui reçoit ses données, effectue le traitement nécessaire à la résolution du sous-problème et retourne les résultats. On nommera **paramètre** les données reçues et les résultats retournés par le sous-programme.

12.2 UNE MÉTHODE POUR RÉSOUDRE UN PROBLÈME

La méthode suggérée pour résoudre un problème avec l'approche par décomposition est la suivante :

Étape 1   décomposer le problème en sous-problèmes. Définir chacun des sous-problèmes en indiquant son objectif et ses paramètres, c'est-à-dire les données à communiquer au sous-problème et les résultats retournés. Les sous-problèmes peuvent être présentés dans un ordre logique d'utilisation;

Étape 2   écrire l'algorithme du problème. L'algorithme fait référence aux sous-problèmes définis à l'étape précédente. L'algorithme doit être clair. La lecture de l'algorithme doit fournir une image complète des étapes du problème sinon, il faut réviser la décomposition du problème. Cette étape consiste à fournir la liste des informations utilisées dans l'algorithme et à écrire ce dernier;

Étape 3   écrire les sous-algorithmes correspondant aux sous-problèmes.

Pour chacun des sous-problèmes définis, il faut :

- décrire les paramètres du sous-problème en indiquant le type du paramètre et spécifier s'il s'agit d'un paramètre donnée ou résultat;

- définir les informations locales aux sous-problèmes, les constantes nécessaires et les informations à calculer afin de produire les résultats désirés;

- écrire le sous-algorithme qui décrit le traitement à effectuer.

12.3 EXEMPLE

Illustrons cette méthode à l'aide d'un exemple : calculer les salaires hebdomadaires des employés de la compagnie d'assemblage XYZ Inc. Le tableau ci-dessous, fournit par catégorie d'employés, le nombre d'heures de base, le taux horaire en temps normal et le facteur à considérer pour les heures de travail en temps supplémentaire (exemple : le commis gagne 8.00 + (8.00 x 0.5) = 12.00 l'heure en temps supplémentaire).

Le type d'employé	Les heures de base	Le taux horaire	Le facteur supplémentaire
Commis	37	8.00	0.5
Opérateur	40	9.00	0.75

De plus, un montant représentant 3% du salaire brut est ajouté au salaire des employés afin de compenser les avantages sociaux non consentis. Les prélèvements à considérer sont un montant de 24.91$ pour l'assurance-chômage et un montant équivalent à 0.5% du salaire brut pour l'association des employés. Le montant d'impôt à retenir à la source est calculé en fonction d'un salaire annuel estimé, en multipliant le salaire brut hebdomadaire par 52 semaines. Les taux d'impositions pour chacun des paliers sont indiqués ci-dessous :

Salaire annuel estimé	Le taux d'imposition
0 - 8 500*	0%
8 500 - 15 000	10%
15 000 - 25 000	17%
25 000 - 35 000	25%
35 000 -	35%

Utilisons la méthode suggérée pour traiter ce problème.

Étape 1   Décomposer le problème en sous-problèmes

Les paramètres données		Les sous-problèmes	Les paramètres résultats
		Lire les informations d'un employé	→ Le poste
			→ Le nombre d'heures
Le poste	→		
Le nombre d'heures	→	Calculer le salaire brut	→ Le salaire brut
Le salaire brut	→	Calculer l'impôt à payer	→ L'impôt à payer
Le salaire brut	→		
L'impôt à payer	→	Calculer et afficher le salaire net	

---

* La valeur de la borne supérieure est incluse dans l'intervalle.

Il faudra résoudre chacun des sous-problèmes encadrés ci-dessus pour chaque employé.

On constate, grâce à notre exemple, qu'un sous-problème peut se représenter comme une boîte noire[1] qui, au besoin, reçoit des informations (les paramètres données), exécute un traitement et retourne de l'information (les paramètres résultats). D'après le sous-problème de notre exemple, nous remarquons qu'il est possible qu'un sous-problème ne nécessite pas de paramètres donnés, c'est le cas du premier sous-problème. De même il est possible d'avoir un sous-problème qui n'utilise pas les paramètres pour retourner les résultats, ceux-ci devant être affichés par le sous-problème. C'est le cas du dernier sous-problème «Calculer et afficher le salaire net». On constate que l'information retournée par un sous-problème (paramètres résultats) peut être envoyée comme donnée à un sous-problème subséquent. Il y a un transfert d'informations d'un sous-problème à un autre.

Étape 2   Écrire l'algorithme du problème

L'étape 1 nous a permis d'identifier les sous-problèmes et leurs paramètres. Écrivons maintenant les identificateurs associés aux informations ainsi que l'algorithme du problème faisant référence aux sous-problèmes identifiés.

Les informations globales

L'information	Le type	La nature	La valeur	L'identificateur
Le poste de l'employé	CHAR	Variable	à obtenir	Leposte
Le nombre d'heures travaillées	REAL	Variable	à obtenir	NbHeures
Le salaire brut de l'employé	REAL	Variable	à obtenir	SalaireBrut
Le montant d'impôt à payer	REAL	Variable	à obtenir	Impot
La réponse de l'usager pour le critère d'arrêt	CHAR	Variable	à obtenir	Reponse

---

[1] L'expression «boîte noire» exprime l'idée qu'on peut négliger dans un premier temps le détail du contenu de la boîte.

L'algorithme du problème

REPETER
  LireLesdonnees (Leposte, NbHeures)
  LeSalaireBrut   (Leposte, NbHeures, SalaireBrut)
  CalculImpot   (SalaireBrut, Impot)
  LeSalNet   (Impot, SalaireBrut)
  Ecrire "Avez-vous un autre employé (O-N)?"
  Lire Reponse
JUSQU'A (Reponse = 'N') **OU** (Reponse = 'n')

Dans l'algorithme, chacun des sous-problèmes est identifié par un identificateur suivi de la liste des paramètres qui décrit les données fournies au sous-problème et les résultats retournés.

Au début de la boucle de répétition, le contrôle est transféré de l'algorithme au sous-algorithme `Lirelesdonnees`. Ce sous-algorithme demande à l'usager d'entrer le poste de l'employé et le nombre d'heures travaillées, et il en fait la lecture. Ces informations sont ensuite retournées à l'aide des paramètres résultats `LePoste` et `NbHeures`, et le contrôle revient à l'algorithme.

On poursuit en donnant le contrôle au sous-algorithme `LeSalaireBrut` en lui fournissant, à l'aide des paramètres données `LePoste` et `NbHeures`, les informations nécessaires pour calculer le salaire brut. Cette information est retournée avec le paramètre résultat `SalaireBrut` et, de nouveau, le contrôle revient à l'algorithme.

Par la suite, le contrôle est cédé au sous-algorithme `CalculImpot` qui doit calculer le montant d'impôt à payer à partir du salaire brut. Cette information lui est fournie à l'aide du paramètre donnée `SalaireBrut`, le résultat du sous-algorithme est retourné à l'algorithme avec le paramètre résultat `Impot`.

Le dernier sous-algorithme consulté est `LeSalNet` qui reçoit, par l'entremise des paramètres données `Impot` et `SalaireBrut`, le montant d'impôt à payer et le salaire brut de l'employé. Ce sous-algorithme calculera le salaire net de l'employé, affichera ce résultat et ensuite redonnera le contrôle à l'algorithme.

Les deux dernières instructions de la boucle de répétition servent à recommencer si l'usager veut calculer un autre salaire.

Nous constatons qu'en divisant le problème en sous-problèmes, nous obtenons un algorithme simple qui résume les étapes du problème. L'algorithme est comparable à une table des matières d'un livre et chacun des sous-algorithmes correspond à un chapitre, l'endroit où on retrouve le détail.

L'étape suivante dans la résolution du problème est d'écrire les sous-algorithmes correspondant aux sous-problèmes identifiés.

Étape 3   Écrire les sous-algorithmes

- LireLesDonnées (LePoste, NbHeures), afin d'effectuer la lecture et la validation du poste de l'employé et le nombre d'heures travaillées.

Les paramètres données   Aucun

Les paramètres résultats

	Le type	**L'identificateur**
Le poste de l'employé	CHAR	LePoste
Le nombre d'heures travaillées	REAL	NbHeures

Les informations locales

	Le type	**La nature**	**La valeur**	**L'identificateur**
Indicateur de donnée valide	BOOLEAN	VARIABLE	à évaluer	Valide
Le nombre d'heures minimum	INTEGER	CONSTANTE	0	MinHrs
Le nombre d'heures maximum	INTEGER	CONSTANTE	168	MaxHrs

Le sous-algorithme
```
REPETER
   ECRIRE 'Entrez le poste de l''employé C (commis), O (opérateur)'
   LIRE LePoste

   Valide ← (LePoste = 'C') OU (LePoste = 'O')
      SI NON Valide ALORS ECRIRE 'Donnée invalide recommencez'
   JUSQU'A Valide
```

Exemple

REPETER
    ECRIRE 'Entrez le nombre d"heures travaillées'
    LIRE NbHeures

    Valide ← (NbHeures >= MinHrs) **ET** (NbHeures <= MaxHrs)
    SI NON Valide **ALORS ECRIRE** 'Donnée invalide recommencez'
JUSQU'A Valide

■ LeSalaireBrut (LePoste, NbHeures, SalaireBrut), afin d'effectuer le calcul du salaire brut en considérant les heures supplémentaires et le montant des avantages sociaux.

		Le type	**L'indentificateur**
Les paramètres données	Le poste de l'employé	CHAR	LePoste
	Le nombre d'heures travaillées	REAL	NbHeures
Les paramètres résultats	Le salaire brut de l'employé	REAL	SalaireBrut

Les informations locales

	Le type	**La nature**	**La valeur**	**L'identificateur**
Les heures de base d'un commis	INTEGER	CONSTANTE	37	HrsBCom
Les heures de base d'un opérateur	INTEGER	CONSTANTE	40	HrsBOpe
Le taux horaire du commis	REAL	CONSTANTE	8.00	TauxNCom
Le taux horaire de l'opérateur	REAL	CONSTANTE	9.00	TauxNOpe
Le facteur temps supplémentaire	REAL	CONSTANTE	0.5	FctOverCom
Le facteur temps supplémentaire	REAL	CONSTANTE	0.75	FctOverOpe
Le pourcentage pour les avantages sociaux	REAL	CONSTANTE	0.03	PASociaux
Les heures travaillées en temps supplémentaire	REAL	VARIABLE	à calculer	HrsOver

Le sous-algorithme	**SI** LePoste = 'C'
	ALORS DEBUT
	SI NbHeures > HrsBCom
	ALORS HrsOver ← NbHeures - HrsBCom
	SINON HrsOver ← 0
	SalaireBrut ← TauxNCom * (NbHeures+FctOverCom * HrsOver)
	FIN
	SINON DEBUT
	SI NbHeures > HrsBOpe
	ALORS HrsOver ← NbHeures - HrsBOpe
	SINON HrsOver ← 0
	SalaireBrut ← TauxNOpe * (NbHeures + FctOverOpe * HrsOver)
	FIN
	SalaireBrut ← SalaireBrut + PASociaux * SalaireBrut

■ CalculImpot (SalaireBrut, Impot), pour calculer le montant d'impôt à payer.

		Le type	**L'identificateur**
Les paramètres données	Le salaire brut de l'employé	REAL	SalaireBrut
Les paramètres résultats	Le montant d'impôt à payer	REAL	Impot

Les informations locales

	Le type	**La nature**	**La valeur**	**L'identificateur**
Le salaire annuel estimé	REAL	VARIABLE	à calculer	SalAnnuel
Le nombre de semaines pour l'année	INTEGER	CONSTANTE	52	MaxSemaines
La borne supérieure du premier palier	REAL	CONSTANTE	8500.00	Palier1
La borne supérieure du deuxième palier	REAL	CONSTANTE	15000.00	Palier2
La borne supérieure du troisième palier	REAL	CONSTANTE	25000.00	Palier3
La borne supérieure du quatrième palier	REAL	CONSTANTE	35000.00	Palier4

Exemple **355**

Le taux d'imposition du palier 1	REAL	CONSTANTE	0.00	`Taux1`
Le taux d'imposition du palier 2	REAL	CONSTANTE	0.10	`Taux2`
Le taux d'imposition du palier 3	REAL	CONSTANTE	0.17	`Taux3`
Le taux d'imposition du palier 4	REAL	CONSTANTE	0.25	`Taux4`
Le taux d'imposition maximum	REAL	CONSTANTE	0.35	`TauxMax`

Le sous-algorithme

SalAnnuel ← SalaireBrut * MaxSemaines
SI SalAnnuel <= Palier1 **ALORS** Impot ← SalaireBrut * Taux1
SINON SI SalAnnuel <= Palier1 + Palier2
    ALORS Impot ← Palier1 * Taux1 + (SalAnnuel - Palier1) * Taux2
    SINON SI SalAnnuel <= Palier1 + Palier2 + Palier3
        ALORS Impot ← Palier1 * Taux1 + Palier2 * Taux 2 +
            (SalAnnuel - (Palier1 + Palier2)) * Taux3
        SINON Impot ← Palier1 * Taux1 + Palier2 * Taux2 +
            Palier3 * Taux3 +
            (SalAnnuel - (Palier1 + Palier2 + Palier3)) * TauxMax

■ LeSalNet (SalaireBrut, Impot), pour calculer le salaire net de l'employé.

		Le type	**L'identificateur**
Les paramètres données	Le salaire brut de l'employé	REAL	`SalaireBrut`
	Le montant d'impôt à payer	REAL	`Impot`
Les paramètres résultats	Aucun		

Les informations locales

Le prélèvement pour l'assurance chômage	REAL	CONSTANTE	24.91	`AssChomage`
Le pourcentage pour l'association des employés	REAL	CONSTANTE	0.005	`PCotisation`
Le salaire net de l'employé	REAL	VARIABLE	à calculer	`SalaireNet`

Le sous-algorithme

SalaireNet ← SalaireBrut - AssChomage - (SalaireBrut * PCotisation) - Impot
ECRIRE 'Le salaire net de l''employé est :', SalaireNet

12.4 SOUS-PROGRAMMES PROCEDURE

Nous venons de voir qu'un problème peut être décomposé en une séquence de sous-problèmes. À chaque sous-problème correspond un sous-algorithme. Le sous-algorithme est représenté par un nom, une liste de paramètres et une description du traitement à effectuer. L'algorithme qui présente la solution du problème fait référence aux sous-algorithmes en indiquant le nom du sous-algorithme suivi des paramètres.

Le langage PASCAL fournit tous les éléments nécessaires à la programmation des sous-algorithmes. Ainsi, un programme PASCAL peut être écrit sous forme modulaire. Chaque sous-algorithme est codifié en sous-programme PASCAL. Le langage PASCAL permet d'écrire deux sortes de sous-programmes: les sous-programmes `PROCEDURE` et les sous-programmes `FUNCTION`. Ces deux sous-programmes sont similaires et ne diffèrent que dans la façon de retourner les résultats. Les sous-programmes `FUNCTION` seront abordés dans une section ultérieure.

Une procédure est un module qui possède une structure semblable au programme. Elle débute par un en-tête qui contient l'identificateur réservé `PROCEDURE`, suivi du nom de la procédure et des ***paramètres formels*** placés entre parenthèses. L'en-tête se termine par un point-virgule. Après l'en-tête suit la section des déclarations du sous-programme. La dernière section de la procédure est appelée le corps de la procédure. Ce sont les instructions encadrées des mots `BEGIN` et `END`. La procédure se termine par un point-virgule.

Voici un exemple de procédure, elle correspond à la traduction en PASCAL du sous-problème `LeSalaireBrut` de la section précédente.

L'en-tête de la procédure qui contient la liste des **paramètres formels**

```
PROCEDURE LeSalaireBrut (LePoste      :CHAR   ;
                         NbHeures     :REAL   ;
                     VAR SalaireBrut  :REAL)  ;
```

La section des déclarations locales au sous-programme

```
CONST
    HrsBCom     = 37    ;
    HrsBOpe     = 40    ;
    TauxNCom    = 8.00  ;
    TauxNOpe    = 9.00  ;
    FctOverCom  = 0.5   ;
    FctOverOpe  = 0.75  ;
    PASociaux   = 0.03  ;
VAR
    HrsOver : REAL      ;
```

Le corps de la procédure

```
BEGIN
  IF LePoste = 'C'
  THEN  BEGIN
      IF NbHeures > HrsBCom
      THEN HrsOver := NbHeures - HrsBCom
      ELSE HrsOver := 0 ;
      SalaireBrut   := TauxNCom * (NbHeures
                      + FctOverCom * HrsOver)
        END
  ELSE  BEGIN
      IF NbHeures > HrsBOpe
      THEN HrsOver := NbHeures - HrsBOpe
      ELSE HrsOver := 0 ;
      SalaireBrut   := TauxNOpe * (NbHeures
                      + FctOverOpe * HrsOver)
        END
  SalaireBrut := SalaireBrut + PASociaux
                  * SalaireBrut ;
END ;
```

Figure 12.1   Exemple d'une procédure

Dans le programme, la déclaration de la procédure se situe dans la section des déclarations, plus précisément après la section des déclarations de variable et avant le mot `BEGIN` qui indique le début du corps du programme.

```
PROGRAM   ...      L'en-tête du programme
CONST              La section des déclarations globales de constante
  ...
VAR ...            La section des déclarations globales de variable
PROCEDURE ...      L'en-tête d'une procédure
CONST ...          La section des déclarations locales de constante
VAR ...            La section des déclarations locales de variable
BEGIN
  ...              Le corps de la procédure
END ;
PROCEDURE ...      La déclaration d'une autre procédure
CONST ...
VAR ...
BEGIN
  ...
END ;
BEGIN
  ...              Le corps du programme
END.
```

La procédure peut être appelée (utilisée) du corps du programme en écrivant son nom suivi des **paramètres effectifs** placés entre parenthèses.

Exemple d'appel : LeSalaireBrut (LePoste, NbHeures, SalaireBrut) ;

Le contrôle passe à la procédure `LeSalaireBrut` et les instructions du corps de la procédure sont alors exécutées. Après cette exécution, le contrôle revient à l'instruction du programme qui suit l'instruction d'appel de la procédure.

12.5 PARAMÈTRES

L'utilisation des paramètres permet un échange d'informations entre la procédure et le module qui appelle la procédure. Dans l'approche par décomposition, nous avons distingué deux sortes de paramètres : les paramètres utilisés pour fournir de l'information au sous-programme (les paramètres données) et les paramètres qui permettent de retourner les résultats du sous-programme (les paramètres résultats). Dans le langage PASCAL, ces paramètres s'appellent respectivement **les paramètres par valeur** : (le mot valeur indique bien que par ces paramètres nous fournissons des valeurs) et **les paramètres par variable** (le mot variable nous signale qu'à ces paramètres vont correspondre des variables spécifiques pour recevoir les résultats).

Les paramètres apparaissent à deux endroits : dans la déclaration de la procédure et à l'appel de la procédure. Les paramètres de l'en-tête de la procédure se nomment les **paramètres formels**. Ils sont des identificateurs utilisés dans le corps de la procédure. Les paramètres qui correspondent aux paramètres formels au moment de l'appel de la procédure se nomment **les paramètres effectifs**. Ce sont ces paramètres qui vont remplacer les paramètres formels lors de l'exécution de la procédure.

Analysons en détail la syntaxe de la liste **des paramètres formels** de l'en-tête de la procédure.

L'en-tête de la procédure

PROCEDURE ⬚le nom de la procédure⬚ (⬚Les paramètres formels⬚);

Voici des exemples d'en-têtes de procédure :

```
PROCEDURE    LireLesDonnees  (VAR LePoste      : CHAR ;
                              VAR NbHeures     : REAL );

PROCEDURE    LeSalaireBrut   ( LePoste         : CHAR ;
                                NbHeures       : REAL ;
                              VAR SalaireBrut  : REAL );

PROCEDURE    CalculImpot     ( SalaireBrut     : REAL ;
                              VAR Impot        : REAL );

PROCEDURE    LeSalNet        (SalaireBrut, Impot : REAL );
```

La liste des paramètres formels est placée entre parenthèses et se termine par un point-virgule. Cette liste est formée d'une ou de plusieurs suites d'identificateurs, chacune d'elles étant séparée par un point-virgule. Si la suite d'identificateurs contient plusieurs identificateurs, ils sont alors séparés par une virgule. On poursuit l'écriture de l'en-tête avec le caractère deux-points : suivi du type des identificateurs (`REAL`, `INTEGER` `CHAR` ...). Si les identificateurs d'une suite sont des ***paramètres par variable*** (paramètres utilisés pour retourner des résultats), il faut alors débuter la suite avec le mot **VAR**.

Examinons la syntaxe de la liste des ***paramètres effectifs*** de l'appel de la procédure. L'appel de la procédure est l'énoncé qui déclenche l'exécution de cette procédure.

> Le nom de la procédure   (Les paramètres effectifs) ;

La liste des paramètres effectifs est placée entre parenthèses et les paramètres sont séparés de virgules.

Il doit y avoir compatibilité entre les paramètres formels déclarés dans l'en-tête de la procédure et les paramètres effectifs de l'appel de la procédure. Les règles à respecter sont :

- il doit y avoir le même nombre de paramètres effectifs qu'il y a de paramètres formels;

- il doit y avoir compatibilité de type entre le paramètre effectif de l'appel et le paramètre formel qui lui est associé;

- le paramètre effectif associé à un paramètre formel ***par variable*** doit obligatoirement être un identificateur de variable;

- le paramètre effectif associé à un paramètre formel ***par valeur*** doit être une expression (soit un identificateur de variable, soit une constante ou un calcul) l'important étant de fournir une valeur.

Voici des exemples d'appels de procédure qui sont valides en considérant les en-têtes de procédure déjà présentés :

```
LireLesDonnees   (LePoste, NbHeures)              ;
LeSalaireBrut    ('c', 5 * 8.0, SalaireBrut)      ;
CalculImpot      (405.60, Impot)                  ;
LeSalNet         (Impot, SalaireBrut)             ;
```

Voici des exemples d'appels de procédures invalides puisqu'il y a au moins une des règles qui est violée :

LireLesDonnees	(LePoste)	; la règle 1 n'est pas respectée
LeSalaireBrut	(5 * 8.0, 'c', SalaireBrut)	; la règle 2 n'est pas respectée
CalculImpot	(SalaireBrut, 125.0)	; la règle 3 n'est pas respectée

Pour illustrer ceci nous vous présentons le programme PASCAL complet incluant les sous-programmes discutés précédemment.

```
1   PROGRAM DeSalaire( INPUT , OUTPUT ) ;
2
3   (* Ce programme calcule les salaires hebdomadaires des employés de la
4      compagnie d'assemblage XYZ Inc.
5   *)
6
7   VAR
8
9      LePoste      : CHAR ; (* Le poste de l'employé                  *)
10     NbHeures     : REAL ; (* Le nombre d'heures travaillées         *)
11     SalaireBrut  : REAL ; (* Le salaire brut de l'employé           *)
12     Impot        : REAL ; (* Le montant d'impôt à payer             *)
13     Reponse      : CHAR ; (* La réponse de l'usager                 *)
14
15     PROCEDURE LireLesDonnees( VAR Leposte   : CHAR ;
16                               VAR NbHeures : REAL ) ;
17     (* Sous-programme pour effectuer la lecture et la validation du poste
18        de l'employé et du nombre d'heures travaillées .
19     *)
20
21     CONST
22        MinHrs =   0 ; (* Le nombre minimum d'heures de travail *)
23        MaxHrs = 168 ; (* Le nombre maximum d'heures de travail *)
24
25     VAR
26        Valide : BOOLEAN ; (* indicateur de donnée valide *)
27
28     BEGIN
29        CLRSCR ; (* pour effacer l'écran ( TURBO PASCAL ) *)
30
31        REPEAT
32
33           WRITE(OUTPUT, 'Entrez le poste de l''employé C ou O : ');
34           READLN( INPUT , LePoste ) ;
35           Valide := ( Leposte = 'C' ) OR ( LePoste = 'O' ) ;
```

```
36            IF NOT Valide THEN
37                WRITELN(OUTPUT, 'Données invalides recommencez ');
38         UNTIL Valide ;
39
40         REPEAT
41
42            WRITE( OUTPUT , 'Entrez le nombre d''heures :     ');
43            READLN( INPUT , NbHeures ) ;
44            Valide := ( NbHeures >= MinHrs ) AND ( NbHeures <= MaxHrs ) ;
45            IF NOT Valide
46                THEN WRITELN(OUTPUT, 'Données invalides recommencez ' ) ;
47         UNTIL Valide ;
48
49      END ; (* LireLesDonnees *)
50
51      PROCEDURE LeSalaireBrut( Leposte          : CHAR ;
52                               NbHeures         : REAL ;
53                           VAR SalaireBrut      : REAL ) ;
54      (*
55      Sous-programme pour effectuer le calcul du salaire brut en considé-
56      rant les heures suplémentaires et le montant des avantages sociaux .
57
58      *)
59
60      CONST
61         HrsBCom     = 37   ; (* Les heures de base d'un commis          *)
62         HrsBOpe     = 40   ; (* Les heures de base d'un opérateur       *)
63         TauxNCom    = 8.0  ; (* Le taux horaire d'un commis             *)
64         TauxNOpe    = 9.0  ; (* Le taux horaire d'un opérateur          *)
65         FctOverCom  = 0.5  ; (* Le facteur temps supplémentaire C       *)
66         FctOverOpe  = 0.75 ; (* Le facteur temps supplémentaire O       *)
67         PASociaux   = 0.03 ; (* Le pourcentage avantages sociaux        *)
68
69      VAR
70         HrsOver : REAL ; (* Les heures  en temps supplémentaire    *)
71
72      BEGIN
73
74         CASE   LePoste   OF
75
76            'C' : BEGIN
77                     IF    NbHeures  > HrsBCom
78                     THEN  HrsOver := NbHeures - HrsBCom
79                     ELSE  HrsOver := 0 ;
80                     SalaireBrut   := TauxNCom*(NbHeures + FctOverCom * HrsOver)
```

```
 81                END ;
 82
 83         'O' : BEGIN
 84                IF    NbHeures  > HrsBOpe
 85                THEN HrsOver := NbHeures - HrsBOpe
 86                ELSE HrsOver := 0 ;
 87                SalaireBrut   := TauxNOpe*(NbHeures + FctOverOpe * HrsOver)
 88                END ;
 89
 90    END ;
 91
 92    SalaireBrut := SalaireBrut + PASociaux * SalaireBrut ;
 93
 94  END ; (* LeSalaireBrut *)
 95
 96  PROCEDURE CalculImpot( SalaireBrut : REAL ;
 97                    VAR Impot       : REAL   ) ;
 98    (*
 99    Sous-programme pour effectuer le calcul du montant d'impôt à payer .
100
101    *)
102
103    CONST
104     MaxSemaines =        52    ; (* Nombre de semaines avec solde   *)
105     Palier1     = 10000.00 ; (* Borne supérieure   du palier 1    *)
106     Taux1       =     0.00 ; (* Taux d'imposition du palier 1    *)
107     Palier2     = 15000.00 ; (* Borne supérieure   du palier 2    *)
108     Taux2       =     0.10 ; (* Taux d'imposition du palier 2    *)
109     Palier3     = 25000.00 ; (* Borne supérieure   du palier 3    *)
110     Taux3       =     0.20 ; (* Taux d'imposition du palier 3    *)
111     TauxMax     =     0.35 ; (* Taux d'imposition maximum         *)
112
113    VAR
114     SalAnnuel : REAL ;    (* Le salaire annuel estimé        *)
115
116    BEGIN
117
118    SalAnnuel := SalaireBrut * MaxSemaines ;
119
120    IF   SalAnnuel <= Palier1
121    THEN   Impot   := SalaireBrut * Taux1
122
123    ELSE IF SalAnnuel <= Palier1 + Palier2
124         THEN Impot    := Palier1*Taux1 + (SalAnnuel - Palier1)*Taux2
125
```

```
126            ELSE IF SalAnnuel <= Palier1 + Palier2 + Palier3
127              THEN Impot := Palier1 * Taux1 + Palier2 * Taux2 +
128                           ( SalAnnuel - ( Palier1 + Palier2 )) * Taux3
129
130            ELSE Impot := Palier1*Taux1 + Palier2*Taux2 + Palier3*Taux3
131              + ( SalAnnuel - ( Palier1 + Palier2 + Palier3 )) * TauxMax ;
132
133     Impot := Impot / Maxsemaines ;
136
137   END ; (* CalculImpot *)
138
139   PROCEDURE LeSalNet( SalaireBrut , Impot : REAL ) ;
140
141   (*
142   Sous-programme pour calculer le salaire net de l'employé.
143
144   *)
145
146   CONST
147     AssChomage    = 24.91 ;
148     Pcotisation   = 0.005 ;
149
150   VAR
151     SalaireNet : REAL ; (* Le salaire net de l'employé *)
152
153   BEGIN
154
155     SalaireNet:=SalaireBrut-AssChomage-(SalaireBrut*PCotisation)-Impot;
156     WRITELN( OUTPUT,'Le salaire net de l''employé est        : ',
157                     SalaireNet : 7:2 ) ;
158   END ; (* LeSalNet *)
159
160
161   BEGIN (* Programme principal *)
162
163     REPEAT
164
165       LireLesDonnees( Leposte , NbHeures ) ;
166
167       LeSalaireBrut( LePoste , NbHeures , SalaireBrut ) ;
168
169       CalculImpot( SalaireBrut , Impot ) ;
170
171       LeSalNet( SalaireBrut , Impot ) ;
172
```

```
173      WRITELN( OUTPUT ) ;
174      WRITE ( OUTPUT , 'Avez-vous un autre employé (O-N) ? ' ) ;
175      READLN( INPUT  ,   Reponse ) ;
176
177   UNTIL ( Reponse = 'N' ) OR ( Reponse = 'n' ) ;
178
179   END. (* DeSalaire *)
```

Figure 12.2 Exemple de programme avec procédures.

12.6 APPROCHE INSTRUCTION

Une autre façon d'aborder les procédures est de les concevoir comme des instructions spéciales que l'usager peut définir pour exécuter une tâche utile. Pour se convaincre que dans son usage, une procédure peut être perçue comme une instruction, il suffit de savoir que les énoncés WRITELN ou READLN présentés comme des instructions au chapitre 2 sont en réalité des procédures prédéfinies. L'énoncé WRITELN est une procédure qui affiche les informations qu'elle reçoit en paramètre; l'usager n'a pas à déclarer cette procédure puisqu'elle est déjà définie.

Si, dans un problème, il y a une tâche précise qui revient plus d'une fois, il est intéressant d'écrire une procédure pour réaliser cette tâche. À chaque fois qu'il faut réaliser cette tâche dans le programme on fait appel à la procédure comme si c'était une instruction spéciale. Deux exemples illustrent cette approche.

Premier exemple Supposons que nous voulons afficher à l'écran le cadre suivant.

```
* * * * * * * * * * * * * * * * * *
*                                 *
*                                 *
*                                 *
*                                 *
*                                 *
*                                 *
*                                 *
* * * * * * * * * * * * * * * * * *
```

Pour réaliser cet affichage, il suffit d'écrire le caractère `'*'` et le caractère `' '` (espace) un certain nombre de fois. Dans ce problème, la tâche qui se répète consiste donc à écrire un caractère donné, un certain nombre de fois. À l'aide d'une procédure, définissons une instruction spéciale qui peut écrire un caractère autant de fois qu'on le désire.

```
                    EcrireCar ('*', 20)
```

permettrait d'écrire le caractère `'*'`, 20 fois.

		Le type	**L'identificateur**
Les paramètres données	Le caractère à écrire	`CHAR`	`LeCar`
	Le nombre de fois qu'on doit écrire le caractère	`INTEGER`	`NbDeFois`
Les paramètres résultats	Aucun		
Les informations locales	Compteur du nombre de fois que le caractère est écrit	`INTEGER`	`I`

Le sous-algorithme

POUR I ← 1 **A** NbDeFois   **FAIRE**   ECRIRE LeCar

La procédure PASCAL

```pascal
PROCEDURE EcrireCar (LeCar : CHAR; NbDeFois : INTEGER);
VAR
 I : INTEGER ;
BEGIN
 FOR I := 1 TO NbDeFois DO WRITE (OUTPUT, LeCar : 1);
END ;
```

En déclarant dans un programme la procédure `EcrireCar`, on peut réaliser l'affichage désiré avec les énoncés suivants :

```pascal
EcrireCar ('*', 20) ;
WRITELN (OUTPUT) ;
FOR  J := 1  TO  7  DO
BEGIN
    EcrireCar ('*', 1)  ;
    EcrireCar (' ', 18) ;
    EcrireCar ('*', 1)  ;
```

```
        WRITELN    (OUTPUT) ;
    END ;
    EcrireCar ('*', 20) ;
    WRITELN    (OUTPUT) ;
```

Deuxième exemple

Une autre tâche qui revient souvent dans un programme interactif est la lecture d'une valeur réelle qui doit être comprise entre deux bornes. Si nous voulons faire la lecture d'une note comprise entre 0.0 et 100.0 ou la lecture du poids en kilogrammes d'une personne comprise dans l'intervalle 0.0 à 500.0, il serait utile de posséder une instruction spéciale de lecture, qui accepte seulement la valeur réelle comprise dans l'intervalle demandé.

Définissons la procédure de nom `LireEtValider` qui reçoit deux valeurs réelles définissant un intervalle valide, et qui retourne une valeur réelle lue comprise dans l'intervalle. Avec cette procédure on peut facilement faire la lecture d'une note d'examen de la façon suivante :

```
    LireEtValider (0.0, 100.0, UneNote) ;
```

Cette procédure permet de lire une valeur réelle entre 0.0 et 100.0. Donc, pour effectuer la lecture d'une valeur réelle comprise entre deux bornes, nous procédons comme suit (notion déjà abordée au chapitre 5) :

Les paramètres données

| La borne inférieure valide | REAL | BorneInf |
| La borne supérieure valide | REAL | BorneSup |

Les paramètres résultats

| La valeur lue valide | REAL | Valeur |

Les informations locales

| Indicateur d'une donnée valide | BOOLEAN | Valide |

Le sous-algorithme

REPETER
  Ecrire 'Entrer une valeur entre', BorneInf, 'ET', BorneSup
  Lire Valeur
  Evaluer Valide ← (Valeur >= BorneInf) **ET** (Valeur <= BorneSup)
  SI NON Valide **ALORS** Ecrire 'Valeur erronée recommencez'
JUSQU'A Valide

La procédure PASCAL

```
PROCEDURE   LireEtValide (BorneInf, BorneSup : REAL ;
                         VAR Valeur          : REAL) ;
VAR
  Valide : BOOLEAN ;
BEGIN
  REPEAT
    WRITE (OUTPUT, 'Entrer une valeur entre', BorneInf, 'ET', BorneSup) ;
    READLN (INPUT, Valeur) ;
    Valide := (Valeur >= BorneInf) AND (Valeur <= BorneSup) ;
    IF NOT Valide THEN WRITELN (OUTPUT, 'Valeur erronée recommencez') ;
  UNTIL Valide ;
END ;
```

Ces exemples illustrent un autre avantage des procédures : elles permettent de diminuer le nombre d'instructions à écrire dans un programme. Les instructions définissant le traitement à exécuter sont écrites une seule fois, dans la déclaration de la procédure. À chaque appel, la procédure avec ses paramètres permet d'exécuter le même traitement sur des informations différentes.

Si, dans un programme, on veut lire et valider le poids et la taille d'une personne avec la déclaration de la procédure `LireEtValider`, ce travail se fait à l'aide de deux énoncés :

```
LireEtValider (0.0, 500.0, LePoids) ;
LireEtValider (0.0,   3.0, LaTaille) ;
```

En exécutant une même séquence d'instructions sur des informations différentes, les procédures procurent une économie de code et une facilité d'utilisation.

12.7 SOUS-PROGRAMMES FUNCTION

Au chapitre 6 (section 6.5), nous avons introduit la fonction arithmétique prédéfinie comme étant un opérateur spécial qui calcule une valeur à partir d'une expression (une valeur) donnée en paramètre.

exemple `VAR  A, B : REAL ;`
`...`
`A := 5.0 ;`
`B := SQR (A) ;`

Ainsi, `SQR (A)` calcule le carré de la valeur de `A` (dans notre exemple le résultat vaut 25.0). Les fonctions peuvent toujours être utilisées, peu importe l'expression.

Un programmeur peut définir les fonctions qu'il désire. Une fonction est un sous-programme similaire à la **PROCEDURE** puisqu'elle retourne un résultat à partir de données fournies en paramètre. Les différences entre le sous-programme `PROCEDURE` et le sous-programme **FUNCTION** sont :

- une fonction ne retourne qu'un seul résultat de type simple (`INTEGER, REAL, CHAR, BOOLEAN`);

- Le résultat retourné par la fonction est utilisé dans une expression. Ainsi, l'appel de la fonction fait partie de l'expression;

exemple `B := SQR (4) + 8 ;`

La structure d'une fonction est presque identique à la structure d'une procédure, mais l'en-tête de la fonction diffère de celle de la procédure. Voyons plus en détail l'en-tête d'une fonction :

Écrivons une fonction qui permet de calculer une puissance: A^B, la valeur de A exposée à la valeur de B

exemples $2^3 = 2 * 2 * 2 = 8$

$$2^{-3} = \frac{1}{2} * \frac{1}{2} * \frac{1}{2} = \frac{1}{8}$$

La déclaration d'une fonction débute par le mot **FUNCTION**, suivie du nom de la fonction et de la liste des paramètres formels de la fonction placée entre parenthèses. Ensuite, on retrouve le caractère deux points : et le type de la fonction. Ce type doit être simple (`INTEGER, REAL, CHAR, BOOLEAN`) et il indique le type du nom de la fonction, celui qui représente le résultat. Après l'en-tête, le reste de la déclaration est identique à la déclaration d'une procédure, soit : la section des déclarations locales et le corps du sous-programme qui se termine par **END** ;.

<table>
<tr><td>L'en-tête de la fonction</td><td>

```
FUNCTION Puissance (A:REAL ; B:INTEGER) : REAL ;
```
</td></tr>
<tr><td>Les déclarations locales</td><td>

```
VAR
   I : INTEGER ;
   PRODUIT : REAL ;
```
</td></tr>
<tr><td>Le corps de la fonction</td><td>

```
BEGIN
PRODUIT := 1 ;
IF   B > 0
THEN FOR I := 1 TO B DO Produit := Produit*A
ELSE FOR I :=-1 DOWNTO B DO Produit := Produit/A;
   Puissance := Produit ;
END ;
```
</td></tr>
</table>

Il est obligatoire d'avoir dans la fonction une instruction d'affectation qui affecte le résultat au nom de la fonction :

```
Puissance := Produit ;
```

de façon générale cette affectation prend la forme de

$$\boxed{\text{Le nom de la fonction}} := \boxed{\text{Une Expression}} \;;$$

Les fonctions définies par l'usager sont déclarées au même endroit que les procédures, après la section des déclarations de variables globales du programme et avant le **BEGIN** qui marque le début du programme. Les fonctions définies par l'usager s'utilisent comme les fonctions arithmétiques prédéfinies.

En déclarant la fonction PUISSANCE dans un programme, on peut afficher directement à l'écran le résultat du calcul de 5^6 :

```
...
WRITELN (OUTPUT, 'Le résultat de 5 exposant en 6 vaut', Puissance (5,6));
...
```

ou calculer l'expression $A \leftarrow x^4 + 4*x^3*y$:

```
...
A := Puissance (X,4) + 4 * Puissance (X,3) * y ;
...
```

Le programmeur peut, au besoin, définir une fonction booléenne. Par exemple, une fonction qui vérifie si un caractère est alphabétique:

```
FUNCTION      Alphabetique (C : CHAR) : BOOLEAN ;
BEGIN
   Alphabetique := ((C>='A') AND (C<='Z')) OR ((C>='a') AND (C<='z'))
END ;
```

En déclarant cette fonction dans un programme, on peut lire une ligne de caractères dans le fichier de nom interne Données et compter le nombre de caractères alphabétiques de la façon suivante :

```
...
Compteur := 0 ;
WHILE NOT EOLN(Donnees) DO
BEGIN
   READ (Donnees, C) ;
   IF Alphabetique (C) THEN Compteur := Compteur + 1 ;
END ;
...
```

Dans l'exemple suivant, nous utiliserons les sous-programmes **PROCEDURE** et **FUNCTION**.

Écrivons un programme interactif qui permet de calculer les versements mensuels nécessaires au remboursement d'un emprunt. Le programme demande à l'usager d'entrer les trois informations suivantes :

- Emprunt : le montant emprunté, une valeur entre 100.00 et 200000.00
- Intérêt : le taux d'intérêt de l'emprunt, une valeur entre 0.0 et 0.25
- Durée : le nombre de mois désiré pour rembourser, 1 à 360 .

Le programme calculera et affichera le versement mensuel exigé en utilisant la formule suivante :

$$\text{Versement} \leftarrow \frac{\text{Intérêt} * \text{Emprunt} * (1 + \text{Intérêt})^{\text{Durée}}}{(1 + \text{Intérêt})^{\text{Durée}} - 1}$$

```
 1  PROGRAM         Bancaire ( INPUT , OUTPUT ) ;
 2
 3  (* Calcul des versements  mensuels à effectuer  pour rembourser un
 4     emprunt en un certain nombre de mois , à un taux d'intérêt donné.
 5  *)
 6
 7  CONST
 8     EmpMin    =         100.00 ;   (* Emprunt minimum                           *)
 9     EmpMax    =      200000.00 ;   (* Emprunt maximum                           *)
10     IntMin    =           0.00 ;   (* Intérêt Minimum                           *)
11     IntMax    =           0.25 ;   (* Intérêt Maximum                           *)
12     DureeMin  =              1 ;   (* La durée minimum de l'emprunt             *)
13     DureeMax  =            360 ;   (* La durée maximum de l'emprunt             *)
14
15  VAR
16     Emprunt   :    REAL ;       (* Montant de l'emprunt demandé           *)
17     Interet   :    REAL ;       (* Taux d'intérêt consenti                *)
18     Duree     :    REAL ;       (* Terme de l'emprunt en mois             *)
19     DureeEnt  : INTEGER ;       (* Terme en valeur entière                *)
20
21     PROCEDURE    LireEtValider ( BorneInf , BorneSup : REAL ;
22                                  VAR    Valeur    : REAL ) ;
23     (*
24       Procédure qui fait la lecture  d'une valeur réelle valide entre les
25       bornes BorneInf et BorneSup .
26     *)
27
28     VAR   Valide : BOOLEAN ;   (* Indicateur de valeur valide *)
29
30     BEGIN
31
32       REPEAT
33
34         WRITE (OUTPUT , 'Une valeur entre '    , BorneInf :7:2 ,
35                         ' et ' , BorneSup :10:2 , ' : ' ) ;
36         READLN (INPUT , Valeur ) ;
37
38         Valide := (Valeur >= BorneInf) AND (Valeur <= BorneSup) ;
39         IF NOT Valide THEN WRITELN(OUTPUT,'Valeur erronée,recommencez');
40
41       UNTIL   Valide ;
42
43     END ;   (* LireEtValider *)
44
45     FUNCTION Puissance ( A : REAL ; B : INTEGER ) : REAL ;
```

```
46    (*
47     * Fonction qui retourne la valeur de A exposant B.
48     *)
49
50    VAR
51      I        : INTEGER ;    (* Indice   *)
52      Produit  :   REAL ;     (* Le résultat du calcul à retourner *)
53
54    BEGIN
55
56      Produit := 1 ;
57      IF B > 0
58      THEN FOR I :=  1     TO B DO Produit := Produit * A
59      ELSE FOR I := -1 DOWNTO B DO Produit := Produit / A ;
60
61      Puissance := Produit ;
62
63    END ;    (* Puissance *)
64
65    FUNCTION Versement (Emprunt,Interet: REAL; Duree: INTEGER) : REAL ;
66    (*
67     * Fonction qui calcule les versements à effectuer pour rembourser un
68     * emprunt de montant Emprunt à un taux de Interet pour un terme de
69     * Duree mois.
70     *)
71
72    VAR
73      Facteur : REAL ;
74
75    BEGIN
76
77      Facteur   := Puissance( 1 + Interet , Duree ) ;
78      Versement := ( Interet * Emprunt * Facteur ) / ( facteur - 1 ) ;
79
80    END ;    (* Versement *)
81
82    BEGIN
83      CLRSCR ;    (* pour effacer l'écran ( TURBO PASCAL ) *)
84
85      WRITELN ( OUTPUT , 'Entrez le montant de l''emprunt ' ) ;
86      LireEtValider ( EmpMin , EmpMax , Emprunt );
87
88      WRITELN ( OUTPUT ) ;
89      WRITELN ( OUTPUT , 'Entrez le taux d''intérêt consenti ' ) ;
90      LireEtValider ( IntMin , IntMax , Interet ) ;
```

```
 91
 92     WRITELN ( OUTPUT ) ;
 93     WRITELN ( OUTPUT , 'Entrez le nombre de mois de remboursements ' ) ;
 94     LireEtValider( DureeMin , DureeMax , Duree ) ;
 95
 96     (* La duree doit être un nombre entier de mois *)
 97
 98     DureeEnt := ROUND( Duree ) ;
 99
100     WRITELN ( OUTPUT ) ;
101     WRITELN ( OUTPUT , 'Le montant des versements mensuels est : '
102                     ,  Versement (Emprunt, Interet/12,DureeEnt) :7:2);
103  END. (* Bancaire *)
```

Figure 12.3   Calcul des versements mensuels]

12.8 SOUS-PROGRAMME LOCAL À UN SOUS-PROGRAMME

Nous avons constaté qu'il est avantageux de décomposer un problème en plusieurs sous-problèmes. On peut reprendre la même approche avec les sous-problèmes, c'est-à-dire qu'un sous-problème peut parfois contenir d'autres sous-problèmes et ainsi de suite. Si le sous-problème A contient le sous-problème B et que ce sous-problème B n'apparaît que dans le sous-problème A, alors le sous-problème B est une information locale au sous-problème A. Autrement dit, le sous-problème B appartient au sous-problème A, au même titre qu'une information déclarée localement au sous-problème A.

Le langage PASCAL permet de déclarer un sous-programme localement à un autre sous-programme. Pour déclarer le sous-programme B localement au sous-programme A, on doit le faire après la section des déclarations de variable du sous-programme A et avant le mot **BEGIN** qui indique le début du sous-programme A. De cette façon, le sous-programme B ne peut être appelé que du corps du sous-programme A. Ceci est valide pour n'importe quel sous-programme, que les sous-programmes A et B soient des **PROCEDURES** ou **FONCTIONS**.

```
PROCEDURE A...                    ⎤
CONST              les déclarations
   ...              locales du
VAR               sous-programme A
   ....                           ⎦

      FONCTION B...               ⎤              ⎤
                                                 
      CONST       les déclarations   la déclaration
         ...       locales du         du
      VAR        sous-programme B   sous-programme B   Le sous-programme A
         ...
      BEGIN       le corps
         ...     du sous-programme B
      END;                        ⎦

BEGIN
   ...                               le corps
END;                             du sous-programme A
                                                 ⎦
```

Dans notre schéma, la fonction B est déclarée localement à la procédure A. Cette fonction est connue seulement de la procédure A. Donc, l'appel de cette fonction ne peut apparaître que dans le corps de la procédure A.

À titre d'exemple, supposons que dans un problème à résoudre il y a un sous-problème qui consiste à déterminer, à partir d'une date sous la forme JOUR/MOIS/ANNEE (19/06/1987), le nombre de jours écoulés depuis le début de cette année (depuis le 01/01/1987).

Une façon de résoudre ce sous-problème est d'additionner tous les jours de chaque mois passé, du mois de janvier au mois qui précède la date, et d'ajouter les jours écoulés depuis le début du mois jusqu'au jour concerné.

exemple pour la date du 19/06/1987
en janvier 31
en février 28
en mars   31
en avril   30
en mai   31
en juin   <u>19</u>
170 jours écoulés depuis le 01 janvier 1987.

Dans ce sous-problème apparaît un autre sous-problème : celui de déterminer le nombre de jours d'un mois donné. De plus, si on veut être précis dans le cas du mois de février, on doit vérifier si l'année est une année bissextile afin de compter 29 jours plutôt que 28. Donc, dans le sous-problème qui consiste à déterminer le nombre de jours compris dans un mois, il y a un autre sous-problème : celui de déterminer si une année est bissextile.

```
1  FUNCTION Depuis01J( Jour,Mois,Annee : INTEGER ) : INTEGER ;
2  (*
3     Sous-programme qui détermine le nombre de jours écoulés depuis le
4     début de l'année à partir d'une date sous la forme JOUR/MOIS/ANNEE
5     (19/06/1987).
6  *)
7
8  VAR
9     TotalJours : INTEGER ; (* Totaliseur du nombre de jours          *)
10            M : INTEGER ; (* Indice de mois 1 à 12                   *)
11
12    FUNCTION NbJourMois(UnMois,UneAnnee : INTEGER ):INTEGER ;
13    (*
14     Sous-programme qui détermine le nombre de jours d'un mois donné.
15    *)
16
17      FUNCTION Bissextile( UneAnnee : INTEGER ) : BOOLEAN ;
18      (*
19       Sous-programme qui détermine si une année est bissextile.
20      *)
21      BEGIN (* Bissextile *)
22
23         Bissextile :=    ( UneAnnee MOD   4 = 0 ) AND
24                        ( ( UneAnnee MOD 100 <> 0 ) OR
25                          ( UneAnnee MOD 400 = 0 ) ) ;
26
27      END ; (* Bissextile *)
```

```
28
29  BEGIN (* NbJourMois *)
30
31    CASE UnMois OF
32
33    1,3,5,7,8,10,12 : NbJourMois := 31 ;
34
35              2 : IF Bissextile( UneAnnee )
36                    THEN NbJourMois := 29
37                    ELSE NbJourMois := 28 ;
38
39         4,6, 9,11 : NbJourMois := 30 ;
40
41    END ;
42
43  END ; (* NbJourMois *)
44
45  BEGIN (* Depuis01J *)
46
47    TotalJours := 0 ;
48
49    FOR M := 1 TO ( Mois - 1 ) DO
50      TotalJours := TotalJours + NbJourMois( M , Annee ) ;
51
52    Depuis01J := TotalJours + Jour ;
53
54  END ; (* Depuis01J *)
```

Figure 12.4 Nombre de jours écoulés

12.9 DÉCLARATIONS GLOBALES ET LOCALES

Nous connaissons les déclarations suivantes:

- identificateurs de constante: **CONST**;
- identificateurs de type: **TYPE**;
- identificateurs de variable: **VAR**;
- procédures: **PROCEDURE**;
- fonctions: **FUNCTION**.

Une déclaration est **locale** ou **globale**. Les **déclarations globales** sont les déclarations faites dans le programme principal. Les

déclarations locales sont les déclarations utilisées uniquement dans les sous-programmes. Voici quelques règles à retenir à propos des déclarations globales et locales. Ces règles sont illustrées à l'aide de l'exemple fictif de la figure 12.5.

Figure 12.5
Déclarations globales et locales

```
PROGRAM Fictif (INPUT, OUTPUT);
VAR                          ⎤
    A, B : INTEGER;          │ globales
       C : REAL;             ⎦

    PROCEDURE P1 (D : INTEGER; VAR E : REAL);
    VAR
        A, F : REAL; ⎤ locales à P1
    BEGIN
    ...
    END;
    PROCEDURE P2 (A : INTEGER; VAR E: REAL);
    VAR
       C, F: REAL;                                    ⎤
        FUNCTION F1 (G : INTEGER) : INTEGER;          │
        VAR                                           │
            A : CHAR; ⎤ locales à F1                  │ locales à P2
        BEGIN                                         │
        ...                                           │
        END;                                          ⎦
    BEGIN
       C := F1(5) + F1(25);
    END;
    FUNCTION F2 (G : CHAR) : BOOLEAN;
    VAR H : REAL; ] locale à F2
    BEGIN
       P2 (20, H);
       ...
    END;
BEGIN
    ...
    P1 (A, C);
    P2 (B, C);
    ...
END.
```

Règle 1   Tout identificateur doit être déclaré avant d'être utilisé, sauf dans le cas des identificateurs prédéfinis (MAXINT, REAL, ROUND, READLN, WRITE, etc.).

    C'est pourquoi la procédure P2 et la fonction F2 ne sont pas accessibles à la procédure P1 car, pour la procédure P1, la procédure P2 et la fonction F2 ne sont pas encore déclarées.

Règle 2   Le nom d'un sous-programme fait partie des déclarations globales au programme, si le sous-programme est déclaré dans le programme. De même, il fait partie des déclarations locales au sous-programme où il est déclaré.

    Ainsi, les sous-programmes P1, P2 et F2 font partie des déclarations globales du programme. Le sous-programme F1 fait partie des déclarations locales du sous-programme P2.

Règle 3   Les identificateurs associés aux paramètres d'un sous-programme font partie des déclarations locales. Le paramètre par valeur fournit au sous-programme une valeur qui est globale au sous-programme. Le paramètre par variable permet d'accéder à une variable qui est globale au sous-programme.

    Donc, les identificateurs D et E font partie des déclarations locales au sous-programme P1. L'appel de la procédure P1 (A,C) dans le programme principal permet de fournir à l'identificateur local D la valeur de l'identificateur A, et permet au sous-programme P1 d'accéder à la variable B par l'intermédiaire du paramètre par variable E qui lui correspond (l'identificateur B est le paramètre effectif qui correspond au paramètre formel E).

Règle 4   Un sous-programme a accès aux déclarations locales de ce sous-programme ainsi qu'aux déclarations qui lui sont globales (sous réserve de la règle 5).

Règle 5 Un sous-programme peut redéfinir un identificateur déclaré globalement. Cependant, à l'intérieur du sous-programme en question, la déclaration locale a priorité sur la déclaration globale.

Ainsi, dans notre exemple :

- Le sous-programme P1 a accès :
  - aux déclarations locales A, F, D, E;
  - aux déclarations globales B et C;

- le sous-programme P1 n'a pas accès à la variable A déclarée globalement puisque la variable A déclarée localement a priorité.

- Le sous-programme P2 a accès :
  - aux déclarations locales C, F, A, E;
  - la déclaration globale B.

- Le sous-programme F1 a accès :
  - aux déclarations locales A, G;
  - aux déclarations locales à P2, C, F, E;
  - la déclaration globale B.

- Le sous-programme F2 a accès :
  - aux déclarations locales H,G;
  - aux déclarations globales A, B, C.

Règle 6 Le programme principal ou un sous-programme n'a pas accès aux déclarations locales de ses sous-programmes. C'est pourquoi :

- le programme principal n'a pas accès à la variable F déclarée localement au sous-programme P1;

- le programme principal n'a pas accès à la fonction F1 déclarée localement au sous-programme P2;

- le sous-programme P2 n'a pas accès à la variable A déclarée localement dans la fonction F1.

Déclarations globales et locales

Règle 7   Deux sous-programmes peuvent utiliser les mêmes identificateurs locaux. Cependant les identificateurs en question sont des entités différentes.

L'identificateur F déclaré localement au sous-programme P1 n'a aucun lien avec l'identificateur F déclaré localement au sous-programme P2.

Règle 8   Le programme principal a accès aux sous-programmes déclarés globalement et un sous-programme a accès à lui-même* et aux sous-programmes déclarés globalement avant lui.

- Le programme principal a accès aux sous-programmes: P1, P2, F2;
- le sous-programme P1 a accès au sous-programme: P1*;
- le sous-programme P2 a accès aux sous-programmes: P2, F1, P1;
- le sous-programme F1 a accès aux sous-programmes: F1, P2, P1;
- le sous-programme F2 a accès aux sous-programmes: F2, P2, P1;

Règle 9   La durée de vie d'un **identificateur déclaré localement** est limitée à la durée d'exécution du sous-programme ayant déclaré cet identificateur. Cette règle aura deux conséquences :

- au début de l'exécution d'un sous-programme, la valeur des variables locales (à l'exception des paramètres) à ce sous-programme est **indéfinie**.

- toute valeur mémorisée dans une variable locale (à l'exception d'un paramètre par variable) est éliminée, perdue à la fin de l'exécution du sous-programme ayant déclaré la variable.

---

* Un sous-programme qui s'appelle lui-même, c'est de la récursivité. La récursivité est une notion avancée en programmation qui n'est pas abordée dans le cadre d'une introduction à la programmation. Son usage à ce stade est fortement déconseillé.

12.10 PROCÉDURE SANS PARAMÈTRE

Jusqu'à présent, nous n'avons utilisé que des procédures avec paramètres. Nous avons vu dans la section précédente qu'un sous-programme peut accéder aux déclarations globales du programme. Ainsi, les variables globales peuvent être utilisées directement par les sous-programmes sans l'intermédiaire des paramètres. Il est donc possible, mais non recommandé, d'utiliser des procédures sans paramètre. En effet, l'utilisation directe de variables globales par un sous-programme complique l'exécution du sous-programme avec des informations différentes. Récrivons la procédure `EcrireCar` vue à la section 12.6 mais cette fois sans utiliser de paramètres. La procédure `EcrireCar` est utilisée afin d'écrire un caractère un certain nombre de fois.

Soient les variables globales `LeCar` et `NbDeFois` et la procédure `EcrireCar` qui affiche le caractère `LeCar`, `NbDeFois` fois :

```
PROGRAM     Mauvais (INPUT, OUTPUT) ;
VAR  NbDeFois : INTEGER ;
     LeCar    : CHAR    ;
 PROCEDURE     EcrireCar ;
 VAR I : INTEGER ;
 BEGIN
   FOR I := 1 TO NbDeFois DO WRITE (OUTPUT,LeCar : 1);
 END ;
    ...
```

Réaffichons le cadre de la section 12.6 en utilisant la procédure `EcrireCar` sans paramètre.

Procédure sans paramètre **383**

La procédure `EcrireCar` exécute seulement son traitement sur les valeurs des variables globales `NbDeFois` et `LeCar`. Par conséquent, il faut s'assurer avant d'appeler la procédure que les variables globales contiennent les valeurs désirées.

Nous réalisons l'affichage du rectangle avec les énoncés suivants :

```
LeCar        := '*' ;
NbDeFois     := 20 ;
EcrireCar    ; WRITELN (OUTPUT) ;
FOR          J := 1 TO 7 DO
BEGIN
 NbDeFois := 1     ;
 EcrireCar         ;
 LeCar    := ' '   ;
 NbDeFois := 18    ;
 EcrireCar         ;
 LeCar    := '*'   ;
 NbDeFois := 1     ;
 EcrireCar         ;
 WRITELN (OUTPUT);
END ;
NbDeFois := 20    ;
EcrireCar         ;
Writeln (Output) ;
```

Si on compare ces énoncés aux énoncés de la section 12.6 qui exécutent le même travail, nous constatons qu'il est avantageux de pouvoir faire exécuter le traitement de la procédure sur des informations différentes à l'aide des paramètres.

12.11 CAS SPÉCIAUX

Paramètre par variable utilisé dans les deux sens

À la section 12.5, nous avons mentionné qu'un paramètre sert à échanger des informations entre la procédure et le module qui appelle la procédure. Nous avons distingué deux sortes de paramètres : le paramètre par valeur qui permet de fournir de l'information à la procédure et le paramètre par variable qui permet de retourner les résultats du sous-programme. Le paramètre par variable peut être utilisé dans les deux sens, c'est-à-dire que ce paramètre permet de fournir une information et de retourner un résultat.

Ci-dessous, la procédure de nom Maximum reçoit deux valeurs réelles à l'aide des paramètres formels A et B et elle retourne la valeur maximum avec le paramètre A ainsi que la valeur minimum avec le paramètre B.

```
...
PROCEDURE    Maximum  ( VAR   A, B : REAL );
VAR
 Temporaire : REAL ;
BEGIN
 IF   B > A   THEN
 BEGIN
   Temporaire := A           ;
   A          := B           ;
   B          := Temporaire ;
  END ;
END ;
```

Les paramètres par variable A et B servent à fournir à la procédure les deux valeurs réelles et c'est avec ces mêmes paramètres que les résultats, la valeur maximum et la valeur minimum sont retournés.

Un paramètre de type TEXT

Si on transmet, à l'aide d'un paramètre, un fichier de type TEXT à une procédure, ce doit **obligatoirement être un paramètre par variable**. La figure 12.6 illustre un programme qui permet d'afficher à l'écran le contenu d'un fichier de type TEXT. On remarque que le paramètre de la procédure COPIER est un paramètre par variable.

```
1 PROGRAM AfficherFichier ( INPUT , OUTPUT , Donnee ) ;
2 (*
3  Ce programme permet d'afficher à l'écran le contenu d'un fichier de
4  type text.
5 *)
6 VAR
7   NomDuFichier : STRING[ 12 ] ; (* Nom externe du fichier *)
8   Donnees      : TEXT         ; (* Nom interne du fichier *)
```

```
 9
10   PROCEDURE Copier( VAR UnFichier : TEXT ) ;
11   (*
12    Sous-programme qui affiche le contenu d'un fichier; il affiche
13    "MaxLigne" au maximum à la fois , et il affiche seulement les
14    "MaxCarLig" premiers caractères de chaque ligne .
15   *)
16   CONST
17    MaxLigne    =  20    ;(* NB. maximum de lignes affichées     *)
18    MaxCarLig   = 132    ;(* NB. maximum de caractères par ligne *)
19   VAR
20    UneLigne : STRING[ MaxCarLig ] ;
21                (* pour la lecture d'une ligne de caractères *)
22    NBligne  : INTEGER ;
23                (* Le compteur du nombre de ligne affiché    *)
24   BEGIN (* Copier *)
25    NbLigne := 0 ;
26    CLRSCR ; (* Pour effacer l'écran "TURBO PASCAL"  *)
27
28    WHILE NOT EOF( UnFichier ) DO
29    BEGIN
30      NbLigne := NbLigne + 1 ;
31      READLN( UnFichier , UneLigne ) ;
32      WRITELN( OUTPUT   , UneLigne ) ;
33      IF Nbligne MOD Maxligne = 0 THEN
34      BEGIN
35       WRITELN( OUTPUT ) ;
36       WRITE( OUTPUT , 'Taper return pour continuer>>>' ) ;
37       READLN( INPUT ) ;
38       CLRSCR ; (* Pour effacer l'écran "TURBO PASCAL" *)
39      END ;
40    END ;
41   END ; (* Copier *)
42
43 BEGIN (* AfficherFichier *)
44   (* Lecture du nom du fichier *)
45
46   WRITE( OUTPUT , 'Entrez le nom du fichier >> ' ) ;
47   READLN( INPUT , NomDuFichier ) ;
48
49   (* ouverture du fichier *)
50
51   ASSIGN( Donnees , NomDuFichier ) ;
52   RESET ( Donnees ) ;
53
```

```
54   (* Appel du sous-programme COPIER *)
55
56   COPIER( Donnees ) ;
57
58 END.   (* Afficher fichier *)
```

Figure 12.6   Afficher le contenu d'un fichier

Un paramètre de type ARRAY   Il est intéressant de transmettre un tableau entier à un sous-programme à l'aide d'un paramètre. Pour ce faire, il faut obligatoirement utiliser un identificateur de type préalablement déclaré dans la déclaration du type du paramètre formel.

L'en-tête de procédure suivant est invalide :

PROCEDURE Lecture (**VAR** Poids : ARRAY [1..100] **OF** REAL);

Il faut indiquer le type du paramètre formel Poids en utilisant un identificateur de type, de la façon suivante :

```
...
TYPE
 TabDeReel = ARRAY [1..100] OF REAL ;
...
 PROCEDURE  Lecture ( VAR  Poids : TabDeReel) ;
```

La même remarque s'applique au paramètre de type STRING.

ERREURS ET PROBLÈMES FRÉQUEMMENT RENCONTRÉS

- Une décomposition du problème en étapes non logiques. Il faut éviter de décomposer le problème en étapes artificielles du genre :

  ETAPE 1 ... ETAPE 2 ...

- Déclarer des variables globales non utilisées dans le programme principal. Les seuls identificateurs qui doivent être déclarés globalement sont ceux utilisés dans le corps du programme principal.

- Oublier le mot **VAR** devant un paramètre formel par variable.

Erreurs et problèmes fréquemment rencontrés

- Ajouter un point-virgule de trop après le dernier paramètre formel.

    PROCEDURE CalculImpot (SalaireBrut : REAL ;
                                      VAR Impot   : REAL ;);

- Dans l'en-tête d'une procédure, oublier de répéter le mot **VAR** pour chaque suite de paramètres formels par variable.

    PROCEDURE LireLesDonnees (**VAR** LePoste   : CHAR ;
                                                NbHeures : REAL) ;

    Dans l'exemple, le mot **VAR** s'applique seulement au paramètre LePoste et NbHeures est considéré comme un paramètre par valeur.

- Terminer un sous-programme par un point (.) au lieu d'un point-virgule (;)

- Oublier le mot **VAR** pour un paramètre formel qui est un fichier de type TEXT.

- Oublier d'utiliser un identificateur de type pour un paramètre formel de type non scalaire;

    PROCEDURE LireNom (**VAR** Nom : STRING [30]) ;
            ...
    FUNCTION Maximum (T : **ARRAY** [1...10] **OF** REAL) : REAL ;

- Oublier le **END** ; qui marque la fin d'une procédure.

- Appeler la procédure B de la procédure A, quand la procédure B est déclarée après la procédure A.

- Un programme qui contient deux procédures qui exécutent le même traitement, mais sur des variables différentes. L'usage d'une seule procédure avec des paramètres serait plus adéquat.

- Conflit de type entre le paramètre effectif de l'appel et le paramètre formel qui lui est associé.

- Faire l'appel d'une fonction ailleurs que dans une expression.

- Utiliser des procédures sans paramètre qui accèdent directement aux variables globales.

RÉVISION

1. Décrire les étapes de la méthode suggérée pour solutionner un problème? *(revoir 12.2)*

2. Quelles sont les deux sortes de sous-programmes utilisés pour codifier les sous-problèmes? *(revoir 12.4)*

3. Où se situe, dans un programme, la déclaration d'une procédure? *(revoir 12.4)*

4. Nommer les deux sortes de paramètres et leur usage. *(revoir 12.5)*

5. Écrire la syntaxe de l'en-tête de la procédure et celle de l'appel de la procédure? *(revoir 12.5)*

6. Que pourrait-être le paramètre effectif associé à un paramètre formel par valeur? *(revoir 12.5)*

7. Les sous-programmes peuvent-ils permettre une économie d'instructions? *(revoir 12.6)*

8. Identifier l'avantage du sous-programme FUNCTION par rapport au sous-programme PROCEDURE? *(revoir 12.7)*

9. Peut-on déclarer une procédure localement à un sous-programme FUNCTION? *(revoir 12.8)*

10. Pouvons-nous déclarer un identificateur local de type REAL quand ce même identificateur est déclaré globalement de type CHAR? *(revoir 12.9)*

11. Une procédure peut-elle faire référence à un identificateur de constante déclaré globalement? *(revoir 12.9)*

12. Est-il possible et souhaitable d'utiliser des procédures sans paramètre? Expliquer. *(revoir 12.10)*

RÉSUMÉ

Dans ce chapitre, nous avons vu une méthode pour aborder un problème. Le problème est considéré comme une suite de sous-problèmes à résoudre. Pour chacun des sous-problèmes, nous identifions les données, les informations locales nécessaires et les résultats retournés par ce sous-problème. Le sous-algorithme correspondant au sous-problème est traduit en PASCAL à l'aide d'un sous-programme. Nous avons aussi distingué deux sortes de sous-programmes. Il y a d'abord les sous-programmes PROCEDURE qui ont l'avantage de pouvoir retourner plusieurs résultats de type quelconque, mais, l'appel de la procédure ne peut pas apparaître dans une expression. Il y a aussi les sous-programmes FUNCTION qui, eux, sont utilisables dans une expression, mais ils ne peuvent retourner qu'un seul résultat de type simple (REAL, INTEGER, CHAR, BOOLEAN...). Nous avons vu que c'est à l'aide des paramètres que le sous-programme peut communiquer avec son environnement. Les paramètres par valeur sont utilisés pour fournir au sous-programme des données, tandis que les paramètres par variable sont utilisés pour retourner les résultats du sous-programme.

Quels sont les avantages des sous-programmes?

- Ils décomposent le programme en groupe d'actions ou sous-problèmes facilitant ainsi le codage et la mise au point (on peut tester les sous-programmes indépendamment du programme ou des autres sous-programmes);

- ils augmentent la lisibilité du programme;

- ils évitent les répétitions d'instructions;

- le programme devient plus facile à entretenir et à modifier.

Quels sont les avantages des paramètres?

- Ils permettent d'écrire des sous-programmes lisibles, car ils indiquent comment le sous-programme communique avec son univers englobant;

- ils rendent les sous-programmes complets, donc facilement exportables (un sous-programme peut être utilisé dans plusieurs programmes différents);

- ils offrent la possibilité d'écrire des sous-programmes flexibles. Le sous-programme, complété des paramètres, pourra s'exécuter sur des informations différentes.

EXERCICES

1. Répondez par VRAI ou FAUX à chacune des affirmations suivantes.

   a) L'utilisation des procédures avec paramètres permet d'appliquer les mêmes actions (tâches) à des données différentes.

   b) Une procédure retourne toujours plusieurs résultats.

   c) Dans une expression nous pouvons effectuer un appel de procédure.

   d) Dans un programme qui contient des procédures, l'exécution débute toujours par la première procédure déclarée du programme.

   e) Une constante ou variable déclarée localement à une procédure est connue et accessible du programme principal.

   f) Si un paramètre formel (dans l'en-tête d'un sous-programme) est déclaré **VAR** alors le paramètre actuel (à l'appel) doit obligatoirement être une variable de même type.

   g) Le passage d'un fichier comme paramètre est obligatoirement par variable (par référence).

   h) Une fonction retourne une valeur de type simple et peut-être utilisée dans les expressions.

   i) Une fonction dont l'en-tête est:
   FUNCTION Celsius (DegreF : REAL) : REAL;
   peut être utilisée comme suit:
   WRITELN (72.8, 'degrés F est équivalent à', Celsius(72.8):5:1, 'degrés C.');

   j) L'en-tête suivant est valide en PASCAL standard:
   FUNCTION Moyenne (T: **ARRAY** [1 .. 5] **OF** INTEGER) : REAL;

2. Questions à choix multiples. Répondez par i, ii, iii ou iv à chacune des questions suivantes.

   a) Soient les déclarations suivantes

   ```
   VAR K, J : INTEGER;
   PROCEDURE P(A: INTEGER; VAR B:INTEGER);
   ```

   lequel des énoncés est valide?

   i) P(K * J **MOD** 2, K);
   ii) P(K + J **DIV** 3, K * J);
   iii) **IF** P(15, K) > 3 **THEN** WRITELN ('Plus grand');
   iv) WRITELN (P(5, K):6);

   b) Soit l'en-tête suivant d'une procédure:

   PROCEDURE Passer (A : INTEGER; B : CHAR; C: BOOLEAN);

Lequel des appels suivants est INVALIDE?
i)   Passer (15, 'C', TRUE);
ii)   Passer (21 MOD 3, ' ? ', 5 >= 10);
iii)   Passer (12 DIV 5, FALSE, '5');
iv)   Passer (3, '!', 15 = 8);

c) Soient le bloc de déclarations et l'en-tête de la fonction TROUVE suivants:

```
TYPE
   Chaine     = STRING[100];
VAR
   Txt        : TEXT;
   Ph         : Chaine;
   Car        : CHAR;
   Nb, Num    : INTEGER;
   Etat       : BOOLEAN;
FUNCTION Trouve (Ch:Chaine; Car:CHAR; Nb:INTEGER) : BOOLEAN;
```

Identifiez, parmi les énoncés suivants, celui qui est valide

i)   REPEAT Read (Txt, Ph); Trouve (Ph, Car, Nb); UNTIL EOF (Txt);
ii)   REPEAT Read (Txt, Ph); UNTIL Trouve (Ph, 'A', Num);
iii) WHILE Trouve (Txt, Ph, Car, Nb) DO Nb := Nb + 1;
iv) Etat := Trouve (Ph, 'A', '9');

d) Soient le bloc de déclarations et l'en-tête de la fonction Nbfois,

```
CONST    MaxEtud = 120;
TYPE     LimEtud = 1 .. MaxEtud;
         TabNote = ARRAY [LimEtud] OF REAL;
VAR      Globale  : Tabnote; Nbetud : INTEGER;

FUNCTION Nbfois (T : Tabnote; N : INTEGER) : INTEGER;
```

Identifiez parmi les énoncés suivants, celui qui est invalide selon la grammaire du langage PASCAL?

i)   WRITELN (Nbfois (Globale, Nbetud) : 10);
ii)   Globale [10] := Nbfois (Globale, Nbetud) /2;
iii) IF Nbfois (Globale, Nbetud) > 100 THEN WRITELN ('YAHOU!');
iv) Nbfois (Globale, Nbetud);

e) Soit le bloc de déclarations suivant
```
CONST  Max   = 50;
TYPE   Tablo = ARRAY [1 .. Max] OF Real;
VAR    Tab   : Tablo;
```

et l'appel à la procédure TEST,
Test (Tab, Tab[10]);

Lequel des en-têtes ci-dessous est valide pour la procédure TEST?

i)   **PROCEDURE** (TI: Tablo; T:REAL);
   ii) **PROCEDURE** Test (**VAR** T:REAL; T[10]);
   iii) **PROCEDURE** Test (**VAR** T:Reals; T:REAL);
   iv) **PROCEDURE** Test (TI:Tablo; T:REAL);

3 Indiquez ce qu'imprimera ou affichera chacun des programmes suivants:

   a) **PROGRAM** AVECPARAMETRES (INPUT, OUTPUT);
   VAR A, B : INTEGER;
      PROCEDURE SP(X, Y: INTEGER);
      VAR A, B : INTEGER;
      BEGIN
         A := X + Y; B := X * Y;
         WRITELN (OUTPUT, X, Y);
         WRITELN (OUTPUT, A, B)
      END;

   BEGIN
      A := 2; B := A + 1;
      SP (A, B);
      WRITELN (OUTPUT, A, B)
   END.

   b) **PROGRAM** Parametres (INPUT, OUTPUT);
      VAR
         A, B : INTEGER;
      FUNCTION Triple (X: INTEGER) : INTEGER
      BEGIN
         Triple := 3 * X;
      END {Triple};
      PROCEDURE Passage (**VAR** L: INTEGER; K: INTEGER);
      VAR
         N : INTEGER;
      BEGIN
         N := K + 2;
         IF L > K **THEN**
            BEGIN
               N := L;
               L := K;
               K := N;
            END
         ELSE K := N;
         WRITELN (OUTPUT, K,L,N);
      END

```
     BEGIN  {Parametres}
        A := 17;  B := 8;
        IF  Triple (A) > B  THEN  WRITELN (OUTPUT, 'Bonjour!')
                            ELSE  WRITELN (OUTPUT, 'Bonsoir!');
        Passage (A, B + 3);
        WRITELN (OUTPUT, A:5, B:5);
     END  {Parametres}.
```

c)
```
   PROGRAM  Simulation1 (INPUT, OUTPUT);
   CONST  Max  = 5;
   TYPE   Nb   = 1 .. Max;
          Tab  = ARRAY [Nb] OF INTEGER;
   VAR    T    : Tab;
          I    : INTEGER;

      FUNCTION  Mystere (A : Tab; N : INTEGER): INTEGER;
      VAR   I, L : INTEGER;
      BEGIN  {Mystere}
         L := 1;
         FOR I := 2 TO N DO
         IF  A[I] > A[L]  THEN  L := I;
         Mystere := L;
      END  {Mystere};

   BEGIN  {Simulation1}
      FOR I := 1 TO Max DO T[I] := I * 5;
      WRITE (OUTPUT, Mystere (T, Max) : 3);
   END  {Simulation1}.
```

d)
```
   PROGRAM  Inconnu (INPUT, OUTPUT);
   VAR
      K, L : INTEGER;
      PROCEDURE MAGIQUE (L : INTEGER; VAR B : INTEGER);
      VAR
         A: INTEGER;
      BEGIN
         A := L * B;  B := B MOD 7;
         WRITELN (OUTPUT, K, L, A, B);
      END;

   BEGIN
      K := 20;  L := 10;
      MAGIQUE (K, L);
      WRITELN (OUTPUT, K, L);
   END.
```

4 Soit le programme suivant:

```
PROGRAM  Question 4 (OUTPUT, Donnees);
CONST   Maxelement = 10;
TYPE    Limite     = 1 .. Maxelement;
        Tabentier  = ARRAY [Limite] OF INTEGER;
```

```
VAR     T          : Tabentier;
        Nbelem, I  : INTEGER;

        PROCEDURE Lire (VAR T : tabentier ; VAR N : INTEGER);
        VAR Donnees : TEXT;
            A, B    : INTEGER;
        BEGIN
            ASSIGN (Donnees, 'Entier.Dta'); RESET (Donnees); N := 0;
            WHILE NOT EOF (Donnees) DO
            BEGIN
              READ (Donnees, A, B);
              IF A > B THEN
                  BEGIN
                    N := N + 1;
                    READLN (Donnees, T[N])
                  END
                ELSE
                    READLN (Donnees) {quitter la ligne de lecture}
            END;
            CLOSE (Donnees)
        END;
        FUNCTION Magique (T : tabentier; N : INTEGER) : INTEGER;
        VAR Valeur, I : INTEGER;
        BEGIN
            Valeur := MAXINT; {constante vaut 32767 sur TURBO PASCAL}
            FOR I := 1 TO N DO
                IF T [I] < Valeur THEN Valeur := T[I];
            Magique := Valeur
        END;
BEGIN
        Lire (T, Nbelem);
        WRITELN (OUTPUT, 'Le nombre d''éléments lus : ', Nbelem);
        WRITELN (OUTPUT, 'Le contenu du tableau T : ');
        FOR I := 1 TO Nbelem DO WRITE (OUTPUT, T[I] : 3); WRITELN (OUTPUT);
        WRITELN (OUTPUT, Magique (T, Nbelem) : 3)
END.
```

a) Que fait la fonction Magique?
b) Que fait imprimer le programme si un fichier texte, de nom 'Entier.Dta' sur la disquette, contient les trois lignes suivantes:
   8   1   6
   3   5   3
   14 9   2
   (utiliser le caractère _ pour représenter un espace)

5 Écrivez une procédure, à laquelle on peut transmettre deux entiers positifs A et B, qui calcule et retourne une valeur entière P.
   L'algorithme qui permet de calculer la valeur de P est le suivant:

```
    P ← 0
    REPETER
        SI  A est IMPAIR ALORS P ← P+B
        A ← A DIV 2
        B ← B + 2
    JUSQU'À  A=0
```

Écrivez également l'en-tête d'une fonction qui joue le même rôle que cette procédure.

6   Soit la procédure suivante:
```
    PROCEDURE Somme (Debut, Fin : INTEGER; VAR Total : INTEGER);
    VAR I : INTEGER;
    BEGIN
        Total := 0;
        FOR I := Debut TO Fin DO Total := Total + I
    END;
```

   a) Transformez cette procédure en une fonction qui joue le même rôle.

   b) Écrivez un énoncé en PASCAL qui utilise cette fonction pour afficher à l'écran la valeur de la somme 10 + 11 + 12 + ... + 150

7   Écrivez la fonction de nom "MONTANT", de type réel, qui possède deux paramètres:

   ■   La catégorie du produit acheté (un caractère)
   ■   Le prix du produit (un réel)

Votre fonction doit calculer la taxe et ajouter cette taxe au prix pour retourner le montant total. La taxe est déterminée par la catégorie du produit:

   Aucune taxe   pour la catégorie 'A'
      6%   pour la catégorie 'B'
     10%   pour la catégorie 'C'
     12%   pour la catégorie 'D'
     15%   pour la catégorie 'E'
     20%   pour la catégorie 'F'

8   Écrivez un programme PASCAL qui demande à l'usager d'entrer la longueur et la largeur d'un rectangle, et qui calcule et affiche le périmètre et la surface de ce rectangle. Vous devez utiliser la procédure suivante dans votre programme.
```
    PROCEDURE Rectangle (Longueur, Largeur : REAL);
    VAR
        Perimetre, Surface : REAL;
```

```
BEGIN
   Perimetre := 2 * Longueur * Largeur;
   Surface := Longueur * Largeur;
   WRITELN (OUTPUT, ' Le périmètre du rectangle est:',
                      Perimetre : 7 : 2);
   WRITELN (OUTPUT, ' La surface du rectangle est:',
                      Surface : 7 : 2);
END;
```

9   Écrivez une fonction PASCAL et les déclarations globales qui pourraient être nécessaires. La fonction est de type REAL et a deux paramètres. Le premier paramètre est un tableau, appelé T, de 200 valeurs de type REAL. Puisque le tableau peut être partiellement rempli il y a un deuxième paramètre, appelé N, qui indique le nombre de valeurs effectivement retenues dans le tableau (N <= 200).

Le but de la fonction est de calculer la somme des carrés des éléments du tableau T. Cette somme détermine la valeur de la fonction.

Ne pas oublier les déclarations locales et/ou globales s'il y a lieu.

10 La municipalité de Piedmont a un ensemble de fiches contenant chacune les renseignements suivants concernant un quartier ayant moins de 300 immeubles:

- le genre d'immeuble : codé par un seul caractère en colonne 1
  'P' : résidence privée
  'C' : immeuble commercial

- la valeur à laquelle l'immeuble est évalué

- l'année de construction de l'immeuble

Exemple de données:
```
P      67000      1978
P     125000      1965
C     100000      1930
...etc...
```
Écrivez un programme en PASCAL utilisant:

a) une procédure LIR (PRIVEE, COMMERCE, NBPRI, NBCOM) qui lit les données, mémorise dans les tableaux PRIVEE et COMMERCE les renseignements lus (valeur et année) et compte le nombre de résidences privées (NBPRI) et d'immeubles commerciaux (NBCOM):

   Note: PRIVEE [12, 1] est la valeur de la 12 ème résidence privée
         et PRIVEE [12, 2] est l'année de construction de cette résidence
             ...etc...

b) une fonction ISOL reçoit PRIVEE, NBPRI comme paramètres et nous donne le nombre de résidences privées qui peuvent bénéficier du programme de subventions pour l'isolation (celles qui ont été construites avant 1961).

c) une procédure STATS qui fait imprimer la valeur de l'évaluation ainsi que l'année de construction des immeubles commerciaux qui ont une valeur d'évaluation supérieure à 100,000$.

EXERCICES NON-SOLUTIONNÉS

1 Répondez par VRAI ou FAUX à chacune des affirmations suivantes :

   a) Dans une procédure on peut avoir une (des) variable(s) locale(s).

   b) Lors de l'appel d'une procédure ou d'une fonction, le nombre de paramètres effectifs doit être le même que le nombre de paramètres formels (ceux de l'en-tête de la procédure).

   c) Un passage de paramètre par référence ne peut jamais avoir pour effet de modifier une variable globale.

   d) L'en-tête: `PROCEDURE Calculer (A: INTEGER);` rend valide l'appel suivant:
   Calculer (27 MOD 3 * 5);

   e) En PASCAL, les sous-programmes doivent être déclarés avant le corps du programme principal.

   f) Un sous-programme (fonction ou procédure) peut être appelé plus d'une fois dans le même programme.

   g) Il est permis d'appeler une procédure à partir d'une autre procédure.

   h) Un identificateur de fonction retourne toujours des résultats du même type.

   i) En général, les fonctions ont un seul paramètre et produisent plusieurs valeurs à chaque appel.

   j) Une fonction est appelée une seule fois, une procédure peut-être appelée plusieurs fois.

2 Questions à choix multiples. Répondez par i, ii, iii ou iv à chacune des questions suivantes.

   a) Soient les déclarations suivantes :

   ```
   VAR A, B : INTEGER;
   PROCEDURE P(A : INTEGER; VAR B : INTEGER);
   ```

   Lequel des appels suivants est invalide?

   ```
   i)   P(27, A);
   ii)  P(A MOD B + 5, A);
   iii) P(B, A);
   iv)  P(10, A MOD B + 2);
   ```

b) Soient les déclarations suivantes :

```
VAR K, J : INTEGER;
PROCEDURE P(K : INTEGER; VAR J : INTEGER);
```

Lequel des énoncés suivants est valide?

```
i)    P(2 * K + J, K MOD 10);
ii)   P(K + J, 14);
iii)  P(J, K);
iv)   K := J + P(K, J);
```

c) Soient les deux en-têtes suivants :

```
FUNCTION F (A : INTEGER) : REAL;
...
PROCEDURE P (X : REAL; VAR Y : INTEGER);
```

Lequel des énoncés suivants est valide?

```
i)    P (26.3, 10.2);
ii)   F := P (5.7, Y); {Y est une variable de type INTEGER}
iii)  WRITELN (F(10) : 5:2);
iv)   WRITELN (P(1.5, 7));
```

d) Soient les déclarations suivantes :

```
TYPE Tablo = ARRAY [1 ..25] OF INTEGER;
...
FUNCTION Pair (T : Tablo): BOOLEAN;
{Retourne VRAI ou FAUX selon que tous les éléments du tableau sont pairs ou
non}
...
```

Identifiez l'en-tête approprié à une procédure qui joue le même rôle que la fonction Pair?

```
i)    PROCEDURE Pair (T : Tablo): BOOLEAN;
ii)   PROCEDURE Calculer (T : ARRAY [1 .. 25] OF INTEGER; VAR Pair :
      BOOLEAN);
iii)  PROCEDURE Verifier (T : Tablo; Pair : BOOLEAN);
iv)   PROCEDURE Verifier (T : Tablo; VAR Pair : BOOLEAN);
```

e) Soit le bloc de déclarations suivant :

```
TYPE
   Tabcar    = ARRAY [1 .. 10] OF CHAR;
   Chaine    = STRING [10];
VAR
   Resultat : TEXT;
   Tab      : Tabcar;
```

Et l'appel ci-dessous de la procédure Imprimer

Imprimer (Resultat, 'A', Tab);

Identifiez parmi les en-têtes de procédure suivants, celui qui rend valide l'appel précédent.

i) **PROCEDURE** Imprimer (Result : TEXT; Car : CHAR; Tab : TabCar) : CHAR;
ii) **PROCEDURE** Imprimer (**VAR** TabCar : **ARRAY**; Car : TabCar);
iii) **PROCEDURE** Imprimer (Result : TEXT; **VAR** Tab : TabCar; Car : CHAR);
iv) **PROCEDURE** Imprimer (**VAR** Res : TEXT; A : CHAR; **VAR** T : TabCar);

3 Indiquez ce qu'imprimera (ou affichera) chacun des programmes suivants.

a)
```
PROGRAM Mystere (INPUT, OUTPUT);
VAR A, B : INTEGER;
   PROCEDURE P (I, J : INTEGER);
   VAR K : INTEGER;

   BEGIN
      K := 0;
      IF 1 > J THEN
         WRITELN (OUTPUT, 'I est plus grand que J');
         K := I + J;
         WRITELN (OUTPUT, I, J, K)
   END;
BEGIN A := 5; B := 10;
   P (A, B);
   WRITELN (OUTPUT, A, B)
END.
```

b) Pour le programme suivant supposez que l'usager entre au clavier les valeurs 15 et 10.

```
PROGRAM Magique (INPUT, OUTPUT);
VAR
   K, L, M: INTEGER;
   PROCEDURE BIZARRE (A, B, C : INTEGER; VAR D: INTEGER);
   VAR
      K, L : INTEGER;
   BEGIN
      WRITELN (OUTPUT, A:5, M:5);
      K := A - C;
      L := B - C;
      D := K * K + L * L;
      WRITELN (OUTPUT, K:5, L:5)
   END;
BEGIN
   M := 15;
   WRITE (OUTPUT, 'Tapez deux nombres entiers:');
   READLN (INPUT, K, L);
   BIZARRE (K, L, 5, M);
```

```
          WRITELN (OUTPUT, L:5, M:5)
    END.
```

c) ```
   PROGRAM DEPARAMETRES (OUTPUT);
   VAR X, Y: INTEGER;
      PROCEDURE MYSTERE (A : INTEGER; VAR B : INTEGER);
      VAR X: INTEGER;
      BEGIN
         X := A + 1;
         A := A * A;
         B := B * X;
         WRITELN (A, B, X)
      END; (*MYSTERE*)
   BEGIN
      X := 4; Y := 3;
      MYSTERE (X, Y);
      WRITELN (X, Y)
   END. (*DEPARAMETRES*)
```

d) ```
   PROGRAM AvecDesParametres (INPUT, OUTPUT);
   VAR
      K, L, M, N : INTEGER;
      FUNCTION Magique (A, B : INTEGER) : INTEGER;
      BEGIN
         Magique := A * 10 + B
      END;
   PROCEDURE Mystere (V, W: INTEGER; VAR X, Y: INTEGER);
   VAR
      L, M : INTEGER;
   BEGIN
      WRITELN (OUTPUT, 'M1)', V : 5, W : 5, X : 5, Y : 5);
      L := Magique (V, W);
      M := Magique (X, Y);
      WRITELN (OUTPUT, 'M2)', L:5, M:5);
      X := X - V;
      W := W - Y;
      WRITELN (OUTPUT, 'M3)', V:5, W:5, X:5, Y:5)
   END;
   BEGIN
      K := Magique (3, 5); L := 22; M := 18; N := 10;
      Mystere (5, L, M, N);
      WRITELN (OUTPUT, 'P1)', K:5, L:5, M:5, N:5)
   END.
```

e) Répondez aux questions en utilisant le programme Simulation et le fichier de données SIMUL.DTA qui contient les trois (3) lignes de données suivantes :

```
   20    15     5
    7     3    10
    5     4     2
```

```
PROGRAM Simulation (INPUT, OUTPUT);
VAR
   Fichier : TEXT;
   T       : ARRAY [1 .. 5] OF INTEGER;
   A, B, C, N : INTEGER;
FUNCTION PG (A, B, C : INTEGER) : INTEGER;
VAR
   G : Integer;
BEGIN
   IF A > B THEN G := A
            ELSE G := B;
   IF C > G THEN G := C;
   PG := G;
END;
BEGIN
   ASSIGN (Fichier, 'SIMUL.DTA');
   RESET (Fichier);
   N := 0;
   WHILE NOT EOF (Fichier) DO
     BEGIN
       N := N + 1;
       READLN (Fichier, A, B, C);
       T [N] := PG (A, B. C);
     END;
   CLOSE (Fichier);
   REWRITE (Fichier);
   FOR I := 1 TO N DO WRITELN (Fichier, T[I]);
   CLOSE (Fichier);
END.
```

1) Indiquez clairement quel sera le contenu du fichier SIMUL.DTA après l'exécution du programme.

2) Quel est le rôle de la fonction PG?

4   Soit la procédure suivante :

```
Procedure Calculer (N : INTEGER; VAR Produit : INTEGER);
{Cette procédure calcule le produit des chiffres qui forment l'entier N:
Exemples   N =   45   ===> Produit =    4x5=20
           N =  625   ===> Produit = 6 x 2 x 5 = 60}

BEGIN
   Produit := 1;
   REPEAT
       Produit := Produit *(N MOD 10);
       N      := N DIV 10
   UNTIL N = 0
END;
```

a) Transformez cette procédure en une fonction

b) Écrivez une instruction PASCAL qui utilise votre fonction pour afficher à l'écran le produit des chiffres qui forment l'entier 2345

5   Soit le bloc de déclarations suivant :

```
TYPE
   TabPoids = ARRAY [1 .. 5000] OF REAL;
VAR
   NbPersonnes : INTEGER; {Nb effectif de personnes dans le tableau}
   Poids : TabPoids; {Tableau du poids de chaque personne}
```

Écrivez une fonction qui possède deux paramètres, un tableau de type TabPoids et un paramètre indiquant le nombre d'éléments dans le tableau. Cette fonction retourne le poids moyen.

6   Écrivez une procédure TRIANGLE ayant trois paramètres entiers : A, B et C. Les paramètres indiquent la longueur respective de chacun des côtés d'un triangle. Le but de la procédure est d'imprimer un message qui indique de quelle sorte de triangle il s'agit. Cette procédure doit faire la distinction entre trois sortes de triangle:

■   le triangle équilatéral (3 côtés égaux);

■   le triangle isocèle (2 côtés égaux et différents du troisième côté);

■   le triangle commun (3 côtés différents).

7   Complétez le programme ci-dessous en écrivant la fonction booléenne PAREIL utilisée dans le corps du programme principal. La fonction PAREIL doit avoir trois paramètres. Tab1 et Tab2 sont des tableaux d'entiers. Le troisième paramètre, MAX, représente le nombre d'éléments dans chacun des deux tableaux. La fonction doit comparer le contenu des deux tableaux, élément par élément et retourner la valeur TRUE si les deux tableaux sont identiques (en quel cas, ils possèdent les mêmes valeurs dans le même ordre) et FALSE aussitôt qu'une différence est trouvée.

```
PROGRAM Identite (INPUT, OUTPUT);
CONST
   MaxElement = 3;
TYPE
   TabEntier = ARRAY [1 .. MaxElement] OF INTEGER;
VAR
   Tab1, Tab2 : TabEntier;
   (* La fonction PAREIL *)
BEGIN  (Identite)
   Tab1 [1] := 5  Tab1 [2] := 10;  Tab1 [3] := 15;
   Tab2 [1] :=15;  Tab2 [2] := 10;  Tab2 [3] := 5;
(* On vous fournit deux tableaux différents à titre d'exemple. *)
   IF Pareil (Tab1, Tab2, MaxElement)
   THEN WRITELN (OUTPUT, 'Les tableaux sont identiques')
   ELSE WRITELN (OUTPUT, 'Les tableaux sont différents');
END  {Identite}.
```

8. Soient les déclarations suivantes :

```
CONST
   MaxElement = 50;
TYPE
   TMaxElement = 1 .. MaxElement;
   TTableau    = ARRAY [TMaxElement] OF INTEGER;
```

Écrivez la procédure de nom STATISTIQUE qui reçoit en paramètres :

- un tableau de type TTableau et,

- le nombre de valeurs effectivement contenues dans le tableau.

Cette procédure détermine les valeurs minimum et maximum des éléments du tableau et ces deux valeurs sont retournées à l'aide de paramètres. (Ainsi cette procédure possède quatre paramètres)

9. Suite à la réussite de votre cours d'informatique, vous avez décidé de vous partir une agence matrimoniale fonctionnant par ordinateur... Votre entreprise repose principalement sur un FICHIER de candidat(e)s potentiel(le)s et d'un programme que vous devez écrire.

Votre agence fonctionne comme suit. Un(e) client(e) se présente à l'agence afin de trouver la personne de ses rêves. Vous faites exécuter le programme dont nous avons parlé au paragraphe précédent. Le but de ce programme est de trouver la personne désirée à partir de quelques questions posées à votre client(e) et du fichier des candidat(e)s. Finalement votre client(e) quitte l'agence avec dans sa poche les noms de personnes à contacter. Nous noterons que le programme fonctionne pour un(e) seul(e) client(e) à la fois.

La description du fichier se lit comme suit. Il s'agit d'un fichier texte dont le nom est CANDID.DTA et qui ne contient pas d'erreur. Chacune des lignes du fichier contient de l'information sur un(e) seul(e) candidat(e) et il y a au plus 500 candidat(e)s dans tout le fichier.

Chaque ligne est composée des champs suivants :

- un nom d'exactement 30 caractères;
- un caractère, valant M ou F, indiquant le sexe (Masculin/Féminin);
- un caractère, valant B ou N, indiquant la couleur des yeux (Bleu/Noir);
- un caractère, valant C ou R, indiquant la couleur des cheveux (Châtain/Roux);
- un réel pour l'âge;
- un réel pour la taille;
- un réel pour le salaire annuel;

Exemple:

```
MARIE-ANGE  LAFORTUNE          FBC    24.5   1.71   14784.47
AIME  LATENDRESSE              MBR    28.1   1.83   22644.22
JEAN  NARRACHE                 MNC    19.8   1.74    5284.37
EVE  LESPERANCE                FBR    44.2   1.67   28495.16
DESIRE  FOLAMOUR               MBC    22.6   1.78   12402.34
```

Le programme comporte trois grandes étapes. Afin de vous permettre de visualiser sommairement celui-ci nous vous en donnons le squelette à la fin de ce texte. Vous devez fournir une version complète du programme.

Vous devez d'abord écrire les déclarations globales, entre autres, les tableaux suivants :

- NomPrenom, un tableau de chaînes de caractères;
- Yeux, sexe et cheveux, trois tableaux de caractères;
- Age, Taille et Salaire, trois tableaux de réels.

Dans une première étape le programme fait appel à une procédure LIRE. Celle-ci effectue les tâches suivantes:

- elle demande le sexe (un seul caractère, M ou F) de votre client(e);
- elle accède au fichier des candidat(e)s dans le but de transférer dans les tableaux déclarés globalement les informations qui concernent les candidat(e)s de sexe complémentaire;
- elle détermine également le nombre de candidat(e)s transféré(e)s dans ces tableaux.

Dans une deuxième étape le programme imprime la moyenne des âges, des tailles et des salaires des personnes retenues à la première étape. Vous devez écrire et utiliser une fonction MOYENNE ayant un paramètre de type TABLEAU pour faire le calcul en question. Vous aurez déjà remarqué que la même fonction peut servir pour n'importe lequel des tableaux qui nous intéresse. Imprimez les résultats dans un champ de 10 caractères avec deux décimales.

Finalement votre programme demandera à votre client(e) la couleur des yeux et des cheveux de la personne idéale. Ensuite et à l'aide d'une procédure CHERCHER (recevant en paramètre les couleurs des yeux et des cheveux demandées) vous devez imprimer le nom, l'âge, la taille et le salaire des candidat(e)s qui correspondent aux critères reçus en paramètre. Puisque toutes les informations nécessaires sont dans les tableaux déclarés globalement vous utiliserez ces tableaux pour faire la recherche plutôt que d'accéder au fichier. La même procédure devra aussi imprimer le nombre de personnes qui correspondent aux critères.

```
PROGRAM FINAL (INPUT, OUTPUT);
...       (* Les déclarations globales *)
   PROCEDURE LIRE ...
   ...
   FUNCTION MOYENNE ...
   ...
   PROCEDURE CHERCHER ...
   ...
BEGIN
   LIRE ...
   ...      (* Calculer et imprimer la moyenne des âges *)
   ...      (* Calculer et imprimer la moyenne des tailles *)
   ...      (* Calculer et imprimer la moyenne des salaires *)
   ...      (* Obtenir la couleur des yeux et des cheveux *)
   CHERCHER ...   (* Chercher et imprimer les noms des candidat(e)s retenu(e)s à partir des
                     critères. *)
END.
```

10. Une étudiante en linguistique dispose d'un fichier, appelé LANGUE.DTA, contenant au maximum 200 lignes de données. Dans les colonnes 1 à 10 se trouve le code permanent d'un(e) étudiant(e). Ce code est suivi de 6 entiers représentant dans l'ordre le nombre de fautes de français écrit : typographie, orthographe, flexionnelle, syntaxe, ponctuation et lexique.

Exemple de données :

```
DESM120670    3  2  0  1  1  4
LAFL075971    0  0  1  2  1  0
```

Écrivez un programme complet, en PASCAL, pour effectuer les tâches suivantes :

a) Lire les données, les stocker dans des tableaux et compter le nombre exact d'étudiants dans le fichier. Prévoir une procédure ayant huit paramètres (sept pour les tableaux et un autre pour le nombre d'étudiants dans le fichier) pour cette étape.

b) Imprimer toutes les données lues avec une nouvelle dernière colonne qui indique le nombre total de fautes commises par chaque étudiant(e). Utilisez une procédure sans paramètre pour réaliser cette étape.

c) À la fin de cette liste le programme doit imprimer la somme et moyenne de chaque catégorie d'erreur (donc 6 sommes et moyennes différentes). Utilisez une fonction avec un paramètre tableau pour réaliser cette étape.

NOTE : On suppose que toutes les données sont valides. Donc ne pas faire de validation sur les données.

PROJET DE PROGRAMMATION
NUMÉRO 4

13.1 Énoncé du projet
13.2 Organisation des données dans le fichier
13.3 Analyse du problème
13.4 Algorithme du problème
13.5 Sous-algorithmes
13.6 Programme PASCAL

OBJECTIFS

- Apprendre à systématiser un procédé manuel;

- pratiquer l'analyse descendante sur un problème plus complexe;

- sensibiliser à l'importance des structures de données;

- mettre en pratique les notions de procédure, paramètres, fichiers et tableaux;

- apprendre à utiliser un tableau à deux dimensions.

13.1 ÉNONCÉ DU PROJET

Le projet consiste à écrire un programme PASCAL pour trouver la solution d'un mot-caché. Tout le monde connaît bien ce jeu, il s'agit d'une grille contenant des lettres et d'une liste de mots.

Exemple :

Grille

	1	2	3	4	5	6
1	s	a	i	s	o	n
2	a	v	e	u	c	o
3	l	e	o	u	r	t
4	e	r	r	a	s	i
5	t	s	g	e	m	u
6	e	e	g	a	u	n

Liste de mots :

ami   nuage   saison
aveu   nuit   saleté
averse   orage

Les mots peuvent être écrits dans la grille horizontalement, verticalement ou diagonalement et de droite à gauche ou de bas en haut. Il faut trouver dans la grille chacun des mots de la liste et marquer les lettres de la grille utilisées pour former ce mot. Une même lettre peut servir à plusieurs mots. Après avoir trouvé tous les mots dans la grille, il ne reste plus que les lettres du mot caché que nous assemblons de gauche à droite et de haut en bas.

Nous savons comment résoudre manuellement ce problème. Mais pour le résoudre à l'aide d'un programme informatique, il faudra systématiser la façon dont on procède manuellement, c'est-à-dire, identifier la séquence des étapes élémentaires de la méthode manuelle.

13.2 ORGANISATION DES DONNÉES DANS LE FICHIER

Comme l'organisation des données dans le fichier n'est pas spécifiée dans l'énoncé du projet, nous pouvons la fixer comme suit :

Première ligne : un entier N qui indique la dimension de la grille;

Lignes 2 à N+1 : les caractères de chaque ligne de la grille;

Lignes N+2 à la fin : les mots à chercher;

exemple soit le fichier de nom externe `GRILLE.TXT` correspondant à la grille et la liste de mots vus en 13.1.

```
6
saison
aveuco
leourt
errasi
tsgemu
eegaun
ami
aveu
averse
nuage
nuit
orage
saison
salete
```

13.3 ANALYSE DU PROBLÈME

Pour résoudre ce problème, on débute à un niveau global et on pose les étapes de la résolution sans se soucier des niveaux inférieurs. Par la suite, on reprend chacune des étapes afin de les élaborer jusqu'au détail complet.

Les structures de données que nous allons choisir représentent un point important de la résolution du problème. Les structures de données sont la façon d'organiser l'information dans le programme, par exemple, l'utilisation d'un tableau à deux dimensions (une matrice) pour mémoriser les caractères de la grille.

L'algorithme de la résolution du problème

Étape 1   Initialiser la grille des lettres non barrées;
Étape 2   Lire la grille de caractères;
Étape 3   **TANT QUE** "il reste des mots" **FAIRE**
           DÉBUT
             - Lire un mot
             - Chercher ce mot et barrer les lettres
           FIN;
Étape 4   Chercher le mot caché;
Étape 5   Écrire le mot mystère.

Nous allons donc utiliser un tableau à deux dimensions (une matrice) pour conserver les lettres de la grille, une autre matrice pour retenir les positions barrées, ainsi qu'une chaîne de caractères pour la lecture du mot à chercher.

La recherche du mot représente une étape cruciale et nécessite une analyse plus détaillée. C'est à cette étape qu'il faut s'interroger sur la façon dont on procède manuellement.

Pour trouver un mot dans la grille, il faut procéder systématiquement : parcourir chaque position de la grille et essayer toutes les directions possibles.

Il existe huit directions au maximum, selon la position :

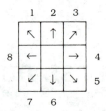

Pour une position et une direction fixées, il faut essayer un mot sur la grille, ce qui consiste à comparer les caractères du mot aux caractères de la grille formant une suite dans la direction donnée.

Ainsi, la recherche d'un mot peut s'énoncer de la façon suivante :

RÉPÉTER
    Déterminer la prochaine position
    RÉPÉTER
       Déterminer la prochaine direction de recherche

Analyse du problème

> Essayer mot sur la grille

JUSQUE trouvé **OU** essayé toutes les directions
JUSQUE trouvé **OU** essayé toutes les positions

Et "Essayer mot sur la grille" correspond à :

RÉPÉTER
    SI caractère i du mot = au caractère de la position de la grille
    ALORS DÉBUT
        Avancer dans la grille d'une position
        Avancer dans le mot d'un caractère
    FIN
    SINON Sortir ← vrai
JUSQUE Sortir ou mot complet

Analysons comment on avance dans une direction à partir d'une position de la grille.

Par exemple, nous sommes situés dans la grille à la quatrième ligne, troisième colonne, (la position 4,3). À partir de cette position nous savons qu'il y a huit directions possibles :

	1	2	3	4	5	6	(colonnes)
1							
2		1		2		3	
3			↖	↑	↗		
4		8	←		→	4	
5			↙	↓	↘		
6		7		6		5	

(lignes)

Avancer dans une direction peut consister à:

■ demeurer sur la même ligne ou avancer ou reculer d'une ligne

  et/ou

■ demeurer sur la même colonne ou avancer ou reculer d'une colonne.

Reprenons notre exemple :

Avancer dans la direction 1 à partir de la position (4,3) consiste à reculer d'une ligne et reculer d'une colonne.

Donc direction 1 (4,3) → (-1,-1) → (3,2).

De même, avancer dans la direction 2 de la position (4,3) c'est reculer d'une ligne mais rester dans la même colonne.

direction 2 (4,3) → (-1,0) → (3,3)
direction 3 (4,3) → (-1,1) → (3,4)
direction 4 (4,3) → (0,1) → (4,4)
direction 5 (4,3) → (1,1) → (5,4)
direction 6 (4,3) → (1,0) → (5,3)
direction 7 (4,3) → (1,-1) →(5,2)
direction 8 (4,3) → (0,-1) → (4,2)

Afin d'avancer efficacement dans une direction donnée, il est avantageux de conserver dans une matrice les déplacements à effectuer sur la ligne et sur la colonne pour les huit directions possibles.

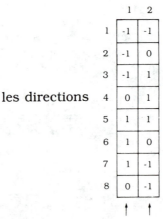

les directions

↑ ↑
déplacement sur la ligne déplacement sur la colonne

13.4 ALGORITHME DU PROBLÈME

Dans les tableaux d'analyse d'information nous allons utiliser les identificateurs de type suivant :

```
TabDir       = ARRAY [1 .. 8, 1 .. 2] OF INTEGER
TabGrille    = ARRAY [ 1 .. MaxGrille, 1 .. MaxGrille]
               OF CHAR
TabMarque    = ARRAY [1 ..  MaxGrille, 1 .. MaxGrille]
               OF BOOLEAN
```

Les informations globales

L'information	Le type	La nature	La valeur	L'identificateur
La dimension maximum d'une grille	`INTEGER`	CONSTANTE	20	`MaxGrille`
La dimension de la grille à lire	`INTEGER`	VARIABLE	à lire	`DimGrille`
La grille de caractères	`TabGrille`	VARIABLE	à lire	`Grille`
La matrice des caractères barrés	`TabMarque`	VARIABLE	à calculer	`Barre`
La matrice des déplacements	`TabDir`	VARIABLE	à initialiser	`Direction`
Le mot à trouver	`STRING[MaxGrille]`	VARIABLE	à lire	`Mot`
La longueur du mot	`INTEGER`	VARIABLE	à calculer	`LgMot`
Le nom interne du fichier	`TEXT`	VARIABLE	---	`Donnees`

L'algorithme du problème

```
Initialiser    (Direction, Barre )
LireGrille     (Donnees, DimGrille, Grille)
TANT QUE       "Non fin du fichier" FAIRE
DÉBUT
    LireMot        (Donnees, Mot, LgMot)
    ChercherMot    (Grille, DimGrille, Direction, Mot, LgMot, Barre)
FIN
MotCache       (Grille, DimGrille, Barre)
```

13.5 SOUS-ALGORITHMES

■ Le sous-algorithme `Initialiser (Direction, Barre)` initialise les matrices Direction et Barre.

Les paramètres donnés Aucun

Les paramètres résultats

| La matrice des déplacements | `TabDir` | `Direction` |
| La matrice des caractères barrés | `TabMarque` | `Barre` |

Les informations locales

| Indice sur les lignes | `INTEGER` | `I` |
| Indice sur les colonnes | `INTEGER` | `J` |

Projet de programmation numéro 4

Le sous-
algorithme

Direction [1,1] ← -1   Direction [1,2] ← -1
Direction [2,1] ← -1   Direction [2,2] ← 0
Direction [3,1] ← -1   Direction [3,2] ← 1
Direction [4,1] ← 0   Direction [4,2] ← 1
Direction [5,1] ← 1   Direction [5,2] ← 1
Direction [6,1] ← 1   Direction [6,2] ← 0
Direction [7,1] ← 1   Direction [7,2] ← -1
Direction [8,1] ← 0   Direction [8,2] ← -1

POUR I ← 1 **A** MaxGrille **FAIRE**
POUR J ← 1 **A** MaxGrille **FAIRE**
    Barre [I,J] ← FAUX

■ Le sous-algorithme LireGrille (F, DimGrille, Grille) sert à faire la lecture de la grille de caractères.

Les paramètres
donnés

| Le nom interne du fichier | TEXT | F |

Les paramètres
résultats

| La dimension de la grille | INTEGER | DimGrille |
| La grille de caractères | TabGrille | Grille |

Les informations
locales

| Indice sur les lignes | INTEGER | I |
| Indice sur les colonnes | INTEGER | J |

Le sous-
algorithme

Lire DimGrille
POUR   I ← 1 **A** DimGrille **FAIRE**
  POUR J ← 1 **A** DimGrille **FAIRE**
    LIRE dans F Grille[I,J]

■ Le sous-algorithme LireMot (F, Mot, LgMot) sert à faire la lecture d'un mot.

Les paramètres
donnés

| Le nom interne du fichier | TEXT | F |

Les paramètres
résultats

| Le mot lu | STRING[MaxGrille] | Mot |
| Le nombre de caractères du mot lu | INTEGER | LgMot |

Les informations locales	Un caractère pour la lecture	CHAR	C

Le sous-algorithme[*]

```
LgMot ← 0
    C ← ';'
TANT QUE "NON fin de la ligne" ET (C <> ' ') FAIRE
DÉBUT
    LIRE dans F C
    SI C <> ' ' ALORS
    DÉBUT
        LgMot    ← LgMot + 1
        Mot[LgMot]   ←C
    FIN
FIN
```

■ Le sous-algorithme ChercherMot (Grille, DimGrille, Direction, Mot, LgMot, Barre) cherche un mot dans la grille de caractères.

Les paramètres donnés	La grille de caractères	TabGrille	Grille
	La dimension de la grille	INTEGER	DimGrille
	La matrice des déplacements	TabDir	Direction
	Le mot à chercher	STRING[MaxGrille]	Mot
	La longueur du mot	INTEGER	LgMot
Les paramètres résultats	La matrice des caractères barrés	TabMarque	Barre
Les informations locales	L'indice de la ligne, de la position essayée	INTEGER	Li
	L'indice de la colonne, de la position essayée	INTEGER	Col
	L'indice de la direction essayée	INTEGER	Idir
	Indicateur que le mot est trouvé	BOOLEAN	Trouve

---

[*] Avec TURBO PASCAL, le sous-algorithme est
   Lire Mot
LgMot ← Length (Mot)

Le sous-algorithme

```
Li ← 0   Col ← MaxGrille
RÉPÉTER (* Essayer toutes les positions *)
    SI Col = MaxGrille ALORS
    DÉBUT
        Li ← Li + 1
        Col ← 1
    FIN
    SINON Col ← Col + 1
    Trouve ← FAUX
    SI Mot[1] = Grille[Li, Col] ALORS
    DÉBUT
        Idir ← 0
        RÉPÉTER (* Essayer toutes les directions *)
            Idir ← Idir + 1
            EssayerMot ( Grille, DimGrille, Mot, LgMot, Li, Col,
                         Direction[Idir, 1], Direction[Idir, 2], Trouve)
            SI Trouve ALORS
                BarreMot (Li, Col, Direction[Idir, 1], Direction[Idir, 2],
                          LgMot, Barre)
        JUSQUE Idir = 8
    FIN
JUSQUE (Li = DimGrille) ET (Col = DimGrille)
```

■ Le sous-algorithme `EssayerMot (Grille, DimGrille, Mot, LgMot, PosLi, PosCol, DirLi, DirCol, Trouve)` permet d'essayer un mot à partir de la position (`PosLi`, `PosCol`) dans la direction spécifiée par `DirLi` et `DirCol`.

Les paramètres donnés

La grille de caractères	TabGrille	Grille
La dimension de la grille	INTEGER	DimGrille
Le mot à essayer	STRING[MaxGrille]	Mot
La longueur du mot	INTEGER	LgMot
L'indice de la ligne de la position	INTEGER	PosLi
L'indice de la colonne de la position	INTEGER	PosCol
Le pas à faire sur les lignes	INTEGER	DirLi
Le pas à faire sur les colonnes	INTEGER	DirCol

Les paramètres résultats

Indicateur que le mot est trouvé	BOOLEAN	Trouve

Les informations locales	Indice du caractère essayé du mot	INTEGER	PosMot
	Indicateur qu'une lettre est différente	BOOLEAN	Sortir

Le sous-algorithme

Trouve ← FAUX
Sortir ← FAUX
PosMot ← 1
RÉPÉTER (* Essayer tous les caractères du mot *)
  SI Mot[PosMot] = Grille[PosLi, PosCol] **ALORS**
    SI PosMot < LgMot **ALORS**
      DÉBUT (* Avancer dans le mot et sur la grille *)
        PosLi   ← PosLi   + DirLi
        PosCol ← PosCol + DirCol
        PosMot ← PosMot + 1
        Sortir   ← (PosLi   <1) **OU** (PosLi   > DimGrille) **OU**
                     (PosCol <1) **OU** (PosCol > DimGrille)
      FIN
    SINON Trouve ← VRAI
  SINON Sortir ← VRAI
JUSQUE Trouve **OU** Sortir
SI Trouve **ALORS**
DÉBUT
  ÉCRIRE Mot
  ÉCRIRE 'L''endroit où il a été trouvé'
FIN

■ Le sous-algorithme MotCaché (Grille, DimGrille, Barre) détermine et écrit le mot caché.

Les paramètres donnés	La grille des caractères	TabGrille	Grille
	La dimension de la grille	INTEGER	DimGrille
	La matrice des caractères barrés	TabMarque	Barre
Les paramètres résultats	Aucun		
Les informations locales	Indice sur les lignes	INTEGER	I
	Indice sur les colonnes	INTEGER	J

418 *Projet de programmation numéro 4*

Le sous-algorithme	ÉCRIRE 'Le mot-caché est :'
	POUR I ← 1 A DimGrille **FAIRE**
	  POUR J ← 1 A DimGrille **FAIRE**
	    SI NON Barre[I,J] **ALORS**
	      ÉCRIRE Grille[I,J]

- Le sous-algorithme `BarrerMot (PosLi, PosCol, DirLi, DirCol, LgMot, Barre)` met à jour la matrice des caractères barrés.

Les paramètres donnés	L'indice de la ligne de la position	INTEGER	PosLi
	L'indice de la colonne de la position	INTEGER	PosCol
	Le pas à faire pour la direction sur les lignes	INTEGER	DirLi
	Le pas à faire pour la direction sur les colonnes	INTEGER	DirCol
	La longueur du mot	INTEGER	LgMot
Les paramètres résultats	La matrice des caractères barrés	TabGrille	Barre
Les informations locales	Indice du caractère du mot	INTEGER	PosMot

Le sous-algorithme	**POUR** PosMot ← 1 **À** LgMot **FAIRE**
	DÉBUT
	  Barre[PosLi, PosCol] ← VRAI
	  PosLi ← PosLi + DirLi
	  PosCol ← PosCol + DirCol
	FIN		

13.6 PROGRAMME PASCAL MOT MYSTERE

```
1    PROGRAM MotMystere( Donnees , OUTPUT ) ;
2    (*
3     * MotMystere
4     * ----------
5     * Ce programme résout un mot-mystère, i.e. trouve dans une grille les
```

```
 6    * mots fournis dans le fichier de  données.  Il élimine leurs carac-
 7    * tères et rassemble les caractères restant pour former le mot-
 8    * mystère.
 9    * FICHIER
10    * -------
11    * Données: 1ere ligne         : un entier N, la dimension de la grille,
12    *          lignes 2 à N + 1 : les lignes de caractères de la grille,
13    *          lignes N + 2 à la fin du fichier : les mots à chercher.
14    * OUTPUT   : Résultat de la recherche ( le mot-mystère ).
15    *)
16
17    CONST
18      NomDuFichier = 'Grille.txt' ;
19      MaxGrille    = 20 ; (* la dimension maximum de la grille *)
20
21    TYPE
22      TMaxGrille  = 1 .. MaxGrille ;
23      TabGrille   = ARRAY[ TmaxGrille , TmaxGrille ] OF CHAR    ;
24      TabMarque   = ARRAY[ TmaxGrille , TmaxGrille ] OF BOOLEAN ;
25      TabDir      = ARRAY[ 1 .. 8     , 1 .. 2      ] OF INTEGER ;
26      Chaine      = STRING[ MaxGrille ] ;
27
28    VAR
29      Donnees    : TEXT         ;  (* Le nom interne du fichier   *)
30      Grille     : TabGrille    ;  (* La grille de caractères     *)
31      Mot        : Chaine       ;  (* Le môt à trouver            *)
32      Barre      : TabMarque    ;  (* Matrice des carac. barrés   *)
33      Direction  : TabDir       ;  (* Matrice des déplacements    *)
34      DimGrille  : INTEGER      ;  (* La dimension de la grille   *)
35      LgMot      : INTEGER      ;  (* La longueur du môt          *)
36
37    PROCEDURE LireGrille( VAR F         : TEXT        ;
38                          VAR DimGrille : INTEGER     ;
39                          VAR Grille    : TabGrille ) ;
40    (*
41     Sous-programme pour effectuer la lecture de la grille de caractères
42     du fichier text.
43    *)
44    VAR
45      I : INTEGER ; (* indice sur les lignes   *)
46      J : INTEGER ; (* indice sur les colonnes *)
47
48    BEGIN (* LireGrille *)
49      RESET ( F ) ;
50      READLN( F , DimGrille ) ;
51      FOR I := 1 TO DimGrille DO
```

```
52       BEGIN
53         FOR J := 1 TO DimGrille DO READ ( F , Grille [ I , J ] ) ;
54         READLN ( F ) ;
55       END ;
56    END ; (* LireGrille *)
57
58    PROCEDURE   LireMot ( VAR F      : TEXT     ;
59                          VAR Mot    : Chaine   ;
60                          VAR LgMot  : INTEGER   ) ;
61
62    (*  LireMot
63     *  -------
64     *  Cette procédure lit un mot sur le fichier d'entrée.
65     *
66     *  Paramètres
67     *  ----------
68     *  Mot   : Le mot lu.
69     *  LgMot : Le nombre de caractères du mot lu.
70     *)
71    VAR
72       I : INTEGER ;
73
74    BEGIN (* LireMot *)
75
76       FOR I := 1 TO MaxGrille DO MOT [ I ] := ' ' ;
77
78       READLN( F , MOT ) ;
79       LgMot := LENGTH( Mot ) ;
80
81    END ; (* LireMot *)
82
83    PROCEDURE   Initialiser ( VAR Direction : TabDir ;
84                              VAR Barre     : TabMarque ) ;
85
86    (*  Initialiser
87     *  -----------
88     *  initialise les tableaux Direction et Barre.
89     *)
90
91    VAR
92       I , J : INTEGER ;    (* Les indices de boucles *)
93
94    BEGIN
95
96       Direction[ 1 , 1 ] :=  0 ; Direction[ 1 , 2 ] := 1 ;
97       Direction[ 2 , 1 ] := -1 ; Direction[ 2 , 2 ] := 1 ;
```

```
 98      Direction[ 3 , 1 ] := -1 ; Direction[ 3 , 2 ] :=  0 ;
 99      Direction[ 4 , 1 ] := -1 ; Direction[ 4 , 2 ] := -1 ;
100      Direction[ 5 , 1 ] :=  0 ; Direction[ 5 , 2 ] := -1 ;
101      Direction[ 6 , 1 ] :=  1 ; Direction[ 6 , 2 ] := -1 ;
102      Direction[ 7 , 1 ] :=  1 ; Direction[ 7 , 2 ] :=  0 ;
103      Direction[ 8 , 1 ] :=  1 ; Direction[ 8 , 2 ] :=  1 ;
104
105      FOR   I := 1   TO   MaxGrille   DO
106        FOR   J := 1   TO   MaxGrille   DO
107          Barre[ I , J ] := FALSE ;
108
109    END ;
110
111    PROCEDURE   BarrerMot ( VAR   Barre   : TabMarque   ;
112                                  PosLi   : INTEGER     ;
113                                  PosCol  : INTEGER     ;
114                                  DirLi   : INTEGER     ;
115                                  DirCol  : INTEGER     ;
116                                  LgMot   : INTEGER     ) ;
117      (*
118         Sous-programme pour la mise-à-jour des caractères barrés
119      *)
120
121    VAR
122      PosMot : INTEGER ;   (* Indice du caractère du môt *)
123
124    BEGIN (* BarrerMot *)
125
126      FOR   PosMot := 1   TO   LgMot   DO
127        BEGIN
128          Barre[ PosLi , PosCol ] := TRUE ;
129          PosLi  := PosLi + DirLi  ;
130          PosCol := PosCol + DirCol ;
131        END ;
132    END ; (* BarrerMot *)
133
134    PROCEDURE   MotCache (   Grille    : TabGrille ;
135                             DimGrille : INTEGER   ;
136                             Barre     : TabMarque ) ;
137      (*
138         Sous-programme pour déterminer et afficher le môt caché.
139      *)
140
141    VAR
142      I : INTEGER ; (* Indice sur les lignes    *)
143      J : INTEGER ; (* Indice sur les colonnes *)
```

```
144
145 BEGIN (* MotCache *)
146
147   WRITE ( OUTPUT , ' Le mot cache est :   ' ) ;
148   FOR   I := 1  TO   DimGrille  DO
149     FOR   J := 1  TO   DimGrille  DO
150       IF NOT   Barre[I , J] THEN   WRITE ( OUTPUT , Grille[I , J] ) ;
151   WRITELN ( OUTPUT ) ;
152
153 END; (* MotCache *)
154
155 PROCEDURE   EssayerMot (   Grille : TabGrille ;
156                          DimGrille : INTEGER    ;
157                                Mot : Chaine     ;
158                              LgMot : INTEGER    ;
159                              PosLi : INTEGER    ;
160                             PosCol : INTEGER    ;
161                              DirLi : INTEGER    ;
162                             DirCol : INTEGER    ;
163                     VAR    Trouve : BOOLEAN   ) ;
164   (*
165     Sous-programme qui permet d'essayer un môt de la position ( PosLi ,
166     PosCol ) dans la direction spécifée par DorLi et DorCol .
167
168   *)
169 VAR
170   PosMot : INTEGER ; (* Indice du caractère essayé           *)
171   Sortir : BOOLEAN ; (* Indicateur de lettre différente      *)
172
173 BEGIN (* EssayerMot *)
174
175   Trouve := FALSE ;
176   Sortir := FALSE ;
177   PosMot := 1      ;
178   REPEAT
179   (* Pour essayer tous les caractères du mot *)
180
181     IF   Mot[ PosMot ]  =  Grille[ PosLi , PosCol ]   THEN
182       IF   PosMot  <  LgMot   THEN
183       BEGIN
184       (* Afin d'avancer dans le mot et sur la grille *)
185         PosLi  :=  PosLi  + DirLi      ;
186         PosCol :=  PosCol + DirCol ;
187         PosMot :=  PosMot + 1          ;
188         Sortir := ( PosLi  < 1 ) OR ( PosLi  > DimGrille ) OR
189                   ( PosCol < 1 ) OR ( PosCol > DimGrille ) ;
```

```
190         END
191      ELSE   Trouve := TRUE
192      ELSE   Sortir := TRUE
193
194   UNTIL    Trouve   OR    Sortir ;
195
196   IF   Trouve   THEN
197      BEGIN
198         WRITE (OUTPUT, Mot : LgMot) ;
199         WRITE (OUTPUT, ' ' : DimGrille - PosMot) ;
200         WRITE (OUTPUT,' Debute en ', PosLi - (LgMot - 1)*DirLi : 4, ',',
201                PosCol - (LgMot - 1) * DirCol : 4 , ' se termine en ',
202                PosLi : 4 , ' , ' , PosCol : 4 ) ;
203
204         WRITELN ( OUTPUT ) ;
205      END ;
206
207   END; (* EssayerMot *)
208
209   PROCEDURE ChercherMot ( Grille    : TabGrille   ;
210                           DimGrille : INTEGER     ;
211                           Mot       : Chaine      ;
212                           LgMot     : INTEGER     ;
213                           Direction : TabDir      ;
214                           Barre     : Tabmarque ) ;
215   (*
216      Sous-Programme qui cherche un môt dans la grille de caractères.
217   *)
218   VAR
219      Li    : INTEGER ; (* Indice de la ligne        *)
220      Col   : INTEGER ; (* Indice de la colonne      *)
221      IDir  : INTEGER ; (* Indice de la direction    *)
222      Trouve : BOOLEAN ; (* Indicateur de môt trouvé *)
223
224   BEGIN (* ChercherMot *)
225      Li  := 0            ;
226      Col := DimGrille ;
227
228      REPEAT
229      (* ----- Essayer toutes les positions ----- *)
230
231         IF Col = DimGrille THEN
232         BEGIN
233            Li  := Li + 1     ;
234            Col := 1          ;
235         END
```

```
236        ELSE   Col := Col + 1 ;
237
238        Trouve := FALSE ;
239        IF Mot [ 1 ] = Grille[ Li , Col ] THEN
240        BEGIN
241          Idir := 0 ;
242          REPEAT
243          (* ----- Essayer toutes les directions ----- *)
244
245           Idir := Idir + 1 ;
246          EssayerMot( Grille , DimGrille , Mot , Lgmot , Li , Col ,
247                      Direction[Idir, 1], Direction[Idir, 2], Trouve ) ;
248
249          IF Trouve THEN BarrerMot (Barre, Li, Col, Direction [Idir, 1],
250                                    Direction [ Idir , 2 ] , LgMot ) ;
251
252          UNTIL  ( Idir = 8 ) ;
253
254        END ;
255
256     UNTIL  ( ( Li = DimGrille ) AND ( Col = DimGrille ) ) ;
257
258 END ; (* ChercherMot *)
259
260 BEGIN (* MotMystere *)
261
262   Initialiser ( Direction , Barre ) ;
263
264   ASSIGN( Donnees , NomDuFichier ) ;
265   LireGrille ( Donnees , DimGrille , Grille ) ;
266
267   WHILE NOT EOF ( Donnees ) DO
268   BEGIN
269   (* ----- Traiter tous les mots ----- *)
270
271      LireMot ( Donnees , Mot , LgMot ) ;
272      ChercherMot ( Grille , DimGrille , Mot        ,
273                  LgMot    , Barre      , Direction ) ;
274   END ;
275
276   MotCache ( Grille , DimGrille , Barre ) ;
277
278 END.     (* MotMystere *)
```

              Le programme MotMystère

APPENDICE A

JEU DE CARACTÈRES ASCII

Le code ASCII (American Standard Code for Information Interchange) définit 128 caractères. Les trente-deux premiers et le cent ving-septième sont des caractères dit «de contrôle» non imprimables. Ils servent à faciliter la transmission et l'organisation des informations codées sous forme de caractères. Pour les autres caractères, dont le rang va de trente-deux à cent vingt-six, il y a un symbole graphique associé à chaque caractère.

32) espace	56) 8	80) P	104) h
33) !	57) 9	81) Q	105) i
34) "	58) :	82) R	106) j
35) #	59) ;	83) S	107) k
36) $	60) <	84) T	108) l
37) %	61) =	85) U	109) m
38) &	62) >	86) V	110) n
39) '	63) ?	87) W	111) o
40) (	64) @	88) X	112) p
41))	65) A	89) Y	113) q
42) *	66) B	90) Z	114) r
43) +	67) C	91) [	115) s
44) ,	68) D	92) \	116) t
45) -	69) E	93)]	117) u
46) .	70) F	94) ^	118) v
47) /	71) G	95) _	119) w
48) 0	72) H	96) `	120) x
49) 1	73) I	97) a	121) y
50) 2	74) J	98) b	122) z
51) 3	75) K	99) c	123) {
52) 4	76) L	100) d	124)	
53) 5	77) M	101) e	125) }
54) 6	78) N	102) f	126) ~
55) 7	79) O	103) g	

APPENDICE B

LISTE DES IDENTIFICATEURS RÉSERVÉS

Voici la liste des identificateurs réservés en PASCAL. Nous avons indiqué avec le symbole * ceux que nous avons utilisé dans ce manuel.

AND	*	FUNCTION	*	PROGRAM	*
ARRAY	*	GOTO		RECORD	
BEGIN	*	IF	*	REPEAT	*
CASE	*	IN		SET	
CONST	*	LABEL		THEN	*
DIV	*	MOD	*	TO	*
DO	*	NIL		TYPE	*
DOWNTO	*	NOT	*	UNTIL	*
ELSE	*	OF	*	VAR	*
END	*	OR	*	WHILE	*
FILE		PACKED	*	WITH	*
FOR	*	PROCEDURE	*		

RECUEIL DE SOLUTIONS

SOLUTION DES EXERCICES DU CHAPITRE 1

1. *a)* Faux

   b) Faux

   c) Vrai

   d) Vrai

   e) Faux

2. 16384 x 2 = 32768 octets (32K)

3. Erreurs de logique, de syntaxe et d'exécution

4. Obtenir le poids de la personne (NbLivres)
   Obtenir la taille de la personne (NbPieds et NbPouces)
   Calculer le poids en kilogrammes : NbKilos ← NbLivres x 0.4553592
   Calculer la taille en mètres : NbMètres ← NbPieds x 0.3048 + NbPouces x 0.0254
   Communiquer le poids et la taille calculés (NbKilos et NbMètres)

5. Obtenir le prix de l'item (Prix)
   Calculer la taxe : Taxe ← Prix x 9%
   Calculer le total : Total ← Prix + Taxe
   Communiquer le résultat calculé (Total)

6. Nous vous proposons un algorithme qui permet de calculer l'âge d'une personne avec une précision d'environ $\frac{1}{100}$ d'année.

   Obtenir la date courante (JC, MC, AC)
   Obtenir la date d'anniversaire (JA, MA, AA)
   Calculer la différence des ans : Ans ← AC - AA
   Calculer la différence des mois : Mois ← MC - MA
   Calculer la différence des jours : Jours ← JC - JA
   Calculer l'âge de la personne : Age ← Ans + Mois/12 + Jours/365
   Communiquer l'âge calculé (Age)

SOLUTION DES EXERCICES DU CHAPITRE 2

1. a) Vrai
   b) Faux
   c) Faux
   d) Faux
   e) Vrai
   f) Faux
   g) Faux
   h) Vrai
   i) Vrai
   j) Faux

2. La section des déclarations et la section des instructions.

3. Une variable est utilisée pour mémoriser des informations qui peuvent varier durant l'exécution d'un programme. Le type d'une variable permet de spécifier le genre d'information (entier, réel, chaîne, etc.) mémorisée par une variable.

4. a) Invalide (un identificateur ne doit pas débuter par un chiffre)
   b) Valide (il n'y a pas de limite sur la longueur des identificateurs)
   c) Invalide (les espaces ne sont pas permis dans un identificateur Pascal)
   d) Valide (un identificateur peut contenir des chiffres)
   e) Invalide (les caractères spéciaux ne sont pas permis)

5. a) Valide
   b) Invalide
   c) Invalide
   d) Invalide
   e) Valide

6. a) iii

b) iii

c) iii

d) iv

7. ligne 1   PROGRAMME → PROGRAM, **et il manque le** ;
   ligne 3   : → =
   ligne 6   (10) → [10]
   ligne 7   IFT → 'IFT'
   ligne 9   ; → .

8. a)   `Quantité:_ _`
      `_47_Prix unitaire_:_$_ _1.75`
      `BRAVO!`

   b)   `SALAIRE:_$123._0`

9. Les énoncés *a*, *c* et *d*

10. `WRITE (OUTPUT, A:11:2)`

11.
```
PROGRAM SurfaceEtPerimetre (INPUT,OUTPUT);
   (*
      Programme permettant de calculer la surface et le
      périmètre d'un cercle à partir de son rayon
   *)
   CONST
       PI = 3.1416;          (* La constante universelle π       *)
   VAR
       Rayon     : REAL;     (* Le rayon du cercle               *)
       Surface   : REAL;     (* La surface calculée du cercle    *)
       Perimetre : REAL;     (* Le périmètre calculé du cercle   *)
   BEGIN
       (* Lecture du rayon du cercle *)
       WRITE (OUTPUT, 'Ecrivez le rayon du cercle: ');
       READLN (INPUT, Rayon) ;

       (* Calcul du périmètre et de la surface *)

       Perimetre := 2 * PI * Rayon;
       Surface := PI * Rayon * Rayon ;

       (* Impression des résultats *)

       WRITELN (OUTPUT, 'La surface du cercle est de : ', Surface:10:2) ;
       WRITELN (OUTPUT, 'Le périmètre du cercle est de : ', Perimetre:10:2)
   END.
```

SOLUTION DES EXERCICES DU CHAPITRE 4

1. *a)* Faux
   b) Faux
   c) Vrai
   d) Faux
   e) Vrai
   f) Vrai
   g) Faux
   h) Vrai
   i) Faux
   j) Faux

2. *a)* iv
   b) iv
   c) iii

3. *a)* 25
   b) i) bonsoir
       ii) bonjour
   c) BONJOUR
   d) PAS DE RACINES REELLES
   e) La valeur de F est: 1

4.
```
PROGRAM Magasin (INPUT, OUTPUT);
CONST
    TauxEscMax    = 0.20;    (* Taux d'escompte maximal             *)
    TauxEscInt    = 0.17;    (* Taux d'escompte intermédiaire       *)
    TauxEscMin    = 0.10;    (* Taux d'escompte minimum             *)
    SeuilTauxMax  = 500.00;  (* Seuil pour escompte maximum         *)
    SeuilTauxInt  = 250.00;  (* Seuil pour escompte intermédiaire   *)
    SeuilTauxMin  = 100.00;  (* Seuil pour escompte minimum         *)
    TauxTaxe      = 0.09;
```

```
   VAR
      MontantAchat    : REAL;    (* Montant total des achats effectuées  *)
      TauxEscompte    : REAL;    (* Taux d'escompte accordé au client    *)
      MontantReduit   : REAL;    (* Coût des achats après l'escompte     *)
      MontantAPayer   : REAL;    (* Montant à débourser incluant taxe    *)
   BEGIN
      WRITE (OUTPUT, 'Ecrire le montant total des achats: ');
      READLN (INPUT, MontantAchat);
      IF MontantAchat > SeuilTauxMax THEN
         TauxEscompte := TauxEscMax
      ELSE
         IF MontantAchat > SeuilTauxInt THEN
            TauxEscompte := TauxEscInt
      ELSE
         IF MontantAchat > SeuilTauxMin THEN
            TauxEscompte := TauxEscMin
         ELSE
            TauxEscompte := 0.0;

      MontantReduit := (1 - TauxEscompte) * MontantAchat;
      MontantAPayer := MontantReduit * TauxTaxe + MontantReduit;
      WRITELN(OUTPUT, 'Montant à payer après escompte et taxe: ',
                      MontantAPayer:10:2)
   END.
```

5.
```
   PROGRAM Max3 (INPUT, OUTPUT);
   VAR
        Nombre1, Nombre2, Nombre3 : INTEGER;
   BEGIN
        WRITE (OUTPUT, 'Ecrire un premier nombre : ');
        READLN (INPUT, Nombre1);
        WRITE (OUTPUT, 'Ecrire un deuxième nombre : ');
        READLN (INPUT, Nombre2);
        WRITE (OUTPUT, 'Ecrire un troisième nombre : ');
        READLN (INPUT, Nombre3);

        WRITE (OUTPUT, 'Le nombre le plus grand est: ');
        IF Nombre1 > Nombre2 THEN
           IF Nombre1 > Nombre3 THEN WRITE (OUTPUT, Nombre1)
           ELSE WRITE (OUTPUT, Nombre3)
        ELSE
           IF Nombre2 > Nombre3 THEN WRITE (OUTPUT, Nombre2)
           ELSE WRITE (OUTPUT, Nombre3);
        WRITELN (OUTPUT);
   END.
```

SOLUTION DES EXERCICES DU CHAPITRE 5

1. *a)* Vrai

   b) Faux

   c) Faux

   d) Vrai

   e) Faux

2. *a)* 15

   b) 43

   c) 21

   d) 5

   e) Boucle infinie

3. 50

4.
```
PROGRAM Stat (INPUT, OUTPUT);
VAR
      N, Total, Valeur : INTEGER;
      Moyenne : REAL;
BEGIN
      N := 0;  Total := 0;
      REPEAT
          WRITE (OUTPUT, 'Entrez un nombre positif: ');
          READLN (INPUT, Valeur);
          IF Valeur > 50 THEN
              BEGIN
                  N := N + 1;
                  Total := Total + Valeur
              END
      UNTIL Valeur = 0;
      IF N > 0 THEN
          BEGIN
              Moyenne := Total / N;
              WRITELN (OUTPUT, N : 5, Moyenne:10:2)
          END
      ELSE
          WRITELN (OUTPUT, 'Aucune valeur supérieure à cinquante')
END.
```

5.  ```
    PROGRAM Somme (OUTPUT);
    VAR
        N, Compteur, Total: INTEGER;
    BEGIN
        READLN (INPUT, N);
        Compteur := 0;
        Total := 0;
        REPEAT
            Compteur := Compteur + 1;
            Total := Total + Compteur
        UNTIL Compteur = N;
        WRITELN (OUTPUT, Total);
    END.
    ```

    interchangeable

    ou
    ```
    TOTAL := TOTAL + COMPTEUR
    COMP := COMP + 1
    UNTIL COMP > N;
    ```

6. a)
    ```
    PROGRAM Millionnaire (OUTPUT);
    CONST
        Depot   = 1000.00;
        Interet = 0.12;
    VAR
        Magot : REAL;
        An    : INTEGER;
    BEGIN
        Magot := Depot; An := 0;
        REPEAT
           Magot := Magot + Magot * Interet + Depot;
           An := An + 1;
            WRITELN (OUTPUT, 'Capital après ', An:1, ' ans: ', Magot:9:2)
        UNTIL Magot >= 1000000.00
    END.
    ```

    b) Il faut modifier la ligne 03 : Interet = 0.06 et remplacer la ligne 11 :
    ```
    Magot := Magot + Magot * Interet;          (* 06 mois *)
    Magot := Magot + Magot * Interet + Depot   (* 12 mois *)
    ```

SOLUTION DES EXERCICES DU CHAPITRE 6

1. a) Faux

    b) Faux

    c) Faux

    d) Faux

    e) Vrai
    ```

A Solutions

2. a) iii
    b) ii
    c) iv
    d) ii
    e) i

3. a) 21
    b) 24.0
    c) 113.5
    d) 7
    e) TRUE

4. a) 26.0
    b) 4
    c) 25.0
    d) TRUE
    e) FALSE

5. a) FALSE
    b) 4
    c) -0.33333
    d) 0.0

6. a) TRUE
    b) FALSE
    c) 15
    d) 12.5
    e) 245

7.  ```
    PROGRAM Inverse (INPUT, OUTPUT);
    VAR
         Entier, Chiffre, NbChiffre: INTEGER;
    ```
    ```

```
BEGIN
    WRITE (OUTPUT, 'Ecrire un nombre entier: ');
    READLN (INPUT, Entier);
    NbChiffre := 0;
    WRITE (OUTPUT, 'Nombre entier inversé: ');
    REPEAT
        Chiffre := Entier MOD 10;
        WRITE (OUTPUT, Chiffre);
        Entier := Entier DIV 10;
        NbChiffre := NbChiffre + 1;
    UNTIL Entier = 0;
    WRITELN (OUTPUT);
    WRITELN (OUTPUT, 'Nombre de chiffres: ', NbChiffre:1)
END.
```

SOLUTION DES EXERCICES DU CHAPITRE 8

1. *a)* Vrai

   b) Vrai

   c) Vrai

   d) Vrai

   e) Vrai

2. *a)* iv

   b) iv

   c) iii

   d) iv

   e) iii et ii

3. *a)* `Deux cent(s)`

   b) `47`

   c) `Bizarre Un Un Deux Deux Trois`

   d) `49`

   e) ```
       x . . .
       . x . .
       . . x .
       . . . x
       ```
       ```

4. a)
```
Somme := 0; Valeur := 1;
WHILE Valeur <= 101 DO
    BEGIN
        Somme := Somme + Valeur;
        Valeur := Valeur + 5
    END;
```

b)
```
IF Age < 18 THEN
    IF Sexe = 'M' THEN WRITE (OUTPUT, '1')
    ELSE WRITE (OUTPUT, '2')
ELSE
    IF AGE <= 40 THEN
        IF Sexe = 'M' THEN
        ELSE WRITE (OUTPUT, '3')
    ELSE
        IF Sexe = 'M' THEN
            BEGIN
                WRITELN (OUTPUT, '5');
                WRITE (OUTPUT, '6')
            END
        ELSE WRITE (OUTPUT, '4')
```

c)
```
K := 0; Somme := 0;
FOR K := 1 TO 25 DO
    CASE K MOD 5 OF
        0 : Somme := Somme + 5;
        1 : Somme := Somme - 2;
        2 : Somme := Somme + 2;
        3 : Somme := Somme - 1;
        4 : Somme := Somme + 1;
    END;
```

d)
```
PROGRAM Table (OUTPUT);
VAR K : 0..20;
BEGIN
    FOR K := 0 TO 20 DO
        WRITELN (OUTPUT, 2*K:10, SQR(2*K):10)
END.
```

e)
```
PROGRAM DeSalaire (INPUT, OUTPUT);
VAR
    CodeEmploye : CHAR;
    NbHeures, TauxHoraire, Salaire, TotAnalystes : REAL;
    NbAnalystes : INTEGER;
BEGIN
    NbAnalystes := 0;
    TotAnalystes := 0.0;
    WRITE (OUTPUT, 'Code d''emploi (A, D, V, S, T): ');
    READLN (INPUT, CodeEmploye);
    WHILE (CodeEmploye <> 'T') AND (CodeEmploye <> 't') DO
```

```
BEGIN
    WRITE (OUTPUT, 'Heures travaillées:');
    READLN (INPUT, NbHeures);
    CASE CodeEmploye OF
        'D', 'd' : TauxHoraire := 25.75;
        'A', 'a' : BEGIN
                       TauxHoraire := 16.50;
                       NbAnalystes := NbAnalystes + 1
                   END;
        'V', 'v' : TauxHoraire := 12.50;
        'S', 's' : TauxHoraire :=  6.65;
    ELSE
      BEGIN
        WRITELN (OUTPUT,'Code d''employé incorrect : ',CodeEmploye);
        TauxHoraire := 0.00
      END
    END;
    Salaire := NbHeures * TauxHoraire;
    IF (CodeEmploye = 'A') OR (CodeEmploye = 'a') THEN
        TotAnalystes := TotAnalystes + Salaire;
    WRITELN (OUTPUT, 'Salaire Brut : ', Salaire:8:2);
    WRITE (OUTPUT,'Code d''emploi (A,D,V,S,T): ');
    READLN (INPUT, CodeEmploye);
END;
WRITELN (OUTPUT,'Salaire total des analystes : ', TotAnalystes:9:2);
WRITE (OUTPUT, 'Salaire moyen des analystes: ');
IF NbAnalystes > 0 THEN
      WRITELN (OUTPUT, TotAnalystes/NbAnalystes:9:2)
ELSE
      WRITELN (OUTPUT, 'non calculable ...')
END.
```

SOLUTION DES EXERCICES DU CHAPITRE 9

1. *a)* Vrai

   b) Faux

   c) Vrai

   d) Faux

   e) Vrai

2. *a)* iv

   b) i

   c) iii

438 Solutions

3. *a)* 516   346

   b) 633   516

   c) 516   346

4. *a)* a = 20   b = 7   c = 1987

   b) a = 20   b = 6032   c = 14

   c) a = 20   b = 7   c = 1987

   d) a = 6032 b = 345   c = 0

   e) a = 345   b = 0   c = 543

5. *a)* Mettre dans M la valeur maximum des variables A, B et C.

   b) 4

   c) 12
        12
        12
         9
        45

6. WRITE (F,B) et WRITELN (F,B)

7. ```
   PROGRAM Mystere (Source, FichierCode);
   VAR
       Source, FichierCode: TEXT;
       UnCar : Char;
   BEGIN
       ASSIGN (Source, 'SOURCE.TXT');        RESET (Source);
       ASSIGN (FichierCode, 'CODE.TXT');     REWRITE (FichierCode);

       WHILE NOT EOF (Source) DO
           BEGIN
               WHILE NOT EOLN (Source) DO
                   BEGIN
                       READ (Source, UnCar);
                       CASE UnCar OF
                           'a','b','c','d','e','f','g','h','i','j','k','l','m',
                           'n','o','p','q','r','s','t','u','v','w','x','y',
                           'A','B','C','D','E','F','G','H','I','J','K','L','M',
                           'N','O','P','Q','R','S','T','U','V','W','X','Y':
                               UnCar := CHR(ORD(UnCar) + 1);
                           'Z' : UnCar := 'A';
                           'z' : UnCar := 'a'
   ```
   ```

```
                    ELSE
                    END;
                    WRITE (FichierCode, UnCar)
                END;
                READLN (Source);
                WRITELN (FichierCode)
            END;
        CLOSE (Source);      CLOSE(FichierCode);
    END.
```

8. ```
   PROGRAM FormatStock (OUTPUT,Ancien,Nouveau);
   VAR
       Ancien      ,           (* Ancien fichier stock                      *)
       Nouveau   : TEXT;       (* Nouveau fichier stock                     *)
       Quantite  : INTEGER;    (* Nombre d'exemplaires d'un article en stock *)
       PrixAchat   ,           (* Prix d'achat d'un article                 *)
       PrixVente   ,           (* Prix de vente d'un article                *)
       ProfitMax : REAL;       (* Profit maximum réalisable sur un article  *)
       NomArticle : STRING[35]; (* Nom d'un article                         *)
       UnCar     : CHAR;       (* Un espace entre le prix de vente et le nom *)
       ProfitTot : REAL;       (* Profit total réalisable sur l'inventaire  *)
   BEGIN
       ASSIGN (Ancien, 'STOCK.ITM');    RESET (Ancien);
       ASSIGN (Nouveau, 'STOCK.PFT');   REWRITE (Nouveau);
       ProfitTot := 0.0;
       WHILE NOT EOF (Ancien) DO
          BEGIN
             READLN (Ancien, Quantite, PrixAchat, PrixVente, UnCar, NomArticle);
             ProfitMax := Quantite * (PrixVente - PrixAchat);
             ProfitTot := ProfitTot + ProfitMax;
             WRITELN (Nouveau, Quantite:9, PrixAchat:9:2, PrixVente:9:2,
                      ProfitMax:9:2, ' ', NomArticle);
          END;
       WRITELN (OUTPUT, 'Profit total réalisable: ', ProfitTot:9:2);
       CLOSE (Ancien);   Close (Nouveau);
   END.
   ```

SOLUTION DES EXERCICES DU CHAPITRE 11

1. *a*) Faux

   b) Faux

   c) Faux
   ```

440 Solutions

   d) Faux

   e) Vrai

2. *a*) b

   b) d

   c) c

   d) a

3. *a*) iii

   b) iii

   c) iv

4. T[1] = 1, T[2] = 3, T[3] = 6, T[4] = 10, T[5] = 15

5. ```
   A   C A B A B
   *NON**NON**NON**OUI*
   ```

6. *a*) A[1] = 10, A[2] = 20, A[3] = 21, A[4] = 33, A[5] = 68

   b) A[1] = 0, A[2] = 1, A[3] = 2, A[4] = 3, A[5] = 4

   c) A[1] = 5, A[2] = 4, A[3] = 3, A[4] = 2, A[5] = 1

   d) A[1] = 3, A[2] = 6, A[3] = 12, A[4] = 25, A[5] = 64

   e) A[1] = 1, A[2] = 1, A[3] = 2, A[4] = 3, A[5] = 5

7. ```
   PROGRAM Life (INPUT,OUTPUT,ListePoints);
   (*
         Jeu LIFE (d'après John Horton Conway)
   *)
   CONST
       Pion             = '*';      (* Symbole pour une case occupée    *)
       Vide             = ' ';      (* Symbole pour une case inoccupée  *)
       TailleGrille     = 20;       (* Un côté de la grille du jeu      *)
       MaxGeneration    = 100;      (* Nombre maximum de génération     *)
   TYPE
       Coord       = 1 .. TailleGrille;
       TypGrille   = ARRAY [Coord,Coord] OF CHAR;

   VAR
       GrilleDep       ,                  (* Génération actuelle            *)
       GrilleFin       : TypGrille;       (* Génération calculée            *)
       Ligne, Colonne  : Coord;           (* Indices pour parcourir grille  *)
       NbPions         : 0 .. 9;          (* Compteur de pions              *)
   ```

```
            NoGeneration          : 1 .. MaxGeneration; (* Compteur de génération    *)
            ListePoints           : TEXT;              (* Points de la grille de départ *)
            LigneCarre, ColonneCarre : INTEGER;   (* Ind. recherche de pions       *)
BEGIN
    (* Initialisation *)
    FOR Ligne := 1 TO TailleGrille DO
        FOR Colonne := 1 TO TailleGrille DO
            GrilleDep [Ligne,Colonne] := Vide;

    (* Lecture des points de la grille de départ *)

    ASSIGN (ListePoints, 'LIFE.DTA');
    RESET (ListePoints);
    WHILE NOT EOF (ListePoints) DO
        BEGIN
            READLN (ListePoints, Ligne, Colonne);
            GrilleDep [Ligne, Colonne] := Pion
        END;

    (* Calcul et affichage des générations *)

    FOR NoGeneration := 1 TO MaxGeneration DO
        BEGIN
            WRITELN (OUTPUT, 'GENERATION ', NoGeneration:1);
            WRITELN (OUTPUT);
            FOR Ligne := 1 TO TailleGrille DO
              BEGIN
                FOR Colonne := 1 TO TailleGrille DO
                  BEGIN
                    (* Compter les pions entourant la position courante *)

                    NbPions := 0;
                    FOR LigneCarre := Ligne - 1 TO Ligne + 1 DO
                      IF (LigneCarre >= 1) AND (LigneCarre <= TailleGrille) THEN
                        FOR ColonneCarre := Colonne - 1 TO Colonne + 1 DO
                          IF (ColonneCarre >= 1) AND (ColonneCarre <=
                             TailleGrille) THEN
                               IF GrilleDep [LigneCarre, ColonneCarre] = Pion THEN
                                   NbPions := NbPions + 1;

                    (* Appliquer les règles du jeu LIFE *)

                    IF GrilleDep [Ligne, Colonne] = Pion THEN
                      IF (NbPions <= 2) OR (NbPions >= 4) THEN
                        GrilleFin [Ligne, Colonne] := Vide (* Décès *)
                      ELSE
                        GrilleFin [Ligne, Colonne] := Pion
                    ELSE
                      IF NbPions = 3 THEN
                        GrilleFin [Ligne, Colonne] := Pion (* Naissance *)
```

```
                    ELSE
                        GrilleFin [Ligne, Colonne] := Vide;
                        WRITE (OUTPUT, GrilleFin (Ligne, Colonne]:2)
                    END;
                WRITELN (OUTPUT)
            END;
            GrilleDep := GrilleFin
        END
END.


8. PROGRAM Encodage (Texte, Code);
    (*
        Note: les caractères accentués ne sont pas traités par ce programme
    *)
    CONST
        LgMaxMot = 26;              (* Longueur maximum d'un mot *)
    TYPE
        LongMot = 1 .. LgMaxMot;
    VAR
        Texte,                                  (* Texte source                          *)
        Code    : TEXT;                         (* Texte codé                            *)
        UnMot   : ARRAY [LongMot] OF CHAR;      (* Tampon pour un mot                    *)
        Car     : CHAR;                         (* Un caractère lu sur Texte             *)
        Lettre  : BOOLEAN;                      (* Vrai si caractère lu est une lettre   *)
        IndMot  : 0 .. LgMaxMot;                (* Indice dans le tableau UnMot          *)
        K       : LongMot;                      (* Un indice de boucle                   *)
    BEGIN
        ASSIGN (Texte, 'ENCODE.TEX');   RESET (Texte);
        ASSIGN (Code, 'ENCODE.COD');    REWRITE (Code);

        IndMot := 0;
        WHILE NOT EOF (Texte) DO
            BEGIN
                WHILE NOT EOLN (Texte) DO
                    BEGIN
                        READ (Texte, Car);
                        IF ((Car >= 'a') AND (Car <= 'z')) OR
                            ((Car >= 'A') AND (Car <= 'Z')) THEN
                            BEGIN
                                IndMot := IndMot + 1;
                                UnMot [IndMot] := Car;
                                Lettre := TRUE
                            END
                        ELSE
                            Lettre := FALSE;
                        IF NOT Lettre OR EOLN (Texte) THEN
```

```
            BEGIN
               IF IndMot > 0 THEN
                  BEGIN
                     FOR K := IndMot DOWNTO 1 DO WRITE (Code, UnMot [K]);
                     IndMot := 0
                  END;
               IF NOT Lettre THEN WRITE (Code, Car)
            END
         END;
         READLN (Texte);
         WRITELN (Code)
      END;
   CLOSE (Texte);
   CLOSE (Code)
END.
```

SOLUTION DES EXERCICES DU CHAPITRE 12

1. *a)* Vrai

   b) Faux

   c) Faux

   d) Faux

   e) Faux

   f) Vrai

   g) Vrai

   h) Vrai

   i) Vrai

   j) Faux

2. *a)* i

   b) iii

   c) ii

   d) iv

   e) iv

3. a) 2   3
        5   6
        2   3

    b) Bonjour!
                17   11   17
                11   8

    c) 5

    d) 20   20   200   3
        20   3

4. a) Elle a pour but de trouver la plus petite valeur du tableau T.

    b) 2
                6
                2
                2

5.  ```
    PROCEDURE PCALC (A, B: INTEGER; VAR P: INTEGER);
    BEGIN
        P := 0;
        REPEAT
            IF (A MOD 2) = 1 THEN P := P + B;
            A := A DIV 2;
            B := B * 2;
        UNTIL A = 0
    END;
    ```

    et

    ```
    FUNCTION FCALC (A, B: INTEGER) : INTEGER;
    VAR P: INTEGER;
    BEGIN
        P := 0;
        REPEAT
            IF (A MOD 2) = 1 THEN P := P + B;
            A := A DIV 2;
            B := B * 2;
        UNTIL A = 0;
        FCALC := P
    END;
    ```

6. a)
    ```
    FUNCTION Somme (Debut, Fin: INTEGER): INTEGER;
    VAR I, Total : INTEGER;
    BEGIN
        Total := 0;
        FOR I := Debut TO Fin DO Total := Total + I;
        Somme := Total
    END;
    ```
    ```

b) ```
   PROGRAM Demo (INPUT, OUTPUT);

       FUNCTION Somme ... (* voir 6-a *)

   BEGIN
       WRITELN (OUTPUT, Somme (10,150):8)
   END.
```

7. ```
FUNCTION MONTANT (Cat: CHAR; Prix: REAL): REAL;
BEGIN
    CASE Cat OF
       'A' : MONTANT := Prix;
       'B' : MONTANT := Prix * 1.06;
       'C" : MONTANT := Prix * 1.10;
       'D' : MONTANT := Prix * 1.12;
       'E' : MONTANT := Prix * 1.15;
       'F' : MONTANT := Prix * 1.20
    END
END;
```

8. ```
PROGRAM CalculRectangle (INPUT, OUTPUT);
VAR
    Longueur, Largeur : REAL;

    PROCEDURE Rectangle (Longueur, Largeur : REAL);
    BEGIN
          (* Telle que définie dans l'énoncé du problème *)
    END;

BEGIN
    WRITE (OUTPUT, 'Longueur du rectangle: ');
    READLN (INPUT, Longueur);
    WRITE (OUTPUT, 'Largeur du rectangle: ');
    READLN (INPUT, Largeur);

    Rectangle (Longueur, Largeur)
END.
```

9. ```
TYPE
    TabReel = ARRAY [1..200] OF REAL;
    FUNCTION SommeCarre (T : TabReel; N : INTEGER) : REAL;
    VAR
      Somme : REAL;        (* Totaliseur local                *)
      K     : INTEGER;     (* Indice de boucle et de tableau  *)
    BEGIN
      Somme := 0;
      FOR K := 1 TO N DO Somme := Somme + SQR (T [K]);
      SommeCarre := Somme
    END;
```

10. ```
    PROGRAM Municipal (INPUT, OUTPUT);
    (*
          Ce programme permet de lire des informations concernant
          des immeubles et d'imprimer quelques statistiques
    *)
    TYPE
          NbImmeubles = 0 .. 300;
          Immeubles   = ARRAY [NbImmeubles, 1 .. 2] OF REAL;
    VAR
          NBPRI,                          (* Nombre de résidences privées    *)
          NBCOM     : NbImmeubles;        (* Nombre d'immeubles commerciaux  *)
          PRIVEE,                         (* Les résidences privées          *)
          COMMERCE  : Immeubles;          (* Les immeubles commerciaux       *)

          PROCEDURE LIR (VAR PRIVEE, COMMERCE :Immeubles;
                         VAR NBPRI, NBCOM : NbImmeubles);
          VAR
             Fiches         : TEXT;    (* Le fichier des immeubles *)
             GenreImmeuble  : CHAR;    (* Le type d'un immeuble lu *)
          BEGIN
             NBPRI := 0;
             NBCOM := 0;
             ASSIGN (Fiches, 'STHUBERT.FIC');
             RESET (Fiches);
             WHILE NOT EOF (Fiches) DO
                BEGIN
                   READ (Fiches, GenreImmeuble);
                   IF GenreImmeuble = 'P' THEN
                      BEGIN
                         NBPRI := NBPRI + 1;
                         READLN (Fiches, PRIVEE [NBPRI,1], PRIVEE [NBPRI,2])
                      END
                   ELSE
                      BEGIN
                         NBCOM := NBCOM + 1;
                         READLN ( Fiches, COMMERCE [NBCOM,1], COMMERCE [NBCOM,2])
                      END
                END;
             CLOSE (Fiches)
          END;

          FUNCTION ISOL (Batiments: Immeubles; NbBAt : NbImmeubles): INTEGER;
          VAR
             K,                              (* Indice de boucle et de tableau *)
             NbBeneficiaire : NbImmeubles;   (* Compteur local des candidats   *)
          BEGIN
             NbBeneficiaire := 0;
             FOR K := 1 TO NbBat DO
                IF Batiments [K,2] < 1961 THEN
```
```

```
                NbBeneficiaire := NbBeneficiaire + 1;
        ISOL := NbBeneficiaire;
    END;

    PROCEDURE STATS (Batiments: Immeubles; NbBat: NbImmeubles);
    VAR
        K : NbImmeubles;    (* Indice de boucle et de tableau *)
    BEGIN
        WRITELN (OUTPUT, 'Liste des immeubles de plus de 100 000.00$');
        WRITELN (OUTPUT);
        FOR K := 1 TO NbBat DO
            IF Batiments [K,1] > 100000.00 THEN
                WRITELN (OUTPUT, Batiments [K,1]:10:2,
                                 ROUND (Batiments [K,2]):6);
    END;

BEGIN
    LIR (PRIVEE, COMMERCE, NBPRI, NBCOM);
    WRITE (OUTPUT, 'Résidences admissibles au programme d''isolation:');
    WRITELN (OUTPUT, ISOL (PRIVEE,NBPRI):6);
    STATS (COMMERCE, NBCOM)
END.
```

INDEX

a

algorithme 4
ARRAY 290

b

bit 11
BOOLEAN 44
   type 46
borne 290
boucle 102
   infinie 184
   imbriquées 188

c

CHAR 45
   type 46
chaîne de caractères 38
commentaire 53
compatibilité de types 133, 149
compilateur 15
compilation 15, 16
compteur 105, 106

d

dimension 291
données 3, 8, 348
déclaration
   constante 41
   globale 360, 380
   locale 360, 380
   variable , de 24, 30

e

éditeur 15
édition 15
élément 290
énoncé
   conditionnel 79
   contrôle, de 79
   sélection binaire, de 79
enregistrement 232, 261
erreur
   compilation, de 17
   exécution, d' 17
   logique, de 17
expression 36, 129
   booléenne 130
exécution 15, 16

f

fichier 16, 208
   caractères, de 210
   mise à jour d'un 231, 261
   texte 210, 212
fonctions 138
FOR ... DO 186
format 49
   libre 217

i

identificateur 6, 26
   constante, de 41
   défini 27
   prédéfini 28
   réservé 27
   variable 30
IF 83
indice 289
information 3
informatique 3
instruction 3, 8, 32
   affectation, d' 24, 33, 35
   boucle 102
   composée 33, 83
   conditionnelle 75
   contrôle, de 75, 175
   écriture, d' 24, 33, 37, 39
   lecture , de 24, 33
   répétition, de 102, 183, 186
   sélection multiple, de 175
INTEGER 44
itération 106

l

langage 3
   machine 13
   programmation, de 3, 13
logiciel 16

m

matériel 11

MAXINT 44
mémoire 11
  auxiliaire 12
  principale 9
  secondaire 12
message
  erreur, d' 86
  incitation, d' 53
mode
  accès, d' 212
  écriture 212
  lecture 212
mot-mémoire 11

o

octet 11
opérande 80
opérateur
  additif 48
  affectation, d' 36
  arithmétiques 47
  logique 142
  multiplicatifs 48
  relationnel 80
  unaire 48
option 177
ordinateur 3, 8

p

paquet tableau 316
paramètre 138, 348
  données 352, 359
  effectifs 358, 359
  formel 357, 359
  par valeur 360
  par variable 360
  résultat 352, 359
priorité 142, 144
programme 3, 14
  interactif 52
programmeur 14

r

READ 214
READLN 33
REAL 44
REPEAT 103
résultat 3, 8, 347

s

sélecteur 177
sélection multiple 175
sentinelle 111
sous-algorithme 347
sous-programme 347
spécification de type 146
STRING 44, 46
structure de données 288
symbole d'affectation 7
système d'exploitation 16

t

tableau 283
totaliseur 108
traitement 3
tri 306
type 31, 145
  chaîne de caractères 148
  base , de 43, 149, 217
  intervalle 146
  tableau 293

u

unité
  arithmétique et logique 9
  centrale de traitement 9
  commande et de contrôle, de 9
  entrée, d' 9
  sortie, de 9
usager 34

v

validation 86, 117
variable 29
  contrôle, de 187

w

WRITE 39
WRITELN 37